中国旅游业普通高等教育应用型规划教材

酒店服务质量管理

郑 铁 著

中国旅游出版社

前　言

随着我国产业经济的转型升级，旅游业已经成为我国国民经济战略性支柱产业之一，旅游业在服务国家经济社会发展、满足人民文化需求、增强人民精神力量、促进社会文明程度提升等方面作用更加凸显。酒店是旅游业的重要组成部分，服务质量既是酒店发展的永恒主题，也是酒店核心竞争力的基础。面对激烈的市场竞争环境、日趋成熟的消费者、数字化技术对酒店业的深刻影响，以及新生代员工在管理方面的困境等，酒店业加强服务质量的管理与创新工作已成为酒店业供给侧改革的重要方面。

本书在编写上以学习者服务质量管理基础理论和应用能力培养为主线，内容编写既注重对酒店服务质量管理的理论与方法的阐述，也重视实践的应用分析，使学习者对酒店服务质量管理工作能够有一个系统的认识、理解，并能在实践中应用。全书共分十章，主要包括酒店服务相关理论、酒店服务质量、酒店交互服务质量管理、顾客感知服务质量、酒店服务质量战略管理、酒店服务质量管理方法、酒店服务质量管理体系、酒店服务质量评价、酒店服务质量改进和顾客满意与顾客忠诚。

本书每章都由"内容导读""学习目标""案例导入"做开篇，并在每节后配有"小案例"分析本节主要内容，以"复习与思考题""典型案例"结束。在内容编写上，结合本科教学特点，力求理论框架设计简单明了，内容安排新颖有趣，提高学习者的学习兴趣，由浅入深地学习和思考酒店服务质量管理的相关知识。

本书由大连大学经济管理学院（旅游学院）郑铁编写。在本书的编写过程中，作者拜读并借用了众多专家学者的丰富著述与成果，参考了大量的网络资源，摘编了部分内容，并尽可能在文末说明资料来源出处，若有疏漏，深表歉意。

在本书即将出版之际，非常感谢大连大学经济管理学院（旅游学院）宿伟玲教授、郑岩教授的大力支持；感谢中国旅游出版社的领导和编辑为本书的出版所做的大量工作。

由于时间和认识水平有限，书中难免有不足之处，恳请各位专家、学者和同行批评指正。

郑铁

2020年5月于大连

目 录

第一章 酒店服务相关理论 ⋯⋯⋯⋯⋯⋯⋯⋯⋯⋯⋯⋯⋯⋯⋯⋯⋯⋯⋯⋯ 1
第一节 服务概述 ⋯⋯⋯⋯⋯⋯⋯⋯⋯⋯⋯⋯⋯⋯⋯⋯⋯⋯⋯⋯⋯ 3
第二节 酒店服务的特征 ⋯⋯⋯⋯⋯⋯⋯⋯⋯⋯⋯⋯⋯⋯⋯⋯⋯⋯ 11
第三节 酒店服务的分类 ⋯⋯⋯⋯⋯⋯⋯⋯⋯⋯⋯⋯⋯⋯⋯⋯⋯⋯ 16

第二章 酒店服务质量 ⋯⋯⋯⋯⋯⋯⋯⋯⋯⋯⋯⋯⋯⋯⋯⋯⋯⋯⋯⋯⋯⋯ 24
第一节 质量管理概述 ⋯⋯⋯⋯⋯⋯⋯⋯⋯⋯⋯⋯⋯⋯⋯⋯⋯⋯⋯ 25
第二节 酒店服务质量 ⋯⋯⋯⋯⋯⋯⋯⋯⋯⋯⋯⋯⋯⋯⋯⋯⋯⋯⋯ 35
第三节 酒店服务质量管理的一般要求 ⋯⋯⋯⋯⋯⋯⋯⋯⋯⋯⋯⋯ 44

第三章 酒店交互服务质量管理 ⋯⋯⋯⋯⋯⋯⋯⋯⋯⋯⋯⋯⋯⋯⋯⋯⋯⋯ 49
第一节 酒店服务接触概述 ⋯⋯⋯⋯⋯⋯⋯⋯⋯⋯⋯⋯⋯⋯⋯⋯⋯ 50
第二节 酒店服务交互管理 ⋯⋯⋯⋯⋯⋯⋯⋯⋯⋯⋯⋯⋯⋯⋯⋯⋯ 55
第三节 酒店服务关键时刻模型 ⋯⋯⋯⋯⋯⋯⋯⋯⋯⋯⋯⋯⋯⋯⋯ 65

第四章 顾客感知服务质量 ⋯⋯⋯⋯⋯⋯⋯⋯⋯⋯⋯⋯⋯⋯⋯⋯⋯⋯⋯⋯ 74
第一节 顾客感知服务质量理论概述 ⋯⋯⋯⋯⋯⋯⋯⋯⋯⋯⋯⋯⋯ 76
第二节 顾客感知服务质量模型 ⋯⋯⋯⋯⋯⋯⋯⋯⋯⋯⋯⋯⋯⋯⋯ 87
第三节 顾客感知服务质量评价方法 ⋯⋯⋯⋯⋯⋯⋯⋯⋯⋯⋯⋯⋯ 98

第五章 酒店服务质量战略管理 ⋯⋯⋯⋯⋯⋯⋯⋯⋯⋯⋯⋯⋯⋯⋯⋯⋯⋯ 109
第一节 酒店服务质量战略概述 ⋯⋯⋯⋯⋯⋯⋯⋯⋯⋯⋯⋯⋯⋯⋯ 110

第二节　酒店服务质量战略管理过程 ……………………………………… 114
　　第三节　实施酒店服务质量战略的组织保障 ……………………………… 128

第六章　酒店服务质量管理方法 …………………………………………… 138
　　第一节　酒店服务质量分析方法 …………………………………………… 139
　　第二节　服务质量改进与管理方法 ………………………………………… 147
　　第三节　酒店服务全面质量管理 …………………………………………… 156

第七章　酒店服务质量管理体系 …………………………………………… 169
　　第一节　酒店服务质量管理体系概述 ……………………………………… 170
　　第二节　酒店服务质量管理体系的建立 …………………………………… 180
　　第三节　酒店服务质量管理体系运行与改进 ……………………………… 192

第八章　酒店服务质量评价 ………………………………………………… 204
　　第一节　酒店服务质量评价概述 …………………………………………… 205
　　第二节　酒店组织评价 ……………………………………………………… 214
　　第三节　顾客评价 …………………………………………………………… 221
　　第四节　第三方评价 ………………………………………………………… 228

第九章　酒店服务质量改进 ………………………………………………… 234
　　第一节　酒店服务质量改进体系 …………………………………………… 235
　　第二节　服务蓝图 …………………………………………………………… 242
　　第三节　服务失误与服务补救 ……………………………………………… 250

第十章　顾客满意与顾客忠诚 ……………………………………………… 269
　　第一节　顾客价值 …………………………………………………………… 270
　　第二节　顾客满意 …………………………………………………………… 277
　　第三节　顾客忠诚 …………………………………………………………… 291

参考文献 ……………………………………………………………………… 301

第一章

酒店服务相关理论

【内容导读】

随着全球经济的快速发展，服务业在经济增长中的作用越来越突出，服务经济已成为推动各国经济不断发展的原生动力。酒店作为服务业的重要组成部分，在全球经济发展中起着巨大的推动作用。本章主要介绍服务与服务包的含义、服务的基本特征、酒店服务的特征及其分类。

【学习目标】

①掌握服务的概念与基本特征；②了解服务包的概念与内涵；③掌握酒店服务的概念与特征。

【案例导入】

特鲁瓦餐馆

特鲁瓦是法国一家出色的三星级餐馆。特鲁瓦餐馆值得称道之处不仅表现在其厨师高超的烹调艺术上，还表现在它的服务特色上。那么，特鲁瓦餐馆有什么吸引人的地方呢？

特鲁瓦餐馆位于罗阿纳（Roanne）。罗阿纳距巴黎300公里，位置比较偏远，是个各方面都不引人注意的地方。来自四面八方的人们到罗阿纳的唯一理由就是去特鲁瓦餐馆。

你可能驾车来到特鲁瓦，然后订一个房间。假设你在下午5点或6点到达，准备花几个小时放松一下自己，接下来品尝餐桌上的美味佳肴。

由于你知道这是一家古老的铁路餐馆，你可能会去找火车站。然而直到你发现所期待的一切可能什么都找不到。最后你驱车沿着一条小路来到了一个位于一幢建筑物脚下的封闭式的庭院，这里干净、整洁，四面有停车场。这时马上会有人上前领你进入你的房间——所有这一切都是在友好的家庭式氛围中进行的。你知道自己已经置身于特鲁瓦的"世界"中了。

你会很喜欢你的房间，它的设计很别致，会让你想起老式的火车车厢。特鲁瓦餐馆并不否认传统，相反却处处强调你正置身于罗阿纳的一家古老的铁路餐馆里，它远离尘嚣。打开百叶窗环视这座院落，你会看见院子对面的右边有一扇巨大的落地窗。窗子内一些穿白色制服的员工正有条不紊地忙碌着。那就是特鲁瓦餐馆的厨房，里面的一切都一览无余。

这时，一辆小型的雪铁龙驶进了院子，停在厨房门口。有个人（你可能认出他是特鲁瓦家庭的一员）走到司机的跟前，司机正从车里搬出一箱鲜美的三文鱼。经过仔细挑选，一些三文鱼被送进厨房，并很快被清洗后放进了冷藏柜。

接下来又出现了相同的一幕，不过这次是鸭子和蔬菜。不过现在他们正井井有条地在厨房四处忙碌着。厨师还没有开始烹调，但一切都在准备当中——专业、高效而又细致入微。整个过程显得那么游刃有余。

你本打算利用这个时间洗个澡，现在却意识到自己改变了计划。而且你发觉其他窗户也打开了，别的客人同你一样也正在往大落地窗里看着。厨房里一些穿白色制服的年轻人也会不时地朝你这个方向看一眼——他们知道有人在看自己。很显然，他们明白自己正在"舞台"上"工作"，表演着一出好戏。这时你知道他们每个人都以自己的团队和自己精彩的表演而自豪。

看着这宽敞、实用、完美的厨房设计，你不禁发出由衷的赞叹，这时你觉得肚子有点饿了。于是，你很快洗了个澡，然后向餐厅走去。不过，餐厅还没到开饭时间，所以你便到酒吧小坐了一会儿，这里又带给你一份惊喜。酒吧到处充满了友好的气氛。你惊奇地发现坐在酒吧里的人不只是像你这样从巴黎、伦敦或纽约来品尝美食的游客，他们大部分看起来都是当地人，而且不是来用餐的。当然，他们呷着饮料，吃着蜗牛和小点心。而穿梭于桌子之间，与顾客轻松地聊着天的则是特鲁瓦家庭的另外一个成员，他好像是这里所有人的朋友。

这时，有人递给你一份菜单，过了一会儿，通往餐厅的门打开了，等待你的又将是新的一幕。不过我们的叙述就到此为止了，接下来的一切就由我们的读者自己去想象吧！

资料来源：https://wenku.baidu.com/view/55c071f8326c1eb91a37f111f18583d048640f3c.html。

第一节 服务概述

一、服务与服务包的含义

(一) 服务的定义

有关服务的研究始于经济学领域,繁荣于管理学领域。亚当·斯密发现有一种劳动作用于物上能够增加价值,这种劳动称为生产性劳动;而另一种劳动却不能作用于物上,却也能够产生价值,这种劳动称为非生产性劳动。随后的经济学者对服务进行了更加深入的研究,强调服务能够为服务提供者带来价值的这种特性,即服务是一种劳动,是一种能够创造价值的非生产性劳动。

20世纪60年代,对服务的研究开始由经济学领域扩展到管理学领域。这是由于第二次世界大战结束后,世界迎来了和平时期,各国都在致力于本国经济的恢复与发展,服务业异军突起,成为发达国家国民经济中的重要产业。很多学者开始从管理学角度对服务进行研究,提出了很多见仁见智的服务定义。下面列举一些不同时期具有代表性的定义。

1960年,美国营销协会(AMA)提出:服务是既可以独立出售,也可以与物品共同出售的一种活动、利益和满足。

1963年,里根(Regan)认为:服务是消费者在购买产品时得到的无形的满足或是有形商品与无形满足相结合的可感知的活动。

1973年,白瑟姆(Bessom)认为:对消费者而言,服务是一种能够向他们提供任何利益或满足的活动。这些活动,他们个人不具有进行自我提供的能力或者是不愿意进行自我提供。

1974年,斯坦顿(Stanton)将服务定义为:能够为消费者或工业客户提供满足感的可感知的无形活动。

1984年,菲利普·科特勒(Philip Kotler)等指出:服务是一方能够向另一方提供的一种无形的活动或利益,这种活动并不会导致所有权的转移,它的提供过程可能和物质的生产相关,也可能与他们不相关。

1990年,格罗鲁斯(Gronroos)认为:服务是一种或者一组具有以无形性为特征的活动。

2000年,菲茨西蒙斯(Fitz simons)将服务定义为:一种具有易逝性的无形体验过程,消费者参与这一过程并充当共同生产者的角色。

在ISO9000:2015《质量管理体系:基础和术语》中,服务被定义为:在组织和顾客之间需要完成至少一项活动的输出。服务的主要特征通常是无形的。服务通常包含为确定顾客的需求与顾客在接触面的活动以及服务的提供，可能还包括建立持续的关系。服务的提供可涉及在顾客提供的有形产品（如维修的汽车）上所完成的活动；在顾客提供的无形产品（如对退税准备所需的收入声明）上所完成的活动；无形产品的交付（如知识的传授）；为顾客创造氛围（如在宾馆和酒店）。

上述关于服务的定义反映出人们对服务理解的不断深化的过程，也反映出经济学、管理学、营销学等学科的一些先进理念。但由于服务业包含了除工农业和建筑业以外的所有行业，其范畴难以清晰界定，迄今为止尚未有一个能够被人们普遍接受的权威定义。但是，了解服务的目的、中心和内容远比为服务下一个标准定义更有意义。从上述有关服务的定义可以看出：服务就是为了满足顾客的需求。顾客是指接受服务产品的个人或组织，顾客也可以是提供服务的组织的内部的或外部的个人或组织；服务的中心是顾客，服务是针对顾客的需求来说的，这就是服务的基本内涵；服务的条件必须是与顾客接触。这种供方与顾客之间的接触可以是人员的，也可以是货物的；服务的内容是供方的一种活动。服务产生于人、机器、设备与顾客之间互动关系的有机联系，并由此形成一定的活动过程，这就是服务。

（二）服务包的概念

由于顾客的需求具有多样性、复杂性的特点，组织为全面满足顾客的需求而为顾客提供的服务产品必然是具有组合性和整体性的服务产品，因而就产生了服务包的概念。所谓服务包（Service Package），是指服务企业向顾客提供的以服务为主导的一系列产品和服务的组合。服务包体现了服务企业为顾客提供的服务产品的组合性和整体性特点。在服务包中，服务企业提供给顾客的主要产品是服务，这种服务称为显性服务（Explicit Services）；为使顾客更好地购买和消费显性服务，服务企业还可为顾客提供一些具有辅助作用的物品，这种物品称为辅助物品（Facilitating Goods）；此外，服务企业为了能够开展服务活动，也为了给顾客提供一个良好的消费空间和消费环境，服务企业还需要拥有必要的服务设施、设备，我们称为支持设施（Supporting Facility）；同时，服务企业为了使服务活动能够顺利开展，赢得顾客的信赖与满足，还需要开展一些必要的具有辅助性质的服务活动，这些活动称为隐性服务（Implicit Services）。

总之，服务包是由显性服务、隐性服务、支持设施和辅助物品四类要素构成。其中，有且只有显性服务是顾客真正购买的产品，其他三类要素在顾客购买和消费中只起到辅助作用。在上述四类要素中，前两者是无形要素，后两者是有形要素。

1. 支持设施

支持设施，在更多的时候被称为服务设施，是指服务企业在开展服务活动之前必须拥有的物质资源，是服务企业开展服务活动的物质前提。支持设施通常包括建筑空间、物理环境及开展服务的基本设备等。如酒店的楼宇建筑、客房、餐厅、空调等。

2. 辅助物品

辅助物品，是指顾客在服务消费过程中购买和消费的物质产品，或是顾客自备的物品。诸如酒店客房中的"六小件"、免费提供的饮料、茶叶等。

3. 显性服务

显性服务，是指顾客能够通过感官直接感觉到的、购买服务产品得到的本质性利益，或是顾客购买服务产品的直接目的。它表现为服务活动的效用与结果，是服务包的核心要素。如酒店中的礼宾服务、登记服务、餐饮服务等。

4. 隐性服务

隐性服务，是指顾客在消费显性服务过程中，所能体验到的、模糊的精神感受。例如，酒店餐厅营造的轻松、愉快的就餐氛围，餐厅服务员热情、周到、细致的服务等。需要注意的是，尽管隐性服务并非服务包的核心要素，也不是顾客购买服务产品的主要目的，但它会影响顾客对服务产品以及服务企业的评价，最终导致影响顾客对服务产品重复购买的决策。

服务企业是以服务包的形式向顾客提供服务产品的，其产品的设计要考虑服务包构成要素的每一个方面，因为服务包构成的每一个要素都会影响顾客对服务产品的总体感受和对服务企业的总体评价。那么，对于服务包中有形要素和无形要素孰轻孰重，服务企业和顾客可能会有不同的看法，但归根到底服务企业提供的服务产品是由顾客购买并消费的，所以服务企业在设计服务包时应当尽可能满足顾客的期望，绝对不能按照企业自身的利益设计服务包。

需要注意的是，在当今随着服务业迅猛发展，服务产品类型越来越多样化，顾客的消费需求也越来越个性化，显性服务和隐性服务、支持设施和辅助物品之间的界限越来越模糊，有时很难完全区分开来。例如，在旅游活动中，旅游者的消费结果（显性服务）往往融于旅游过程（隐性服务）中，结果与过程很难分得清楚；自助火锅店中的火锅和液化气罐，既可以看作支持性设备，也可以看作辅助物品。正是由于服务包构成要素之间的界限模糊，也为服务企业服务包的设计带来了困难。

二、服务的基本特征

我们可以通过对服务的基本特征的描述来进一步加深对服务的认识和理解。对于服务的基本特征，虽然不同学者从不同的维度进行了不同的论述，但对服务所具有的4个方面的基本特征的认识却是一致的。

（一）无形性

1. 无形性的含义

消费者在购买服务产品之前无法通过视觉、味觉或触觉感受服务。在服务消费中，消费者尽管可以感受到服务所带来的利益，但随着服务提供的结束，服务产品本身也就不复存在了。服务供应商无法以实物的形式展示或显示其服务。

2. 无形性的特殊性

无形性是服务最为显著的一个特征，是服务产品区别于有形产品的关键差别。服务的无形性可以从两方面加以理解。首先，服务产品不同于工业产品或其他消费品，是可以看见其形态并可以进行触摸的，服务产品的特质和组成元素都是无形无质的，不可触摸或人的肉眼不能看见其形态。其次，服务产品不仅其物质无形无质，不可触摸，甚至消费者在消费服务后所得到的利益也难被察觉，通常需要等待一段时间后，消费服务的顾客才能感知到"利益"的存在。因为大多数服务都非常抽象，很难进行描述。例如，当我们的手机出现故障，可以按"三包"要求邮寄到手机维修公司进行维修处理，一段时间后，在收到手机维修公司邮寄给我们维修后的手机时，我们对手机维修服务的特点及修理后的手机功能是否全部恢复正常，都是难以觉察并作出判断的。

无形性是服务的首要特征，但在服务包的概念中也含有有形性的成分，如酒店客房中的空调、电视、家具，餐饮服务中的各种食物、饮品，等等。但对于酒店的顾客来说，重要的是在这些有形载体（媒体）中所包含的服务和效用，如空调能正常运行，食物味道可口。另外，一些服务的提供也离不开有形的过程或程序，如酒店客房的服务离不开前台的登记、房务员的清洁，餐饮服务离不开厨师对菜肴的加工等。正是由于服务具有无形性的特征，导致顾客无法直接确定所购买和消费的服务的好坏，也就没有客观的标准来加以衡量与评价，只能通过消费服务的过程感受来判断和评价服务的价值。从某种意义上来说，消费者之所以购买某种服务，其实购买的是对这项服务的信任。

服务的无形性特征为服务企业的经营与管理带来了很多困难。一方面，服务的无形性决定了顾客通常是以主观的方式对服务企业提供的服务产品进行感知与评价，增加了服务企业对服务产品的管理难度和管理的复杂性；另一方面，服务的无形性也增加了服务企业向顾客沟通与展示服务产品的难度。

在现实生活中，大多数服务可以通过其载体而让顾客感知服务。例如，餐饮业的服务中，不仅有厨师的烹饪过程，还有菜肴的物质加工过程与服务人员的服务过程。所以，服务组织如何规范服务过程中的有形部分，提高顾客对服务整体的评价，是服务组织需要解决的重要问题。

理解服务的无形性，对服务组织而言，也非常重要。服务的无形性决定了服务的创新无法申请专利。所以，为了从新的服务中获取效益，这就要求服务组织必须快速扩张，来阻止竞争对手。许多组织选择特许经营的方式，这样不仅可以保持控制和降低风险，而且可以减少资本投资。目前，这一做法在酒店业中尤为普遍。

（二）同时性

有形的产品在从生产、流通到最终消费的过程中，往往要经过一系列的中间环节，其生产和消费过程具有一定的时间间隔。而服务则与之不同，它具有不可分割性的特点，即服务人员向顾客提供服务时，也正是顾客消费服务的时刻，二者在时间上不可分割。

服务产品生产和消费的同时性，意味着在顾客消费过程中服务产品的供应者往往就在消费现场，如酒店的前台接待员必须在其岗位，这样才能为客人办理入住登记；酒吧服务员必须在吧台才能够为客人调制和供应饮品等。与此相反，诸如电视机等实物商品可以在中国制造，而在德国销售。

服务产品生产和消费的同时性还意味着，在服务产品的生产过程中，消费者就在现场，如就餐者就是在餐馆里接受服务的；顾客就是坐在理发店椅子上理发的；患者就是在看病期间接受体检；等等。因此，同时性使消费者得以密切接触服务产品的生产与供应过程。在大多数情况下，服务产品的生产与消费之间并不存在时间差。但是服务产品的供应者是人，因此顾客与供应商之间无论是面对面的交流，还是通过电话进行交流，都是随意的、实时的，监控服务质量也就成了一个既困难又复杂的问题。

像顾客可以参与到服务过程中的这种情况在制造业、建筑业等有形产品的作业过程中是很少见的，但在服务业中却是必需的，如旅游过程不能没有游客，酒店的餐饮服务也不能缺少顾客的参与。没有顾客的参与，诸如制造企业一般就不必太重视制造过程中的设施及环境，而因为有了顾客的参与，服务组织的服务过程就必须重视对服务设施及服务环境的设计。

服务组织的管理者还要注意，有的时候，顾客参与服务过程往往可以发挥积极的作用。顾客的知识、经验、动机等都会直接影响服务系统的效果。例如，游客的热情参与往往可以使导游的服务变得轻松，且更能获得好评；顾客的积极评价往往会使餐馆服务员的服务热情更高，服务效果更好。所以，服务组织的管理者也可以考虑如何调动和发挥顾客在服务过程中的积极作用，以获得更好的服务效果。可以说正是顾客参与服务过程，才使得服务管理更具艺术性，更具魅力。消费者在服务的生产过程中的参与也可以很大程度上影响服务型企业对其服务产品质量的管理与监控。

综上所述，服务的同时性特征也为服务企业提出了更高的要求，即服务过程中不能出现差错，而一旦出现差错，则后果不可挽回。另外，服务的生产与消费的同时性也决定了顾客不是完全被动地接受服务，顾客也可以参与到服务的生产过程中，成为服务的"合作生产者"和"体验者"，这一点无论是对服务企业，还是现场服务的人员都有着重要的影响。如酒店在设计某一服务活动时，就必须考虑到顾客会在何时、何地，以何种方式参与到这一活动中，并在顾客的参与中提高顾客体验的满意度。而酒店服务人员则需要在现场服务中加强与顾客的互动技巧，准确识别并满足顾客的核心需求，从而提高顾客对服务的满意度。

（三）异质性

异质性是指服务产品无法像有形产品那样实现标准化，每次服务带给顾客的效用、顾客感知的服务质量都可能存在差异。服务的异质性主要表现在以下方面。

1. 人员的异质性

服务业中，各服务产业之间之所以有所不同，是因为不同的服务产业对人力或技术的依赖程度有所不同。某些服务产品（比如餐馆的菜肴）要比其他一些服务产品（比如通信服务）对人力的依赖程度更高。服务业所提供的服务产品因为具有更大的异质性（更多的可变因素），所以很难确保能够实现标准化和统一的服务。同时，服务产品的异质性对劳动密集型的服务企业（例如酒店企业）的管理可能会带来更为严重的问题，因为企业中通常存在着服务质量出现重大变化的可能性。由于服务企业中许多员工都会与同一位消费者接触，所以很有可能造成服务水准不一致的问题。

（1）服务人员。

由于服务人员的原因，如心理状态、服务技能、努力程度等，即使同一服务人员提供的相同服务在质量上也可能会有差异。

（2）顾客。

由于顾客的原因，如知识水平、爱好等，也会直接影响服务的质量和效果。例如，同样是去旅游，有人乐而忘返，而有人却败兴而归；同听一堂课，有人津津有味，而有人在昏昏欲睡。因此，消费者的知识、经验、品格和动机，都影响着服务业的生产力。

（3）相互作用。

由于服务人员与顾客间相互作用的原因，在服务的不同次数的购买和消费过程中，即使是同一服务人员向同一顾客提供的相同服务也可能会存在差异。这一特性增加了衡量服务产出绩效的难度。由于顾客对服务的评价不同，服务组织不能使用单一指标（如顾客人数或是最大化利润）来评估业绩，这使得服务测评变得相当复杂。

2. 不同层次的异质性

服务质量的不一致还表现在不同的层次上。

（1）不同服务企业之间的服务质量存在差异。

（2）不同服务提供者之间的服务质量存在差异。

（3）同一服务提供者在不同时间内出现的服务质量存在差异。

由于上述原因，服务企业所保证的服务质量有可能会与消费者实际体验到的服务质量相差甚远。归根结底，服务组织难以保证服务质量一致性的原因就是在于无法确保员工工作表现达成一致。

3. 高技术带来高异质性的可能

异质性基本上属于"人员因素问题"，因此，日益增多的技术并不一定能够解决这一问题。服务企业如果试图采用以技术取代人力的做法来降低异质性，那么也许会在提供服务产品的过程中不可避免地面临另外一种形式的异质性，即消费者也许会发现，该企业新的服务产品（通过技术提供的）与其"传统的"服务产品（通过人工提供的）之间有着很显著的差异，例如，传统酒店改造为智慧酒店后服务提供的差异。事实上，随着信息技术的进步提高，便会出现高异质性的可能性。

（四）易逝性

易逝性是大多数服务产品的一个显著特性，并且这种特性与无形性有着密切的联系。易逝性是指服务产品无法储存，因此只有在出现消费者需求的时候才会生产，也就是说，服务产品在任何时候都是由需求来决定生产的。服务不能像有形产品那样在生产出来后可进行储存，以应对市场需求的变化。在产品的制造过程中，存货可以用来分离生产工序，但对服务业来讲，这种分离是通过顾客等候来实现的。库存控制是制造业中的主要问题，而在服务运营中，与之对应的问题是等候或"排队"。

在旅游接待业中，不可储存产品的典型例子包括酒店的客房和餐厅的餐位。如果没有及时使用，那么销售的商机就失去了。同样，如果淡季酒店的客房在当天没有及时销售出去，那么酒店空闲的房间造成的零收入将会构成酒店无法挽回的损失，即使在随后的旺季，客房由于需求激增而出现房间爆满的现象，但前面淡季没有销售出去的客房造成的损失也是无法弥补的。一般而言，服务生产的能力未能有效地利用就意味着无法挽回的损失。

服务产品具有极高的易逝性，因而无法储存以用于将来的销售。所以，服务需求对于服务的生产和供应起着极其重要的作用。与实物产品不同，服务产品必须是在消费者提出需求的确切的地点和确切的时间后方可加以生产。例如，消费者如果感到饥饿就会产生就餐需求，餐馆尽管过了正常饭点也要为顾客提供食品。因此，对于许多服务企业来说，为顾客提供即时服务产品是至关重要的。

如果服务需求稳定的话，那么服务产品的不可储存性并不会构成问题。在这种情况下，服务企业相对来说比较容易预测需求，并安排足够的员工来提供所需的服务产品。但是，如果服务需求出现了波动，服务企业就会面临一定的问题。酒店餐厅早餐期间出现客人就餐人满为患的现象就是每天都会出现的需求波动的典型例子。服务需求往往会表现出周期性，有高峰期和低谷期，这种特性在旅游和餐饮业表现得最为明显。面对需求周期性的变化和波动，服务企业管理者往往要考虑采取怎样的措施，才能使服务能力得到最好的利用。相对而言，有些需求波动容易预测，而有些需求波动则很难控制。对于服务企业管理者来说，服务产品的不可储存性以及供求关系的相互作用是颇为棘手的问题。

服务的易逝性为服务企业的经营带来了一定的困难，具体表现为服务企业的接待能力与顾客的需求之间存在着难以调和的矛盾。一般来说，服务企业的接待能力通常在一定时期内是稳定的，而顾客对服务产品的需求却是变动的，这种需求的变化受多种因素的影响，既有来自顾客主观因素的影响，如顾客消费倾向、收入等的变化，也有来自外部环境的变化对顾客消费产生的影响，如政治、经济、社会文化、技术、自然因素等。这些因素的变化，都会使顾客对服务企业的需求呈现出较大的波动。而服务的易逝、不可储存的特性，使得服务的供求更加难以调节。

服务的上述特性，决定了服务企业管理者面临的各种问题和挑战，如表1-1所示。理解和运用这些特性，是成功实施服务管理的基础和前提。

表1-1　服务企业面临的问题与挑战

服务特征	服务特征亚类	管理挑战
无形性	无形性；缺乏所有权	服务产品及产品创新缺乏专利保护；服务企业形象非常重要；无形性的有形展示
同时性	生产与消费同时性；顾客参与性	服务质量控制困难；服务能力直接随需求而变化；顾客参与要求关注服务环境；服务流程设计要考虑顾客的参与；顾客与员工的交互；顾客参与生产的管理；服务是开放系统
异质性	体验性；异质性	顾客体验要求关注服务环境；服务流程设计要考虑顾客的体验；顾客与员工的交互作用；个性服务与标准化服务；组织结构与员工授权；服务质量控制困难；人的作用与信息技术；服务保证与服务补救
易逝性	易逝性	服务不可储存；服务等候或排队问题；服务效率提高

小案例

记住客人的姓名

一位常住的外国客人从外面回来，当他走到服务台时，还没有等他开口，服务员就主动微笑着把钥匙递上，并轻声称呼他的名字，这位外国客人大为吃惊，由于酒店人员对他留有印象，使他产生一种强烈的亲切感，如回家一样。

还有一位客人在服务台人员忙碌时进店，服务员突然准确地叫出："××先生，服务台有您一个电话。"这位客人又惊又喜，感到自己受到了重视，受到了特殊的待遇，不禁添了一份自豪感。

另外一位外国客人第一次前往住店，前台接待员从登记卡上看到客人的名字，迅速称呼他以表示欢迎，客人先是一惊，而后作客他乡的陌生感顿时消失，显出非常高兴的样子。简单的词汇迅速缩短了彼此间的距离。

此外，一位VIP（贵宾）客户随陪同人员来到前台登记，服务人员通过接机人员的暗示，得悉其身份后马上称呼客人的名字，并递上打印好的登记卡请他签字，使客人感到自己的地位不同，并因受到了超凡的尊重而感到格外的开心。

第二节 酒店服务的特征

一、酒店服务的定义

（一）酒店的概念

酒店（Hotel）一词源于法语 Hostel，原意特指法国贵族在乡间招待贵宾的别墅，后来经过逐渐发展演变至今。中华人民共和国国家标准《旅游饭店星级的划分与评定》（GB/T 14308—2010）中，将旅游饭店定义为：以间（套）/晚为单位出租客房，以住宿服务为主，并提供商务、会议、休闲、度假等相应服务的住宿设施，同时，按不同习惯可能也会被称为宾馆、酒店、旅馆、旅社、宾舍、度假村、俱乐部、大厦、中心等。

国外的一些权威词典对于酒店进行了如下的定义。

《大不列颠百科全书》中的定义：酒店是在商业性基础上的为公众提供住宿，也往往提供膳食的建筑物。

《美利坚百科全书》的定义：酒店是装备好的公共住宿设施，它一般都提供膳食、酒类以及其他的服务。

《简明不列颠百科全书》的定义：酒店是为公众提供住宿设施与膳食的商业性的建筑设施。

《牛津词典》的定义：酒店是人们在短时期停留，并支付报酬以获取住宿和膳食的建筑物。

由此可见，酒店是为社会公众提供以住宿服务为主的商业性场所。根据酒店的性质、规模以及等级的不同，酒店为公众提供着不同的其他相关服务。随着社会发展，人们对酒店产品需求日益多样化、个性化及综合化，酒店的功能也日益丰富。现代酒店是通过有形的空间、设备和无形的环境氛围、服务等，为顾客提供包含食、住、行、游、购、娱等方面体验和经历的组织或机构。

（二）酒店服务的概念

酒店服务是服务的一种类型。根据服务和酒店的相关理论，可以将酒店服务定义为：酒店服务是指酒店服务人员借助酒店设施设备、有形实物及环境氛围等，为满足顾客的物质和精神需求而开展的一系列活动。其中，设施设备等有形产品是酒店开展服务的前提与基础；服务人员的服务方式、服务态度等是酒店服务的表现形式；服务人员与顾客的接触互动是酒店服务的核心，直接影响着顾客对酒店服务的评价。当然，酒店与顾客的互动接触程度可能或高或低，既可能是直接接触，也可能是服务人员借助有形媒介与顾客的间接接触。

国际上将服务的英文单词"service"的7个字母进行了分解，每一个字母均体现了酒店服务的不同含义。

S——Smile（微笑）：微笑待客。微笑是世界通用语言，代表着友善、感谢，是最生动、最简洁、最直接的欢迎词，也是酒店服务人员与顾客间互动交流的最基本的方法。它要求酒店员工对待每一位顾客都要报以真诚的微笑。

E——Excellence（出色）：它代表酒店要竭尽所能满足顾客的需求，为顾客提供最优质的服务。

R——Ready（准备）：酒店随时准备好以最佳的状态迎接顾客，为顾客提供精致的服务。

V——Viewing（看待）：它既是酒店的一种经营哲学，要求要一视同仁地对待每一位客人，也是对员工的一种要求，员工要把酒店中每一位客人看作需要给予特殊照顾的贵宾。

I——Inviting（引人注目的）：要求酒店提供引人注目的、有吸引力的产品以满足顾客的需求，包括舒适的客房、美味的佳肴，健康、刺激的娱乐项目，等等。

C——Creating（创造）：精心创造使客人感到温馨的服务环境，并不断创新服务，通过在标准化的基础上为顾客提供个性化的服务，满足顾客的不同需求，从而达到让客人满意的目的。

E——Eye（眼神）：眼睛是心灵的窗户。酒店员工始终要用欣赏的眼光关注客人，用热情与关注的眼神与客人交流，预测并满足客人的需求。

二、酒店服务的特征

酒店服务作为服务的一种，除具有服务的一般属性（无形性、同时性、易逝性和异质性）外，同时还具有自身特有的性质，最鲜明的特点就是酒店服务的整体性、不稳定性、文化性以及体验性。

（一）酒店服务的整体性

酒店服务是由一系列的活动构成，因此，与其他服务企业相比，酒店服务具有很强的整体性特征。一方面，酒店是集提供住宿、餐饮、购物、娱乐、会议、商务及社交休闲等服务产品为一体的综合性的服务组织或机构，因此，酒店服务是由不同的服务产品、服务环节组织的整体，具有较强的整体性和综合性，需要为不同的服务产品各自提供不同的服务。另一方面，就顾客而言，顾客在酒店中完成的一次完整的服务体验，会得到酒店内多个部门的不同岗位的服务支持，任何一个岗位出现低水平的服务都会影响到顾客体验的整体感受。

酒店服务的整体性对酒店服务人员提出了更高的要求，每一个员工的服务是酒店整体服务的一个有机组成部分，必须按标准和规范开展服务，同时各岗位的员工必须协同合作才能保证顾客体验的整体质量。以顾客到酒店的一次用餐体验为例，酒店服务过程从顾客预订服务就已经开始，包括进入餐厅的迎接问候、引桌、点菜、烹制、上菜、餐间服务、结账等，直到欢送顾客离店整个过程，员工在其中任何一个环节提供的服务没有达到规定的标准和规范，就会破坏顾客就餐服务的整体效果。

（二）酒店服务的不稳定性

酒店服务的不稳定性可以从两个方面加以理解。

一方面，由于服务的易逝性，使得酒店服务不可储存，而由于对酒店服务的需求会受各种因素的影响，存在需求在时空上的波动，加之酒店在空间上的不可移动，因而导致了酒店服务在数量上的不稳定性。如在酒店经营旺季，酒店满负荷经营，酒店服务量充足；在经营淡季，酒店部分设施闲置，员工数量减少，酒店服务量不足。

另一方面，由于服务是接触面上的活动，因此在酒店服务过程中，始终存在员工与顾客的接触、交互活动，这就导致酒店服务过程和最终结果具有极度的不稳定的特征。

1. 员工方面

（1）不同的员工提供的服务不同。即使在同一家酒店，不同的员工在相同的服务中执行同一的服务标准和服务程序，但由于员工的个人能力和服务意愿等方面存在不同，他们提供的服务也不可能完全一致。

（2）同一个员工在不同时间、不同的场合，提供的服务也不可能完全相同。受外部环境等客观因素和员工个人的情绪、体力、精力等主观因素的影响，员工的工作行为和工作表现不可能完全一致。

2. 顾客方面

（1）不同的顾客对酒店相同的服务感知与评价不同。不同的顾客受不同的价值观和经历背景等因素的影响，他们对酒店同一项服务的感知和评价会有所不同。

（2）同一顾客在不同时间、不同场合对酒店同一服务的感知和评价有时也不完全相同。这主要是由于在不同的时空及环境作用下，顾客的心理、消费倾向会发生变化，导致对酒店服务的感知和评价发生变化。

（三）酒店服务的文化性

酒店是一个综合性的服务组织，其提供的核心产品是服务，酒店的一切经营与管理活动都是围绕着如何为顾客提供优质服务这一主题展开的。酒店服务的文化性是酒店企业在其对顾客服务过程中形成发展起来的独具个性特点的文化现象，具体体现在酒店的服务理念、服务流程、服务项目、服务标准、服务方式等诸多方面。

现代酒店服务的文化性既是市场需求的结果，也是酒店经营管理的需要。一是随着社会的高速发展，人们的物质生活水平不断提高，渴望更加丰富的精神生活、愉悦的心理体验，尤其是在体验经济时代，这种需求更加突出与强烈。这就对酒店服务提出了更高的要求，不仅要满足客人旅居需求，而且更要满足客人精神及心理感受上的需求，而后一种需求的满足通常要依赖酒店的服务文化来实现。二是由于酒店服务缺乏所有权和独占性，不能申请专利，因此酒店服务产品极易被模仿，这也是我国酒店服务普遍雷同的一个重要原因。酒店服务文化是酒店在长期的经营、服务中形成的价值观念、服务理念，具有无形性和独特性，很难被模仿和借鉴。酒店独特的经营理念、服务文化也就成为酒店在市场中获取相应地位的有力武器。三是文化具有强大的凝聚力和感染力。酒店服务文化能将酒店员工凝聚在一起，统一员工的价值观念，使员工的个人价值与酒店利益紧密结合在一起，在员工个人价值实现的同时，酒店的经营目标也得到了实现。因此，外在的市场因素和酒店内生的驱动力都决定了酒店服务的强文化特性。

纵观国际酒店的服务文化，一般可以粗略地分为三大类别：传统型服务文化、制度型服务文化和情感型服务文化。这三大类别的服务文化各有其优势与特点，现代酒店服务文化建设需要广泛吸收不同服务文化的精粹，既要博采众长，又要扬长避短，在充分掌握客源对服务文化需求的基础上，建设具有自身独特特点的酒店文化。

1. 传统型服务文化

传统型服务文化以欧洲酒店为代表，其特点是注重历史与文化传承，坚持文化品位，酒店设施与服务散发出浓郁的欧洲古典文化韵味，从而形成独特的文化风格。创办于1898年的法国丽思酒店（Hotel Ritz）是传统的欧式服务风格酒店的典型代表。恺撒·丽思在创办丽思酒店之初，就立志要把酒店办成"一个王子对自己的宫殿所期待的所有精致考究"的宫殿式旅馆，这一初衷历经百年始终没有变。这一类酒店由于有着独特的文化风格，其扩张重点主要集中于有着相同或相似文化渊源的国家或地区，所以在全球扩张的速度比较缓慢。

2. 制度型服务文化

美国酒店是制度型服务文化的代表。其特点是强调酒店管理制度与服务标准，高度的标准化与规范化，保证了酒店服务的一致性，也便于酒店的连锁经营和管理方式的对外输出。创立于1919年的美国希尔顿酒店是最典型的代表，准确、快速、高效是其服务的标签，为此员工需要严格执行制度化和标准化。也正是由于希尔顿酒店严格的制度化和标准化，使得希尔顿酒店扩张为遍及全球90个国家及地区的逾4 000家酒店。

3. 情感型服务文化

情感型服务文化主要以亚洲国家酒店为代表。其特点是注重员工与顾客之间的情感交流，"宾至如归"是其服务文化的核心。但由于过度重视情感交流，其服务制度及规范相对缺乏，导致服务过程中会出现随意性较大，员工数量多，人力成本高，服务质量难以控制等问题。1971年成立于中国香港的香格里拉酒店是情感型服务文化的典范。酒店的口号是"亲切、和谐及自然美的精神为顾客服务"，酒店所秉承的是独特的亚洲式殷勤好客之道，它的服务包括五个核心价值：尊重备至、温良谦恭、真诚质朴、乐于助人、彬彬有礼。

（四）酒店服务的体验性

美国学者约瑟夫·派恩和詹姆斯·吉尔摩在《体验经济》一书中指出：体验经济是服务经济的延伸，它强调顾客的感受性满足，重视消费行为发生时顾客的心理体验。酒店服务从顾客的角度看，具备为顾客带来感受性满足的特性。这种感受性满足是顾客在与服务人员、酒店环境、其他客人等接触互动时获得的一种愉悦的体验。从酒店的角度看，酒店服务的体验性表现在酒店所提供的服务是满足顾客心灵与情感需要的一种活动，酒店服务的价值就在于其提供的服务在顾客的体力、智力、情绪与精神达到某一状态时，在顾客的意识中所产生的美好感觉。因此，对于酒店员工来说，他们不仅仅是酒店服务产品的提供者，更是顾客愉悦体验和美好感受的策划者和创造者。例如，入选2020胡润至尚优品获奖名单的丽思·卡尔顿酒店（Ritz-Carlton），它要求员工的服务口号就是"要微笑，因为我们是在舞台上表演"（Smile, We are on stage.），尤其是她的座右铭"我们是为淑女和绅士提供服务的淑女和绅士"（We are ladies and gentlemen serving ladies and gentlemen）更是在业界被传为经典。事实上，丽思·卡尔顿酒店经营哲学就是强调要给予顾客更多的体验价值。

酒店服务的体验性使得酒店服务质量的好坏，更大程度上是由体验者根据其主观感受来判断的，而客人往往是以自我为中心，其行为和思维大都具有情绪化特征，因此顾客对酒店服务的评价往往带有很大的主观色彩。

小案例

希尔顿酒店

在一个礼拜天黄昏时分，酒店来了一对老夫妇，他们拉着皮箱，问："有没有房间啊？"服务人员答复："哎呀，真抱歉，没有房间，今天是周末，如果您早点订就好了。不过，我们这附近还有些不错的酒店，要不要我帮您试试看有没有房间？"老先生说："那好。"服务人员先是掏出一张卡片，签了个字，说："给您。这个是免费的咖啡券，您到大堂吧坐一下，可以免费点两杯咖啡，我现在帮您查附近的酒店。"

就在老夫妇在大堂吧喝咖啡聊天的时候，旁边的客人就说："先生，刚才你们讲的话我都听到了，您为什么不事先订个房间呢？希尔顿是有名的酒店，很快就没有房间了，况且今天是周末。"老先生说："我儿子昨天打电话给我，叫我马上过来，所以没有来得及订房间。"

就在这时，柜台服务员来了："好消息，后面那条街的喜来登酒店还有一个房间，等级跟我们的酒店是一样的，并且便宜20美元，请问您需要吗？"

老先生说："好的。要！"

"行，那您先慢慢喝！我去帮您确认。"服务员说。

过了一会儿，服务员又回来了，说："喜来登酒店接您的车快到了，不过先生您可以慢慢喝，我会叫他们等您。"结果这对老夫妇一口喝完了咖啡，站起来拎着箱子，就跟着服务员出去了。喜来登的车子到了之后，老太太先上了车，行李也被服务员帮忙放上了车。

"下次来，我一定还要住希尔顿酒店。"老先生说完，乘车离去。

第三节　酒店服务的分类

酒店服务是一个综合性概念，对其进行分类，既有助于更加深入地理解这一概念，同时也可以为酒店服务管理提供依据。目前，对于酒店分类无论是业界还是学术界，还没有一个统一的被普遍认同的分类标准。以下是从酒店服务管理角度对酒店服务做出的分类。

一、根据酒店运营中的顾客因素进行分类

顾客是酒店服务的对象，顾客的投入是酒店服务活动的充分必要条件，酒店的任何一次服务活动都是对顾客投入的处理过程。从顾客提出需求到酒店服务过程结束，顾客总是以不同的方式参与酒店服务活动，而且参与程度也是不同的。

（一）根据顾客参与酒店服务的方式分类

顾客参与酒店服务的方式可以分为4种：态度参与（动心）、意见参与（动嘴）、行为参与（动手）和情感参与（动情）。

1. 态度参与

态度参与是指顾客对酒店提供的服务产品、服务方式、服务过程以及对服务人员的服务态度等方面表现的一种基本态度，表明顾客是否愿意接受、配合酒店服务等。酒店顾客的态度参与要求酒店在为顾客提供服务前，必须认真理解和把握顾客的需求，包括顾客需要什么、为何需要、何时需要以及如何提供等，同时还要了解顾客的情绪及心理状态，争取顾客能以积极的态度配合服务过程，接受酒店提供的服务。

2. 意见参与

意见参与是指顾客明确提出自己的需求，以及在接受酒店服务过程中，对酒店提供的服务产品、服务方式、服务过程和服务时间等，表明自己的要求或建议。顾客的意见参与要求酒店服务人员及时征求顾客的意见，掌握沟通技巧，尊重顾客的意见，并按照顾客的意见和建议及时采取行动，满足顾客的需求。

3. 行为参与

行为参与是指顾客亲临酒店服务现场，以实际行动参与到酒店服务过程之中，并与

酒店服务人员进行互动。顾客的行为参与要求酒店优先考虑顾客的安全需求和情感需求，科学合理地设计酒店服务流程以及服务人员与顾客互动的每一个细节，营造一种安全、卫生、舒适和富有人文气息的服务场景，保证顾客参与能够顺利进行，提高顾客的满意度和体验价值。

4. 情感参与

情感参与就是调动顾客的情绪与情感，使之投入酒店的服务过程中，从而享受一种纯粹的精神服务。酒店在设计服务产品时，必须考虑到是为顾客提供一个安静、舒适的消费环境，还是要让顾客跟着酒店的服务产品去体验，或者二者皆有。如顾客在酒店就餐时，可以选择在温馨、舒适包房里就餐，也可以选择到有音乐伴奏的餐厅，一边欣赏着美妙的音乐，一边品尝着美酒佳肴。

对于酒店来说，顾客参与酒店服务过程既有利，也有弊。有利的一面是：顾客的参与可以使酒店的服务过程更加顺利，服务更加到位，增加顾客的体验和服务价值，降低酒店的人力成本。不利的一面是：顾客的参与意味着服务系统输入不可控和不稳定，可能会增加酒店管理的难度，导致酒店服务质量的不稳定，甚至会出现服务意外或失败。

（二）根据顾客参与酒店服务的程度分类

在酒店服务中，顾客的参与水平往往和员工与顾客的接触程度相一致。

1. 高水平参与

在顾客高水平参与的服务中，顾客与员工的接触时间长、程度深，甚至有时顾客实际上被卷入了酒店服务的生产过程（如自助餐厅客人亲自挑取食物），没有顾客参与，服务几乎无法完成。一般来说，酒店的前台是顾客高水平参与服务的区域，如询问接待、货币兑换、入住登记、餐饮服务、康乐服务等。在顾客高水平参与的服务中，其服务质量在很大程度上是由顾客的感知决定的，服务的结果存在着较大的不确定性。

2. 中等水平参与

在顾客中等水平参与的服务中，顾客与员工的接触程度中等，或顾客在局部时间里参与服务。对于顾客中等水平参与的服务，顾客倾向于通过有形的证据或技术性层面上的标准、数据等判断、预估提供服务的质量。酒店客房服务相对于餐厅服务而言，服务人员与顾客的接触程度要弱一些，顾客参与客房服务的水平也要低一些，可以视为中等水平参与。当然，顾客的这种参与可以是与客房服务员的直接接触，也可以是通过有形媒介的间接接触。如顾客通过房间电话进行有关事项的询问或订餐等，就是通过有形媒介（电话）参与到服务中，而判断和评估这项服务的质量标准就是员工接听电话的速度、语气、语调和处理问题的效率等。

3. 低水平参与

低水平参与是指顾客与员工之间的互动很少或者互动时间很短暂，有时仅仅要求顾客出现在酒店服务现场即可，服务员将完成全部的服务工作。如顾客进入酒店的微型电影室观看电影，顾客一旦就座，只管享受观影的乐趣就可以了，如果大声评论反而会被视为不文明之举。一般来说，酒店后台是顾客低水平参与服务的区域，对于顾客低水平参与的服务，酒店可以通过制定标准、规范来提高和稳定服务质量。

顾客参与酒店服务过程，除要求酒店加强培养员工的服务技巧、沟通能力，提高服务水平外，还要重视对顾客的管理，善于引导顾客。正确引导顾客要做好以下两点：一是适度的服务承诺。顾客对服务质量的感知是一种心理感觉，主观因素在其中起主导作用。如果酒店在服务过程中对顾客做出了过度承诺，就会导致顾客对服务的期望值过高，而酒店若无法完全履行其承诺，就会降低顾客的满意度，严重时可能引起服务纠纷。二是在顾客参与中了解和把握顾客的隐含需求。服务企业的成功永远依赖于"在顾客最关注的地方竭尽全力"。顾客"最关注的地方"恰恰是顾客为实现某种目的而在酒店消费的最重要的需求，我们把这种目的需求称为"隐含需求"，即隐含在对酒店产品需求中的目的性需求。以顾客到餐厅就餐为例，其隐含需求或是为了庆祝某个项目的成功，或是为了亲情、友情欢聚，或是失恋悲伤的自酌，或是旅行者为了解决一顿简单的餐食，如此等等。显然，不同的顾客就餐的目的不同，其隐含的需求就不同：庆祝的重氛围，欢聚的讲热闹，失恋者求环境，旅行者计较价格。餐厅服务只有了解顾客的隐含需求，并有针对性地开展服务，投其所好，双方才能各得其所。餐饮服务如此，酒店的客房住宿、会议接待、商务活动等等也同样如此。只要发生消费，在其背后就隐含着某种消费目的。在酒店产品需求多样化和客源市场细分化的现实下，满足不同顾客的隐含需求就显得更为突出和重要。

综上所述，顾客参与酒店服务的方式和程度因不同的服务项目而不同。酒店在设计服务流程时，需要认真考虑以下几个问题：让顾客参与的目的是什么？在哪些环节可以让顾客参与？让顾客在参与中能够得到什么利益，顾客是否能够理解这些收益？让顾客如何参与？什么时候让顾客参与？让顾客参与到什么程度？如何发挥顾客参与的积极作用，抑制或消除顾客参与的消极作用？显然，酒店不同性质的服务活动，其答案是不同的，但这些都会影响着顾客对酒店服务质量的评价。

二、根据酒店服务活动进行分类

酒店业发展到今天，酒店服务活动也愈发多样化。下面从酒店服务的提供程度和性质、作用对象两个方面，对酒店服务活动进行分类，探讨不同分类下的酒店经营管理要求。

（一）根据酒店服务活动的提供程度分类

在一般情况下，我们通常根据酒店服务的提供程度将酒店服务分为豪华型服务、中档型服务和经济型服务。在中华人民共和国国家标准《旅游饭店星级的划分与评定》（GB/T 14308—2010）中，将饭店分为有限服务饭店（Limited Service Hotel）和完全服务饭店（Full services Hotel）两种类型。将一星级、二星级和三星级饭店定位为有限服务饭店，在评定星级时应对饭店住宿产品进行重点评价；将四星级和五星级（含白金五星级）饭店定位为完全服务饭店，评定星级时应对饭店产品进行全面评价。事实上，酒店等级并不构成衡量酒店服务提供程度的唯一标准，大多数经济型酒店、汽车旅馆以及蓬勃兴起的民宿等所提供的就是有限服务。有限服务酒店和完全服务酒店在服务和经营方面的区别如表1-2所示。

表1-2 有限服务酒店和完全服务酒店的比较

项目 \ 类别	有限服务酒店	完全服务酒店
组织结构	简单、员工分工不明确	现代组织结构、员工分工明确、员工与客人比例较高
设施设备	必须、必要的硬件设施	设施设备配备齐备且豪华
服务项目	住宿为主，服务项目少而精	服务项目齐全、完整，重视功能配套
服务标准	强调服务标准化	强调标准化服务基础上的个性化服务
服务要求	安全、卫生、便捷	细致、周到、体贴
经营重点	客房	涵盖客房、餐饮和康乐
经营特色	强调质量与价格的性价比	强调酒店环境、氛围与服务的整体协调，关注顾客的全面感受

1. 有限服务

有限服务酒店是舍弃那些对于价格敏感的顾客来说不必要的昂贵服务及附属性服务，强调满足顾客对酒店最基本的需求。但这绝不是说，提供有限服务的酒店就是"廉价""便宜"，这些酒店不是单纯地减少了某些功能与服务，而是集中酒店资源聚焦在酒店住宿这个核心功能上，为顾客提供温馨舒适的、具有较高性价比的住宿产品。一般来说，有限服务的受众是希望能用较低的消费获得舒适经历的旅行者。

2. 完全服务

完全服务酒店在业内也称为全服务酒店。是指酒店提供服务项目齐全、完整，能够满足顾客对于食、住、娱等方面的需求，甚至一些全服务酒店还能提供满足顾客行、购等方面的需求，如一些酒店内部设有商场满足顾客购物需求。在全服务酒店中，强调酒店设施设备齐全配套、豪华舒适，服务人员业务素质高、服务技能强，能够为顾客提供细致周到和别具一格的特色服务，能积极、迅速响应客人的需求。

这种分类方法的意义在于能够帮助酒店区分不同的消费群体，有利于酒店进行准确的市场定位，在对市场进行细分的基础上，有针对性地设计酒店服务项目，以合适的服务方式满足不同顾客的需求。如锦江酒店集团酒店业务涵盖全服务酒店和有限服务酒店，其中，锦江股份将致力于有限服务酒店（含经济型酒店和有限服务商务酒店）业务的发展，从而为公司酒店业务的发展打开了更大的空间。

（二）根据酒店服务活动的性质和作用对象分类

按酒店服务活动的性质和服务活动的作用对象两个维度，可以将酒店服务活动分为以下4种类型。

1. 作用于顾客人身服务的有形服务

这类服务通常是作用于顾客身体的有形行为。在这类服务的整个传递过程中，顾客需要在服务现场接受服务，并获得接受服务所带来的预期收益。如餐饮服务、康乐服务等。

2. 作用于顾客的物品的有形服务

这类服务是作用于顾客实物物品的有形行为，被处理的物品对象必须在服务现场，而顾客本人则不需要亲临现场。如洗衣服务、驻车服务等。

3. 作用于顾客人身的无形服务

这类服务是作用于顾客思想的无形行为。通常需要顾客本人在服务现场，如前台咨询服务、娱乐服务等。但随着信息技术的发展，可能需要顾客的意识、思维必须在场，本人不需要在场，如电话咨询服务、网络预订服务等。

4. 作用于顾客物品的无形服务

这类服务是作用于顾客物品的无形服务。一旦顾客所要求的服务开始实施，顾客本人可能就无须在现场，也无须直接参与。如顾客行李寄存、贵重物品的保管等。

这种分类的意义在于能够有助于酒店服务系统的设计与管理。酒店服务如果要求顾客必须始终在服务现场，酒店员工与顾客之间的交互活动、设施类别及其他顾客的特点，都会影响顾客满意度；如果只需要顾客在服务活动开始和结束时到达现场，服务设施的地点和服务时间就成为顾客是否愿意接受服务的重要因素；如果顾客不必到场，顾客会对服务结果极为关注，而服务过程可能无关紧要。在服务过程中，如果需要顾客接受"精神"产品，既可以在现场提供服务，如面对面地征询顾客意见、展示服务产品等，也可以运用现代信息技术，通过更方便的服务方法为在世界任何地点的顾客提供服务，如采用电子邮件方式征询顾客的意见、展示服务产品的图片、视频等。

【复习与思考题】

一、名词解释

1. 服务　　2. 服务包　　3. 酒店服务

二、简答题

1. 简要回答服务的基本特征。

2. 简要回答服务包的内涵。

3. 简要回答酒店服务的基本特征。

4. 简要回答酒店服务的分类。

三、实操训练

调查所在城市的一家高星级酒店和经济型酒店，分析这两家酒店在设施设备配置、服务项目、服务方式、经营重点方面有何不同。

【典型案例】

欧洲经济型旅馆、学生旅馆的设计理念与服务包

一、经济型旅馆（Budget Hotel）

经济型旅馆是近年来为欧洲酒店业广为推崇的一种新型旅馆形式，许多著名的高档酒店集团都相继把开发这种旅馆形式作为自己产品结构改善的一个主要发展方向。

经济型旅馆概念的形成，源于对酒店业需求趋势的分析。旅游的大众化和经济萧条减少了公众对高档酒店（Hotel）的需求，而低价位的简易客栈（Hostel）和青年旅馆（Youth Hotel）又过于简陋。这就引发了对新的酒店产品的思考：能否在这两者之间找到一种中间型产品？

经济型旅馆应运而生。它的服务理念是为顾客提供一种低价位的简单但十分有效的酒店服务。其价位比简易客栈和青年旅馆略高，但大大低于高档酒店。它没有高档酒店的齐备设施和综合服务，但能满足顾客外出旅行的基本要求：住宿和膳食以及一些简单的配套服务。这比只提供住宿和自助膳食的简易客栈和青年旅馆要好得多。

在这种理念的指导下，经济型旅馆的经营者们设计了自己独特的服务包。

（1）支持设施。

建筑材料最好能用结实耐用，且不需养护的材料，砖头比较合适。如果用石料或玻璃幕墙则成本太高。空调系统最好不采用中央控制，而用分体式，有利于节能。其他设施都以简单、实用为好。

（2）辅助性产品。

选用一次性杯具替代玻璃瓷器，供应的餐食也以简单为宜。住经济旅馆的客人在吃的方面也会很节省。

（3）显性服务。

客房服务员都以统一的标准打扫清理房间，餐厅服务员提供简单快速的餐食服务。

（4）支持性服务。

后台服务和工作人员数量较少，支持性的工作如厨房工作、人事管理等都由前台人员兼任。

（5）隐性服务。

总服务台员工能表现出良好的人际交往能力。

标准化的服务能满足顾客的服务期望，顾客感到"物有所值"。然后，我们将质量标准与服务包结合起来，分析组成服务的要素如何达到质量要求，如表1-3所示。

表1-3 质量标准与服务包

服务包要素	详细项目	衡量标准	对不合标准的修正
支持设施	建筑物外观；地面；空调；供热	无脱漆；绿草地；温度在25~28℃	重漆；浇水；修理或置换
辅助性物品	电视；肥皂；供应冰块、餐食	正常收视；每床位一个；每房一桶（冰桶）；面包、新鲜牛奶	修理或重置；添加；添加；调换
显性服务	房间干净度；总台服务；餐厅干净度	无污迹、垃圾；快速；无污迹、垃圾	用清洁设备打扫；培训员工；用清洁设备打扫
隐性服务	安全气氛	有消防设施、通道和门锁；友好、轻松	修理或置换；培训员工

二、学生旅馆

我们再介绍一下学生旅馆的服务产品内容及特点。读者可根据上面经济型旅馆的服务包分析方法，自行总结学生旅馆的服务包。

欧洲是世界上最大的旅游客源地，同时也是最大接待区，旅馆业极其发达。学生旅馆是其中特点十分鲜明的一种类型。

一般旅馆、酒店的客源市场都呈现多元化结构（当然每个旅馆都有其主导客源），极少把企业的经营捆绑在某一个单一的市场板块上。相应地，一般酒店的服务设计也反映了这一客源结构，即具有较广市场范围的适应度。这种设计理念就是我们平时了解的所谓酒店的基本形象，有敞亮的大堂，带卫生间的客房，舒适的餐厅，无微不至的服务等。

而学生旅馆则采用了另一种截然不同的战略和服务设计。学生旅馆是专为青年学生提供膳宿服务的企业。它的目标市场是一个单一的特点鲜明的板块——青年学生。近年来，青年学生外出旅游成为旅游市场的一个亮点。作为没有稳定经济收入的旅游者，青年学生很难支付传统旅馆酒店的住宿费用。同时，他们在旅游过程中对膳宿要求也保持在较低水平，不需要更多的服务和配套设施。因此，为他们提供一种相应的膳宿服务便成为学生旅馆的服务理念的起源。

由于目标市场单一且特点鲜明，学生旅馆采用了针对性极强的服务设计。设计理念的核心就是提供一种最基本、最简单、最廉价的膳宿。旅馆选址通常在城市较偏僻的边缘地带，一般都利用旧房子改造而成，交通不是特别便利。这样就降低了土地成本或租金。

学生旅馆的大堂很小，常常与简易餐厅共用一个空间。地下室常被用来作为餐厅或娱乐活动室（只有一台电视机和一些旧家具）。客房内没有单独卫生间，往往10余间客房共用1个公共卫生间。卫生间内没有浴缸，只设淋浴，有热水供应，但供应时间有限。卫生间内除手纸之外无一次性洗浴用品和布巾。房间内无电视机、台灯、落地灯和写字台等家具，只有床和少量简易座椅。这里不使用一般酒店常用的梦思床，而是多层的高低铺。所以这种旅馆出售的是床位而不是房间。

餐厅设施也很简单，狭小的桌子和简易椅，除几张现代艺术画外无任何装饰。厨房是开放式的，供青年学生自助烹调。烹饪设备仅限于简易食品制作。

旅馆的服务风格为简单、朴素、自助。在这里，找不到所谓楼层服务员、餐厅服务员、保安。唯一能看到服务员的地方是总服务台，一般只有一位员工当班提供所有有关入住登记，甚至结账服务。

旅馆虽设有餐厅，但除提供简易的欧式早餐之外（面包、牛奶或咖啡、水果）没有任何正餐服务。厨房是为学生自助烹调而设的。

为适应青年学生的特点，旅馆还设有小型网吧，但需收费。另备有一些青年杂志和报纸及旅游地图，供学生消遣并为其自助旅游提供帮助。

学生旅馆的价格十分低廉，一般在5~9英镑。而一般经济型旅馆的价格则在20英镑上下。

学生旅馆通常不需要做广告，只通过专业组织来进行销售。如高校学生会、学生社团和部分学生旅行社。

资料来源：https://wenku.baidu.com/view/d16cfd2aed630b1c59eeb58a.html。

分析与讨论：分析学生旅馆的服务包构成，结合本案例分析服务的特征。调查校园内某一服务企业，分析其服务包的构成。

第二章

酒店服务质量

【内容导读】

现代酒店企业由于竞争加剧，使得酒店企业在经营发展中都非常重视服务质量，期望通过服务质量管理，为顾客提供稳定的优质服务，满足顾客的各种需求，提高酒店的知名度和美誉度，吸引新客源、留住老顾客，使之成为酒店的忠诚顾客。本章主要介绍质量与服务质量的概念与特点、质量管理及质量管理发展历程、酒店服务质量概念与特征、酒店服务质量管理内容。

【学习目标】

①掌握质量、质量管理、酒店服务质量的概念与基本特征；②了解质量管理发展历程；③掌握酒店服务质量的构成。

【案例导入】

星级酒店的服务

张先生和朋友乘坐的出租车刚刚停在酒店大堂门口，面带微笑的门童立刻迎上前来，并躬身拉门问候："欢迎光临！"张先生和朋友谈笑风生地走下了出租车，门童扭头对正准备进酒店的张先生说："先生，您是否遗忘了公文包？"张先生一听，停止了说笑，忙说："是我的公文包，谢谢，谢谢。"门童将公文包递给张先生后，同时又写了一张小条子递了过去，这张小条写着这辆出租车的号码。然后，门童迅速引领他们进入酒店大堂。

张先生来到前厅接待处，接待员礼貌地问候："你们好，欢迎光临。请问有没有预订？"张先生说："我们已经订了一个标准间。"接待员随即请张先生出示证件，并熟练地查阅预订资料，立即为客人填写了入住登记表上的相关内容，并请张先生预付押金和签名，最后说："先生，你们住在1803房，这是你们的房卡与钥匙，祝你们入住愉快！"在张先生办理入住登记手续时，行李员始终恭立在他们的身边，为他们看护行李箱。

当行李员带着张先生他们来到1803房间门口，客房服务员便迅速走了过来，笑容可掬地躬身说："你们好，欢迎光临，请出示房卡。""请这边走。"服务员敲门并报："Housekeeping, Housekeeping, Housekeeping。"张先生诧异地说："不是没有人吗？"服务员回答道："这是我们的服务规范。"客房服务员打开房门后，开始介绍客房设施与服务，行李员将他们的行李放到行李架上，同时发现他们将西装脱下随手扔在床上，便走过去将西装挂进壁橱。客房服务员和行李员询问道："张先生，还有什么需要帮助的吗？"张先生高兴地说："不用了，谢谢你们。""祝你们在酒店居住愉快！"然后两个服务员告辞退出。

张先生和朋友经过一天的旅行，已经非常疲倦了。当他们躺在柔软的床上，听着悠扬的音乐，欣赏着舒适豪华的室内装潢，回忆着进入酒店的整个过程时，张先生满意地对朋友说："这真是星级酒店的服务啊！我们要的正是这种服务。"

资料来源：作者根据相关资料整理。

第一节　质量管理概述

一、质量与质量管理

（一）质量的概念与特点

1. 质量的概念

对于"质量"这一词语，我们每一个人都不陌生，甚至我们每天都在使用这一词语，但当我们仔细思考究竟什么是质量时，不免又有一种似是而非的模糊感觉。因此，我们必须在理论上综合认识质量的含义。实际上，理论界对于质量的认识，也是一个逐步深化与完善的过程。在企业管理学文献中有许多的质量定义，"符合性"质量和"适用性"质量是其中使用最为广泛的两类。

（1）"符合性"质量。

18世纪末19世纪初，工业企业为了适应大规模生产的需要，会按规格生产通用零件和组装标准化产品，以达到提高生产效率和降低生产成本的目的。此时工业企业开始使用"符合规格"的质量定义。这是最早的质量定义，并在整个20世纪得到了最广泛地使用。主要代表人物是美国著名质量管理学家克劳斯比（P.B.Crosby），他提出了"符合性质量"概念，并指出质量并不意味着好、卓越、优秀等，质量意味着对于规格或要求的符合（Con-formance to Requirement）。谈论质量只有在相对于特定的规格或要求的情况下才有意义，合乎规格即意味着具有质量，而不合格自然就意味着缺乏质量。

"符合性"质量定义的优点是按照规格来衡量产品质量，可操作性强，有利于企业实现标准化管理。具体到在一个工业企业的产品生产中，生产一线的工人必须严格遵循规定的操作程序，生产出符合管理人员要求的产品，产品的合格率与工人工资直接挂钩，以此保障企业有效地降低成本，提高生产效率；质量检查人员必须严格依照产品规格要求进行产品出售前的质量检查和合格率统计工作，以确保产品质量的一致性；管理人员可以根据产品符合规格的程度，考核质量管理工作实绩；研究人员可以采用客观的产品规格，分析不同的质量标准对不同行业、不同企业、同一企业在不同时期的经营业绩的影响。

可见，"符合性"质量定义在广大的工业企业、建筑企业中是适用的，无论是对企业一线工人，还是对管理人员来说都具有很强的可操作性。但前提是要对客户需求有明确的理解。

"符合性"质量定义的缺点是"符合规格"的质量定义仅是一种狭义的质量定义，因为它忽视了顾客才是质量的最终评判者。首先，顾客并不是根据产品的规格来评价众多消费品的质量的，甚至有时顾客对产品的"规格"是什么都不知道，事实上，许多顾客也不会关心产品的具体"规格"。其次，企业管理人员认为质量好的，顾客不一定认为好。例如，某餐厅严格规定客人点餐后5分钟上菜，有的顾客说快了，而有的顾客则说慢了。再次，产品可以有严格的规格（如电冰箱的长、宽、高等），但服务却是无形的，服务性企业的管理人员很难确定某些服务属性的量化标准，也就无法根据规格衡量服务质量。例如微笑、鞠躬等服务很难量化，服务的效果也很难准确评估。

总的来说，"符合性"的质量定义是从工业企业的角度出发来对质量进行定义的，以便企业进行质量管理工作，因其对工业企业等来说具有高度的可操作性，所以在如今的工业企业内部质量管理中仍在沿用这一定义。

（2）"适用性"质量定义。

为克服"符合性"质量定义存在缺陷，有学者提出了"符合期望"的质量定义。其中，朱兰（Joseph M.Juran）提出的"适用性质量"（Fitness for Use）概念传播相对广泛。朱兰博士认为产品质量就是指产品的适用性，即适合使用的特性。换言之，就是指产品使用过程中成功地满足顾客需求的程度。它普遍适用于一切产品或服务。朱兰在他的质量管理学巨著《质量控制手册》中还指出："所有有关质量职能的概念中，没有一个像'适用性'那样关键或难以把握；没有一个能比'适用性'更为影响深远、更为重要。因此，对顾客来说，质量是指适用性，而不是'符合规格'。而且用户很少知道'规格'是什么，质量对他而言就意味着产品在交货时或使用中的适用性。任何组织的基本任务就是提供能满足用户需求的产品。"

"适用性"质量定义关注产品和服务质量中不易量化的因素，更加密切关注外部的因素和市场动向，促使企业管理人员从顾客的角度出发，做好质量管理工作。但"符合期望"质量定义也存在不可忽视的缺点。不同的顾客，差异性很大，偏好也不一样，难以找到一个对所有顾客都适用的、统一的质量标准。另外在统计上也有困难，顾客自己可能说不清自己的感受，同时还会受购买产品或接受服务时的客观条件的影响，再有就是消费者在偶尔或者随意购买时可能根本就没有期望等。

（3）国际标准化组织关于质量的定义。

国际标准化组织ISO在综合了"符合性"和"适用性"质量的基础上，将质量定义为："一组固有特性满足要求的程度。"

国际标准化组织对于质量的定义综合而全面，本书中的质量定义采用了国际标准化组织关于质量的定义。对这一定义要从以下5个方面进行理解。

①定义中的质量具有广泛性。质量可以广泛地存在任何可以用质量进行描述的事与物中，如产品质量、过程质量、体系质量、服务质量，等等。

②定义中"固有的"是指存在于某事或某物中的，尤其是那种永久的特性。"特性"是指可以区分的特征，它可以是某事或某物固有的，也可以是赋予的，赋予的特性（如产品价格等）不是它们的质量特性。特性有多种类型，既可以是定量的，也可以是定性的，如可以是物理的、感官的、行为的、时间的、功能的等方面的特性。

③定义中的"要求"可以是明示的、通常隐含的或必须履行的需求或期望。"通常隐含的"是指组织、顾客以及其他相关方的一般做法或惯例，所考虑的需求或期望是不言而喻的。规定要求可使用修饰词表示，如产品要求、质量管理要求、顾客要求等；规定要求是经明示的要求，如在文件中阐明；要求可以由不同的相关方提出，如组织的要求、顾客的要求等。

④定义中的质量是名词。质量本身并不反映满足要求的能力的程度。因此，在对某事、某物进行质量描述时可以用形容词加以修饰，如质量好或质量差等。

⑤定义中的质量具有动态性和相对性。不同相关方对质量要求随时间、环境、地点等变化而变化。所以，应定期开展进行质量评审，按相关方变化了的需求和期望，相应地进行质量改进，确保持续地满足相关方变化了的要求。

2. 质量的特性

（1）质量的社会性。

质量的好坏不仅来自产品生产和服务提供者的精心设计，也不仅仅是反映产品与服务的消费者的直接反馈，而应是从整个社会的角度来予以评价。尤其是服务性产品，如酒店服务性产品，虽然是以无形为主，但具有以满足消费者精神消费为核心的功能，酒店服务产品的质量便不仅仅是由酒店和消费者予以评价，而应该是从社会道德、文明进步、相关法律、员工的职业安全与健康等社会性角度进行评价。

（2）质量的经济性。

质量不仅要考虑某些技术指标，而且还要从制造成本、价格、使用价值和消耗等方面来综合评价。在确定质量水平或目标时，不能脱离社会的条件和需求，不能单纯追求技术上的先进性，还应考虑使用上的经济合理性，使质量和价格达到合理的平衡。

（3）质量的系统性。

质量是一个受设计、制造、使用等因素影响的复杂系统。例如，汽车是一个复杂的机械系统，同时又是涉及道路、司机、乘客、货物、交通制度等特点的使用系统。产品的质量应该达到多维评价的目标。费根堡姆（A.V.Feigenbaum）认为，质量系统是指具有确定质量标准的产品和为交付使用所必需的管理上和技术上的步骤的网络。

（二）质量管理相关术语

在ISO9000：2015标准中，对质量管理相关术语进行的规定。

1. 质量管理

质量管理是指为了实现组织的质量目标而进行的计划、组织、领导、控制等管理活动。ISO9000：2015标准对质量管理的定义是：指导和控制组织的关于质量的相互协调的活动。其中，指导和控制与质量有关的活动，通常包括质量方针、质量目标以及质量策划、质量控制、质量保证、质量改进。

这一定义说明，组织的质量管理要确立组织的质量方针和质量目标，并在质量目标实施中进行质量策划、实施质量控制和质量保证、开展质量改进等活动实现组织的质量目标。质量管理涉及组织的各个方面，需要组织全体员工积极参与，以确保组织各项质量管理活动顺利进行。

2. 质量方针

质量方针是由组织的最高管理者正式发布的该组织总的质量意图和质量方向。通常情况下，质量方针与组织总方针相一致并为制定质量目标提供框架，本标准中提出的质量管理原则可以作为制定质量方针的基础。

这一定义说明，质量方针必须由组织最高管理者正式发布，是组织质量活动的纲领，是组织全体成员开展各项质量活动的准则。最高管理者必须与组织各层次进行沟通，以确保组织的全体人员理解并贯彻实施质量方针。

3. 质量目标

质量目标是关于质量的所追求的目的。其中，质量目标通常建立在组织质量方针基础上，通常对组织的各相关职能和层次分别规定质量目标。

这一定义说明，组织的质量目标必须以质量方针为依据和基础，并始终与质量方针保持一致。管理者要运用系统的管理方法将组织质量目标自上而下地进行分解、落实到组织的各相关的职能部门和层次，并予以量化，制定具体的目标值，这样才能有效地保证组织目标的实现。

4. 质量策划

质量策划是质量管理的一部分，它致力于制定质量目标并规定必要作业过程和相关资源以实现质量目标。其中，编制质量计划可以是质量策划的一部分。

这一定义说明，质量策划的主要内容是制定质量目标，规定必要的运行过程和相关资源以实现质量目标。同时质量策划是组织各级管理者的重要职责，在质量策划中，各级管理者都必须运用基于事实的决策方法，进行识别、分析和做出正确的抉择，通过实施，确保组织质量目标的实现。

5. 质量控制

质量控制是质量管理的一部分，它致力于满足质量要求。

这一定义说明，质量控制是质量管理的一个组成部分，其目的是使产品、体系或过程的固有特性达到规定的要求，是预防不合格发生的重要手段和措施。质量控制应贯穿在产品形成和体系运行的全过程。

6. 质量保证

质量保证是质量管理的一部分，它致力于提供质量要求会得到满足的信任。

这一定义强调说明：质量保证定义的关键词是"信任"，不同相关方对产品质量要求不尽相同，对组织的质量保证活动的要求也不尽相同。

7. 质量改进

质量改进是质量管理的一部分，它致力于增强满足质量要求的能力。其中，要求可以是有关任何方面的，如有效性、效率或可追溯性。

这一定义说明，质量改进目的是提高组织质量管理的有效性和效率，从而在质量方面取得竞争优势。质量改进是组织长期任务，必须发动全体员工识别、查找组织在质量方面存在的薄弱环节，并实施改进。

二、现代质量管理发展历程

现代质量管理大致经历了4个发展阶段：质量检验阶段、统计质量控制阶段、全面质量管理阶段和国际质量管理体系标准的质量管理阶段。

（一）质量检验阶段

20世纪初，人们对质量管理的认识还只局限于对产品质量的事后检验，通过各种检验设备，对全部产品质量进行严格把关。期间泰勒"科学管理"理论提出的计划职能与执行职能相分离，使产品的质量检验从制造过程中分离出来，通过设置专业的质量检验部门、专门的质量检验岗位和专职的质量检验人员对产品质量进行检验，这种质量检验方式极大地促进了产品质量的提高。但这种事后检验把关的质量检验方式，无法在生产过程中预防、控制废品的产生，不能减少废品造成的损失。随着生产效率的提高和生产规模的扩大，产品的全数检验也极大地增加了检验费用。这引起了一些管理专家、数学家的关注，并设法运用数理统计的方法来解决质量检验中存在的问题。

（二）统计质量控制阶段

早在 1924 年，被誉为美国的"统计质量控制之父"的休哈特就提出了产品制造过程中控制和预防缺陷的概念。之后，休哈特又将数理统计方法运用到质量管理中来，并成功地创造了"控制图"。控制图的诞生，标志着质量管理由单纯事后检验进入检验加预防的新阶段。

统计质量控制由于着重应用统计学的方法进行质量控制和质量检验，极大地提高了制造企业的产品合格率，大幅度降低了生产费用，使得美国以外的许多国家也都陆续推行了统计质量管理，并取得了成效。但由于统计质量控制一方面过分强调运用统计学方法进行质量管理，使人们误认为质量管理是统计专家的事情，质量管理高不可攀；另一方面，对质量的控制与管理仅仅局限于生产制造和检验部门，忽视了组织管理和生产者的能动性。这些都影响了统计质量控制方法的推广与应用，也限制了它的发展。

（三）全面质量管理阶段

进入 20 世纪 50 年代，科学技术的迅猛发展，工业生产技术逐渐现代化，对质量管理提出了新的要求。主要表现在：大型、复杂、精密产品的出现，对产品质量，尤其是安全性、可靠性和经济性的要求越来越高；20 世纪 60 年代行为科学理论产生与发展，强调改善人际关系，发挥管理中人的主观能动性，质量管理中出现了依靠工人自主管理的活动；"保护消费者利益"运动的兴起与发展，促使企业重视"产品责任"和"质量保证"问题，要求企业必须加强内部管理，建立贯穿产品质量形成全过程的质量管理体系。

基于上述原因，美国质量管理专家费根堡姆和朱兰等先后提出了全面质量管理的思想。1961 年，费根堡姆在他的《全面质量管理》一书中对全面质量管理定义是："为了能够在最经济的水平上同时又充分考虑到满足用户需求的条件下，进行市场研究、设计、制造和服务，使企业各部门的研制质量、维持质量和提高质量的活动构成一种有效的体系。"

此后，全面质量管理理论得到了进一步的扩展与深化，也逐步被世界各国所接受，成为一种综合、全面的经营管理方式和理念。各国在运用"全面质量管理"理论时，各有所长，产生了不同的质量观点，为国际贸易设置了"质量障碍"。

（四）国际质量管理体系标准的质量管理阶段

全面质量管理所推行的质量管理制度是站在供给者的立场上的质量管理制度，而 ISO9000 国际质量管理标准是站在购买者立场（顾客）的质量管理制度。1959 年，美国国防部为了解决武器在使用过程中暴露的质量事故，颁布了全世界最早的关于质量保证标准的文件——美国军用 M11-Q-9858A《质量保证大纲》，使得美国军需品的质量得以迅速提高。之后，世界各国借鉴美国成功经验，先后制定了各自的质量保证标准文件。英国在总结和完善质量保证标准文件的基础上于 1979 年制定和发布了一套 BS5750 英国国家保证标准。该标准的发布与实施，形成了 ISO9000 系列的雏形。

20 世纪 80 年代，随着全球经济贸易一体化进程的加快，国际贸易竞争不断加剧，许多国家出于自身利益的考虑，运用技术壁垒，用越来越严格的标准和质量提高产品贸易门槛，限制商品进口。由于世界各个国家标准不尽相同，使得各国对质量体系的评审要求也不相同，极大地阻碍了国际经贸往来。为此，英国标准化协会（BSI）向 ISO 提议制订统一的国际质量保证标准。ISO 在总结各国质量保证的实践经验后，于 1986 年正式发布了 ISO8402 标准，并在 1987 年 3 月正式发布了 ISO9000 系列国际标准，这也标志着质量管理进入了一个全新阶段。

三、现代质量管理主要代表人物简介

（一）戴明

戴明（W.Edwards.Deming）是当代美国著名的质量管理专家，致力于研究提升质量管理效率的技巧。他因对推动日本质量管理发展做出的卓越贡献而享誉全球，以他的名字命名的"戴明品质奖"（Deming Prize），现在仍是日本质量管理的最高荣誉。

戴明数十年的研究和演讲的内容可以归纳为"戴明 14 条质量管理原则"。这 14 条原则构成了戴明的质量体系的核心，指明了组织转向、专注质量的路径。戴明的 14 条质量管理原则内容如下。

1. 创建一个改进产品、服务的恒久的目标

组织最高管理层必须从迷恋短期目标中解脱出来，转向长远目标的建设。在所有领域进行改革和创新，把产品和服务作为恒久的目的，并坚持经营。

2. 采用新理念

在新的经济时代，组织的生存与发展绝不能容许低劣的原料，欠佳的工艺水平，有瑕疵的产品和服务。

3. 停止依赖检验来提高质量

检验只能发现不合格，但几乎不能增加产品的价值，反而会降低生产率，增加成本。正确的做法是改良生产过程，预防不合格的发生。

4. 停止依据价格标签评价企业

价格本身并没有意义，只有相对于质量才有意义。依靠测定的质量并参考价格水平确定供应商，淘汰不能提供有关质量统计数据的供应商。

5. 持续改进生产与服务系统

在企业生产经营的每一个环节都要持续不断地进行改进，降低浪费和提高质量。

6. 建立在职培训制度

采取科学的培训方法对员工进行培训。培训必须有计划性，必须是建立在可接受的工作标准之上，并且必须采用统计方法衡量培训效果。

7. 采用组织领导体系

管理者必须是领导者。管理者不仅要做好自己的工作，还要有能力帮助员工做好工作，还要善于收集信息，发现员工工作中存在的障碍，并采取措施排除障碍。

8. 驱除恐惧

恐惧是产生质量问题和生产效率问题的一个基本原因。管理人员要担负起责任，取得员工的信任。所有人都要敢于提出问题，表达意见。

9. 撤除部门间的藩篱

每一个部门的人员都不应独善其身，而需要协同作战。跨部门的质量团队有助于改善制造、服务、质量和成本。

10. 消除给员工压力的口号、目标

问题存在于系统内部和生产运作过程之中，是管理层的责任，而非员工的责任。那些让员工无法做到的口号、目标等，会降低员工的积极性，增加员工的挫折感。

11. 废除工作标准和数量化定额

无视员工差异，强调统一的工作标准和工作定额，会降低员工积极性。数量化定额的关注点在于数量，而非质量。计件工作制更是鼓励制造废品。

12. 消除那些不能让员工以技术为荣的障碍

对员工的评价依据往往是员工无法控制的结果。管理层的责任就是了解并解决这些问题，任何导致员工失去工作尊严的因素必须消除。

13. 建立一个有生命力的教育和自我提高机制

所有员工都必须准备、愿意接受培训，并对自己的未来负责，企业也必须乐于对员工进行投资与培训。

14. 全员行动完成转型

在高层管理中采取措施，使所有成员都能共同努力，每天的工作都符合上面13条原则。

（二）朱兰

朱兰，当代美国著名的质量管理专家，日本质量管理取得成功的另一位主要贡献者。他将毕生的精力投入质量管理中，并取得了巨大的成就。被誉为20世纪最伟大的现代质量管理大师之一，质量领域的"首席建筑师""质量之父"。

朱兰将质量看作是"适用性"，他的《朱兰质量手册》在半个多世纪中，一直是质量管理领域最具影响力的出版物之一，被人们誉为质量管理领域的"圣经"，是全球范围内质量管理的参考标准。他在质量管理领域的主要贡献集中在质量计划、质量控制和质量改进的质量"三部曲"以及关于质量控制的"质量螺旋"理论。

1. 朱兰的质量"三部曲"

（1）质量计划。

朱兰认为质量计划需要高层管理者的承诺和行动，旨在建立能够满足质量标准化的工作程序。质量计划从认知质量差距开始。看不到差距，就无法确定目标。而这种差距的定位，要从顾客的满意度入手，追溯生产设计和制造过程，就能使存在问题清晰化。为了消除上述各种类型的质量差距，并确保最终的总质量差距最小，作为质量计划的解决方案，朱兰列出了6个步骤：确定顾客；明确顾客要求；开发具有满足顾客需求特征的产品；建立产品目标；开发流程满足产品目标；证明流程能力。

（2）质量控制。

朱兰将质量控制定义为：制定和运用一定的操作方法，以确保各项工作过程按原设计方案进行并最终达到目标。质量控制要通过创建关注质量的学习型组织来培训员工，强调了质量管理培训对质量控制的重要性。朱兰强调，质量控制并不是优化一个过程（优化表现在质量计划和质量改进之中，如果控制中需要优化，就必须回过头去调整计划，或者转入质量改进），而是对计划的执行。他列出了质量控制的7个步骤：选择控制点；选择测量单位；设置测量；建立性能标准；测量实际性能；分析标准与实际性能的区别；采取纠正措施。

（3）质量改进。

质量改进是指管理者通过打破旧的平稳状态而达到新的管理水平。更合理和有效的管理方式往往是在质量改进中被挖掘出来的。这就需要通过加强沟通发现质量管理过程中的信息，定期向质量改进目标前进，要以革命性的速度提升质量改进观念。质量改进的7步骤是：确定改进项目；组织项目团队；发现原因；找出解决方案；证明措施的有效性；处理文化冲突；对取得的成果采取控制程序。

质量"三部曲"中的3个部分既各自独立，又紧密联系，形成完整、系统的质量观念。

2."质量螺旋"理论

朱兰认为，为获得产品的最佳使用效果，需要进行一系列的质量管理活动。这些活动主要包括市场调查、开发设计、计划采购、生产控制、检验、销售、反馈等各个环节。同时，这些环节又在整个过程周而复始的循环中螺旋式上升。因此，它也可被称为"质量进展螺旋"，如图2-1所示。

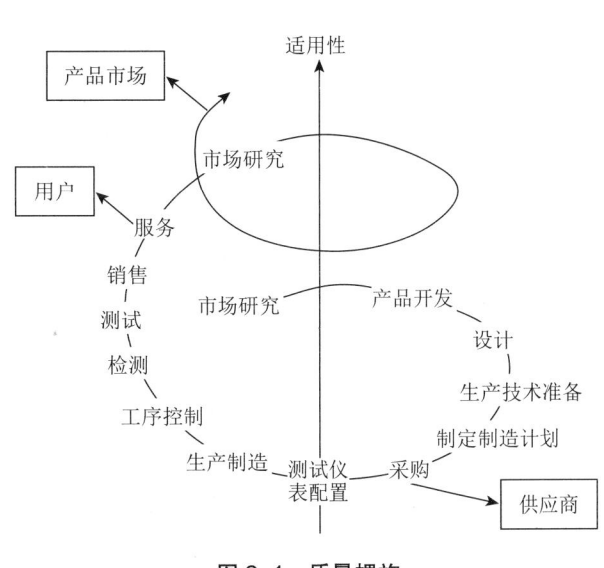

图2-1 质量螺旋

(三）克劳斯比

克劳斯比致力于管理哲学的发展与实践，开创了现代管理咨询在质量竞争力领域的新纪元，被美国《时代》杂志誉为"本世纪伟大的管理思想家""品质大师中的大师""零缺陷之父""一代质量宗师"。2001年，克劳斯比获得了美国质量界最高荣誉——美国质量学会"ASQ终身荣誉会员"。

在半个多世纪的质量管理文献中，克劳斯比是这个领域内被引用得最多的作者之一，诸如"符合要求""零缺陷""可靠的组织""质量免费"等词汇都出自他的笔端。克劳斯比的管理哲学思想的核心是质量管理"四项基本原则"。

1. 质量就是符合要求的标准

符合要求的标准在各个领域都有清晰的定义，不会被混淆和误解。"我们依据这个标准去评估表现，不符合就是没有质量，所以质量问题就是合乎不合乎标准的问题。"

2. 以预防为质量管理制度

防患于未然是质量管理中最为需要的，事先了解行事程序，知道哪些是必须事先预防的，并尽可能找出每个可能发生错误的机会。这一原则认为检验、评估、分类等都是事后把关，并不能产生质量，提升质量的"良方"是预防不合格的发生，而不是检验。

3. 工作标准必须是"零缺陷"

这一原则强调的是第一次就把事情做对。他认为，有两种酿成错误的因素——缺乏知识和漫不经心。知识能够通过经验和学习得到充实和改进，而漫不经心却是态度问题，必须通过个人反省觉悟，才有可能改进。任何人只要决意小心谨慎、避免犯错，便已向'零缺陷'的目标迈进了一大步。

4. 质量的衡量做法是不符合要求的代价

这一原则主要是认识到质量成本，尤其是不符合要求（做错事）的成本。这一成本累计起来十分惊人，占制造企业营业额的20%、服务企业的35%以上。这是因为不符合要求而付出的代价是可以通过预防措施来避免的。

小案例

有一天，美国通用汽车公司客户服务部收到一封信："这是我为同一件事第二次写信，不会怪你们没有回信给我，因为我也觉得这样别人会认为我疯了，但这的确是一个事实。

我家有个习惯，就是每天晚餐后，都会以冰激凌来当饭后甜点。由于冰激凌的口味很多，所以我们家每天饭后才投票决定要吃哪一种口味，决定后由我开车去买。

但自从我买了新的庞帝雅克（通用旗下的一个品牌）后，问题就发生了。每当我买香草口味时，我从店里出来车子就发不动了。但如果买其他口味，发动车时就很顺利。

我对这件事是非常认真的，尽管听起来很无厘头：为什么当我买了香草味冰激凌它就罢工，而我不管什么时候买其他口味，它就不罢工？为什么？"

事实上，客服部的总经理对这封信还真的心存怀疑，但他还是派了一位工程师去查看究竟。当工程师去找这位客户时，很惊讶地发现这封信是出自一位事业成功、乐观且受了高等教育的人。工程师安排与这位客户的见面时间刚好是在用完晚餐的时间，两个人于是一个箭步跃上车，往冰激凌店开去。那个晚上的投票结果是香草口味，当买好香草冰激凌回到车上后，车子又"罢工"了。这位工程师之后又依约来了三个晚上。

第一个晚上，巧克力冰激凌，车子没事。

第二个晚上，草莓冰激凌，车子也没事。

第三个晚上，香草冰激凌，车子"罢工"。

这位有逻辑思维的工程师，到这时还是死不相信这位客户的车子对香草味过敏。因此，他仍然不放弃继续安排相同的行程，希望能够将这个问题解决。工程师开始记下从头到现在所发生的种种详细资料，如时间、车子使用油的种类、车子开出及开回的时间……

根据资料显示，他有了一个结论，这位客户买香草冰激凌所花的时间比其他口味的要少。为什么呢？因为香草冰激凌是所有口味中最畅销的，店家为了让顾客每次都能很快地取到，将香草口味特别放置在店的前端；至于其他口味则放置在后端。

现在，工程师所要知道的疑问是，为什么这部车会因为从熄火到重新发动的时间较短时会"罢工"？原因很清楚，绝对不是因为香草冰激凌的关系，工程师脑海中给出了答案：蒸气锁。

因为当这位客户买其他口味时，由于时间较久，引擎有足够的时间散热，重新发动时就没有太大的问题。但是买香草口味时，由于花的时间较短，引擎太热以至于还无法让"蒸气锁"有足够的散热时间。问题就这样解决了。

第二节　酒店服务质量

一、酒店服务质量的含义

对于酒店服务质量概念的界定，目前在学术界及业界尚未有一致的看法，在对酒店服务质量的理解上有两种不同的认知。一种是从"狭义"的角度来理解，认为酒店服务质量是酒店软件服务质量，由服务项目、服务效率、服务态度、礼仪礼貌、操作技能、清洁卫生、环境气氛等构成；另一种是从"广义"角度，认为酒店服务质量是硬件质量和软件质量构成。

上述两个概念都是从服务供方（酒店）角度提出的，对于需求方（顾客）并没有涉及。根据本书第一章中的酒店服务概念和本章中ISO的质量定义，本书认为酒店服务质量是以酒店拥有的设施设备为基础和依托，为顾客提供的服务在价值和使用价值上适合和满足顾客物质和精神需求的程度。其中，适合是指酒店提供的服务在价值和使用价值上应与酒店的类型、等级等相吻合，并能为顾客所接受；满足是指酒店服务在使用价值上能够为顾客带来物质上的享受和精神上的愉悦，符合或超出顾客的期望。因此，酒店服务能否适合和满足顾客物质与精神需求，以及适合和满足的程度如何，是衡量酒店质量优劣的主要标志。

准确把握和深刻理解酒店服务质量应从服务的提供方和需求方两个方面予以考虑。

（一）酒店服务方面

1. 提供服务标准化操作，满足顾客一般化需求

尽管不同的顾客对酒店服务产品有不同的需求，但从本质上来说，顾客对酒店服务产品的作业过程有着相同的需求，即满足顾客的需求的酒店服务作业过程有着共同性和重复性。如顾客入住登记、离店结账、客房卫生清洁等。酒店要在调查分析的基础上，将现行服务作业的每一操作程序和每一动作进行分解，以科学技术、规章制度和实践经验为依据，以安全、质量效益为目标，对服务作业过程进行改善，从而形成一种优化服务作业程序，达到安全、准确、高效、省力的服务作业效果。科学规范的服务，是保证优质服务的前提。

2. 提供个性化服务，满足顾客特殊需求

顾客对酒店产品除了有共同性的需求外，还存在着一些特殊需求，这种特殊需求因人而异。酒店要在为顾客提供标准化服务的基础上，提供个性化服务，满足顾客偶然的、个别的、特殊的需求，以提高顾客的满意度。

（二）顾客需求方面

1. 了解顾客的真正需求

顾客的需求有明示的和隐含的需求两种。通常隐含的需求是顾客真正的实质性需求。酒店服务人员要透过顾客明示的需求，理解、领会顾客的真正需求，并满足顾客的真正需求。这是提高顾客满意度的有效途径。

2. 管理顾客需求

酒店要通过服务引导等方式，引导顾客需求，达到顾客满意的效果。

3. 定位顾客群体

酒店要根据自身的等级、类型及特点等，明确酒店的市场定位，细分酒店服务的顾客群体，了解和把握这一群体的需求，提供满足这一顾客群体需求的产品和服务。

二、酒店服务质量构成

根据酒店服务的有形性和无形性，结合酒店服务质量定义，从酒店服务提供的角度来看，酒店服务质量由硬件质量和软件质量构成，如图2-2所示。硬件质量是指与酒店设施设备等实物有关的，并可以用客观指标度量的质量。软件质量是指与酒店服务中劳务活动有关的，并难以用客观指标度量的质量。

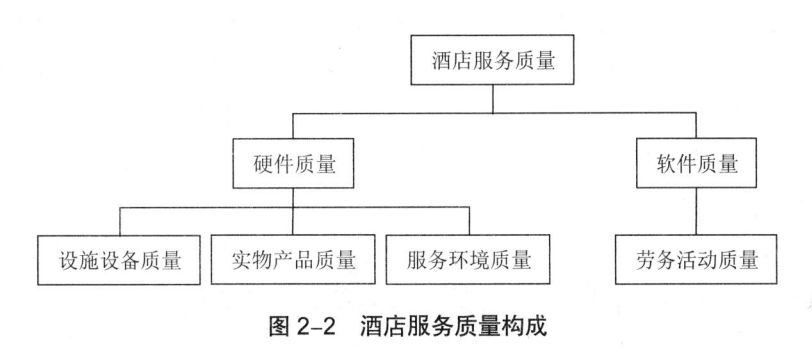

图 2-2 酒店服务质量构成

（一）硬件质量

酒店服务产品的硬件质量主要指酒店提供的设施设备、实物产品及服务环境质量。

1. 设施设备质量

酒店是凭借设施设备为顾客服务的，设施设备是酒店运营的基础，是酒店劳务服务的依托，既决定了酒店的等级，也反映了酒店的接待能力。

酒店设施设备主要分为供应类设施设备和客用设施设备两种类别。

（1）供应类设施设备。

供应类设施设备也称酒店后台设施设备，是酒店运营所需要的、集中于酒店后台区域，不能被顾客直接看见和接触的设施设备。如电力供应设备、制冷供暖设备、厨房设备等等。这类设施设备要求安全运行，保障供应，否则会影响酒店服务质量。

（2）客用类设施设备。

客用类设施设备也称酒店前台设施设备，是酒店为满足顾客舒适性需求而配备的、直接供顾客使用的那些设施设备。如在酒店客房、餐厅、康乐等部门供客人使用的设施设备。这类设施设备要求设置科学、配套齐全、操作简单、使用安全等。这类设备带给顾客的舒适程度是影响酒店服务质量的重要因素。舒适程度一方面取决于设施设备的配置，另一方面也取决于设施设备的运行状况。因此，科学配置客用设备，保证设施设备完好和正常运行是酒店服务质量的重要组成部分。

关于酒店设施设备的完好标准，邹益民（2004）指出：所谓设备完好，其标准主要有3条：一是性能良好；二是运转正常；三是能耗正常。要达到这一标准，酒店在设备管理方面必须重视设备的维修保养。

酒店工程管理部门主要应注意以下5个方面的问题。一是要重视设备保养，按设备的技术参数要求及时、正确保养；二是设备维修要迅速，要以最短的时间完成设备从报修到修复；三是维修的作风，主要表现为维修人员在现场维修期间所表现出的行为与态度，要求做到礼貌与协作；四是维修效果，即维修后设备的使用效果，要做到符合技术参数要求，运转正常；五是维修费用，即设备维修的物耗与工耗，要求勤俭节约，修旧利废。同时，设备使用部门要达到"三好"要求。第一，管理好设备，落实设备使用责任制，做到专人专用；第二，使用好设备，设备使用前要经过严格的培训考核，使用中要严格遵守设备使用操作规范；第三，保养好设备，在日常使用过程中必须做好设备的日常维护与保养，保证设备完好正常使用。对于设备的具体操作人员则要达到"四会"要求，即会使用、会维护、会检查、会排除故障。

2. 实物产品质量

实物产品是指酒店生产或提供的可直接满足顾客物质需求的物品，是酒店服务的重要组成部分，其质量高低直接影响顾客物质需求的满足程度。

（1）菜品酒水质量。

酒店饮食产品是提供顾客享用的，顾客十分在意饮食产品的质量，即使酒店服务人员服务态度再好，但如果菜品酒水质量差，不符合顾客口味要求，顾客也不会满意。另外，酒店也必须严格遵守相关法律法规要求，保证菜品酒水的安全与卫生。

（2）客用品质量。

酒店客用品是酒店提供给顾客直接使用、消费的各种生活用品，包括一次性或可多次使用的消耗品。客用品在品类和质量上要与酒店的等级相一致，低品质的客用品必然会降低酒店服务的质量。

（3）服务用品质量。

酒店服务用品是指酒店服务人员在酒店服务过程中使用的各种用品。如酒店餐饮部的各种托盘、客房部的各种清洁用品等。它是酒店提高服务效率、满足顾客需求，为顾客提供优质服务的必需物品。因此，品类齐全、数量充足、性能优良、使用便捷、安全卫生等是对服务用品的基本要求，酒店管理者要对此予以足够的重视。

（4）商品质量。

由酒店出售的、能够满足顾客需要的各种实物商品。要求陈列美观、品种齐全、质量上乘、价格合理，杜绝出售假冒伪劣商品。

3. 服务环境质量

酒店服务环境质量是酒店向顾客提供的服务场所的空间氛围质量，即服务场景质量。酒店的建筑及内部设计要与酒店等级相符合，并能体现出酒店的文化内涵。通过各种设施及设施的空间陈列，营造出酒店亲切、温暖的气氛，为顾客提供舒适的体验。

（二）软件质量

酒店服务的软件质量指的是酒店员工劳务活动的质量。这种劳务活动通常以酒店的设施设备为依托，在与顾客接触中满足顾客需求的服务活动。包括以下6个方面的内容。

1. 服务效率

效率是时间概念，通常用来度量完成某项活动所需要的时间。酒店的服务效率就是酒店某项服务所需要的时间。显然，提高服务效率，缩短服务时间能极大提高顾客的满意感。如一些酒店提出的3分钟完成入住登记，顾客0秒离店等。酒店服务效率还有即时性的一面，这是因为酒店中顾客需求具有随时性，服务人员要在顾客提出需求时及时开展服务，满足顾客的需求。

2. 服务礼仪

服务礼仪是指酒店服务人员要在与顾客接触服务中要符合或超出社会规范的要求。如端庄整洁的仪容仪表、优雅得体的语言动作、热情周到的礼节礼貌，等等。它既要求酒店员工在自我尊重的基础上对顾客尊重，也体现了酒店"顾客至上"的服务原则。

3. 服务态度

服务态度是酒店服务人员在对顾客服务过程中表现出来的服务意愿、服务心理的总和。服务人员的服务态度是顾客在提出和接受服务过程中关注的焦点，也是顾客评价服务质量的重要内容之一。积极、主动、耐心、热情服务是顾客所期望的。

4. 服务技能

服务技能是酒店服务人员在对客服务过程中所展现出来的技术与能力的总和。它来自服务人员所具备的专业知识、专业能力和操作技能等。它要求服务人员要有丰富的专业知识、较强的专业能力和娴熟的操作技巧，在对顾客服务的过程中根据具体的服务场景灵活应用，达到实用性与艺术性的统一且具有美感的服务效果。

5. 职业道德

职业道德是酒店员工在酒店的职业活动中应遵循的、体现酒店职业特征的行为准则和规范。它是取得酒店服务质量的基础条件之一。它要求员工爱岗敬业，遵守旅游业和酒店制定的职业道德。

6. 安全卫生

安全是酒店隐含的质量特性。保障员工、顾客人身财产及信息等安全是酒店必须履行的责任。酒店一旦出现安全事故，给顾客造成损失，将会极大地影响顾客对酒店服务质量的评价。清洁卫生是社会对酒店业的最基本要求。近几年网络上曝光的一些酒店服务人员不卫生的做法，引起了社会公众广泛的关注和对酒店卫生的不信任。因此，加强酒店卫生管理工作，提高酒店清洁卫生水平，满足顾客的身心健康需要，是酒店服务质量管理的重要内容。

三、酒店服务质量来源

酒店服务质量有三个方面的来源：服务产品设计来源、服务产品的供给来源和服务中的关系来源。

（一）服务产品设计

服务产品设计是酒店服务质量的基础性工作，由以下两个方面构成。

1. 服务产品的开发

酒店服务产品的开发首先要根据酒店的类型、等级等，识别细分的目标市场中的顾客群体，通过广泛的市场调查确定目标顾客群体的需要。其次，结合酒店的资源条件和管理经验，确定开发符合目标顾客群体需要的服务产品。最后，确定所要开发的服务产品的服务提要。服务提要中应包含：明确的服务需求、服务类型、服务方式、服务规模、服务档次、服务承诺、服务质量等内容。

2. 制定服务标准

在酒店服务产品开发的基础上，对所需要提供的服务产品设计服务流程，并制定相应的标准。

（1）服务流程设计。

酒店服务流程设计要按照服务产品所在部门及部门间相互衔接，优化设计服务流程，减少不必要的环节，达到服务迅速到位、满足顾客需求的效果。

（2）制定服务产品标准。

制定服务产品要达到的水准和要求。通常服务产品标准要高于酒店等级所要求的标准，以便更好地满足顾客的要求，确立酒店在市场上的竞争优势。

（3）制定服务提供标准。

制定在向顾客提供服务过程中要达到的水准和要求。

（4）制定服务质量控制标准。

为确保酒店服务产品能够满足顾客需要，建立和实施酒店控制政策和程序。规定采取什么样的控制方法以及如何去控制酒店服务全过程，保证服务产品的质量。

（二）服务产品的供给

将酒店设计好的服务产品，按照服务的提供标准，通过酒店服务的供应系统，以顾客满意或期望的方式操作实际具体的服务过程。即将酒店设计好的、理想的服务产品通过供应系统完美地呈现给顾客，满足顾客的需求。在这一过程中，需要酒店服务人员秉持良好的职业道德和"顾客至上"的服务理念，为顾客开展周到细致的服务，将标准化的服务产品提供给顾客。

（三）服务关系

在酒店服务过程中，需要酒店服务人员与顾客的密切配合，共同完成某项服务活动。如顾客的入住服务、点餐服务等。如果服务人员或顾客有一方不配合，服务就无法完成，或即使勉强完成服务，其服务质量也会很差。对于服务关系的理解不应仅局限在服务过程中的酒店与顾客的关系，应该从广义方面来理解服务关系，酒店还要处理好顾客进店前和离店后与顾客之间的关系。如在顾客接触酒店前，通过酒店的营销推广活动，为顾客留下良好的酒店印象；在顾客离店后对顾客进行回访，征询顾客意见、建议，在顾客重大的、有纪念意义的日子里，为顾客发送温暖、亲切问候的邮件等。

四、酒店服务质量特点

酒店作为一个综合性服务企业，其服务质量有着自身的特征。理解和把握酒店服务质量特点，将有助于对酒店服务质量的理解，更有助于酒店服务质量的管理工作，提高酒店服务质量管理能力和水平。

（一）酒店服务质量的综合性

现代酒店业的发展，使酒店的功能日益强大，酒店产品的覆盖面越加广泛。现代酒店产品涵盖了食、住、行、游、购、娱等满足个人消费需求的各个方面，一些酒店还提供公务、商务、会议、通信等更高层次的活动，酒店已俨然成为"一个独立的小型社会"。酒店服务产品的综合化，使得酒店服务质量呈现出综合性特征。

酒店服务质量的综合性还体现在酒店服务质量的构成上。酒店服务质量的构成，既包含了有形的酒店设施设备质量、实物产品质量和服务环境质量，又包含了无形的员工劳务质量，并以多种方式相结合呈现在一次具体的服务过程中，构成一次具体服务的质量。换句话说，酒店每一次具体的服务，既需要有形的物质产品为依托，又依靠员工的劳务服务活动来满足顾客的需求。

酒店服务质量的综合性也体现在酒店服务质量的形成上。酒店服务质量是从服务产品的设计到服务产品的供给，再到服务过程中的服务关系，一系列活动环节的质量综合形成的。

酒店服务质量综合性的特点，要求酒店管理者要高度重视酒店服务质量管理工作，从酒店的全局着眼，树立系统的质量观念，在广泛搜集酒店质量信息的基础上，运用科学的方法分析影响酒店服务质量的因素，甄别和区分酒店可控因素和不可控因素。对可控因素通过制定制度、规章程序等方式进行标准化管理，消除可控因素对服务质量的影响。对于不可控因素，通过加强酒店内部管理、强化酒店内部纪律等措施，尽最大可能削减不可控因素的影响，保证酒店服务质量处于可控、稳定、优良的水平上。

(二)酒店服务质量的一次性

酒店服务质量是由每一次内容不同的具体服务的质量组成,而就服务的使用价值来说,每一次服务的使用价值就是一次具体的服务质量,如酒店前台部服务人员微笑回答顾客咨询、餐饮部员工为顾客介绍菜点酒水等,而这种质量是一次性的。这是因为服务的生产与消费具有同时性,也具有不可储存的易逝性,服务一结束,其使用价值自动消失,留下的只有顾客的体验与感受。

酒店服务质量一次性的特点,意味着酒店服务不能像实物产品那样可以返修或退换。如果服务存在瑕疵,即使花费巨大成本进行补救,也会引起顾客的不满。因此,酒店服务人员必须严格按照酒店服务规范,开展标准化服务,做到"第一次就把事情做对",争取每一次的服务都能使顾客感到满意。

(三)酒店服务质量顾客评价的主观性

尽管酒店制定了一系列服务标准和服务规范,努力使服务质量保持在一个客观、稳定的水平上,但酒店服务质量的终极检查人是顾客,顾客在消费服务过程中的满意度是衡量酒店服务质量标准,加上顾客对服务的满意度还往往受顾客的认知、情绪、偏好等影响,加深了顾客评价的主观色彩。

顾客评价的主观性要求酒店不能无视顾客的评价,否则酒店将失去客源,动摇酒店生存的基础。酒店不能要求顾客对酒店的服务质量必须做出与客观实际相一致的评价,更不应该指责顾客评价中存在着偏见,尽管有时这种偏见确实存在。相反,酒店要通过细心观察,正确认识顾客,分析顾客的需求心理,尊重顾客的需要,做好顾客的引导与管理工作,用符合顾客需求的服务本身获得顾客的满意,赢得顾客的口碑,提高顾客对酒店服务质量的满意度。

(四)酒店服务质量对员工素质的依赖性

酒店产品的生产与消费的同时性,决定了酒店服务人员的服务表现直接关系到服务效果的好坏和服务质量的高低。服务人员的服务表现是其服务态度、服务技能、服务方式及精神面貌、劳动纪律等员工素质在服务过程中的集中展现。因此,酒店服务质量的高低很大程度上依赖于员工的素质,高素质的员工会为酒店带来高质量的服务,反之亦然。

酒店服务质量对员工的高度依赖,要求酒店加强对员工的培训,努力提高员工的职业素养;合理配备、激励员工,充分发挥员工的特长和服务的积极性、主动性与创造性。管理人员也要提高自身的素质与管理能力,时刻关注员工,为员工素质的提高与成长搭建平台。

（五）酒店服务质量的情感性

酒店与顾客之间的和谐关系有助于顾客对酒店服务质量的正面评价。在酒店实践中，酒店与顾客相处融洽，顾客就会对酒店服务中的一些小的失误给予谅解，即使提出批评意见，也是以一种友善态度提出。相反，如果酒店与顾客之间的关系不和谐，即使是酒店一些小的失误，顾客也有可能夸大其词或借题发挥，给酒店服务质量做出消极评价。

酒店服务质量的情感性要求酒店必须重视顾客关系的管理，认识到顾客对于酒店的价值，维系好与顾客之间的关系，用真诚的服务赢得顾客的依赖，使顾客成为酒店的满意顾客，直至培养成为忠诚顾客。忠诚顾客对于酒店的经营及口碑是极其重要的。

（六）酒店服务质量的整体性

一方面，酒店的经营特点决定了在任何时间和任何空间中都有可能产生服务质量问题，只要酒店开展经营活动，就会存在质量问题，酒店的整体服务质量正是由这些各种各样的质量问题共同组成的；另一方面，酒店服务质量上述五个特征既是相互独立的，也是相互联系的，只不过是每一个服务质量特点所关注的内容不同罢了。正是由于此，酒店服务质量有着强烈的整体性特征。

酒店服务质量的整体性要求酒店在服务质量管理上，要打破酒店内部服务活动在时间和空间上的束缚，跨越酒店服务内容上的壁垒，从酒店运营的全过程、酒店组织的全部门、酒店服务的全人员入手，运用全面的质量管理方法，提高酒店整体的服务质量，树立酒店良好的社会形象。

小案例

客人遗忘物品，酒店帮助找回

2019年8月7日早上八点半，某酒店有个100多人的会议。从7点开始就陆续有客人来到酒店。8点左右在酒店大堂进出的人群中有位客人着急地来到总台，客人称自己是来参加会议的，是坐公交车到酒店的，但因为比较匆忙，在下车时将自己的衣服和化妆箱忘在车上了，不知能不能找到。一旁的礼宾员听到后马上过来和这位客人说："请您不要担心，我们可以帮您联系公交公司的调度室问一问，可能东西还在车上。要不您把当时具体情况告诉我，我马上帮您联系。"客人听后情绪稳定下来，连声道谢，并将当时具体情形告诉礼宾员。礼宾员先让客人上去开会，然后马上外出赶到离酒店最近的公交车调度室。礼宾员将客人的情况和调度员讲明，果然客人遗忘在车上的物品正在调度室里，当时公交车乘务员发现后就放在最近的调度室里。礼宾员马上致电给客人，称物品已找到，并且请客人配合一一核对物品。客人非常感谢礼宾员的服务，连声夸奖，礼宾员也露出会心的微笑。

第三节　酒店服务质量管理的一般要求

一、酒店服务质量管理的内容

酒店是一个综合性的服务企业，是一个"小型独立社会"，其服务质量管理包含的内容十分广泛。根据质量管理和酒店服务质量的定义，可以将酒店服务质量管理定义为：酒店根据自身的服务资源，在综合考虑酒店内部运营状况和市场环境基础上确定酒店的服务质量目标，并为实现酒店服务质量目标而进行的计划、组织、领导、控制等管理活动。

理解和把握酒店服务质量管理，首先必须弄清楚酒店服务质量管理的内容。关于酒店服务质量管理内容，目前在学术界和业界并没有形成标准定式的内容划分，下面从酒店服务质量目标和酒店服务质量管理两个方面进行讨论。

（一）服务质量目标方面

1. 酒店服务的技术质量目标

技术质量目标就是酒店服务在技术质量方面所追求的目的。所谓的技术质量就是酒店服务的最终结果的质量。酒店服务的最终结果即技术质量不仅表现为实物产品的质量，如客房中的设施、物品的质量、餐厅中的菜点、食品的质量等，还表现为顾客接受服务后得到的无形的使用价值的质量，如问询服务后顾客得到解答的答案等。

2. 酒店服务的功能质量目标

功能质量目标就是酒店服务在功能质量方面所追求的目的。所谓的功能质量就是酒店服务过程的质量，不仅表现为酒店服务人员的劳务活动质量，如酒店员工服务过程中的服务态度、服务技能、服务效率、职业道德等，还表现为服务过程中的有形的环境质量，如整洁卫生的客房和餐厅环境等。

酒店在确定技术质量目标时，通常要与酒店的等级、类型等相一致。由于酒店服务的技术质量不具有垄断性和专利性，极易为竞争对手所模仿，所以酒店一般不会以提高服务的技术质量作为竞争手段，除非酒店能持续地进行产品的开发与创新，在技术质量方面取得竞争优势。

酒店在确定功能质量目标时，往往要瞄准竞争对手，制定超出酒店等级、类型等所要求达到的质量要求，并具有竞争性的更高的质量目标，以保证酒店在竞争中取得有利的市场地位。

因此，酒店在确定质量目标时，并不把技术质量目标作为重点，在技术质量目标方面常常是制定与酒店等级、类型等要求相一致的目标。但酒店会把功能质量目标作为酒店质量目标的重点，根据酒店外部环境和内部资源条件制定功能质量目标，并通过一系列的管理活动，实现酒店的功能质量目标，确保酒店在市场中的竞争优势。

（二）服务质量管理方面

1. 掌握必需的酒店服务质量管理理论

"工欲善其事，必先利其器。"做好酒店服务质量管理工作，除要求掌握科学管理、行为管理及现代管理科学理论与方法外，还要掌握酒店服务接触管理、顾客感知服务质量等酒店服务质量理论，用理论指导酒店各项服务质量管理活动的开展，以实现酒店服务质量目标。

2. 建立健全的酒店服务质量管理体系

无论是新建酒店，还是正在运营的酒店，都要建立起一套严密而又健全的服务质量管理体系，确保酒店服务制度化、标准化、系统化，提高酒店服务质量管理整体水平。国内许多知名酒店，如北京王府饭店、广州白天鹅宾馆、南京金陵饭店等，在酒店筹建之时就建立起了健全的服务质量管理体系，使得酒店在投入运营后就赢得了顾客的赞誉，确立了酒店在市场中地位。

3. 树立酒店服务质量持续改进的管理理念

酒店服务质量没有最好，只有更好。酒店服务质量管理工作不是一劳永逸的，要根据酒店外部环境及顾客需求的变化，酒店自身的资源条件及酒店所处的发展阶段等，不断地、持续性对酒店服务质量管理体系、战略进行调整，运用质量管理方法、手段，对酒店服务质量进行持续改进，以适应变化了的市场环境及顾客的需求。

4. 加强酒店服务现场质量管理

酒店服务质量归根到底取决于酒店服务现场的服务质量的好坏。酒店的客房部、餐饮部、康乐部等是酒店的一线部门，也是服务质量现场管理的重点部门。加强酒店一线服务部门的现场服务管理，能够有效地提高酒店的整体服务质量。

5. 重视顾客的价值，维系顾客关系

顾客是酒店产品和服务最终接受者和消费者。酒店服务质量管理既要做好酒店内部的质量管理工作，也要转向酒店的外部，通过倾听顾客的呼声，了解顾客的真正需求，将顾客的需求引入酒店内部，用顾客定义的标准改进服务质量，赢得顾客的忠诚。

6. 酒店服务质量管理的创新与发展

酒店服务质量管理的生命在于不断地创新，在创新中提高，在创新中发展。酒店服务质量管理的创新不仅包括质量管理理论的创新、质量管理方法的创新，更重要的是酒店服务质量管理的创新实践。通过酒店一点一滴的服务质量管理创新实践，更好地满足顾客的需求，提高酒店的服务质量。

二、酒店服务质量管理的基本要求

根据酒店服务质量的特点，在管理方面有以下 4 项基本要求。

（一）坚持以人为本的管理思想

酒店服务质量管理，一方面要坚持顾客至上的经营理念，调动酒店的一切资源，把满足顾客的需求作为酒店服务质量管理的出发点和落脚点，这是酒店确定服务质量目标、制定服务质量标准以及开展质量管理活动的依据；另一方面，在酒店内部要建立和强化平等、尊重的酒店文化，注重员工的培养与激励，不断提高员工的素质，帮助员工制定职业发展规划，关注员工的成长，为保证酒店服务质量稳定提高奠定良好基础。

（二）树立酒店服务质量系统管理观念

酒店服务质量无论是在构成上，还是在内容上，与其他服务企业相比都要复杂得多。因此在酒店服务质量管理中更要树立系统管理观念，统筹谋划，既要考虑全局，又要突出管理重点；既要重视酒店硬件设施的质量，更要重视对酒店服务过程的质量管理，综合、全面地提高酒店服务质量。

（三）建立酒店员工授权的组织机制

酒店服务的对象是人。进入酒店消费的顾客，其需求既有共同的需求，也有特殊的需求。对于顾客共同的需求，酒店通过加强制度管理，按服务标准提供满足顾客需要的服务产品；对于顾客的特殊需求，就需要酒店管理者对员工予以适度的授权，使员工在职权范围内及时开展对顾客的个性化服务，满足顾客的特殊需求。越是高星级酒店，越是需要建立员工授权的组织机制，在组织及制度上保证一线员工具有灵活、适度的权力。

（四）事前控制与现场控制相结合

酒店服务的生产与消费的同时性、服务的一次性特点，要求酒店必须树立预防为主、事前控制的思想，在管理上抓好事前预测和控制，防止服务中出现质量问题。同时，还必须加强服务现场的控制与管理，通过现场服务指导、现场服务控制，保证酒店的服务质量。

【复习与思考题】

一、名词解释

1. 质量　2. 质量管理　3. 酒店服务质量

二、简答题

1. 简要回答现代质量管理发展的历程。
2. 简要回答酒店服务质量的构成。
3. 简要回答酒店服务质量的特点。
4. 简要回答酒店服务质量管理的内容。
5. 简要回答酒店服务质量管理的一般要求。

三、实操训练

根据酒店服务质量的构成，设计问卷对某酒店服务质量进行调查并对该酒店服务质量简要进行评价。

【典型案例】

一位入住丽思·卡尔顿酒店客人的真实感受

为什么选择亚龙湾？为什么选择丽思？之前因为出差，去过三亚几次，但也都是工作开会，没有好好感受，这次由于疫情出不了国，于是决定带家人去三亚。

酒店的整体风格，非常中式，对比亚龙湾其他几家酒店，整体设计就四个字——气势恢宏。因为节约，所以我此次订的是丽思卡尔顿基础房型，房间很大，就是房间位置远了点，其他都还好。房间内很干净，床很高，枕头有软、硬几种可以选择，浴缸很大，浴缸对面有个小电视，泡着澡看电视感觉很好。房间内还配有TWG的茶包和胶囊咖啡，非常用心。

酒店的早餐真的很不错，酸辣牛肉汤粉很好吃，鸡蛋做的饭也有很多种，还有鲜榨椰子汁，种类很丰盛，味道也很好。入座后，可以找服务员要咖啡或红茶。

很客观地说，办理入住那天，到大堂门口就会有一条小项链作为欢迎小礼物，然后就是去办理入住。前台全程态度非常好，也非常专业且有效率，感受很好，但令我想不通的一点是，当时我到酒店大概是晚上八九点钟，并不是入住高峰期，当时办理的只有我们一家子，我们7个人，4位老人，1个儿童，要了三间房，办理完入住后，就自己拖着行李回房间了。那门口礼宾部的行李推车是给谁用的？酒店的服务人员，也只是指了指房间怎么走，就没有后续了。所以，我只能先拖着行李送爷爷、奶奶到房间，然后再拖着行李送姥姥、姥爷到房间，最后和妻子孩子一起回我们的房间，这一点，感受真的很不好。

客房服务特别值得表扬，一位叫陈捷的小姐姐，特别认真负责，还送了小朋友一些小贝壳，小朋友特别高兴。并且，每天在打扫卫生的时候，会把我和妻子乱放的首饰，以及我的刮胡刀之类的，整理好放在一块小毛巾上，特别加分，这点真的让我感受到了传说中"丽思的服务"。

早餐厅，在我入住的6个晚上，没有出现排队的情况，但是总感觉早餐厅工作人员人手不够，没有人引导入位，每次都是进去后自己找位置坐，然后到处找服务员，要咖啡或红茶，感觉服务员非常忙碌，但是给你咖啡时候，有时候会帮你拉个花，这种小细节还是挺用心的。

综合体验过后，我觉得下次来还会入住这家酒店。

资料来源：http://www.mafengwo.cn/i/22101739.html。

分析与讨论：从客人感受到的服务中，分析客人对酒店哪些方面表示满意？还有哪些不足？请从酒店服务质量构成要素角度分析客人下次继续光临的原因。

第三章

酒店交互服务质量管理

【内容导读】

　　酒店企业与顾客接触或顾客与酒店企业接触，既是酒店服务运营的基本特征，也是酒店服务运营的核心内容，并深刻地影响着顾客对酒店服务质量认知的评价。本章主要介绍服务接触的三元组合、酒店服务交互管理、酒店服务关键时刻模型。

【学习目标】

　　①掌握服务接触的三元组合理论内容；②了解酒店服务交互的性质及影响要素；③掌握酒店交互管理与评价的内容；④了解酒店服务的"考验时刻"的相关理论。

【案例导入】

希尔顿的微笑服务

　　美国"旅馆大王"希尔顿于1919年把父亲留给他的12 000美元连同自己的几千元投资进去。开始了他雄心勃勃的旅馆经营生涯。当他的资产从1500美元奇迹般地增值到几千万美元的时候，他欣喜而自豪地把这一成就告诉母亲，想不到，母亲却淡然地说："依我看，你跟以前根本没有什么两样……事实上你必须把握比5100万美元更值钱的东西——除了对顾客诚实之外，还要想办法使来希尔顿旅馆的人住过了还想再来住，你要想出这样一种简单、容易、不花本钱而行之久远的办法去吸引顾客。这样你的旅馆才有前途。"

　　母亲的忠告使希尔顿陷入迷惘：究竟什么办法才具备母亲指出的"简单、容易、不花本钱而行之久远"这四个条件呢？他冥思苦想，不得其解。于是他逛商店、串旅店，以自己作为一个顾客的亲身感受，得出了准确的答案："微笑服务"。只有它才实实在在地同时具备母亲提出的四个条件。从此，希尔顿实行了"微笑服务"这一独创的经营策略。每天他对服务员说的第一句话是"你对顾客微笑了没有？"他要求每个员工无论如何辛苦，都要对顾客报以微笑，即使在旅店业务受到经济萧条严重影响的时候，他也经常提醒职工记住："万万不可把我们心里的愁云摆在脸上，无论旅馆本身遭受的困难如何，希尔顿旅馆服务员脸上的微笑永远是属于旅客的阳光。"

为了满足顾客的要求，希尔顿"帝国"除了到处都充满着"微笑"外，在组织结构上，希尔顿尽力创造一个尽可能完整的系统，以便成为一个综合性的服务机构。因此，希尔顿酒店除了提供完善的食宿外，还设有咖啡厅、会议室、宴会厅、游泳池、购物中心、银行、邮电局、花店、服装店、航空公司代理处、旅行社、出租汽车站等一套完整的服务机构和设施，这使得到希尔顿酒店投宿的旅客，真正有一种"宾至如归"的感觉。当他再一次询问他的员工："你认为还需要添置什么？"员工回答不出来，他笑了："还是一流的微笑！如果是我，单有一流设备，没有一流服务，我宁愿弃之而去，会住进虽然地毯陈旧，却处处可见微笑的旅馆。"

1919—1976年，希尔顿从1家扩展到70家，遍布世界五大洲的各大城市，成为全球最大规模的酒店之一，这离不开服务人员的微笑。

希尔顿总公司董事长，89岁高龄的康拉德·希尔顿，在这50多年里，不断到他分设在各国的希尔顿酒店视察业务，他每天至少与一家希尔顿酒店的服务人员接触。

他向各级人员问得最多的一句话就是："你今天对客人微笑了没有？"

资料来源：https://www.docin.com/p-2574223941.html。

第一节　酒店服务接触概述

一、服务接触概述

（一）服务接触的含义

1. 服务接触的概念

服务接触（service encounter）也称"服务遭遇""服务交锋"，也有人将服务接触称为"真实瞬间（moment of truth）"等。可见，对于服务接触，不同学者在不同时期有着不同的认识。

瓦拉瑞尔·A.泽丝曼尔认为："服务接触是发生在确定时期的非连续事件。"

舒斯塔克对服务接触的定义为："顾客与服务企业直接互动的一段时间。"

苏普勒南特和所罗门从技术角度认为服务接触可以被定义为："顾客与服务提供商之间的双向交流。"

我国学者刘丽文认为,服务接触是"顾客与服务组织的任何一方面进行接触并得到关于服务质量的印象的那段时间"。

按照以上的定义,对于服务接触可以从狭义和广义两个方面来认识。狭义的服务接触是指顾客与服务组织人员接触过程中的某一接触事件。广义的服务接触是指顾客与服务组织任何一方面(人员、设施设备)的一系列接触事件构成的整个接触过程。事实上,无论是狭义还是广义的服务接触定义,对于服务组织提高服务质量、扩大组织营销能力来说,都具有现实意义。

2. 酒店服务接触的重要性

服务接触是顾客与酒店一系列接触事件构成的整个过程,这种接触过程对顾客和酒店来说都很重要。在服务接触过程中,一次成功的服务接触过程,对于顾客来说,顾客的需求得到满足,顾客的利益得到实现,对酒店的服务质量会产生正面的积极评价,顾客会重复购买、消费酒店提供的服务;对于酒店来说,酒店销售了服务产品,服务产品价值得到实现,酒店赢得了忠诚的顾客,树立了酒店企业在社会上的良好形象。反之,如若是一次失败的服务接触,酒店企业的产品价值就不能得到实现,顾客对酒店企业的服务质量就会感到失望,进而形成负面的评价。

在服务接触过程中任何一次失败的接触事件,都有可能对酒店企业的形象造成重大影响。因为对于一个酒店企业来说,其良好的社会形象和美誉度是通过一次又一次与顾客良好接触累积起来而形成的,而其恶劣的形象可能仅仅是由一次与顾客的恶劣、粗暴的接触形成的。例如,当疲惫的顾客在酒店前台办理入住手续时,受到了前台服务人员粗暴对待,这时,顾客并不会认为他是在与一位粗暴的酒店前台服务人员打交道,而是认为是与一个管理粗暴的酒店在打交道;当顾客到酒店餐厅就餐时,看到餐厅地面不太干净时,并不会认为是餐厅就餐人员火爆,餐厅保洁人员没有把卫生工作做好,而是认为这是一间并不十分重视卫生工作的餐厅。

实际上,在顾客与酒店企业一系列服务接触过程中,并不是每一次的接触都对顾客具有相同的影响,在其他因素不变的情况下(如顾客在不同接触中,其价值需求不变),其影响的大小会随着连续的接触活动的展开而逐渐减弱。所以顾客与酒店的第一次接触,对于酒店来说非常重要,这是顾客认识酒店的"第一印象",是给予顾客体验和感受最深刻的接触活动,也是顾客对于酒店企业整体评价影响最大的接触活动。所以,酒店企业要十分重视顾客的"第一印象",通过与顾客的第一次接触,要让顾客对酒店的服务和产品感到满意。

另外,从人们的思维习惯来看,人们在看待事物时都有先入为主的习惯,对酒店企业的第一印象通常会在很大程度上决定对酒店服务的整体印象。更为关键的是,顾客在与酒店企业第一次接触阶段形成的情绪和印象,往往会使顾客带着这种情绪和印象去评判酒店企业后续的接触活动,并影响与酒店企业的后续接触的效果。

马里奥特国际饭店公司的研究证实了这一点,他们在研究影响顾客忠诚度的关键服务因素时，发现影响顾客忠诚度的5项最重要因素中的4项因素是发生在顾客出现在酒店的前10分钟内。虽然这个结论具有普遍意义，但也并不绝对。顾客真正重视或影响满意度的因素，往往是顾客所关注的酒店服务所能给顾客带来的核心价值。正如在第一章中所介绍的服务包的概念中所说的那样，酒店的显性服务是顾客所关注的，也是能为顾客带来核心价值的服务。如酒店客房设施齐备、家具整洁卫生等。

事实上，顾客与酒店的接触是一个具有先后顺序的连续的过程。从顾客的角度看，顾客与酒店在具有先后顺序的连续性接触事件，构成了顾客接受酒店整个服务的主线，这些接触事件如同一幕幕电影一样，使顾客在接受酒店服务的体验和感受上生动而又丰富多彩。例如，一位没有事先预订的抵店客人，在酒店住宿的经历包括：入住登记、服务员引入客房、叫早服务、餐厅就餐、离店结账等。

（二）酒店服务接触的特征

顾客与酒店企业的接触看起来很简单，实际上这种简单的服务接触背后却隐含了顾客与酒店企业之间的多重的复杂关系，主要包括社会关系、经济关系和法律关系。顾客与酒店企业接触过程中所形成的多种关系，既为酒店企业保证服务接触质量，制定服务接触规范提供了依据，同时也构成了酒店服务接触的基本特征。

1. 酒店服务接触的社会特征

酒店服务接触在多数情况下是顾客与酒店服务人员的接触与交互过程，这种接触与交互活动首先表现为一种社会性的交往活动，要求顾客与酒店服务人员共同遵循适当的社会交往规范，适当的问候、礼貌、微笑等是酒店服务双方最基本的素质。为了满足顾客的社会心理需求，酒店还要制定服务标准和规范，并加强对酒店服务人员的培训，增强酒店服务人员的服务技能，以提高酒店整体服务能力和水平。

2. 酒店服务接触的经济特征

在酒店服务接触中，服务双方（服务人员与顾客）代表着两个不同的利益主体，双方之所以能在同一时空中进行接触，是因为双方有着不同的利益诉求，酒店方通过对顾客的服务实现自身的经济利益，顾客通过支付一定的服务费用达到消费酒店产品和服务的目的。因此，酒店与顾客双方的接触是一种经济关系或供求关系。

3. 酒店服务接触的法律特征

酒店服务实质上可以看作顾客雇用酒店企业为其提供特定的服务，相当于顾客授权酒店企业为其财产（支付的费用）做出一定的决策和处置（顾客需要的客房、餐饮产品等）。只要这种雇佣关系成立，即酒店为顾客提供服务和产品，顾客通过支付一定费用消费服务和产品，就意味着酒店企业与顾客之间建立了一种契约关系。这种契约关系对双方都产生法律刚性约束，只要一方在服务（接受服务）过程中出现超出契约规定（或服务公约规定）的服务失败并造成对方损害，受害方可以按照契约的规定向对方追究责任和寻求赔偿。例如，顾客损坏酒店的物品需要赔偿，酒店因顾客在酒店餐厅就餐时因地板太滑而受伤时，酒店要向顾客做出适当赔偿。

二、服务接触的三元组合

在酒店的服务接触中，表面看起来仅仅是顾客与酒店员工互动的接触，实际上在他们接触的背后还存在着第三方，即酒店企业。酒店企业在双方接触中，通过提供服务设施与服务空间、营造良好的双方服务接触氛围，设计服务策略、服务流程，以及酒店企业管理人员的监督与督导等方式来发挥作用。因此，在酒店服务接触过程中，存在着顾客、酒店员工和酒店企业三方的互动力量。三者之间存在着两两互动关系，这种互动关系通常称为酒店服务接触的三元组合如图3-1所示。

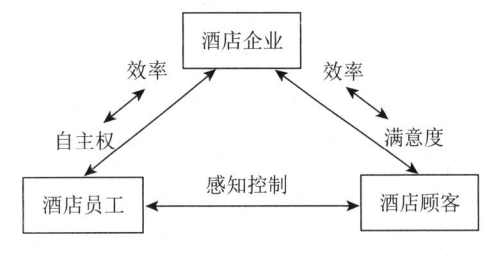

图3-1 酒店服务接触的三元组合

由图3-1可以看出，酒店企业、酒店员工和酒店顾客三方在酒店服务接触中所扮演的角色和利益目标是不同的，它们的两两组合是酒店服务接触冲突的可能来源。

酒店企业以利润为导向，追求的是效率、成本质量和酒店的社会形象；酒店服务员工关心的是自主权和与之相关的责任，以及在服务接触中对顾客感知的控制和引导，以便于自己的工作能轻松自如；顾客则是希望通过对服务接触过程的控制，能够更大程度地满足自己的个性化需求。

酒店服务接触三元组合的理想情况是，三方协同合作，达到利益与控制的均衡，从而实现更大的利益。但是，在酒店的运营与服务中，根据运营与服务的特点，往往会出现组织支配的服务、酒店员工支配的服务和顾客支配的服务三种情况，并由此而可能产生冲突与矛盾。因此，分析酒店的哪些服务是由哪一方为主导实施控制，并进而进行有效管理，达到协同合作，就显得十分重要。

（一）酒店组织支配的服务接触

在酒店组织支配的服务接触中，酒店组织基于控制服务成本和提高效率的目的，通过建立一系列严格的服务流程和服务规范使酒店服务系统标准化，从而在很大程度上限制了酒店员工在与顾客接触时的自主权。顾客只能被动接受这种标准化的服务，顾客的个性化需求得不到满足。在酒店中前厅、客房等服务基本是标准化的服务，而且通常是星级越低的酒店，酒店组织支配的服务就越严重，顾客的个性化需求就越难以得到满意，员工在接触服务时必须执行"酒店的相关规定"，员工的工作的满意度也随之降低。而在高星级酒店中，员工被赋予了一定的自主权，服务中具有了满足顾客的特殊需求的权力。如在酒店业中有一个广为流传的酒店员工为顾客换水果的例子：某五星级酒店VIP客人张先生，在时隔一年后再次入住这家酒店。酒店前台服务员查询到张先生一年前入住时喜欢吃酒店为他提供的苹果，这次入住时，酒店仍然为张先生准备了优质的苹果。当客房服务员将苹果送到张先生的客房时,张先生说:这一年来牙口不好,吃不了太硬的水果,能不能将苹果换成草莓?客房服务员听到后立即将张先生这种情况通知给前台服务员。前台服务员寻遍全市的超市,为张先生购买了优质草莓,并由客房服务员送到张先生房间,感动得张先生连声说"谢谢",并激动地说:"下次来还要住你们的酒店。"

(二)酒店服务员工支配的服务接触

在酒店服务员工支配的服务接触中,酒店员工都被赋予了足够的自主权,他们对顾客具有很大程度的控制力。例如,在酒店的康乐服务中,为顾客提供直接服务的酒店员工具有顾客所不完全具备的知识与技能,所以顾客会非常信赖员工的判断力和处置的方式。这些员工的知识和技能的高低在很大程度上决定了顾客对酒店企业服务质量的评价与看法。除此之外,在酒店企业中,由员工支配的服务接触还需要员工具有能够设身处地为顾客着想的服务素质。有时,员工的这种素质比他所具备的知识和能力更重要。因此,对于酒店员工控制的服务接触,酒店除了要招募具备高水平知识和能力的员工外,还要加强员工的素质培训,并提供恰当的员工激励,以便为顾客提供高质量的服务。

(三)顾客支配的酒店服务接触

酒店企业中由顾客控制服务接触过程是一种极端的情况,即高度标准化服务,如酒店的自助餐厅服务就是由顾客支配的酒店服务,顾客就餐过程中,几乎不需要餐厅服务员的服务,即顾客自己完成就餐。另外,随着酒店业数字化进程加快,新兴的智慧型酒店提供的也是一种高度标准化的服务,顾客进入酒店,与酒店的接触很少涉及服务员工。(例如,菲住布渴酒店(FlyZoo Hotel)是阿里巴巴旗下的一家未来酒店,采用的是全场景人脸识别,没有任何一个员工的酒店),顾客在酒店中从入住到在店消费、再到离店结账整个过程主要或全部由客人自己控制和完成。对于高度标准化的智慧型酒店,其主要任务是设计顾客易于理解、操作方便的服务提供系统。

综上所述,酒店中满意和有效的服务接触应该取得三方控制之间的平衡。酒店通过对员工进行多方面的培训,深入理解顾客的期望与关切,准确地设定并有效沟通酒店员工和顾客在酒店服务传递中的角色,酒店企业就能够在保持经济性的同时,达到提升效率和服务质量的目的。

随着全社会信息化、数字化进程的加快,酒店对顾客服务的主体也在发生变化,智能化设备越来越多地应用到对客服务之中,形成了酒店服务员工、酒店智能机器对顾客不同的服务接触方式。不同的服务接触方式下的酒店服务取得成功的因素也各不相同。如表3-1所示。

表 3-1　不同服务接触方式下酒店取得成功的关键因素

酒店服务接受者	酒店服务提供者	
	酒店员工	机器（智能化设备）
顾客	·甄选员工——态度比技术更重要 ·培训员工——良好的人际交往技巧和亲和力 ·营造融洽的沟通环境与氛围 ·构建良好的支持体系，记得顾客信任	·设备的用户界面友好、直观，便于人机互动 ·服务交易安全、可靠 ·操作过程简单明了，便于顾客跟踪、检查、核对 ·必要时可以得到员工帮助与指导

小案例

茶歇的关键时刻

某酒店正在召开酒店行业内酒店服务质量管理培训研讨，讨论酒店应如何提高对客服务质量。茶歇快结束时，有人问道："在茶歇服务这样简单而又常见的'关键时刻'中，哪些因素比较重要？"于是，大家对这个问题展开了讨论。

这位培训经理随即对提供茶歇服务的工作人员进行了现场调查，以便了解他们认为哪些因素是一次高质量的茶歇服务所不可或缺的。同时，他还通过调查了解了酒店总经理、餐饮部经理等人的看法。不论茶歇服务人员，还是酒店总经理、餐饮部经理，大家一致认为高质量的茶歇服务应该是这样的：精心烧煮的上乘咖啡，盛装在精致、优雅的咖啡壶里，放置咖啡壶的桌子干净、整洁，并经过精心装饰。

然而前来参加研讨会的人们却无人提及上述任何一个因素。他们需要的茶歇服务是这样的：能够无须穿过拥挤的人群，不用等待便可以迅速取用咖啡；他们还希望茶歇场所能够离厕所近一点。而这些都是茶歇服务的提供者从未想到过的。尽管享用茶歇服务的会议客人往往会有各种各样的需求，但他们却丝毫不关心咖啡本身的质量。

"我们很多时候其实是在用那些顾客丝毫不关心的要素去迎合顾客的需求。"这位培训经理不禁在心里说道。

第二节　酒店服务交互管理

一、酒店服务交互性质

（一）酒店服务交互的含义

服务的过程性是服务最核心和基本的特性之一。酒店服务是一种过程，酒店服务的生产与消费的同时性，决定了酒店服务的完成需要顾客的共同参与。

如前所述,"酒店服务交互"是指在酒店服务过程中,顾客与酒店服务人员的接触。也就是说,"酒店服务交互"可以被定义为:酒店顾客与服务人员进行接触,并感知到关于酒店服务质量印象的那段时间或过程。

服务交互又被称为"真实的一刻"。其含义是,顾客对一个服务企业的印象和评价往往决定于某一个瞬间或服务过程中某一件非常具体的事件(服务人员的一句话、一个动作等)。"真实的一刻"一词来源于斗牛术用语,意指斗牛士在结束战斗之前采取最后一个行动时面对公牛的那一刻。这个词最早由理查德·诺曼(Richard Norlriann)引入服务管理中,以强调顾客与服务组织交互的重要性。

必须强调,酒店服务交互可以发生在酒店的任何时间、任何地点。如一家酒店甚至在客人进店之前,就已经为客人创造了备受欢迎的环境。这家酒店与一家购物中心共用同一个停车场,客人到达后时常弄不清楚应该将车停在什么地方。酒店工作人员便与购物中心的管理人员合作,在停车场的地面上画上了五颜六色的漫画,标明酒店的停车区域和购物中心的公交车区域,使酒店在顾客进入酒店大门前就与顾客进行了良好的交互活动。

(二)酒店服务交互的性质

酒店顾客与服务人员的相互交往互动是一种人际交往活动,但这种人际交往活动与一般性的人际交往活动又有着明显的不同,是一种特殊形式的人际交往活动,具有如下性质与特点。

1. 酒店服务交互具有目的性

酒店顾客与服务人员的交往并非偶然,是双方有目的的接触。首先,酒店服务人员出于商业的目的为顾客提供服务。因此,酒店服务人员为顾客提供的服务并不是利他的(没有私心的)。对于酒店服务人员来说,与顾客进行服务交互活动是其日常工作的一部分,为顾客提供服务的最基本目的是完成他的工作职责,并以此获取工作报酬。因此,对于酒店服务人员来说,服务交互只是一项"工作",他有可能对每一个接受服务的顾客都重复、机械地完成他的分内工作,而不考虑每位顾客的不同需求。其次,顾客是出于满足自己对酒店产品或服务需求的目的而与酒店服务人员相接触、打交道。由于酒店服务人员与顾客在服务双方交互活动中的目的不同,因此对酒店服务的具体操作以及评价也会不尽相同,但总体来说,酒店服务双方互动对提供和消费服务的双方来说都是有利的,在酒店服务交互中实现了各自的目的。

2. 酒店服务交往属于陌生人交往,具有短暂性

酒店顾客与服务人员的交往关系是一种特殊的素不相识的陌生人关系。通常情况下,人们一般不会与不熟悉的陌生人进行交往。但是,在酒店服务环境中,出于对各自的利益需要,顾客会主动寻求接触陌生的服务人员,服务人员也会主动接触陌生的顾客。但这些服务交互通常不会产生长期结果,交互活动只限于服务过程中的交互,随着服务的结束,双方交往活动自行终止,并且事后他们一般也不会继续交往,顾客与服务人员间的交往活动表现出很强的短暂性特点。

与同熟悉的人交往相比较，通常陌生人之间的交往活动会受到更严格的限制，双方在交往中会自觉遵守公序良俗，也比较拘束。但是在酒店服务中却不然，在绝大多数情况下，酒店顾客和服务人员互不相识，即使双方没有进行互相介绍，但在酒店服务过程中双方也不会感到不舒服。例如，在酒店前台办理入住，在酒店咖啡厅里顾客买一杯咖啡等。

3. 酒店服务交往范围的局限性

酒店顾客与服务人员的交往范围受酒店服务性质和服务内容的限制，双方之间的交谈通常限于与酒店服务有关的内容。但也并不绝对，在非正式酒店服务环境中，酒店顾客与服务人员之间的信息交流，也可以与酒店服务工作无关。通常酒店顾客与服务人员之间相互作用的范围取决于酒店服务任务的性质。如酒店前台服务员通常不会与客人谈论她在西餐厅点了什么早餐，西餐厅服务员在与顾客进行服务交互期间也不会告诉顾客如何办理酒店入住手续。

从酒店服务交互的重要性来看，与酒店服务工作有关的信息交流占支配地位。但在有些情况下，二者可能很难分离。例如，餐厅服务员在客人交互时，除了为客人点餐、餐间服务外，还可能向客人说起实时的交通和天气情况，提醒顾客外出时要带上雨伞。这些谈话可以被看作与任务无关的谈话，也可以看作为顾客提供了有用的信息。

4. 酒店顾客与服务人员扮演的角色非常明确

陌生人之间的交往必须遵循一整套基本行为准则，扮演好双方的角色。一般来说，酒店顾客对面对面服务的酒店人员有着非常相似的期望，他们期望酒店服务人员热情友好、微笑服务、举止文雅、尽快完成服务工作。在酒店面对面的服务中，酒店顾客与服务人员的地位发生暂时的变化，双方必须暂时中止各自的"正常"（甚至是引以为豪的较高的社会身份）社会地位。例如，具有较高的社会身份的企业家可能被客房服务员禁止在无烟客房中吸烟等。

5. 酒店服务交互中其他顾客的影响

酒店中许多服务是同时为很多人提供且同时由多人消费的，一位顾客或一组顾客的行为可能会对其他顾客的服务互动结果产生影响。例如，酒店餐厅中一个醉酒闹事的顾客可能会给其他顾客以及餐厅服务人员带来非常不愉快的体验；酒店会议服务中，一群志趣相同的顾客有可能因为相互结识而使参会变得更加愉快。因此，对于酒店服务管理者来说，必须设法使其中的每一个顾客的服务交互都变得愉快。

（三）酒店服务交互的类型

酒店服务交互是人与人的互动，这种互动主要有顾客与酒店服务系统的互动和顾客之间的互动两种类型。

1. 顾客与酒店服务系统的互动

顾客与酒店服务系统的互动通常有友好互动和不友好互动两种情况。

（1）顾客与酒店服务人员友好互动。

顾客与酒店服务人员之间进行开放式的沟通与积极配合是顾客与服务人员间的友好互动，其结果是令酒店服务达到最佳状态，双方都将对服务过程更为满意。顾客是酒店服务的接受者，同时也是服务生产的重要协作者，顾客友好地对待酒店服务人员，能为所有涉及该服务过程的人员（其他顾客和服务人员）留下美好的服务经历，也有利于自己的服务体验，使自己的消费升值。

值得注意的是，顾客与酒店服务人员间发生过于友好的互动，也会损伤酒店服务提供与顾客的服务体验。因为过于友好的互动行为会使服务人员在服务过程中分心，也会推迟对其他顾客接受服务的时间，从而导致酒店服务成本增加等。因此，酒店企业要加强服务人员在应对过于友好顾客方面的培训，为他们提供避开过于友好顾客而又不使顾客感到尴尬的技巧与方法。

（2）顾客与服务人员不友好互动。

顾客与酒店服务人员不友好互动会产生相反的效果。顾客与酒店服务人员不友好互动的原因主要有：顾客与服务人员对双方相互作用产生错误的理解，这常常是引起双方不友好互动的原因；不和谐互动的产生有时是由于一方语言、行为等无意间冒犯另一方，如做了不恰当的评论、不合适的姿势或手势等挑衅行为；服务双方的不良情绪，也是挑起不友好互动的原因。顾客与服务人员不友好互动的结果，轻则引发较为温和的语言攻击与争吵，重则可能引起身体接触或打斗。

酒店服务中任何不友好互动事件的发生，都会对酒店企业服务效果及其未来发展造成重大影响。切记，顾客都是以自我为中心的。在不友好的互动中，无论酒店企业是对与否，顾客永远是顾客，一定要避免与顾客的争吵。但是，随之而来会出现一个问题：如果酒店服务人员必须对不友好或挑剔好斗顾客予以忍让，那么酒店服务人员的处境就会很糟糕，这势必导致酒店服务职位缺乏吸引力。如果在酒店企业中不友好互动普遍存在，也将给酒店企业的长期健康发展带来可怕的影响。所以，如何才能使酒店企业不再忍受不友好顾客的对待，是需要酒店企业要进一步解决的问题。酒店不要简单地把所有的问题都推到顾客身上，抱怨顾客过分纠缠、难以对付，而是要反思是不是酒店的管理工作出现了问题？是不是服务没能满足顾客的期望而激怒了顾客？只有从酒店自身的管理、服务找原因，才能将顾客与服务人员的不友好互动转化为顾客与服务人员的友好互动，也才能不断地提高酒店的服务质量。

2. 酒店顾客与顾客之间的互动

顾客的服务体验不仅来自其参与服务过程中的感知，还受周围其他顾客行为的影响，这种影响主要有两个方面。

（1）顾客与顾客之间的正面互动。

顾客之间的正面互动有可能使酒店服务变得非常愉快，例如上述提到的在酒店会议中的顾客相互结识。酒店管理者可以有意地组织一些活动，促进顾客之间的互相交流和结识，并创造一些可以共享的快乐。

顾客之间往往更容易相互沟通，交流服务体验，这种无形的口头传播、现身说法是酒店最有效的广告。顾客之间正面的相互沟通、相互影响能为酒店开发出巨大的潜在市场，并且效果显著。因此要酒店强化顾客之间的正面影响，树立酒店企业在社会中良好的企业形象。

（2）顾客与顾客之间的负面互动。

顾客间也会有负面的影响。例如，在顾客集中抵店时，酒店前台服务中排队是不可避免的。秩序井然地排队会使顾客感觉良好，但如果个别顾客插队而没有得到制止，就会使其他顾客情绪低落，影响他们对服务的良好评价。因此，酒店企业应该积累经验，学会对个别顾客说"不"，将个别行为不良的顾客列入"黑名单"中，杜绝类似情形再现，尽快解决和避免顾客间的不良影响。

二、酒店服务交互影响要素

服务交互是顾客与服务人员有目的的相互交往活动，是人际交往的一种特殊形式。无论是何种服务，在这一点上都是相同的。但是，在不同服务环境中，顾客对服务人员的角色行为期望却是不同的。很明显，服务内容的不同，是决定服务交互之间差别的一个因素。顾客对服务的期望与顾客对服务特点的感觉、服务人员的角色和服务生产现实有关。因此，研究酒店服务交互影响因素，满足顾客对酒店服务的期望，对于提高顾客感知服务质量有着非常重要的意义。

（一）顾客对酒店服务特点的感觉

顾客对酒店服务的期望与顾客对酒店服务特点的看法有关，如表3-2所示。

表3-2 顾客对酒店服务特点的感觉

酒店服务特点	顾客感觉期望连续区域（高—低）
消费目的	享乐—实用
消费动机	选购品—必需品
服务结果	增利—减弊
服务重要性	重要—次要
顾客参与度	参与—旁观
消费代价	大—小
可逆性	困难—容易
购买风险	大—小

顾客的期望是由顾客的消费目的、消费动机、服务结果、服务重要性、服务参与程

度等因素决定的。为了享乐目的而进入酒店消费的顾客，对酒店服务的期望就高于为了实用而进入酒店消费的顾客的期望。其他因素的影响也同样如此。顾客感觉酒店服务消费中的风险也影响着顾客对酒店服务的期望。顾客感觉中的风险与消费服务的代价、服务的可逆性这两个因素有关。代价大小是顾客的一种感觉，顾客消费某种酒店服务需要付出的代价会影响顾客的期望。由于大多数的酒店服务事先无法试用，顾客对酒店服务结果可逆性的看法影响顾客的期望。在顾客的感觉中，不可复原的酒店服务比可以复原的酒店服务期望要高。酒店服务中某些服务既没有实物形态，又无质量标准，顾客通常会感觉这类服务的购买风险较大。

（二）酒店服务人员特点

酒店服务人员对服务互动有着显著的影响，这种影响是由服务人员的专业知识、服务技能和个人素养决定的。酒店服务人员的专业知识和服务技能通常指服务人员接受过哪些培训，获取了哪些专业证书，也指服务人员的经验、洞察力、创造性和服务技术。另外，酒店服务人员是否被授权，也对酒店服务互动有着重要影响。服务人员的态度、性格特征以及基本人口统计特点都会影响酒店服务互动。

（三）酒店服务生产现实

顾客根据酒店服务生产现实，对不同的酒店服务进行比较，影响顾客与酒店服务的互动以及对酒店服务质量的评价。

1. 时间因素

某种服务的消费频率和每次消费所需要的时间都是酒店服务生产实现的重要因素。在酒店中，顾客经常消费、费时的服务与偶尔消费、快速的服务相比较，顾客和酒店服务人员之间的相互交往是有所不同的。例如，顾客在中餐厅就餐和在咖啡厅喝一杯咖啡的消费时间不同，与服务人员的交互也是不同的。

2. 技术因素

酒店服务过程中采用的技术会影响顾客和服务人员交往的性质。以人工为主的酒店服务和以设施设备为主的酒店服务会对双方交往产生不同的影响。如酒店的客房服务与健身康乐服务。

3. 地点因素

酒店顾客在酒店内接受服务的地点不同，酒店服务也是不同的。如顾客在餐厅就餐和服务员送餐到客房就餐，在服务行为、语言与时间等方面都有着不同的要求。

4. 服务内容

服务内容是指酒店服务中的物质、精神、情感成分。物质成分为主的服务与精神成分为主的服务有很大区别。但在一些服务中，如高星级酒店服务中物质、精神、情感成分都很重要。

5. 定型化程度

定型化程度是指酒店服务工作是否可以根据顾客的需要和服务的环境的变化而改变。通常来说，越是标准化、程序化、规范化的服务就越定型化。如酒店前厅的迎宾服务就相当定型。

三、酒店服务交互管理与评价

（一）酒店服务交互管理的对象

酒店服务交互主要由四个要素构成：顾客、服务员工、服务提供系统、有形展示。

1. 顾客

顾客是酒店服务交互中的最主要要素。服务交互的终极目标是满足顾客的需要，达到顾客满意。顾客在酒店服务交互期间的感受，决定并影响着顾客对酒店服务质量的评价、对酒店服务的整体满意度以及是否重复购买酒店的服务。因此，酒店在完善服务产品和服务提供系统的设计时，必须考虑要以一种最有效和最高效的方式来满足顾客的要求。顾客是对酒店服务抱有期望的人，他们在酒店服务交互中希望受尊重和得到礼貌待遇，同时还希望得到和其他顾客相同的待遇，得到同等水平的服务。这一点是酒店服务交互的最起码、最基本的要求。

另外，由于酒店服务交互是"服务于人、作用于人"的交互活动，顾客身处酒店各种服务设施中，且可能需要在酒店停留相当一段时间，这就给了顾客很多观察酒店服务提供情况的机会，并据此对酒店服务质量作出评价。因此，顾客的舒适感、顾客的安全、顾客的整体感觉应该是酒店的主要考虑因素。

2. 服务员工

这里所说的服务员工是指酒店中那些直接与顾客打交道的服务人员，他们是酒店服务交互中另一个重要的人的因素。酒店服务人员希望得到顾客和其他服务员工的礼貌对待，希望得到顾客和他的上级管理者的良好评价，为了完成服务任务，酒店服务人员还必须拥有必要的知识和经过适当的培训。但是，仅仅达到这些对于成功的酒店服务交互仍然是不充分的。

一个服务员工代表其服务组织，是保持服务提供系统正常运转的力量。如前所述，酒店服务人员的言辞和行动，通常被顾客认为不是服务人员个人的言辞与行动，而是酒店组织的言辞和行动。同时，顾客又期望酒店服务人员能够成为他最好的代理人，最大限度地考虑他的利益，因为顾客已经购买了酒店服务，并将这种服务全权委托给了酒店服务人员。所以，酒店服务人员一方面代表了酒店组织，另一方面又是顾客的代理人，这种双重的角色对于酒店服务员工来说有时对平衡双方的利益带来了困难，尤其是当顾客的最大利益与服务组织的规则发生冲突，或者酒店服务人员受严格的能做什么、不能做什么的规则的约束时，这种困难就更加突出。这就要求酒店服务人员具有很强的人际交往能力，以平衡双方利益冲突。

　　此外，对于酒店服务员工来说，与顾客的交互活动是他日常工作中千百次服务交互中的一次。长年完成同样的任务使得酒店服务人员往往只重视服务交互的效率和有效性，千篇一律地"机械"地对待顾客，而不是把每一个顾客看作一个具有个性的个体，考虑每一个顾客在服务交互中的特殊性。酒店服务人员能够考虑到顾客的不同情况并采取适当的对应方法是在酒店服务交互中达到顾客满意的重要因素。在很多情况下，除了服务技能、服务效率，顾客对酒店服务人员在服务中所表现出来的诸如友善、温暖、关怀和富有情感等人际交往技能也非常在意，甚至往往是这些因素决定了一次酒店服务交互的成败。因此，酒店管理者有责任帮助酒店服务人员培养这些技能，使酒店服务人员能够站在顾客的角度进行服务交互活动。同时，还需要对酒店服务人员进行培训，使他们在与顾客服务交互中具有一定的行为规范。

　　使顾客满意是酒店企业最重要的任务。但是，酒店管理者必须认识到：没有满意的员工，就不会有满意的顾客，只有使员工满意，才会有顾客满意。美国最成功的航空公司之一的西南航空公司的CEO Herb Kelleher曾说："企业经营中向来难以回答的一个问题是应该把谁放在首位？员工、顾客还是股东？但是这对于我从来就不是一个问题。对于我来说，员工第一。如果他们满意、具有献身精神、精力充沛，他们就会为顾客提供最好的服务；如果顾客就此满意了，他们就还会再来；最终股东也会满意。"这段话很好地说明了员工管理的重要性。

3. 酒店服务提供系统

　　酒店服务提供系统包括酒店的设施设备、各种用品、服务程序和步骤以及规则、规定和酒店文化等。但在酒店服务提供系统中，真正对酒店服务交互产生影响的，实际上只是顾客能够看到、接触到的那一部分，这一部分也可称为可视部分（the line of visibility）或"前台部分"。酒店在这部分的设计和运行时，必须从顾客的角度出发，以满足顾客需要和期望为目标设计酒店服务项目、流程。而在后台，服务系统的设计主要考虑如何支持前台的运营，以支持前台服务效率为目标。

4. 有形展示

　　有形展示包括酒店一项服务和酒店可能形成顾客体验的可接触的所有方面。需要注意的是，酒店后台设施和顾客不可视部分的设施不属于有形展示的部分，因为它们不会直接形成顾客的体验。酒店的有形展示包括酒店建筑物的外观设计、停车场、周边风景以及酒店建筑物内的家具摆设、设备、灯光、温度、噪声水平和清洁程度等，还包括酒店服务过程中使用的消耗品、酒店服务人员的着装等顾客可接触到的东西。

　　有形展示对于酒店服务交互的成功是非常重要的。对于酒店来说，顾客通常会在酒店停留一段时间，在这段时间内，除了酒店服务人员的服务技巧、服务态度以及酒店服务提供系统以外，顾客所看到、接触到的有形展示也成为决定酒店服务交互是否成功的关键要素之一。例如，在顾客还未与酒店服务人员接触、提出自己的服务要求之前，如果顾客一进入酒店大门,就看到一个肮脏凌乱的酒店大堂,这种有形展示可能就在瞬间决定了顾客对酒店的印象。

有形展示不仅影响顾客,还能够在更长时间里影响酒店服务人员的行为。酒店是酒店服务人员工作的场所,他们要在酒店度过他们大部分的工作时间,因此他们的工作满意度以及工作动力和工作绩效也受到酒店有形展示的影响。此外,酒店有形展示的设计还应该考虑到如何能够使酒店员工无障碍、有效地执行工作任务,保证顾客和酒店服务人员的交互活动顺利完成。

(二)酒店服务交互质量的评价

酒店服务人员、顾客和酒店企业是酒店服务交互的既得利益者,他们会从各自的角度评价酒店服务交互结果的质量。三方都希望有"优质"的服务,但三方对"优质"的含义却有不同的理解。全面理解三方的观点,有助于完善服务交互模式,如图 3-2 所示。

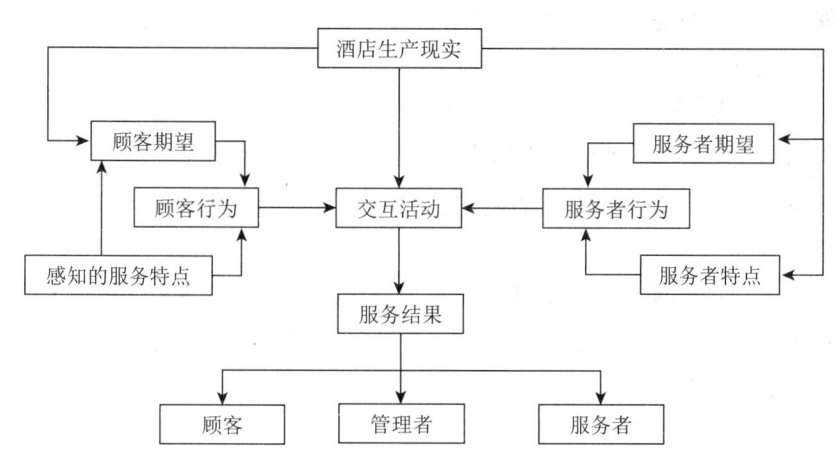

图 3-2 酒店服务交互模式

1. 酒店管理者评价

酒店管理者对酒店服务交互关心的是顾客的评价结果会对酒店产生什么样的影响。酒店管理者希望酒店服务交互活动能够产生两个积极的成果:一是能促使顾客重复购买酒店的产品与服务,并为酒店做有利的口碑宣传,树立酒店在社会中的形象。二是通过顾客对酒店服务人员的正面评价,能对酒店服务人员产生激励作用,激发酒店服务人员努力工作,并为酒店留住优秀的服务人员。

2. 顾客评价

顾客对酒店服务交互的满意程度通常来源于对酒店功能性服务质量(服务人员服务过程的表现等)和技术质量(顾客得到了什么?)的判断,顾客会对这两方面的质量分别作出评价。例如,入住酒店的顾客会说:"客房很干净、设施很齐全,但客房服务太差。"或"客房服务很好,但客房不干净、设施陈旧"。分析顾客评价服务质量应注意以下 3 点。

（1）顾客最看重酒店功能性服务质量。

相较于技术性质量，顾客更加重视酒店功能性质量。如果酒店服务人员从未提供某种服务，即使顾客对双方的相互交往过程相当满意，顾客也会产生不满意。如酒店服务人员只是将服务作为一种工作任务来完成，从未在服务中进行主动服务，顾客也会产生不满意。在酒店同质化日益严重的今天，功能性服务质量是酒店在激烈的市场竞争中取得成功的关键。

（2）顾客对酒店功能存在容忍区间。

如果顾客对相互交往的过程感到满意，这种满意只能消减酒店功能性服务质量的一些小的缺陷或瑕疵，而且这些轻微的缺陷必须是顾客通常可以允许的。否则，顾客就会对与酒店的相互交往过程感到不满意。顾客如果认为酒店服务人员不主动服务是可以忍受的，那么顾客会对服务交互过程满意。如果顾客不能忍受服务人员的不主动服务，顾客就会对服务交互过程感到不满意。

（3）顾客交互满意度会影响对服务质量的评价。

顾客对于酒店服务交互质量和自己的满意程度能够比较容易地进行判断。同时，顾客在与酒店服务交互过程中的满意度会影响顾客对酒店服务质量的评价。另外，由于顾客缺乏相应的专业知识，顾客对于酒店的技术性服务质量很难进行准确判断。

3. 服务者评价

酒店服务人员的一项重要工作任务就是与酒店顾客的交互活动。服务人员对自身工作的评价，不仅要评估工作完成情况，而且还要评估与顾客相互交往的过程。如果酒店服务人员对服务交互过程感到满意，就会对自己的工作产生满意感。酒店服务人员能否克服个人情感冲动以及个人的交际能力、服务环境、顾客行为等都会对酒店服务人员在与顾客交往中行为和满意度产生影响。

小案例

如何看待客人投诉

一位日本客人拿着磁卡钥匙怒气冲冲地找到大堂经理质问："我刚刚入住，磁卡钥匙在前台试了两遍，可还是打不开门，你们的设备怎么这么差劲。"大堂经理与客人一同来到楼层，看到客人只把磁卡插入门锁中，而没有拔出来转动门把手。

按说这完全属于客人操作不当，但这位大堂经理当时并没有简单地给客人解释，而是迅速换了一把新钥匙，当着客人的面演示了开门过程。大堂经理的举手之劳，既把尊严和面子留给了客人，又很好地解决了问题。

在处理投诉时，如果是因为客人的失误而引起的误解，不能简单地埋怨客人较真儿或"老土"，而应该看到，我们的服务和见识是否还不到位。

第三节　酒店服务关键时刻模型

一、"关键时刻"的含义与"瀑布效应"

（一）关键时刻的含义

北欧航空公司（Scandinavian Airlines Systems，SAS）前总裁简·卡尔森（Jan Carlzon）创造了"关键时刻"（Moments of Truth，MOT）这一词语。卡尔森认为，"关键时刻"是指顾客与北欧航空公司的职员面对面交流的时刻，公司职员在这一特定的时刻将公司的形象生动地展现在顾客的面前。

诺曼将"关键时刻"这一术语引入管理学文献之中。随后，这一术语被广泛地用来说明各类服务企业的服务接触，将"关键时刻"这个概念发展成了一种全新的服务管理方法，并赋予"关键时刻"一个新的定义："顾客与服务组织任何方面进行接触并对其服务质量产生一定印象的任何时刻。"这一定义超出了顾客与服务人员面对面相互交流这一范围，对服务组织加强"关键时刻"管理，提高服务质量有着重要意义。服务组织的任何一个"关键时刻"既能够"营造"一次美好的服务体验，也可以"造成"一次不愉快的服务体验。顾客对"关键时刻"的服务体验是十分重要的，是决定顾客对服务组织服务质量评价的最重要因素，顾客对服务组织的评价也影响着顾客重复购买的意愿。

（二）酒店"关键时刻"的"瀑布效应"

在我们每个人的记忆里，都存在着大量的、自身经历过的许许多多"关键时刻"。作为顾客，在遭受服务人员或系统不友好对待或者无法提供帮助的时候，我们会感到沮丧与无助。当然，更多的时候，我们作为顾客在受到服务人员或系统耐心细致的服务后，我们会感觉受到尊重与关怀，被真正地视为贵宾。作为顾客——服务的接受者——我们都会将所经历的"关键时刻"看作是关系到个人尊严的大事，并决定着我们对服务组织的评价。

在顾客的酒店整体服务接触过程中，发生在与酒店组织最初接触阶段的"关键时刻"尤为重要。如果酒店组织与顾客最初接触的"关键时刻"是积极友好并且令人感到愉快的，那么顾客往往就会抱着积极的态度来看待酒店随后的服务接触，并且期望得到更多的善意和满足感。相反，酒店组织在与顾客最初接触"关键时刻"出现的失误，将会导致顾客在随后酒店服务接触阶段中产生消极不满情绪。因为顾客往往会认为酒店组织的服务失误只是仅仅针对他个人的行为，并会将随后出现的服务失误看作是最初受到

"不公正对待"的进一步的证据。

上述中,在顾客与酒店组织接触过程中,顾客对最初"关键时刻"的感觉传导到随后的"关键时刻",并强化了最初的感觉。这种无论是使顾客感到愉快的还是感到不愉快的感觉逐步得以强化的现象,就是所谓的"关键时刻"的"瀑布效应",如图3-3所示。

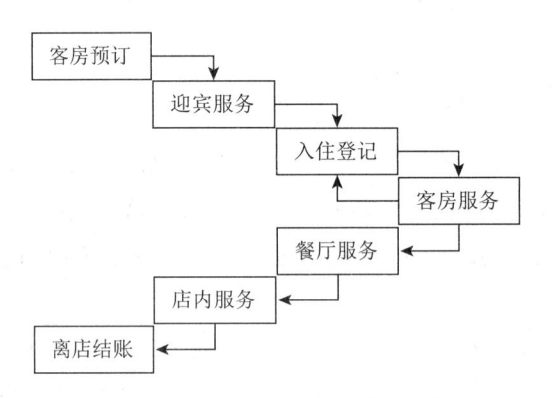

```
客房预订
    ↓
  迎宾服务
      ↓
    入住登记
        ↑
      客房服务
      ↑
    餐厅服务
    ↑
  店内服务
  ↑
离店结账
```

图3-3 酒店"关键时刻"的瀑布效应

这种"瀑布效应"(cascade)对酒店服务质量管理具有真正的实用意义。例如,美国饭店伙伴公司将公司经营宗旨中的"原因与方式"与每天的工作中的"时间与地点"联系起来。酒店员工有机会使顾客感到愉快与满意的时间地点就是在酒店服务周期中确定的39个"关键时刻",并训练员工利用39个服务的"关键时刻",创造一个服务环境,使顾客在这个环境中有宾至如归的体验。

如果在酒店服务的任何一个"关键时刻",特别是早期的酒店服务"关键时刻",酒店服务使顾客感到不愉快和不满意,那么顾客这次不愉快的经历就会加大他对下一次服务"关键时刻"不满意的风险,也会极大地增加顾客对酒店整体服务体验印象不佳的可能性。相反,如果顾客对每一次酒店服务的"关键时刻"的经历感都愉快与满意,就会加大顾客认为下一次酒店服务"关键时刻"同样是愉快的可能性,顾客会认为酒店整体服务是令人感到愉悦的。有学者对"关键时刻"的研究,当酒店给顾客带来1次负面"关键时刻"时,之后还想留住顾客,需要付出12次的正面"关键时刻"才能挽回。这足以说明瀑布现象在酒店服务中成为现实是何等重要。因此,在酒店管理中重视对"关键时刻"的管理,可以有效地促进酒店服务质量的改进,树立酒店在顾客心目中的良好形象。

二、酒店服务"一线""前台""前线"的关键作用

在理解酒店服务接触的重要性时,必须认识到,代表酒店企业"整体形象"的服务人员通常都是位于服务生产链中的最后一个环节,由于酒店服务产品的生产和供应基本上是同步进行的,酒店服务产品生产线上的最后一个员工在生产的同时还与顾客接触,

服务质量是由员工创造的，却是由顾客来加以判断和评价的。在顾客看来，在服务接触发生的那一刻，这些与他们接触的员工体现整个企业的形象。因此，这个员工在展示服务企业"形象魅力"方面担负着巨大的责任。

事实上，与顾客频繁接触的员工就其地位和薪酬而言，往往没有得到酒店企业最重视的程度。他们工资过低，并且缺乏培训，这使得他们工作积极性不高，对工作感到不满意，频繁变换工作，从而最终导致顾客的不满和营销的失败。

酒店服务接触的有效管理应该充分了解员工的工作动机和工作表现，因为这些员工的工作表现决定着一次服务接触会让顾客感到满意还是感到不满意。因此，酒店有效地管理还应该包括培训员工、激励员工和奖励员工，以使他们始终如一地展现出理想的工作状态。简而言之，酒店有效的服务管理应该包括真正地认识到那些在服务"前线"工作的员工们的重要性，以及真正注重对他们的培训并关心他们的福利。

三、酒店服务关键时刻模型

"关键时刻"对酒店服务如此重要。那么，酒店组织要如何加强对"关键时刻"的管理，为顾客提供优质的服务，树立酒店在社会中的良好形象，在酒店业高度竞争环境中取得优势呢？首先，酒店要甄别出酒店服务的每一个"关键时刻"，分析"关键时刻"的组成部分，并了解这一时刻的服务质量因素。然后，采取一些方法和模型来分析酒店服务质量的高低。

酒店如何分析"关键时刻"？可以借助一些学者为满足服务组织服务管理的需要，建立的服务关键时刻模型，用来分析酒店的"关键时刻"。关键时刻模型列出了很多影响酒店服务"关键时刻"的因素和各种投入，如图3-4所示。

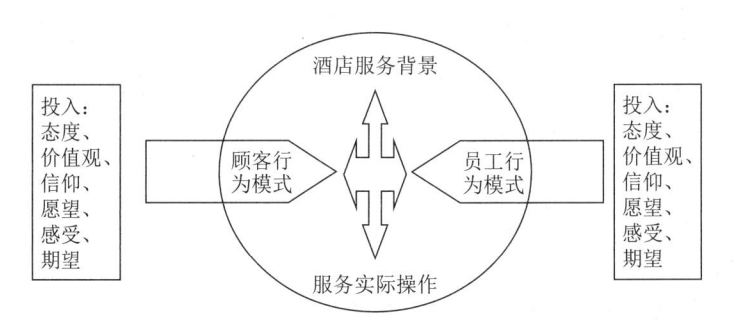

图3-4 酒店组织的服务关键时刻模型

（一）酒店服务背景

在酒店服务中，酒店员工与顾客之间的接触和交往互动都是发生在一定的酒店服务背景之下的。也就是说，酒店服务背景会对酒店服务接触本身及服务接触的结果产生影响。例如，顾客在酒店露天花园就餐与顾客在酒店富丽堂皇的西餐厅就餐，二者是在完全不同的环境下进行的,服务接触双方的行为模式也是不同的。

我们把酒店组织中所有与顾客有关的部分都叫作酒店服务背景。在关键时刻模型图中,酒店服务背景或环境是在酒店服务"关键时刻"中,服务接触双方发生的所有社会、生理和心理的冲撞。

下面是一些有关酒店服务背景的因素,如果把它们加到顾客和员工投入的行为模式中,那么将对酒店服务关键时刻产生很大的影响。

·酒店环境如何?包括有形的和心理的两方面的服务背景如何?

·酒店的服务背景是否事前就让顾客期望有更好的服务质量?

·酒店的服务背景是向顾客传递的是"欢迎光临",还是"请遵守服务章程"?

·酒店的服务背景意味着酒店服务是成功还是失败?服务背景是否让顾客满意?

·如果酒店服务系统一次又一次地出了问题,酒店应怎样处理以保证顾客第一?

·酒店服务背景是否结合酒店管理信息系统?如果酒店管理信息系统出现故障,酒店的员工知道怎么办吗?

(二)行为模式

顾客和酒店员工在酒店服务"关键时刻"中各自的思维方式、态度感受和行为组成了各自的行为模式,这种行为模式对酒店服务"关键时刻"有很大的影响。无论是顾客,还是酒店员工,他们在酒店服务"关键时刻"进行了很多投入,如他们个人的态度、价值观、信仰、愿望、感受和期望等,这些投入或投入组合产生了他们在酒店服务"关键时刻"的行为模式。有一些投入对顾客和员工的行为模式的影响是一样的。例如,员工与顾客都按他们的符合社会标准和习惯的方式行事。但也有些方面的投入双方是不同的,这时,对同样一个"关键时刻"两者所持的观点可能会存在着很大的差异。

还有一点需要着重指出的就是,行为模式可以在一瞬间改变。当顾客感到需要被满足或没被满足时,他的行为模式会有很大不同。随之,顾客对关键时刻的感受也会变化。对为顾客提供酒店产品和服务的员工也同样如此。

1. 顾客行为模式中的投入要素

帮助形成顾客行为模式的投入要素是:

·与酒店组织或与酒店相似的服务组织的交往经历;

·对酒店组织的看法;

·由以前入住酒店经验形成的期望;

·在顾客的人生中已经形成的态度、信仰、价值观、道德标准等;

·从其他地方听到或看到的有关酒店的评价。

2. 员工行为模式的投入要素

帮助形成酒店员工行为模式的投入要素是:

·酒店对员工的要求;

- 酒店中有关员工和顾客的规章制度；
- 酒店员工感情成熟程度；
- 员工由以往经验形成的对顾客行为的期望值；
- 员工在生活中形成的态度、信仰、价值观、道德标准等；
- 提供服务的工具及方法。

3. 和谐

应用关键时刻模型时重要一点就是和谐，也就是服务背景、消费者行为模式以及员工行为模式三者之间的协调一致。在前面我们已经指出如果顾客和员工对行为模式的投入有很大不同将会很不利。和谐意味着对关键时刻步骤的相同看法。顾客与员工的行为模式须有某些一致之处才能在和谐前提下赢得关键时刻步骤。而这又都要与服务背景保持一致。如果缺乏和谐，"关键时刻"就会存在风险了。

在酒店服务中也许会发生这样的事情。在员工与顾客发生争论过后，顾客认为自己行为有理有据，而员工也认为自己在理。顾客形容员工没有礼貌，不耐心；而员工则相反，形容顾客粗鲁，无理取闹，多事。然而，事实往往介于两者之间，这是由两者不匹配的投入要素形成不和谐的行为模式所造成的。

四、酒店服务的"考验时刻"

在酒店服务接触的众多的"关键时刻"中，存在一些非常重要的接触时机，它们与服务成败休戚相关，与一些对顾客非常重要的事件相联系，并与顾客接受服务并愿意再来有关，它们需要酒店给予特别的关注。这种接触可能会令顾客对酒店企业产生忠诚，也可能会使顾客永远离去，不再光顾我们的酒店，这样的接触服务通常被称为"考验时刻"。

这类接触的共同特点是，顾客正处于非常特殊和为难的情况，需要酒店企业超出服务规范满足顾客。此时，顾客对酒店企业的反应非常敏感，他们能清晰地感觉到酒店企业是否真诚地关心自己。如果顾客感受到被酒店企业真诚的关心，顾客就会建立起强烈的信任；否则，顾客就会认为酒店企业只不过是唯利是图，甚至对其彻底失望。酒店企业应该善于察觉和把握住时机，给顾客留下美好而深刻的印象。

（一）买或不买的关键时刻

如果你作为一位顾客，当你下次准备购买一种服务的时候，请停一会儿想一下是什么使你下定决心选择这家酒店的？在你的头脑里，到底是哪一刻你在问自己："去不去呢？"这就是买或不买的"关键时刻"。在每位顾客在购买或不买犹豫时，它就发生了。当顾客说"是"或"不"时，这一刻很大程度受下列一些因素的影响：服务技术水平、服务质量、环境及大量其他"关键时刻"留给顾客的印象。顾客在做出买与不买决定的时候，也是一个心理斗争的过程。

这也是纯粹咨询的人和购买者的本质区别。纯粹咨询的人往往只是看一看，并未经过买与不买这一短暂而深刻的心理过程，而购买者则不同了，甚至在他走进酒店大门之前已经经过一番心路历程了。如果酒店企业不加小心，就有可能在顾客思考买或不买的过程中给以误导或丧失机会。因此，如果你想吸引和留住购买者，那就必须搞清楚什么时候是顾客买或不买的"关键时刻"。例如，酒店的预订服务就是买或不买的"关键时刻"。

（二）进行价值评判的关键时刻

所有的顾客在考虑购买前都会做出价值评判。即使你的酒店的服务比你的竞争对手便宜，但如果不是物有所值，顾客也不会购买。即使你的名声再好，如果顾客在你那儿有过不愉快的经历他也不会再去。在经过必要的了解之后，顾客要做的决定就是买！价值评判通常在做出买的决定之后发生，进行价值评判的关键时刻受服务的功能质量和技术质量的双重影响。

（三）决定再买的关键时刻

紧接在进行价值评判的"关键时刻"之后的一个特殊的"关键时刻"，就是做再次购买的决定。想一下，上次你和你朋友去一家从未去过的酒店，如果服务背景适当，如果饭菜质量非常出色，如果服务令人愉快，你的第一个反应也许是："下次请客，我还到这儿来。"实际上在这一刻你头脑中闪过了一串儿数据。即使这种念头没有出现，但在潜意识里你也会决定以后你是否还会来这所酒店接受服务。这样当下次你和你的朋友决定选择就餐地点时，你就会想起上次愉快的经历，于是毫不犹豫做出再购买的决定。

顾客是多变的，他们有时看起来保守，有时自私，有时要求多而且不可理喻，而有时他们又认为你们做事得体，似乎非常善解人意。即使企业讨好顾客的努力不完全成功，仍有可能影响顾客使其作出再购买的决定。

当酒店服务提供系统出问题时，员工的表现会对顾客决定是否再来的"关键时刻"产生直接影响。在酒店服务提供系统中，如果在出错之后能够快速而准确地采取补救措施，酒店企业将赢得信誉而不是失去信誉，采取快速补救失误的措施将吸引更多的回头顾客，甚至会形成顾客的忠诚。

（四）反馈的关键时刻

在酒店顾客接受服务后，大多数顾客在对酒店某些服务感到不满意时，他们并不会告诉你。大概有90%不满意的顾客不会直接抱怨，他们只是选择不再入住你的酒店。但是从有关研究中发现，虽然不满意的顾客只是静静地离开，但是他们对酒店服务不满意的抱怨会保持很久，他们会将这种不满告诉周围的同事、亲属和朋友。相关研究表明，对酒店服务不满的顾客会向平均至少 15 人诉说他们的经历，这就是反馈的"关键时刻"。也许人的天性就是如此，人们总是更多地关注反面的东西，当有人理解顾客的不幸的购买经历时，他们会更加确信自己做得对，并获取一种心理上的平衡。平均说来，满意的顾客一般只会向 6 个人左右诉说他们的经历。

需要明确的是，反馈的关键时刻并不是酒店可以控制和直接施加影响的，因为它发生在某些你并不知晓的地方。但是酒店服务的接触过程却可以对顾客思想产生持续影响，而且在服务后会决定顾客是正反馈还是负反馈。

（五）酒店永远重复关键时刻

酒店服务中每天都会发生上千次"关键时刻"，但有些"关键时刻"对顾客会产生永久的影响，这些是"永远重复的关键时刻"。例如，酒店前台服务人员每次都重复登记客人信息、分配房间，大多数时候都准确、快速、一次成功，但是当偶尔出现将客人房间分配错误的时候，客人就会对前台服务人员产生不信任感。服务中要确定那些重复的"关键时刻"，并知道当问题出现时如何补救。

五、关键时刻影响评估

一旦酒店对顾客服务循环中的"关键时刻""考验时刻"被掌握、被认可后，就可以将他们解析成不同的组成部分。这些组成部分可以归为三大类。

（一）标准期待值

这是顾客对酒店服务关键时刻最低限度期待值。标准期待值的范围很大，从顾客认为会被采取的行动到顾客对某一部分体验的感受，都可以囊括其中。

（二）体验破坏因素

这是指造成顾客对于酒店某一"关键时刻"感到失望或产生不满的体验。其中有些可能是起因于某些行为，又或者只是单纯对于环境中的一些因素和事物的反应。

（三）体验促进因素

这些是指酒店服务中发生在某一"关键时刻"，给顾客的心目中留下极其良好印象的特别体验。

除上述外，还有潜在的促进因素，也就是能引导顾客在某一关键时刻，对酒店的服务做出相当正面评价的事情。表 3-3 是以顾客与维修中心联络为例说明的关键时刻管理。

表3-3 关键时刻管理

与维修中心联络		
经验破坏因素	标准期待值	经验促进因素
·接线员不知所云 ·必须拨打不止一次的电话 ·电话录音系统使人感到不受欢迎 ·在等待时一片沉默，令人疑惑是不是该挂电话 ·听起来，接线员是照着程序或表格在念 ·接线员好像一直在催促我快一点儿 ·接线员要我去原先购买电话的商店 ·我不能直接找上门，与工作人员面对面地说清楚问题	·只要一个电话即可 ·只需拨市内电话即可得到公平良好的对待 ·接线员说明得很清楚 ·不会总是占线 ·接线员在合理的时间内拿电话 ·接电话的是人，而不是语音系统 ·接线员的语气让人愉悦 ·接线员聆听我陈述问题的态度，让人觉得他确实了解了问题所在 ·接线员听起来很能干，愿意帮忙，也很聪明 ·接线员承诺在合理时间内替我解决问题 ·接线员的声音美妙，音调柔和	·接线员能理解、分担我的紧迫感 ·接线员真的了解我的问题，也遇过类似的问题，并知道该如何处理 ·接线员诚恳地致歉 ·接线员询问是否有紧急情况或其他特殊情况，需要加急修理 ·与接线员的对话让我知道他清楚我所在的地区 ·接线员根据我的方便来完成修理

【复习与思考题】

一、名词解释

1. 服务接触　　2. 三元组合　　3. 关键时刻　　4. 考验时刻

二、简答题

1. 简要回答服务接触的三元组合理论。
2. 简要回答酒店服务接触的特征。
3. 简要回答酒店服务交互影响要素。
4. 简要回答酒店服务交互管理与评价的主要内容。
5. 简要回答酒店服务关键时刻模型。
6. 简要回答酒店服务"考验时刻"的主要内容。

三、实操训练

调查所在地某一酒店的有形展示，并从顾客角度对该酒店有形展示进行简要评价。

【典型案例】

充满奇迹的日本西餐厅

还在感叹海底捞的极致服务？这家餐厅才是真的好"变态"，还年入1.5亿日元！

在中国，说到极致的服务，人们第一个想到的一定是海底捞。但是日本这家西餐厅Casita，单从服务来说，简直"完虐"海底捞。

这家餐厅于2001年开业，如果用餐需要提前一个月预订，去过的很多顾客表示"感动到哭"。

客人到店时，服务员早已站在门口迎接。一进店店员就亲切地叫出你的名字。如

"×××好久不见，已经有4年11个月没见到你了，很高兴与你再次相遇。"离开的时候，有服务员帮你穿上外衣。

闺蜜聚餐，打开餐巾时，发现上面绣着自己的名字。这可是由餐厅负责缝纫的员工完成。

一名男士想要在此求婚。事先得知其女友喜欢夜景和花瓣的店员，不仅安排了靠近窗户的座位，并在餐桌上撒上花瓣。咖啡的拉花也是参照女主的狗狗特别定制的。当求婚成功后，服务人员在楼下举着"祝福你们，婚姻美满，永远幸福"的牌子。离开时，为他们服务过的店员站在门口相送，并表示祝贺。怎么样？这服务"完虐"海底捞了吧？

接下来，我们就一起来追寻其背后的秘密吧！

实际上，这家餐厅细致入微的服务从客人打电话预订时就开始了。每个预订其实都是一次小型采访！

仅仅是接听顾客的预约电话？当然不是，更重要的是店员需要和顾客沟通，了解顾客的详细情况。诸如，顾客的姓名、生日、口味、喜好、对食物热量要求，甚至连顾客宠物的信息等，都要了解清楚。Casita的电脑系统里录入了大约15万名顾客的信息。有了这些详细的信息只是基础，员工还会在营业前3个小时，对每一位晚上来就餐的顾客进行详细的了解和分析，以便对顾客进行精准的服务。

因此，Casita比起其他餐厅，更加了解自己的顾客，能提供更加精准的服务，并让每一桌顾客都感觉自己很特别。

例如，一位顾客离开时在自己口袋里发现了一个写着"感谢"的暖宝宝。原来当天夜间气温骤降，于是Casita的店员就准备了大量的暖宝宝，并悄悄地放到女顾客的口袋里。

除了服务于用餐顾客，Casita还为很多企业服务！这是怎么回事？

原来是对Casita服务理念的认可，每年很多企业会申请来学习Casita的极致服务。每年有超过70家企业申请Casita的服务培训，培训后大家开始就餐，体验Casita的整体服务水平。每次培训费用加餐费约30万日元。

Casita晚间餐8400日元起，从不宣传却门庭若市，2011年度，其营业收入达到15亿日元，按照当时的汇率，约为人民币1.2亿元。通过口口相传，Casita受到很多当地媒体的关注，还给这家餐厅起了一个别称，叫"充满奇迹的西餐厅"。

只要是人，就有真情，只有实体店真正地开始运用这些真情服务，无论销售方式如何改变，都不会被时代淘汰。

资料来源：https://www.sohu.com/a/310875683_171087。

第四章 顾客感知服务质量

【内容导读】

20世纪80年代以来，随着全面质量管理运动的蓬勃兴起，有关制造业的质量管理理论和方法日臻成熟，然而对服务质量管理理论和方法方面的研究却相对滞后。由于服务具有与实体产品不同的特性，因此，产生于制造业的传统的质量管理理论和方法在服务质量管理中的应用受到限制。本章主要介绍顾客感知服务质量理论概述、顾客感知服务质量模型、酒店企业顾客感知服务质量评价主要方法。

【学习目标】

①掌握顾客期望、顾客感知的概念；②了解顾客期望的分类及其影响因素；了解质量管理发展历程；③理解PZB顾客感知服务质量模型；④理解并能够运用SERVQUAL和SERVPERF评价方法评价酒店服务质量管理。

【案例导入】

某经济型酒店网络点评

现在越来越多的顾客会通过网络点评来了解旅游企业实际的服务质量水平。旅游企业口碑的传播已经不再仅仅局限于亲朋好友、左邻右舍或同事之间这种狭窄的范围，而是通过网络实现大规模地快速传播。大众点评网、携程、美团、新浪微博等为旅游企业构建了多渠道的口碑和声誉传播的网络平台。顾客很容易通过这些平台获得旅游企业的信息。网友在网上传递的这些信息很容易影响顾客的期望，好的点评会提高顾客的期望，而负面的点评会降低期望甚至是吓退顾客。下面是大众点评网顾客对于某经济型酒店的评价，这些评价细致而全面。顾客期望的程度是高低评价综合作用的结果。

薯条翩翩：房间：1（一般）；环境：1（一般）；服务：1（一般）

适合来玩但不挑住宿的人，本来嘛，要是一天都在外面玩基本回房就洗洗睡了，所以这里还是很实惠的，所谓麻雀虽小五脏俱全，也非常干净整洁。这个地段这个价格也难找了，所以生意好得很啊！

阿子路：房间：1（一般）；环境：1（一般）；服务：1（一般）

地理位置相当优越，走路5分钟到外滩。

从人民广场走路到这儿只需15~20分钟。

房间很小，但布置得很温馨，也很干净。

绝小而精，卫生间像是日本式的集成设施。

门是折叠的，坐在马桶上都能看电视（还是个不错的凳子呢）。

价格也非常实惠，购物吃饭也是超方便。

嘟嘟无敌：房间：2（好）；环境：2（好）；服务：2（好）

在和朋友玩，真的很晚了，就在海上小屋里住了一晚。

额……真的！是小屋！

真的好小好小。

可能是运气不好，洗澡的时候没热水。

真悲剧……

麻雀虽小，五脏俱全。

不过真的，好小。

不适合个子大的人啊。哈哈哈！

rachel宝宝：房间：2（好）；环境：1（一般）；服务：1（一般）

处在黄金地段，价钱还这么平民。当然节假日是很难订到房间的。

给了一个上下两张床的房间，卫生间非常小，房间还算整洁。

服务也还行，有种在船上的感觉，总体还行吧。

君心若：房间：1（一般）；环境：3（很好）；服务：2（好）

名字很好玩，一听就有上海的味道，房间不是一般的小，不过你出来玩又不是住在家里，物美价廉就好啦！

主要是地理位置很方便，离外滩和人民广场都很近，这点好。

洗手间什么下次再弄干净点吧，小归小，还是要注重卫生的哦！

Oliverss：房间：2（好）；环境：2（好）；服务：1（一般）

好不容易才订到的这里，很便宜地说，地理位置相当优越，走路5分钟到外滩，从人民广场走路到这儿需要15~20分钟。房间布置很合理，但是很难定到床铺。

Duanmuzichu：房间：3（很好）；环境：3（很好）；服务：3（很好）

我住的是522的上下铺，房间很干净。大约7平方米！床单被子我非常满意，没有南方被褥的潮湿感。

下铺比上铺的床稍微大一点儿。

唯一美中不足的是房间的隔音不是太好，要是有半夜回来的客人觉得有点吵，必须关窗子。

如果下次去上海还会再住那里！

资料来源：大众点评网整理。

第一节 顾客感知服务质量理论概述

为了研究无形的服务与有形的产品间的真正区别，从而对无形的服务质量作出定量的评价，解决服务管理和营销科学中的核心问题，北欧学派（Nordic）代表人物克里斯丁·格罗鲁斯（Christian Gronroos，1984）提出顾客感知服务质量概念，并对顾客感知服务质量构成进行了详细的研究，从而完成了对服务管理与科学中最重要概念的界定。这标志着对顾客感知服务质量管理研究的全面展开。在随后的研究中，以美国的服务管理研究组合普拉苏拉曼（A.Parasuraman）、泽丝曼尔（Vala-rie A.Zeithaml）和贝里（Leonard L.Berry）（以下简称PZB）为代表的学者对顾客感知服务质量进行了更加深入的分析与研究，形成了比较完善的顾客感知服务理论。

格罗鲁斯将顾客感知服务质量定义为顾客对服务期望（Expectation）与感知服务绩效（Perceived Service Performance）之间的差异比较。感知服务绩效大于服务期望，则顾客感知服务质量是良好的，反之亦然。同时，他还界定了顾客感知服务质量的基本构成要素，即顾客感知服务质量由技术质量（服务的结果）和功能质量（服务过程质量）组成，从而将服务质量与有形产品的质量从本质上区别开来。

一、顾客期望

（一）顾客期望含义

顾客期望是指顾客期待酒店提供的产品或服务能够满足其需要的水平。酒店的服务或产品达到了这一期望，顾客就会满意；否则，顾客就会不满意。顾客的期望具有主观性，不同的顾客对酒店相同的服务或产品所产生的期望是不一样的，甚至同一个顾客在不同的时空环境中所产生的期望也是不同的。因此，顾客期望在顾客对酒店服务或产品的认知中起着关键性作用，决定着顾客对酒店服务或产品满意或不满意。顾客正是将其接受酒店服务中的期望与感知进行比较，并据此来评估酒店服务或产品质量的。顾客的期望与感知是否一致，是顾客评估酒店服务或产品质量的决定性因素。期望作为顾客比较评估酒店服务或产品质量的基准，既反映了顾客相信在接受酒店服务或产品中会发生什么（预测），也反映出顾客在接受酒店服务或产品中想要发生什么（愿望）。

顾客期望服务质量是指顾客在酒店消费前,通过各种渠道形成的酒店服务质量的预期。顾客感知服务质量是指顾客在酒店消费过程中,对酒店服务或产品质量的实际感受。顾客期望服务质量与顾客感知之间比较存在如下三种情况:

当顾客期望服务质量＞顾客感知服务质量,顾客会感到不满意。

当顾客期望服务质量≈顾客感知服务质量,顾客会感到满意。

当顾客期望服务质量＜顾客感知服务质量,顾客会感到非常满意。

(二)顾客期望的分类

不同的学者,对顾客期望进行了不同的分类。这些不同的分类,对于我们深入了解期望的特性,并进而深化对酒店服务质量的研究,有着重要的意义。

1.PZB期望分类

PZB对顾客期望研究所得出的一个非常重要的结论是:顾客的期望不是一个单一的变量,而是一个"区域",这个区域被PZB称为"容忍区域"(Zone of Tolerance)。根据这一观点,顾客服务期望被分解成两个部分——理想期望和适当期望,如图4-1所示。

(1)理想期望。

理想期望是顾客服务期望的上限,即顾客期望接受的最理想的服务水平,是顾客认为服务组织能够并且可以为其提供的最高服务质量水平。理想期望实际上代表着一种较高层次的顾客服务期望,是顾客最希望得到的,但却是不大可能实现的期望,顾客实际感知的服务组织的服务水平越接近理想期望,顾客的满意度就越高。

(2)适当期望。

适当期望是顾客感知服务质量评价中另一个非常重要的指标,它是指顾客认为可接受的服务水平,是一种较低水平的期望,是顾客对服务组织的实际服务感知的容忍底线,它所表明的是顾客认为服务组织的服务必须是什么样的。如果服务组织的服务水平正好处于顾客的适当期望线上,顾客也不一定满意。

如图4-1所示,顾客的理想期望和适当期望构成了对服务组织的整体服务期望的上限与下限,处在两种期望水平之间的区域被称为"容忍区"。如果顾客对服务组织的实际服务感知质量落在容忍区中,是顾客所能接受的服务质量,顾客一般会对服务组织的服务质量感到满意;如果顾客对服务组织的感知服务质量接近于理想期望,顾客将会感到高度满意,甚至会让顾客感到惊喜,增强顾客对服务组织的忠诚度;如果顾客对服务组织的感知服务质量低于顾客的适当期望,顾客就会感到不满意,甚至顾客会对服务组织的服务进行投诉,进而导致服务组织顾客的流失,甚至会

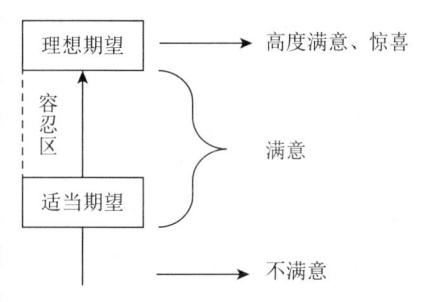

图4-1 顾客期望服务的容忍区域

损害服务组织的社会形象。

PZB期望分类对于酒店服务质量管理，提高顾客的满意度具有重要意义。例如，在一位顾客入住酒店进入房间后，如果发现房间内的设备出现故障，顾客的适当期望是能够在较短时间内维修好设备，或将客人调换到相同档次、类型的房间，这也是酒店必须做的（Must Be）。如果酒店长时间不进行维修或为客人调换房间，顾客就会对酒店的服务感到不满意。当然，在这种情况下，客人的理想期望是将客人调换到酒店最高等级的房间，比如总统套房，如果这样客人将会高度满意，甚至惊喜。但是，这是不可能的，也是不现实的，因为这有违酒店自身的利益。如果酒店采取升档补救的方式，一般将客人的房间升档到高一层类型的房间，客人就会感到满意。

再如，对于一个身心疲惫到酒店前台办理入住的客人来说，在3分钟内办理完毕一切入住手续是其理想期望。然而，基于过去入住酒店的经验、正在排队等候办理入住的顾客数量以及其他各种因素，顾客一般可接受即可容忍的办理完毕入住登记时间是10分钟，那么这10分钟的登记时间就是顾客的适当期望。如果酒店能够在3分钟至10分钟容忍区范围内为顾客办理完毕入住登记，顾客就会对酒店的服务速度感到满意；如果酒店能在顾客抵店3分钟内就为顾客办理完毕入住登记，就会给顾客留下深刻而美好的印象；如果酒店为顾客办理入住登记超出10分钟，顾客就会感到沮丧，认为酒店服务效率低，服务速度慢。

2. 奥加萨罗期望分类

奥加萨罗（Ojasalo）对期望的研究只是针对专业服务而开展的，但其研究中所揭示的顾客期望的动态性，对各类服务企业提高服务质量管理，处理好与顾客的良好关系都具有指导意义。图4-2表明了奥加萨罗顾客期望的分类及基本模型。

按照奥加萨罗的观点，顾客期望可以分为三类：一是模糊期望；二是显性期望；三是隐性期望。

（1）模糊期望。

模糊期望是指顾客期望服务提供者为其解决某类问题或提供某项服务，但顾客并不清楚如何解决这类问题，也不清楚需要提供的服务达到什么水平，即顾客只能模糊地表达他们的期望。在酒店服务中，顾客在很多情况下，意识到他们有必要接受某种服务以改变他们的现状，但无法准确表达他们需要什么，也不知道应当怎样去做、做什么来达到这个目的。但这些模糊的期望实际上是酒店顾客的一种真实的期望，因为顾客确实期望得到某种改变。尽管顾客表达不清楚他们的期望，但这些期望对顾客感知的服务质量却非常重要，也决定他们对酒店服务是否满意。因此，对酒店来说，如果不去发掘并满足顾客的这种模糊期望，那么，顾客可能会对酒店服务感到"失望"，他们会意识到他们所接受的服务是不完美的。例如，顾客在酒店的酒吧间让调酒师为其调制一杯鸡尾酒，但忘记了鸡尾酒的名字，也不知道调制这杯鸡尾酒的基酒和配料是什么，只是向调酒师描述他所要的鸡尾酒的色泽、味道，他以前喝过后的感受等，调酒师需要根据顾客所描述的模糊字眼，为其调制一杯鸡尾酒。如果调酒师调制的鸡尾酒正是顾客所想要的，顾客就会感到相当满意，对调酒师的服务给予很高的评价，进而对酒店的服务质量也会给予积极正面的评价；但如果调酒师所调制的鸡尾酒没有达到顾客的期望，顾客就会感到失望，产生消极负面的评价。因此，酒店必须主动了解、充分挖掘并满足顾客的模糊期望，这对顾客和酒店来说都是非常重要的。

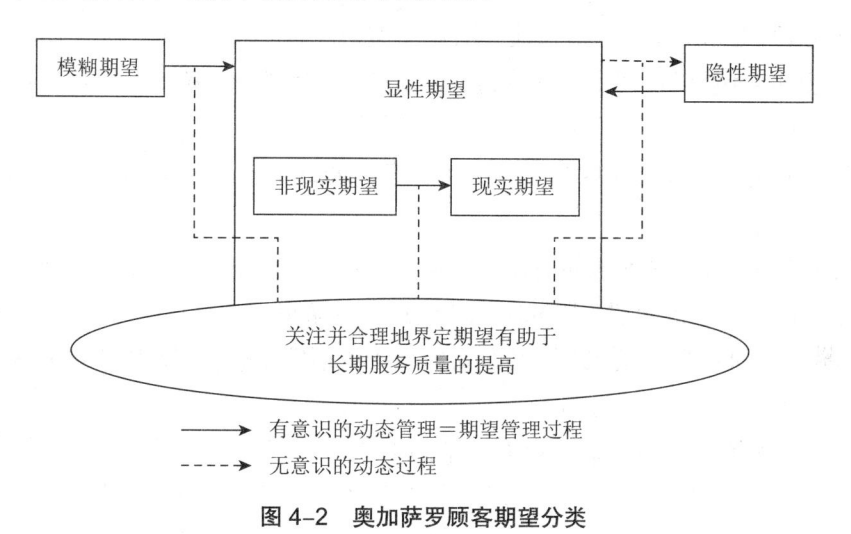

图 4-2 奥加萨罗顾客期望分类

（2）显性期望。

显性期望是指顾客在接受服务之前就已经有了对服务的清晰期望，知道接受服务后应达到的结果。显性期望又可分为现实的期望和非现实的期望。现实的期望是可以而且能够实现的期望；非现实的期望是一些有可能但不一定能够实现的期望。对于服务提供者来说，帮助顾客将非现实期望转化成现实期望，是一件非常重要的工作。如果能够做到这一点，顾客所接受的服务就会远远地超过他的期望，顾客会感到非常满意。在服务沟通过程中，服务提供者模糊和故意含混的信息是导致无法实现承诺的原因，也是顾客产生非现实期望的重要原因。例如，顾客在发现客房设备出现故障时，他明确地知道自己的期望是将自己的房间调换到同档、同类型的房间，或酒店立即对设备在短时间内维修好，这是顾客现实的期望；如果顾客期望酒店给他免费升档到高一层次的房间，这就是一种非现实的期望。但如果酒店真的为顾客免费升档到高一层次房间，顾客就会感到非常满意。如果顾客在与酒店服务人员沟通过程中，服务人员用含混、模糊的语言向顾客承诺为顾客调换一间更好的客房（可能是位置更好的同档、同类房间。客房免费升档在酒店内部有着严格的管理规定和权限审批），顾客就有可能会被误导为酒店会为其免费升档房间，导致顾客产生非现实的期望。而顾客这种由服务人员误导而产生的非现实的期望，如果不能实现，顾客将会感到非常不满意，进而引发顾客对酒店整体服务的不满意。

（3）隐性期望。

隐性期望是指服务组织中有些服务要素对于顾客来说是理所当然的事情，顾客没有必要考虑这些问题,而只是将其视为消费市场一种约定俗成的东西。顾客在接受服务前理所当然地认为服务提供者会实现他们那些隐性的、非常明确而无须表达出来的期望和要求。如果服务组织没有满足顾客的这些期望或者是当顾客处于不满意状态时,这些问题就会影响顾客的服务质量感知。例如,三星级以上酒店,就应该24小时为顾客供应热水,提供24小时的中央空调,前台办理入住登记就不应该超过10分钟;五星级酒店一定会有无烟楼层和行政楼层,一定会有高品质的西餐厅等。因此,对于酒店来说,他们必须注意顾客哪些隐性期望没有被满足,以采取有效的管理措施,满足顾客所有的预期服务。

关于模糊期望、显性期望和隐性期望三者之间的关系,在图4-2中进行了很好的表达。

在图4-2中,实线箭头表示有意识的动态过程,是指服务提供者应当而且能够主动对顾客的预期服务进行管理。服务组织要通过多种渠道发现顾客模糊期望和隐性期望,并使其显性化。如果服务组织非常注意对顾客的模糊期望的管理,则顾客的这些模糊期望的模糊程度将下降。

例如,顾客第一次去某酒店就餐,他的期望可能很简单也很模糊,就是希望酒店"环境好、饭菜好、服务好"。但是第二次他再去这家酒店就餐时,他的期望可能就会更加清晰明显,比如希望"不用排队、能够坐在靠窗的位置、菜肴要微辣、酒店应该给一定的折扣"等等。

图中的虚线说明的是无意识的动态过程,也就是在顾客与服务组织服务关系建立过程中,服务组织无法影响的顾客期望发展过程。

在图4-2中,顾客的模糊期望将随着时间的推移和顾客与服务组织的服务关系的深入,会有意识地变成显性期望,即顾客会逐渐学会将模糊的期望显性化,并在接受服务过程中逐渐剔除非现实期望,也就是说,顾客知道自己的现实需要。图中的虚线箭头表明,顾客的显性期望会产生向隐性化方向发展的趋势,这是因为如果顾客已经习惯了服务组织的某种特定水平的服务,在顾客下次再接受同样的服务时,会将其视为理所当然的服务。例如,顾客每次去某酒店入住时,都要求服务员将客房中的枕头换成高枕头,随着酒店越来越熟悉顾客的行为,等这位顾客再次入住的时候,酒店就会主动给顾客更换高枕头,顾客的显性期望就转变成了隐性期望。

(三)影响顾客期望的因素

顾客的期望,主要是由于存在个人需求,以及来自内外部各种信息的干扰。了解影响顾客期望的关键性因素,将有助于酒店更好地管理顾客期望,使顾客期望能够维持在一个适宜的水平,增强顾客的满意感和对酒店服务质量的良好评价。

1. 顾客需求

顾客需求是顾客为调整生理或心理的某种失衡状态而产生的某种需求。个人一旦出现生理或心理失衡，就会使他产生某种欲望，而欲望是产生需求最直接的动因。例如，当顾客劳累时，他就需要酒店为他提供舒适安逸的房间，放松身心；当他饥饿时，就需要酒店提供健康可口的餐饮产品。而有什么样的需求，就会直接导致顾客产生什么样的期望。这里需要说明的是，外部的刺激能够激发一个人的潜在需求，如酒店的广告宣传、亲朋同事的炫耀等会激发他对酒店的需求。

2. 消费经验

消费经验是指顾客以往在接受酒店服务或类似酒店服务后，所形成的对酒店产品和服务的一种经历和认知积累。顾客可能消费过类似酒店的服务，也可能是第一次尝试酒店消费。相对应地，顾客期望可能是有经验的期望，也可能是没有经验的期望。顾客有经验的期望往往都是比较清晰和明确的，顾客确切知道自己需要什么。而没经验的期望却通常是模糊的、不稳定的。顾客期望一般会随着经验的积累而变化，经验越丰富的顾客，他们对酒店往往会抱有较高的期望。因此，酒店的服务质量至少应该达到顾客入住同档次酒店所经历过的水平，否则顾客很难满意。

3. 服务承诺

服务承诺是指酒店根据自身规范的服务体系，通过营销传播活动对外颁布其服务质量或服务效果的标准，并对消费者利益加以保证或担保。一般来说，酒店的服务承诺可分为显性服务承诺和隐性服务承诺两种类型。显性服务承诺是酒店传递给顾客有关酒店的文字说明、图片或视频影像等。如酒店发布在微信公众号、抖音等新媒体上的文字说明、视频等。酒店显性服务承诺越清晰明确，顾客的期望就越高。如酒店通过各类媒体宣传酒店客房产品设施齐全、温馨舒适，菜品色香味俱全、质量卓越，顾客就越期望自己在酒店消费的有形和无形产品与酒店的宣传一致。酒店隐性服务承诺主要是指酒店的服务标准、服务环境、服务设施等要与酒店档次、价格相匹配，不需要特别说明，是不言而喻的。如酒店中价格越高昂的房间，顾客就越期望房间中的设备更高档、齐全，装修更豪华；三星级以上的酒店，顾客就会期望房间中有中央空调，否则顾客就会不满意。

4. 口碑声誉

口碑在《辞海》中被解释为"众人口头的颂扬""泛指众人的议论"。由此，可将口碑定义为：非商业相关个人间进行的关于企业或服务的面对面的交流。它不同于企业的营销宣传，因为营销宣传是企业主动采用的商业行为，而口碑则是顾客间的口口相传，多发生在亲戚朋友这种强关系下，因而口碑往往比企业的营销宣传更加具有信服力，酒店的口碑越好，顾客的期望也就越高。声誉也同样如此，酒店的声誉越好，顾客的期望也就越高。随着互联网的发展，酒店的口碑与声誉突破了传统的传播界限，能够进行更大规模、更大范围和更快速度的传播。因此，酒店企业必须努力地提高服务质量，以满足顾客的越来越高期望，否则会影响企业的口碑和声誉。

5. 有形展示

有形展示是指酒店的建筑设计、装潢装修、设施设备、员工仪表仪容、服务物品等能够直接展现在顾客面前的有形要素。有形展示既是酒店服务质量的构成要素，同时也提高了顾客期望预期。装修奢侈、豪华的酒店与装修一般、普通的酒店相比，显然顾客会对前者有着更高的期望，尤其是当顾客缺乏其他有关酒店企业信息的时候，顾客更多的是从酒店的有形展示来推测其服务质量的高低。

6. 价格

一般而言，酒店产品或服务的价格与顾客期望存在着正相关的关系。酒店产品或服务的价格越高，顾客对酒店的产品或服务就越抱有较大的期望；反之，期望也就越小。因此，酒店企业必须能够提供物超所值的产品或服务。否则，很容易导致顾客的不满。

7. 暂时服务强化因素

暂时服务强化因素通常是短期的、个人的因素。这类因素使酒店顾客更加意识到对酒店某种服务的迫切需要。例如，顾客在酒店中突感身体不适，他就会对酒店的卫生服务产生很高的期望和迫切的需要。

二、顾客感知

（一）顾客感知的含义

顾客感知是指顾客在接受某项产品或服务时的心理感受，也就是顾客对自己所接受的产品或服务是否满意的一种认知与感觉。顾客对酒店服务或产品的感知，就是顾客与酒店服务人员或产品的接触中对酒店服务或产品的主观感受。

顾客对服务的感知包括4个层次：

- 对单次服务接触的感知；
- 对多次服务经历的感知；
- 对某一家服务组织的感知；
- 对某服务行业的感知。

不同层次的服务感知之间是相互影响的。例如，顾客某次去酒店西餐厅用餐时，对该次服务接触质量的感知，会影响其对该酒店西餐厅整体服务质量的感知；顾客对这家酒店西餐厅服务质量的感知，会引起他对所有酒店中的西式餐饮业的感知。

酒店中顾客对单次服务接触的感知，既是酒店服务中服务员与顾客面对面的接触与互动，也是顾客与酒店服务传递系统（酒店内部系统）间的互动，这种互动包括酒店前台员工（与顾客直接接触的员工）、顾客、酒店的实体环境与其他有形事物，如图4-3所示。这种互动对酒店的服务差异、服务质量控制、服务传递系统等层面有着较大影响，更会影响顾客对酒店服务质量感知的评价，因为顾客与酒店服务系统之间互动过程中"真实瞬间"是顾客对酒店服务感知的直接来源。

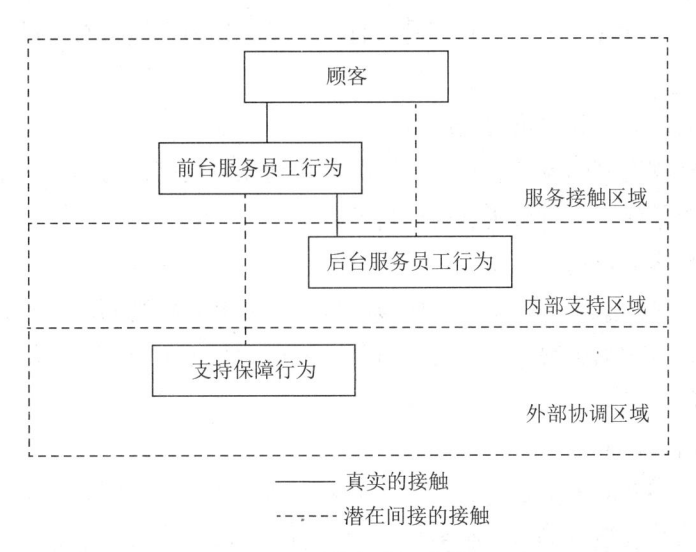

```
┌─────────────────────────────────────────┐
│              ┌──────┐                   │
│              │ 顾客 │                   │
│              └──┬───┘                   │
│         ┌───────┴────────┐              │
│         │ 前台服务员工行为 │     服务接触区域
│         └───────┬────────┘              │
├─────────────────┼───────────────────────┤
│           ┌─────┴────────┐              │
│           │后台服务员工行为│   内部支持区域
│           └──────┬───────┘              │
├──────────────────┼──────────────────────┤
│          ┌───────┴──────┐               │
│          │  支持保障行为 │    外部协调区域
│          └──────────────┘               │
└─────────────────────────────────────────┘
        ──── 真实的接触
        ---- 潜在间接的接触
```

图 4-3　顾客感知过程

在图 4-3 中，酒店顾客服务感知过程，可将酒店服务传递分为与顾客直接接触的服务接触区域、直接对酒店前台服务员工提供服务支持的内部支持区域，和间接为前台服务员提供支持的外部协调区域三个部分。酒店前台服务接触过程是顾客感知服务质量的直接来源，内部支持区域员工行为影响着前台服务员的接触行为，进而影响着顾客对酒店服务质量的感知。例如，酒店的中餐厅服务员在记录顾客的点餐菜单后，将顾客点餐菜单传递给厨房，等待厨房烹制精美的菜肴。如果餐厅服务员得不到厨房提供的优质服务，如菜品制作时间过长、菜品温度偏低等，那么他就不能相应地为顾客提供优质服务。

（二）影响顾客感知的因素

顾客服务感知是指顾客的主观感受，这种主观感受是将他所接受的服务与优质服务进行对比后所产生的。感知并不是在所接受的服务结束后的一瞬间产生的，它不仅发生在服务提供阶段，也发生在顾客接受完服务后的阶段。有很多因素影响了酒店顾客对服务的感知，其中包括酒店无法影响的因素、酒店可以影响的因素和酒店必须管理的因素。认清这些方面有利于酒店对顾客期望和感知的管理，这也是酒店服务质量管理的前提。

1. 酒店无法影响的因素

（1）顾客的经历。

包括顾客对酒店服务的期望、感知和理解。这些受顾客的个人经历和需要等因素的影响。

（2）顾客的情感。

顾客积极或消极的感情或心情，会直接影响酒店顾客对服务过程的体验和感知，并对服务的满意感造成正面或负面的影响。如顾客在餐厅就餐中，顾客由于心情不好，就可能会对美食、美酒视而不见，并容易对餐厅服务中任何小问题有着过度的反应或感到失望。

（3）顾客对酒店服务的重视程度。

对服务重视程度高的顾客会对酒店服务的预期相应较高，对酒店服务人员的每个服务细节都会给予关注，有时会明确提出自己的意见。

（4）其他顾客的影响。

对平等或公正的感知是顾客满意的核心成分。顾客在接受酒店服务时通常要与其他顾客相比，看是否被酒店服务人员公平对待。酒店对顾客不公正的对待是顾客投诉和顾客流失的重要原因。

（5）经历后的事件。

顾客对酒店服务的评价对酒店的市场形象有很大的影响，而对酒店的这种评价可能会受到其他顾客和其他相关组织服务的影响。例如，顾客常常会把经历过的不同的酒店服务进行比较。

（6）环境因素。

环境因素是顾客在服务消费过程中不由酒店控制的外部条件，对顾客的感知产生影响。如果一位顾客在酒店入住期间正赶上当地发生极端天气，此时，他在餐厅就餐时通常能够理解餐厅菜品种类不全的问题，对酒店的不满意程度会大大减轻。

2. 酒店可以影响的因素

（1）顾客的需求。

顾客需求水平的高低，直接影响到顾客对酒店服务的满意度评价。对酒店服务需求水平低的顾客，往往会获得较高的服务满意度。

（2）对服务属性的评价。

顾客对服务属性的评价会直接影响其对服务的满意感。如一家度假酒店的重要服务属性包括价格、餐厅、房间的舒适度、服务人员的服务礼仪等。顾客对上述服务属性的评价会影响到顾客对该度假酒店的满意感。

（3）对原因的评价。

当顾客被服务结果（服务比预期的要好太多或差太多）所震惊时，他们总是试图寻找原因，对原因的界定能够影响其满意感。例如，顾客在酒店前台繁忙时经过酒店前台被前台服务员叫出名字，"×××先生，这里有您一件快递，请您取一下"。顾客会认为自己得到酒店重视和尊崇，从而对酒店的服务感到非常满意。

（4）顾客感知到的风险。

顾客对酒店服务的预期风险对顾客满意度有很大影响，连锁经营的品牌酒店往往有助于消除顾客的这种潜在风险。

3. 酒店必须管理的因素

（1）酒店的市场份额。

酒店更大的市场份额意味着更低的顾客满意。因为市场份额的扩大，使得其所提供的服务难以体现差异化与个性化。

（2）酒店的服务供给要素。

酒店服务的技术质量和功能质量、服务的环境、服务人员的技能和态度等，这些都会直接影响顾客的满意度。

（3）酒店的服务接触程度。

服务接触越多，出错的可能性就会越大。酒店就是一个高接触频率的服务企业，发生服务失误和顾客不满意的概率也更大。

（4）酒店产品或服务的价格。

酒店服务定价的高低，会通过顾客的期望对顾客满意感产生影响。酒店服务的定价高，会引起顾客对服务期望的提高，使得顾客对酒店服务质量更加挑剔，从而提高了顾客满意的难度。

三、顾客感知服务质量

（一）顾客感知服务质量的提出与内涵

早在1978年，Sasser等人在论述服务质量时明确地指出：服务质量不仅包括服务的最终结果，还包括服务的提供方式。随后在1981年，Rohrbaugh更是直接将服务质量划分为人员质量、过程质量和结果质量三部分。

1982年，格罗鲁斯第一次提出了顾客感知服务质量概念。顾客感知服务质量被定义为顾客对服务期望与实际服务绩效之间的比较。若实际服务绩效大于服务期望，则顾客感知服务质量是良好的，反之亦然。同时，他还界定了顾客感知服务质量基本构成要素，即顾客感知服务质量由技术质量（服务结果质量）和功能质量（服务过程质量）构成，从而将服务质量与有形产品的质量从本质上区别开来。此后，美国的服务管理研究组合PZB对顾客感知服务质量进行了更为深入的研究。

结合格罗鲁斯和美国的服务管理研究组合PZB等专家的研究理论，顾客感知的服务质量可以定义为：顾客在接受服务后，顾客期望的服务水平与感知到的服务水平之间的比较。如果顾客期望的服务水平大于顾客感知的服务水平，则顾客对于感知的服务质量会给予较低的评价，反之，如果顾客期望的服务水平小于顾客感知的服务水平，顾客对于感知服务质量会给予较高的评价。

（二）酒店顾客感知服务质量管理的重要性

酒店服务的特性决定了顾客感知服务质量是评价酒店服务质量高低的重要标准。

一方面，酒店服务是酒店员工以酒店的设施设备为依托，以顾客消费为对象，以双方（员工与顾客）一定的消费活动和一定的情感投入为内容，为顾客提供所需的物质与精神享受的行为效用的总和。大多数的酒店服务是高接触性的服务（智慧化酒店降低了顾客与员工间的接触频率），需要顾客与酒店员工在交互中完成，诸如前台的接待、问询、收银服务；客房服务、餐饮服务、康乐服务等。在顾客在酒店服务员交互活动中，经历了一系列的服务"关键时刻"，这些"关键时刻"既是酒店向顾客展示酒店服务质量的机会，也是给顾客留下深刻印象的时刻，它们会极大地影响着顾客对酒店服务的感知，决定着顾客感知酒店服务质量的水平。因此，酒店服务质量管理中的重点是要加强对顾客感知服务质量的管理，只有顾客满意的服务才可能是优质的服务。

另一方面，顾客对酒店服务质量的感知具有主观性。首先，酒店服务具有无形性特征，不能如同工业产品那样，用明确的技术参数、指标来评价产品的质量，酒店服务质量的形成受顾客的期望质量和感知质量的共同影响。其次，顾客的期望与感知具有强烈的主观性。顾客的期望来自顾客的消费需求、消费经验等，他们会用主观的期望、个人的心理感受去感知酒店的服务满足他们需要的程度。最后，酒店同一个服务员向不同的顾客以相同的服务标准、服务方式提供相同的服务时，顾客的感受也可能是各不相同。

顾客对酒店服务质量的感知具有主观性，增加了酒店对顾客感知服务质量的控制难度。

小案例

Sabel Wilderness 酒店的顾客期望管理

Sabel Wilderness 酒店位于斯堪的纳维亚一个自然公园内，其附近还有几家酒店。整个酒店共有 80 个床位，以高标准的服务而闻名。这家酒店在宽敞的客房和温馨的客厅里投入了大笔资金，在餐厅里顾客可以品尝到当地和世界各地的美食。多年来，公司投入巨资用来培训员工，使这些员工能为顾客提供充满人情味的优质服务。公司董事会确定的最新服务主题是服务补救，并由此建立了服务补救的支持系统。近年来，公司所做的顾客满意度调查显示，酒店服务水平基本上达到了顾客满意水平。75% 的客人对酒店的服务非常满意，只有 5% 的顾客对酒店服务表示不满意。而且，几乎所有的顾客都是回头客。但是，由于近年来该地区新旅游者的涌入，Sabel Wilderness 的新顾客比重越来越大。

Sabel Wilderness 的管理层最近做出了一项战略性的举措，即将该酒店改造成为该地区最高档的酒店。但是，酒店直接负责营销和顾客服务的总经理 Leopold 却坚决反对这项决策。原因非常简单，虽然他认为酒店应当为顾客提供一流的服务，但他不想将顾客期望提得太高。Leopold 说："让顾客带着较低的期望来我们酒店是一件好事，因为这样我们总是可以超越顾客的期望，给顾客以惊喜。我认为，低承诺、高服务永远都是最好的策略。"按照 Leopold 的观点，这样顾客便可以感受到他们接受了更好的服务，也会使 Sabel Wilderness 的形象得到提升。另外，这种策略也可以强化正面的口碑效应。

第二节　顾客感知服务质量模型

无论是进行服务质量的评价，还是对服务质量的管理，都必须建立在对服务质量内涵的深刻理解和把握上。对于服务质量内涵的理解和把握，最科学、最有效的途径，就是深入研究不同的学者所创建的不同的顾客感知服务质量模型。目前，对酒店企业经营管理影响较大的模型主要有格罗鲁斯模型、PZB 模型和李亚德尔和斯特拉迪维克关系质量模型。

一、格罗鲁斯顾客感知服务质量模型

（一）格罗鲁斯模型的提出

在 1982 年提出顾客感知服务质量概念之后，格罗鲁斯在 1984 年第一次推出顾客感知服务质量模型。在该模型中，格罗鲁斯将顾客感知服务质量分解为两个组成部分，即技术质量和功能质量，如图 4-4 所示。

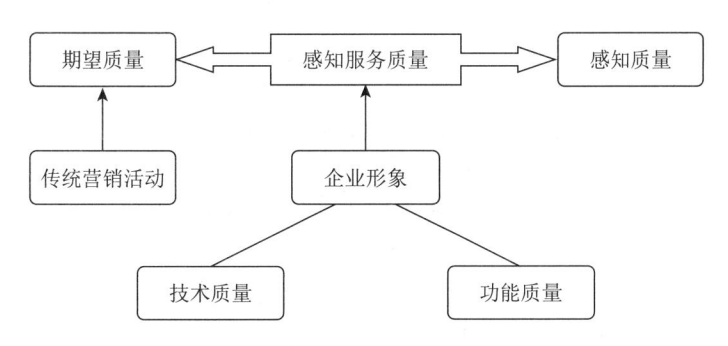

图 4-4　格罗鲁斯顾客感知服务质量模型（1984）

这个模型对于服务质量的研究具有重要意义。在此之前，虽然很多学者已经认识到无形的服务质量与有形的产品质量之间存在着区别，但并没有人对服务质量的内涵和构成进行更深入的研究，而格罗鲁斯的顾客感知服务质量模型对服务质量最本质的特征——过程性进行了科学、合理的解释，并提出了技术质量和功能质量是顾客感知服务质量的两个重要构成要素。企业形象在感知服务质量的形成中起到"过滤器"作用。

（二）格罗鲁斯模型的修正

继 1984 年格罗鲁斯首次提出顾客感知服务质量模型之后，格罗鲁斯不断地对顾客感知质量进行更加深入的研究，对顾客感知服务质量模型也在不断地修正，但修正后的

服务质量模型并没有实质性的变化。直至2000年，格罗鲁斯对该模型进行了再次修正，修正后的顾客感知服务质量模型如图4-5所示。

对比1984年和2000年的顾客感知服务质量模型，可以看出，在图4-5所示模型中格罗鲁斯对服务组织形象予以了特别关注，包括服务组织形象对感知的服务质量形成的"过滤"作用，和顾客感知服务质量对服务组织形象形成的反作用。另外，格罗鲁斯在明确模型中各类术语的同时，提出了顾客总的感知服务质量是通过顾客期望的服务质量和感知的服务质量进行比较后得出的，并形成了4种比较结果：感知的服务质量低于期望的服务质量；感知的服务质量等于期望的服务质量；感知的服务质量大于期望的服务质量；感知的服务质量超越期望的服务质量。这4种比较结果分别会使顾客产生4种对服务组织的总感知质量：糟糕的服务质量、可以接受的服务质量、良好的服务质量以及优越的服务质量。比较的结果最终形成服务组织在顾客心中的形象。

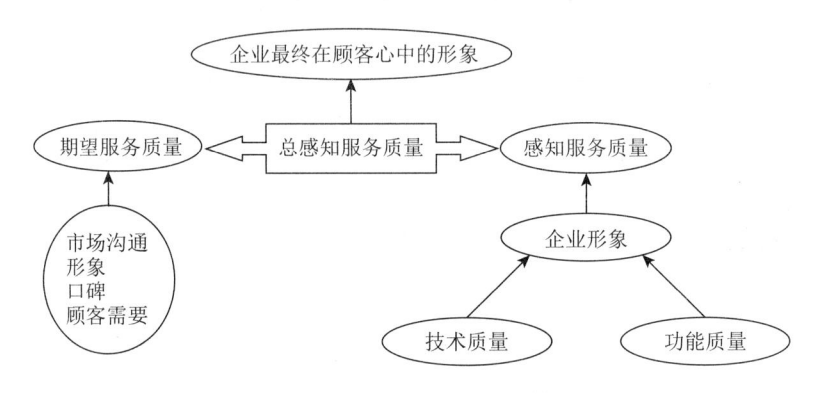

图4-5 格罗鲁斯顾客感知服务质量模型（2000）

从模型中可以看到，顾客总感知服务质量受多种因素的影响，这些因素主要有：

1. 技术质量

酒店中，顾客感知服务质量是由酒店的技术质量和功能质量两部分组成。技术质量是顾客在酒店接受服务时所得到的服务结果，主要有实体产品质量和酒店环境质量。例如，顾客获得的美味的菜肴、可口的饮料、舒适的房间、客人入住酒店获得的安全、整洁、温馨的酒店环境等。酒店服务的技术质量通常可以用技术标准（指标）加以衡量，是酒店经营管理中可以比较容易控制的质量。如酒店在经营管理中明确各类产品的技术参数（如夏季客房温度为24~26℃；湿度为50%~60%；空气流动速度为0.1~0.25m/s等）、规范酒店各类服务流程等达到顾客对酒店的技术质量要求，以提高顾客感知服务质量。

2. 功能质量

功能质量指的是酒店如何提供服务以及顾客是如何得到服务的，涉及酒店服务人员的仪表仪态、服务态度、服务方法、服务程序、服务行为方式等。一般而言，酒店服务的技术质量因为有较明确的标准、规范进行衡量，顾客会客观地评定酒店服务技术质量,而酒店服务的功能质量标准与技术质量相比更具有无形的特点,在功能质量评价中顾客的主观感受占据主导地位。

因为技术质量有明确的标准与规范,酒店对其所提供服务的技术质量比较容易控制,但对其提供服务的功能质量却难以控制。在当前,酒店企业之间在服务产品的技术质量上并没有什么差异,酒店要想在技术质量方面取得竞争优势是非常困难的,而酒店服务的功能质量主要取决于服务人员的个人素质、服务意识、服务能力及与顾客交互中的投入等,这些都是其他酒店难以模仿的,是影响顾客感知的酒店服务质量的重要因素,因此也是酒店赢得市场竞争的关键因素。

3. 服务组织形象

酒店形象代表着社会公众(主要是酒店顾客)及其他相关组织对酒店价值的评价,这是酒店无法直接控制的。酒店形象对顾客感知的服务质量的高低有着异常重要的影响,对酒店感知服务质量起到"过滤器"的作用。如果酒店形象良好,良好的酒店形象就会成为酒店的"保护伞",在"保护伞"的保护作用下,酒店的服务在技术质量和功能质量上出现的一些小问题很可能会被顾客所忽略。有时候即使发生了一些比较严重的问题,顾客也会理解为酒店一时的疏忽而不多加关注。当然,酒店正面形象过滤器的这种保护作用是有限度的。如果酒店服务频繁发生差错,其"保护伞"的作用就会消退,酒店的形象也会发生改变。如果酒店企业形象不好,这个"过滤器"则会对酒店的服务差错起到"放大镜"的作用,服务差错对顾客感知的影响会加倍,顾客对酒店的不满也会加倍,酒店在顾客心目中的形象就会变得更差。

4. 市场沟通

市场沟通包括酒店的广告、直接销售、促销、网站、销售计划,这些是酒店主动产生,并直接处于酒店组织的控制之下,而酒店企业的形象、口碑和公共关系等是经营管理活动给顾客和社区留下的外部印象,是酒店无法直接控制的,会对顾客期望的服务质量产生影响。但酒店基于前期的经营业绩,通过广告等外部的市场沟通活动,可能会对这些酒店无法直接控制的因素产生影响。酒店外部沟通活动中的服务承诺对建立顾客期望的服务质量影响非常大,例如,在酒店开展的广告宣传中,过度的宣传或不恰当的宣传,将会诱导顾客建立对酒店过高的期望,使顾客期望的服务质量与感知的服务质量之间的差距扩大,从而导致顾客感知服务质量的下降。因此,酒店必须加强对外部的营销传播活动的控制,进行符合酒店实际、恰当的服务承诺,从而建立顾客合理的服务期望。

(三)格罗鲁斯模型的评价

格罗鲁斯顾客感知服务质量模型是最早建立起来的,也是最具权威性的模型之一。具有革命性意义的技术质量和功能质量的划分,顾客的期望质量与感知质量的差异比较,这些都为后来学者对顾客感知服务质量的研究奠定了基础。但该模型也存在着不足之处，它忽略了如价格等其他几个对顾客服务质量感知起到重要影响作用的变量，也没有对模型中所涉及的变量进行更深入的研究和界定，对顾客感知服务质量与顾客满意、顾客忠诚之间的关系也没有进行进一步的探讨，使得这个模型在服务企业中的应用受到了极大的限制。

二、PZB 顾客感知服务质量模型

（一）PZB 服务质量差距模型的产生

在格罗鲁斯顾客感知服务质量模型研究的基础上，美国 PZB 组合于 1985 年提出了第一个顾客感知服务质量模型差距模型，如图 4-6 所示。差距模型对之后的服务管理理论的研究有着巨大的影响，也为服务企业服务质量管理奠定了理论基础，是服务质量管理向纵深方向研究的里程碑。该模型提出服务企业提供的服务、消费者感受到的服务与消费者对服务的期望三者之间存在着差距，正是这些具体的"差距"影响着顾客对服务企业的感知服务质量最终的评价。从模型中可看出，这些差距既存在于服务企业内部，又存在于服务企业外部，服务企业通过经营管理活动有效缩小差距，将会提高顾客感知服务质量。这些差距如下所述。

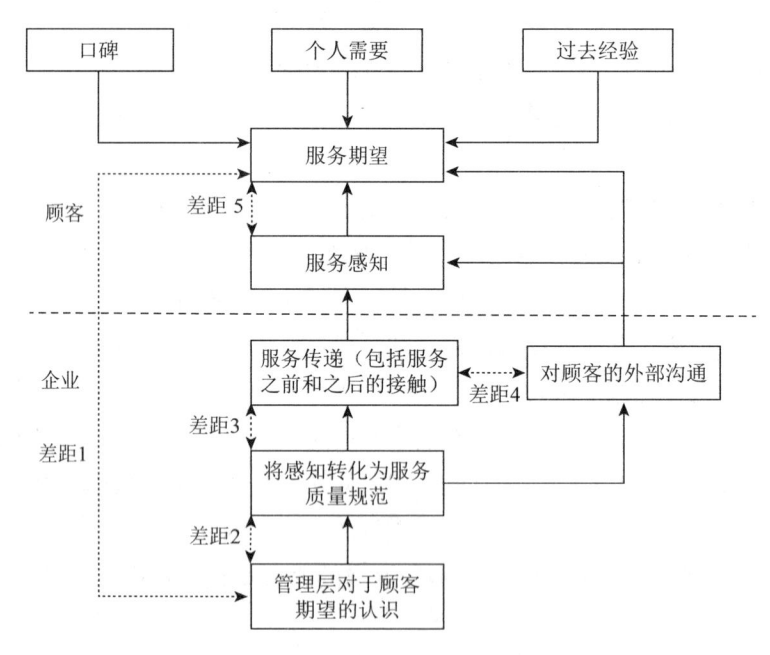

图 4-6 PZB 顾客感知服务质量差距模型（1985）

差距 1：顾客期望与管理者对这些期望的认识之间的差距。最直接也是最明显的差距往往是顾客想要得到的服务和管理人员认为顾客希望得到的服务两者之间的差异。产生这一差距的原因是顾客期望的形成受到企业市场宣传（如广告、公共关系等）、过去接受服务的经历、个人需要和口碑的影响，而服务企业的管理者对顾客如何形成他们的期望却缺乏了解。

差距2：服务企业制定的服务标准的差距。管理者没有将顾客的服务期望转化为企业切实可行并使顾客满意的服务标准。产生这一差距的原因可能是虽然管理者能够正确地认识顾客的期望，但没有认识到满足顾客期望的意义或认识不足，没能将顾客期望融入企业制定的服务质量标准中。

差距3：服务企业服务传递差距，即服务质量标准同服务企业实际所提供的服务之间的差距。产生这一差距的原因是服务企业的服务人员在向顾客提供服务时，没能按照企业制定的服务标准、规范向顾客提供服务。

差距4：服务企业服务承诺兑现差距，即服务企业实际传递的服务与在外部市场沟通中所承诺的服务之间的差距。差距产生的原因可能是服务企业在外部市场沟通中进行了过度承诺，或者是企业市场部门与一线部门缺乏沟通，出现市场部门的承诺与服务传递相脱节的情况发生。

差距5：顾客服务期望与服务感知间的差距。产生的原因是顾客在接受服务前对服务的期望和接受服务后的感知不匹配。这个差距是上述4个差距中的某个或某几个差距共同作用的结果。

总结顾客感知服务质量的5个差距，可以得出：如果服务企业管理层不能够很好地分析和认识顾客对企业服务的期望，并将这种期望转化为企业的服务标准与规范，则容易导致差距1和差距2的形成；如果服务企业服务人员不能够按照服务标准为顾客提供服务，则会出现差距3；而如果服务企业在对外宣传中过度承诺或承诺与服务部门相脱节，则会出现差距4；最后在以上4个差距及服务企业形象、口碑、顾客的个人需要、以往的经历共同作用和影响下，形成差距5。

服务企业应对和缩小这些差距的管理措施如下所述。

应对差距1：可供选择的管理措施有：一是服务企业需要改进市场调查方法，侧重服务质量方面问题的调查，获取更完善、正确的信息；二是服务企业高层管理者定期亲临服务现场，以更好地理解顾客的需求；三是精简服务企业管理层次，改进和完善管理层和一线员工之间的信息沟通渠道，缩小管理层在对顾客期望上的认识差距。

应对差距2：管理措施是建立包括服务企业内部相关部门、人员认同的服务质量标准或规范在内的服务目标，并加强对服务目标的考核，以保证服务质量标准或规范在具体的服务中能够得到贯彻与执行。

应对差距3：可供选择的管理措施有：一是建立健全服务组织内部监督、控制机制和奖惩制度确保服务规范和标准的报告；二是加强服务组织内部营销，为一线部门的对客服务提供强力支持；三是加强员工培训，提高员工的素质，优化员工配置，提高服务企业的运作效率。

应对差距4：可供选择的管理措施有：一是服务企业要建立市场信息传播的监控机

制，及时纠正不适当信息的传播，减少负面影响；二是服务企业内部建立和完善信息沟通机制，促进部门之间、人员之间的相互协作，以使顾客形成合理的质量预期，为顾客提供满意的服务。

应对差距5：如果服务企业在经营管理活动中能够很好地解决前面4项差距，就可能为顾客提供较高的服务感知，同时也营造了服务组织良好的口碑及社会形象，进而也提高了顾客感知服务质量的水平。

（二）PZB服务质量差距模型的修正

美国PZB研究组合自1985年提出差距模型后，对顾客感知服务质量进行了更加深入的研究，并于1993年对原差距模型进行了修正。修正后的顾客感知服务质量模型与1983年的差距模型相比，对顾客感知服务质量的研究无论是在研究内容的广度，还是研究的深度上都得到了极大的拓展。集中体现在修正后的模型对顾客服务期望的概念进行了分解与细化，并将容忍区域纳入模型之中，如图4-7所示。

从图4-7的模型中，我们可以得出PZB如下的研究观点。

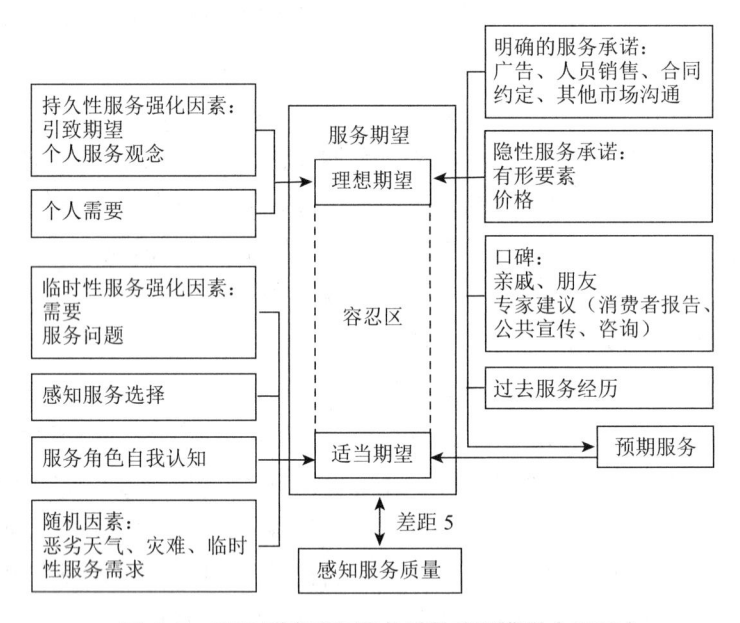

图4-7　PZB顾客感知服务质量差距模型（1993）

①顾客服务期望可以分为理想期望和适当期望两种水平的期望，这两种水平期望之间的差距就是顾客的容忍区域。

②有多种要素影响着顾客服务期望，这些要素或要素组合分别或共同影响着理想期望和适当期望的形成，并决定着容忍区间的大小。

③顾客期望的影响要素有多种类别，在这多种类别的要素中，有些是服务企业可以控制的要素，如明确的服务承诺、隐性服务承诺；而有些是服务企业不可控制的要素，

如与顾客个人相关的持久性服务强化因素、个人需要、临时性服务强化因素、感知服务的选择、服务角色自我认知、随机因素、过去的服务经历以及服务企业在社会中的口碑等。

在服务期望管理和服务质量管理过程中，尽管服务企业可以控制的要素很少，但这并不是说，服务企业就无法对这些要素施加影响。PZB组合通过表4-1解答了服务企业是如何对顾客期望进行有效管理。

表4-1 服务营销人员影响因素的方式

可控因素	可能的影响策略
明确的服务承诺	作出现实和准确的承诺，而不是以理想服务的形式来反映实际传递的服务； 向接待人员询问关于广告和个人的销售中所作出承诺的逐步反馈； 避免加入与竞争对手的价格或广告战，因为这些战争把中心从顾客身上转移开来，并提高承诺，使其超过了所能达到的服务水平； 通过保证使服务承诺正式化，将公司员工集中在承诺上，并就承诺未被发现的次数提供反馈
隐性服务承诺	确保服务有形性能准确地反映所能提供服务的类型和水平，公司确保对重要顾客的高水平服务，确保服务价格的合理性
不可控因素	可能的影响策略
持久性要素的强化	运用市场研究确定引致服务期望及其需求的来源，集中广告和营销策略宣传服务满足重要需求的方法； 运用市场研究描述顾客的个人服务理念，运用该信息设计和传递服务
个人需要	培训顾客有关服务满足其需求方式的知识
临时强化因素	在高峰期或紧急情况下增加服务传递
感知服务选择	充分了解服务提供的竞争性，并且在可能和适当的方面与之竞争
自我感知服务角色	培训接待人员理解其角色和怎样做得更好
口碑	通过领导者推荐和建议的广告形式来模仿口碑； 确定对服务有影响和看法的领导者，并将营销努力集中在其身上； 对现有顾客运用激励手段，使其表达对服务的积极言论
服务经历	通过市场研究描述顾客以前类似的体验
环境因素	用服务承诺向顾客确保环境如何，服务能够得到补偿
服务预期	告诉顾客何时服务提供水平会比一般的期望高，从而不会过高预测未来服务接触

美国PZB研究组合在推出修正的差距模型后，仍对顾客感知服务质量进行孜孜不倦的研究，并将服务企业经营管理中所面临的缩小差距5的工作分解成两个部分，一是要关注企业服务的优异程度；二是要考虑顾客对最低服务水平的承受能力。随后，PZB研究组合在1994年推出了顾客感知服务质量与顾客满意关系示意图，并认为：感知质量、产品质量和价格这三个因素对顾客交易（顾客经历的一次完整服务）满意形成影响，并决定了顾客满意程度；顾客与服务企业之间的所有交易决定了顾客对服务企业总的印象。但是，PZB研究组合并没有明确在多次的交易中，每一次交易对企业总的印象

的形成所起到的作用以及每一次的交易对顾客对服务企业总的印象的影响等问题。

三、李亚德尔和斯特拉迪维克关系质量模型

（一）李亚德尔和斯特拉迪维克关系质量模型的提出

李亚德尔和斯特拉迪维克借鉴玛丽娅·霍尔姆拉恩德（Maria Holmlund）创建的连续性互动关系的基本理论框架（图4-8），将服务企业的服务过程分解为活动、情节、片段，并在1995年推出了关系质量模型（图4-9）。在这一模型中，服务被看作戏剧化的表演，因而关系质量模型也常常被人们称为戏剧分析理论模型。其主要观点包括：

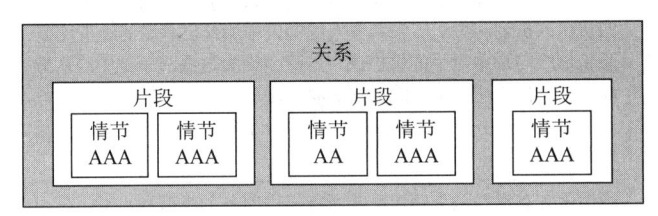

A=Act（活动）

图4-8 连续性互动关系基本理论模型

（1）活动是顾客与服务提供者相互关系的最小单位，活动可能与服务企业的任何的交互要素相关，如有形产品、服务、信息、财务或者其他社会接触。如顾客给酒店中心客房预订中心打电话预订房间、在酒店前台办理入住登记、离店结账等。这里的活动即为第三章中所介绍的"服务接触"。

（2）情节是由一系列活动组成，如顾客到酒店入住、到餐厅就餐、在酒店的泳池中游泳等就是一个个情节。在每一个情节中，顾客与酒店不同的服务人员接连发生各种"活动"。服务情节可能是逐次发生，一个情节结束后才可能发生下一个情节，也可能是相互包容的，一个服务情节可能同时也是其他服务情节的一部分，还可能是相隔很长一段时间下一个情节才可能发生。

（3）片段可以是一个时间段、一个情节、多个情节组成或由这些要素的组合组成。对片段的分析可能包含一个特定的项目在一年中甚至更长时间段内的各种交互行为。例如，一个顾客入住酒店后所有行为都包含在片段之内，如住宿、就餐、购物、健身等。

（4）关系是顾客对服务企业服务质量的感知，若干个服务片段就构成了一种关系。

在这个模型中，服务被逐次分为活动、情节、片段和关系四个层次，如同戏剧表演一样，经过逐层的表演与演绎，戏剧表演的最后结果就自然地呈现出来了。这种类比表演对服务的分层方法，为服务企业提供了一种对企业与顾客关系进行逐层次质量分析和控制的工具。对于服务企业在服务交互过程中的不同要素，如产品、服务过程、服务结果、信息、社会接触和财务活动等，都可以在这些层次上加以分析，并根据服务企业的

服务战略观念进行整合，使其向着有利于服务企业与顾客建立长期关系的方向发展。

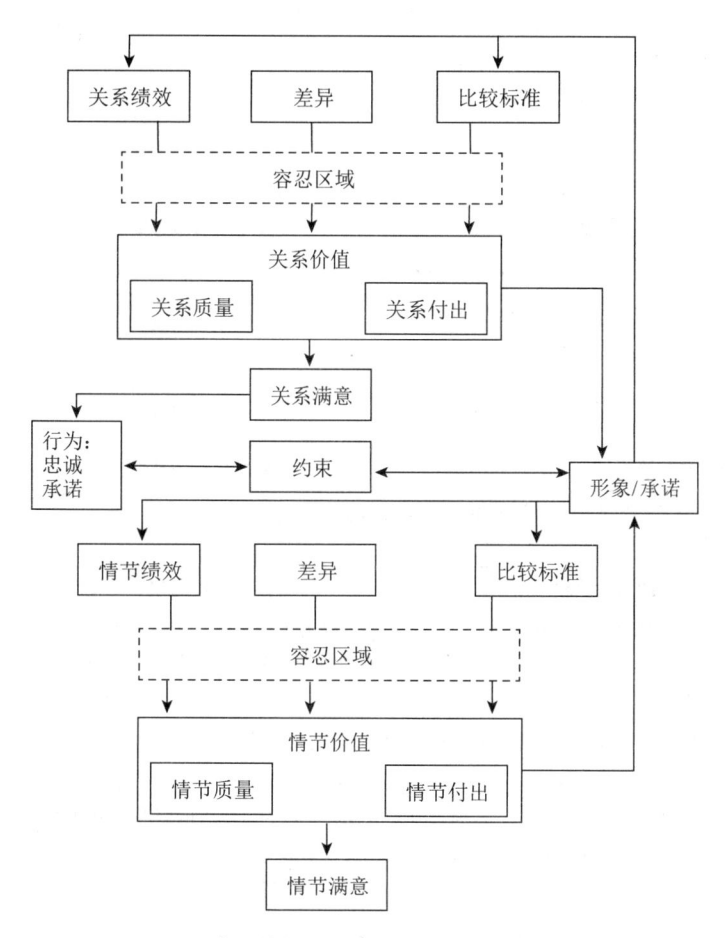

图 4-9 李亚德尔和斯特拉迪维克关系质量模型

在图 4-9 的李亚德尔和斯特拉迪维克关系质量模型中，作者引入了一个新的变量——顾客感知价值，它是顾客感知质量（所得）与顾客感知付出进行比较后得到的结果。如果顾客感知质量超过感知付出，那么顾客就会认为服务的感知价值较大，反之则较小。顾客感知价值是决定顾客满意的要素，而不再是顾客感知服务质量。该模型将服务质量分解成关系质量和情节质量两部分。在该模型中，进行比较的是比较标准和绩效，比较标准相当于前面格罗鲁斯、PZB 模型中顾客的期望，绩效则是顾客对服务质量的感知。情节价值通过服务企业形象的过滤作用，对企业与顾客的关系价值产生影响，并最终与服务提供者的约束一起决定顾客行为意向，即忠诚现在的服务企业还是转换到其他的服务企业。

李亚德尔和斯特拉迪维克关系质量模型相关术语的解释如表 4-2 所示。

表4-2 李亚德尔和斯特拉迪维克关系质量模型相关术语解释

概念	情节层次	关系层次
比较标准	各种比较标准（如预期期望、品牌基准、适当服务、产品基准、最优品牌基准、优异服务、理想服务和竞争对手）	除预期期望外所有的比较标准
差异	直接或间接的差异比较	直接或间接的差异比较
绩效	某一个特定服务情节的绩效	关系中所有服务情节的绩效
容忍区域	实际服务中，顾客可以接受的服务变动范围	关系绩效中，顾客可以接受的服务质量变动范围
质量	顾客与某些显性或隐性的服务标准比较后对某一情节质量形成的主观判断	对所有情节所形成的质量主观认知
付出	与标准价格或其他准则比较后而形成的感知付出（包括价格、时间消耗等）	关系发展中的感知付出
价值	情节质量与情节付出比较后的结果	关系质量与关系付出比较后的结果
满意	顾客基于某一服务情节而形成的主观但有影响力的评价	对关系中所有服务情节的主观评价
差异	直接或间接的差异比较	直接或间接的差异比较
形象	顾客对服务提供者整体性的感知，它对于企业绩效有"过滤"作用，而且本身也可能成为一个比较的准则；是关系中承诺的态度要素；所有的约束都有可能对形象形成影响；形象本身有助于强化或弱化心理约束	
承诺	承诺被定义为在交互关系中，双方的活动意图和态度。高关系价值将对承诺起到正面的影响作用	
行为	购买与沟通行为，忠诚建立在顾客对企业所作出的正的承诺基础上，它所表明的是强有力的顾客关系。行为也受到约束的影响，经常性地接受同一个服务提供者的服务，可以强化约束	
约束	将顾客与服务提供者连接起来并保持关系的外部因素，约束包括经济、法律、技术等共10类	

（二）关系质量模型与其他感知模型的区别

关系质量模型与之前的质量模型存在以下方面的不同。

1. 服务质量构成的不同

关系质量模型将服务质量分为情节层和关系层两层，而且在这两层中都存在着顾客感知质量和顾客满意，并且顾客感知质量优先于顾客满意。

2. 重新设定了比较标准

在该模型中，"比较标准"相当于顾客的期望，但其含义非常广泛，它既可能是理想的期望，也有可能是适当服务期望，而且在顾客没有服务经历的情况下，也可以对服务质量作出评价，如通过广告、口碑等所得到的信息来进行判断。

3. 顾客满意是感知服务质量和感知付出的比较结果

该模型认为顾客满意是顾客感知服务质量与感知付出（价格、时间耗费、体力与精神的付出等）相比较的结果，而且价格和非价格付出都是顾客满意过程中重要的决定性因素。这就意味着顾客可能对某服务企业的感知服务质量很好，但是顾客却不一定满意。例如，顾客对某酒店的感知服务质量很好，但酒店客房价格偏高、位置偏远，顾客的感知付出（金钱、体力）却很大，顾客对酒店并不满意。该模型还认为在服务情节中，在顾客感知质量较低的情况下，即使再低的感知付出也可能无法令顾客满意。

4. 顾客行为受到服务提供者约束的限制

在该模型中可以清楚地看到：服务企业的约束并不能影响顾客的满意度，但却可以直接影响顾客的行为（忠诚、承诺）。这个结论说明了顾客满意并不必然导致顾客忠诚，也解释了服务企业中普遍存在的一个现象：满意的顾客并不一定能成为服务企业的忠诚顾客，而不满意的顾客却仍然充当服务企业产品与服务的忠实"购买者"。

5. 关系层面存在容忍区域

在该模型中非常清楚地表明：容忍区域不仅在服务接触层面上存在，在关系层面上也同样存在容忍区域。这个观点的提出对服务企业的经营管理活动具有非常重要的意义，即服务企业经营管理绝对不能仅仅局限在对服务接触层面上的容忍区域进行管理，而应将企业的经营管理视野放到服务接触层面和关系层面这两个层面上，只有这样，服务企业才能更好地提高顾客感知服务质量。

小案例

一张信用卡引发的风波

住店客人徐先生在总台用招商银行信用卡办理结账离店手续，员工小刘在POS机上顺利地为客人完成了结账工作。此时，徐先生提出将昨天登记时压的一张手工卡单退还给他，但小刘及当班主管仔细查找后并没有发现该卡，由于客人已在空白卡单上签了名，徐先生担心卡单遗失会给自己带来安全隐患，于是向大堂经理投诉，并要求酒店为此出具书面担保书，以保证其信用卡的安全。

经与当时的接待人员紧急联系后，酒店了解到：当时办理登记的员工小刘（实习生）错用VISA卡单压印了该客人所持的招商银行信用卡，并请客人在卡单上签了字后，在POS机上做了预授权，而客人对此却并不清楚。之后员工小徐在核对卡单时发现同事小刘所压的VISA卡虽然有客人的签字，但其实是一张无效卡单。于是就随手将卡单撕毁后扔进了垃圾桶，这样一来，便导致结账时找不到信用卡单的情况。

由于当时客人需要赶飞机，大堂经理承诺客人在次日会将书面保证书以传真形式发给客人，并请客人留下了联络方式。第二天，大堂经理给该客人发去传真表示歉意，并承诺在客人入住酒店期间，在特定的卡单员段内如果发生损失将由酒店承担责任。事后又通过电话征询了客人意见，客人对酒店的做法表示接受。

第三节 顾客感知服务质量评价方法

1982年格罗鲁斯第一次提出顾客感知服务质量的概念,并界定了顾客感知服务质量构成要素是由技术质量(服务的结果)和功能质量(服务过程质量)两部分构成,将服务质量与有形产品的质量从本质上区别开来(见图4-4)。格罗鲁斯创建的感知服务质量评价方法与差异结构,对感知服务质量的研究有着深远影响,至今仍然是服务质量管理研究最为重要的理论基础。在随后的世界各国学者对感知服务质量评价方法进行的深入研究中,有学者提出了不同的感知服务质量评价方法。

目前,对感知服务质量的评价方法可以归纳为两大类:基于顾客的感知服务质量评价方法和基于服务企业的感知服务质量评价方法。基于顾客的感知服务质量评价方法主要有:SERVQUAL(Service Quality)评价法、SERVPERF(Service Performance)评价法、无差异(No-Difference)评价法、加权绩效(Adequacy-Importance)评价法及归因模式等;基于服务企业的感知服务质量评价方法主要有:价值曲线评价方法、关键事件技术法等,而且这些方法基本上是大同小异,都是通过服务质量影响要素分解,通过指标分析来度量企业的服务质量。下面选择几种应用比较广泛的评价方法进行详细介绍。

一、SERVQUAL评价法

(一)SERVQUAL评价法的提出

SERVQUAL评价法是美国研究组合PZB在1988年创建的一种对顾客感知服务质量评价的量化方法,其核心内容是顾客感知服务质量取决于顾客所感知的服务水平与顾客期望的服务水平之间的差距程度,顾客的期望是服务企业开展优质服务的先决条件,服务企业提供优质服务的关键就是要超过用户的期望值。

在研究的过程中,PZB提出了服务质量五维度的观点,即SERVQUAL评价方法中衡量顾客感知服务质量的五个评价维度:有形性、可靠性、响应性、保证性、移情性。每个维度层面又可以细分为若干个不同的问题,通过问卷调查、顾客打分等方式征询顾客意见,顾客针对每个问题给出实际服务感知的分数、最低可接受的分数以及期望服务水平的分数,然后通过综合计算得出顾客感知服务质量分数。

PZB提出的衡量顾客感知服务质量的五个评价维度包括22个问项指标,如表4-3所述。

表 4-3　PZB 的 SERVQUAL 量表

感知服务质量的维度	项目指标
有形性	1. 有现代化的服务设施 2. 服务设施具有吸引力 3. 员工有整洁的服装和外表 4. 服务企业的设施与所提供的服务相匹配
可靠性	5. 服务企业能及时地完成对顾客的承诺 6. 顾客遇到困难时，服务企业能设身处地帮助顾客 7. 服务企业是可靠的 8. 服务企业能准确地提供所承诺的服务 9. 正确记录相关的服务
响应性	10. 不能指望他们告诉顾客提供服务的准确时间 11. 期望他们提供及时的服务是不现实的 12. 员工并不总是愿意帮助顾客 13. 员工因为太忙以至于无法立即提供服务，满足顾客的需求
保证性	14. 员工是值得信赖的 15. 在接受服务时顾客会感到放心 16. 员工是有礼貌的 17. 员工可从服务企业得到适当的支持，帮助员工提供更好的服务
移情性	18. 公司不会针对不同的顾客提供个别的服务* 19. 员工不会给予顾客个别的关怀* 20. 不能期望员工会了解顾客的需求* 21. 公司没有优先考虑顾客的利益* 22. 公司提供的服务时间不能符合所有顾客的需求*

注：①调查问卷采用 7 分制，1 表示完全不同意，7 表示完全同意。1~7 分中，分数表示同意的程度不同。

②表中*号表示对这些问题的评分是反向的，在进行数据分析前应转为正向得分。

1. 有形性（Tangibles）

有形性包括服务企业实际设施、设备以及服务人员的着装外表等。

2. 可靠性（Reliability）

可靠性是服务企业及员工能够可靠、准确地履行服务承诺的能力，意味着服务企业及员工能够以相同的方式准确、无差错地为顾客提供服务。

3. 响应性（Responsiveness）

响应性是指服务企业及员工帮助顾客并迅速地提供服务的愿望。

4. 保证性（Assurance）

保证性是指服务企业员工服务中所具有的知识、礼节以及表达出自信与可信的能力。

5. 移情性（Empathy）

移情性是指服务企业及员工关心并为顾客提供个性化服务。

（二）SERVQUAL 评价法的具体步骤

SERVQUAL 评价法是一种基于顾客感知服务质量五个维度，通过对顾客感知到的服务与所期望的服务之间的差距的比较分析来衡量顾客感知服务质量的工具。具体的评价步骤可以分为以下两步。

1. 顾客打分

根据 PZB 的 SERVQUAL 量表，通常调查问卷有 22 个指标，即调查问卷中的调查问题，被调查者根据其所接受的服务的期望和实际体验回答每一个问题（每个指标/问题）的分值都采用 7 分制，7 分代表着"完全同意"，1 分代表着"完全不同意"，1-7 之间的不同数值代表着同意的程度），说明被调查者第一个指标（问题）期望的服务质量和感知的服务质量，由此确定每一个指标（问题）的感知服务质量的分值（感知的服务质量分值与期望的服务质量分值之差）。分值越高，说明被调查者实际感知的质量和期望的服务质量的差距越大，也说明顾客感知的服务质量越高。

2. 计算顾客总的感知服务质量分值

顾客总的感知服务质量实际上就是对顾客回答问卷中所有问题得到的各指标的分值进行计算。由于顾客的实际感受与期望往往不同，因此顾客对某一问题的打分存在差异，这一差异就是在这个问题上顾客感知的服务质量的分数，加总顾客在所有指标感知的服务质量分数，得到的就是顾客总的感知服务质量分值，用公式（4-1）表示。

$$SQ = \sum_{i=1}^{22}(P_i - E_i) \quad （4-1）$$

式中，SQ——SERVQUAL 评价法中顾客总的感知服务质量；P_i——顾客感知的第 i 个问题的得分；E_i——顾客期望的第 i 个问题的得分。公式（4.1）计算的是一个顾客的总的感知服务质量，将 SQ 的分数除以调查样本中问题的数量（22）所得到的平均值，就是这个顾客的 SERVQUAL 分数。将调查样本中所有顾客的 SERVQUAL 加总后的分数除以顾客的总数，就得到了这个服务企业的平均 SERVQUAL 分数。

仔细观察公式（4-1）可以发现，公式的计算隐含着一个假设条件，即对于服务企业提供服务的五个属性在每个顾客心目中是同等重要的，不存在哪一个服务属性更重要，哪一个服务属性次要一些。但在实际生活中却不是这样，对于不同的服务企业，其不同的服务属性在顾客心中的重要程度是不同的。如顾客对餐饮企业的服务保证性可能认为更重要一些，而对银行等金融类企业可能认为可靠性更重要一些。因此，在评估服务企业服务质量时应依据五个服务属性对顾客的重要程度赋予不同的权重，进行加权平均，这样得出的 SQ 值才能更符合实际。在公式（4-1）基础上得出加权平均公式为（4-2）。

$$SQ = \sum_{j=1}^{5} W_j \sum_{i=1}^{n} (P_i - E_i) \qquad (4-2)$$

式中：SQ——SERVQUAL 评价法中顾客总的感知服务质量；W_j——第 j 个属性的权重；n——每个属性包含的问题数目；P_i——顾客感知的第 i 个问题的得分；E_i——顾客期望的第 i 个问题的得分。

SERVQUAL 评价方法被广泛地应用在服务性企业的经营管理中，不仅为服务企业提供了解顾客的期望与质量感知过程，而且也为服务企业提供了一套管理和度量服务质量的方法。运用该评价方法，服务企业不但可以了解企业内部的服务水平，及时发现服务中存在的问题，采取有效措施克服企业服务中的缺陷，还可以与同行业的不同企业的服务水平进行比较，结合其他的评价手段，找出本企业与其他企业在服务质量上存在的差距，从而找出弥补差距的途径与方法，不断提高本企业服务质量水平。

SERVQUAL 评价方法所提出的服务质量 5 个维度和 22 个问项并不完全适用于所有的服务行业，为此 PZB 提出两点：一是将 SERVQUAL 评价方法应用于不同的行业时，为保证 SERVQUAL 评价方法的科学性，必须对表中的 22 个问项做出适当的调整；二是如果需要的话，对服务质量的 5 个维度也可以进行适当的调整，以满足对不同类型的服务行业或企业进行研究的特殊需要。

二、SERVPERF 评价法

（一）SERVPERF 评价法基本介绍

克罗宁和泰勒（Cronin&Taylor）认为 PZB 的差距模型缺乏实证性研究，为了克服 SERVQUAL 所固有的缺陷，他们于 1992 年推出了"绩效感知服务质量度量方法"，即 SERVPERF（Service Performance）。

SERVPERF 认为 SERVQUAL 所采用的差异比较法，需要进行顾客期望服务质量和感知服务质量进行比较，两个变量的操作比较复杂，而且还要有维度的加权，增加了该评价方法的应用难度。因此提出只用服务绩效这一个变量来衡量顾客感知服务质量，并且不用加权计算，使得该方法更加简单实用。

SERVPERF 评价法采用的维度和问项指标与 SERVQUAL 评价法基本相同，因此该方法的创新性并不高，但其简易性和实用性都高于 SERVQUAL 评价法。

SERVPERF 评价法计算总体服务质量公式为：

$$Q = \frac{1}{n} \sum_{i=1}^{n} P_i \qquad (4-3)$$

式中：Q——SERVPERF 模型中顾客总体感知服务质量；P_i——顾客对第 i 个问题感知绩效的平均数值；n——SERVPERF 量表中问项指标的数目。公式（4-3）表示的是一个顾客感知的总的服务质量,将调查样本中所有顾客的 SERVPERF 分数相加再除以顾客的总数就得到平均的 SERVPERF 分数。

(二) SERVPERF 评价法与 SERVQUAL 评价法的比较

SERVPERF 最大的特色在于其在对服务质量进行测评的时候,没有对顾客的期望进行测量。此模型比较简单,降低了调查的工作量,在比较不同企业的服务质量以及同一企业不同时期的服务质量上有着良好的应用前景,但是存在着因信息量较少而导致分析能力较差的缺陷。

SERVQUAL 评价法相较于 SERVPERF 评价法有以下优势。

1.SERVQUAL 评价法可以提供更多的有价值的信息

使用 SERVPERF 评价法时,无法根据服务质量的得分情况找出造成服务质量优劣的原因,不利于企业有针对性地改进服务质量。而利用 SERVQUAL 评价法来调查企业的服务质量时,不但可以根据服务质量的得分情况,了解不同企业的服务质量水平差距,还可以从服务期望和服务感知方面分析服务质量差距产生的原因。

2.SERVQUAL 评价法能够帮助企业更准确地把握顾客对企业服务质量的真实看法

采用 SERVPERF 评价法调查顾客对某一企业服务的评价时,如果受访者的问卷得分高于平均分,管理者也许会认为该顾客对公司服务水平是肯定评价,但实际上顾客的期望并不一定得到满足。如果该顾客有更高的期望,他对公司服务的评价并不是肯定的,所以采用 SERVPERF 评价法容易使调查结果偏离实际。

3. 采用 SERVQUAL 评价法可以更好地理解顾客的服务期望和服务感知

对于主要原因是顾客期望过高造成服务质量评价低的企业来说,应该从造成顾客期望高的原因着手,加强对市场沟通的控制,防止承诺过度;而对于有的企业来说,服务质量低的主要原因在于顾客感知较低,那么就要从企业自身的服务着手,通过提供服务水平来加以解决。

三、非差异评价法

(一) 非差异评价法基本介绍

布朗、丘吉尔和彼德对 PZB 的 SERVQUAL 评价方法中利用顾客服务绩效感知和服务期望之差异来度量顾客感知服务质量的做法提出了质疑。他们认为,这种度量方法会导致顾客将以前服务经历的影响带入期望中来,从而削弱差异比较法的说服力。基于此,他们认为,最好的方法就是直接度量消费者绩效感知和服务期望之间的差异。因此,他们将这种顾客感知服务质量评价方法称为"非差异"评价方法。

从操作角度来看,"非差异"评价方法与 SERVQUAL 评价法非常相似,同样是运用 SERVQUAL 量表中的 22 个问项,但是,SERVQUAL 需要对顾客期望、绩效感知和感知服务质量三个方面进行度量，涉及 66 组数据；而"非差异"评价方法则只对期望及绩效感知之间的差异进行度量，所运用的只有 22 个数据。从这个角度来说，"非差异"评价方法比 SERVQUAL 评价法要简捷了许多。其计算公式为：

$$Q=\sum D_i/22 \qquad (4-4)$$

式中：Q——顾客总体感知服务质量；D_i——顾客对第 i 个问题的顾客期望与绩效感知之间的差异值。公式（4-4）表示的是一个顾客感知的总的服务质量，将所有的分数除以问题的总数就得到一个顾客的非差异分值。将调查样本中所有顾客的分数相加再除以顾客总数就得到平均非差异分数。

（二）SERVQUAL、SERVPERF 和非差异评价法的三种方法的比较

在这三种度量方法中（如表 4-4 所示），SERVQUAL 评价法奠定了基本的理论和方法基础，而 SERVPERF 评价法也以其简捷、方便和高信度为众多学者所推崇。相比较而言，非差异评价等方法的影响则比 SERVQUAL 评价法和 SERVPERF 评价法要小得多，但该方法以其便捷、高信度和高效度在一定范围内得到了应用。尽管 SERVQUAL 评价法自其诞生起就遭到了许多学者的批评，但许多学者在度量顾客感知服务质量时，首选的评价方法依然是 SERVQUAL。

表 4-4 三种主要服务质量评价方法

评价方法 项目	SERVQUAL	SERVPERF	Non-difference
服务质量决定因素	服务期望（E）与服务绩效感知（P）之间的差异（P-E）	服务绩效（由顾客决定）	顾客期望服务与服务绩效感知二者之间吻合程度
应用方式	调查问卷	调查问卷	调查问卷
基本问项指标	44 项	22 项	22 项
是否适用不同行业	是	是	是
问项指标是否随产业不同而加以调整	未强制规定	未强制规定	未强制规定
问项指标字句	全部正向问卷	正负项问卷各约占 60% 和 40%	正负项问卷各约占 60% 和 40%
问项指标是否与 SERVQUAL 相同		和 SERVQUAL 问项中的绩效感知部分问项相同	问询方式完全不同，但询问的事项相同
变量数及数据组	2 个变量，66 组数据	1 个变量，22 组数据	1 个变量，22 组数据
分值级别	7 分制	7 分制	7 分制

这三种服务质量评价方法均得到了广泛应用，但也存在着不足，如对服务质量定性及其与顾客满意度的关系问题至今没有定论，在信度与效度问题上究竟哪一种方法更

优秀以及各种评价方法的跨文化适应性问题如何解决，学者们都没有给出明确的答案。尽管如此，这三种方法仍然是被更多学者实证了的研究与分析服务质量的首选方法与工具。

四、其他评价方法

（一）关键事件技术

关键事件技术（Critical Incident Technique，CIT）是由美国匹兹堡大学心理学教授弗兰拉根（Flanagan）于1954年提出的。它是通过记录服务过程中成功或失败的事件和行为，来发现质量问题或质量优势，从而对服务质量现状作出评价，并采取措施，提高顾客感知质量和满意度的一种分析方法。关键事件技术用于收集和分类导致顾客在服务接触过程中产生非常满意或非常不满的经验事件。他们通过定性的访谈来获得这种关键事件。访谈中他们会询问顾客，让顾客回忆经历过且记忆深刻的事件，以及在哪里接受的这种服务，并对事件进行详细的描述。然后，将事件分为几组，相似的主题归在一起，进行渐进的内容分析。

CIT的理论基础包括两个，即角色和剧本理论、归因理论。其基本程序是：

1. 收集员工或顾客在近期内所经历的具体服务事件

收集的内容包括事情发生的原因、造成这种局面的特定环境等，并要求顾客做出满意或不满意的结论，并提出质量改进建议。

2. 对调查表进行分类

分类依据可以依照比特纳等人（Bitner，Booms&Tetreault，1990；BBT）所创建的分类系统来进行。

3. 得出服务质量现状的结论和改进策略

CIT方法是询问顾客（包括内部和外部顾客）对服务质量的看法，即哪些服务环节（包括服务结果）与服务标准不一致，是良好还是不好。这些经常与服务标准产生偏差的服务环节或过程就是所谓的关键事件。然后被测试者要具体说明为什么他会将这些环节列入关键事件范畴。

4. 找到服务质量问题与这些问题产生的原因

对评价良好的服务环节同样要找出原因并将其标准化，以指导之后的服务过程。

利用关键事件方法可以使营销人员得到服务失误的大量数据，同时可以寻找改进服务质量的新的方法。有一些问题，如服务资源缺乏、服务人员技术低下或态度恶劣等都是造成关键事件评价不好的原因，而关键事件评价低下的直接后果是顾客感知服务质量的低下。对关键事件研究所得出的结论通常向企业昭示了企业应当采取什么样的质量改进措施。所以，管理人员可以利用对关键事件的研究为提高顾客感知服务质量策略的制定提供依据。

(二) IPA 评价法

IPA 评价方法的全称是服务重要性—绩效分析（Importance-performance Analysis）方法，又称为重要性—绩效分析方法。IPA 技术是一种通过测量服务对顾客的重要性以及顾客对服务表现的感知来确定特定服务属性优先顺序的技术，即通过对消费者关注的某些服务因素或项目的重要性和消费者对服务的满意度进行组合评价，从而为确定服务中究竟应该突出哪些服务因素、淡化哪些服务因素作为确定服务质量的客观依据。

1. 重要性—绩效分析方法的程序

（1）数据收集。

①确定你的顾客、产品和服务。常用的方法有头脑风暴法、多轮投票法、需求矩阵和需求—测量树法。

②选择重要顾客，让他们给服务打分，分值范围是 1~5。让顾客同时给服务对于他们的重要性和服务的好坏（绩效）打分，如表 4-5 所示。

表 4-5 重要性—绩效分析的分值

重 要 性	绩 效
5= 必须	5= 大大超过期望
4= 重要但不是必须	4= 超过期望
3= 有一些重要	3= 产品和服务足够
2= 愿意拥有，但不必须	2= 有待提高
1= 不需要	1= 缺乏一致性

（2）记录顾客的打分情况。

以表格的形式记录顾客的打分情况。表 4-6 为某酒店餐厅重要性—绩效分析的打分表。

表 4-6 某酒店餐厅重要性—绩效分析打分表

属性序号	属性说明	重要性评分表	绩效评分
1	饭菜可口	4.50	2.65
2	经济实惠	4.10	2.75
3	服务殷勤	3.40	3.10
4	上菜准确	3.35	3.50
5	分量充足	3.30	2.00
6	上菜迅速	3.25	3.30
7	到达方便	2.50	2.05
8	餐具高档	2.30	2.50
9	就餐氛围友好	2.10	2.25
10	提供个性化服务	2.10	3.50

2. 重要性—绩效分析

根据表 4-6 中 10 个因素的评价数据，可以绘制出 4 个象限的重要性与绩效图，如图 4-10 所示。

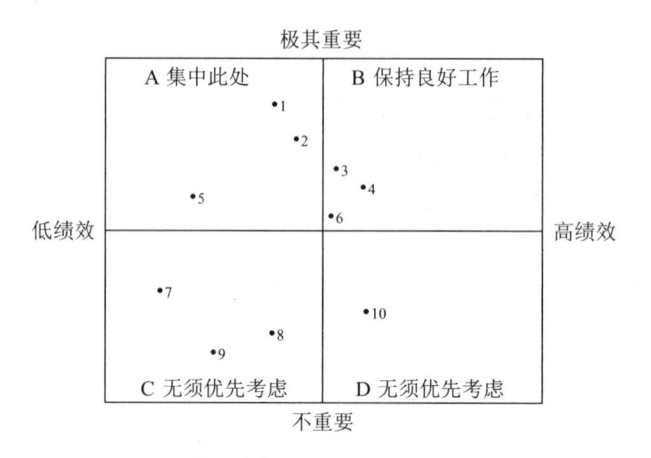

图 4-10　某酒店餐厅服务质量的重要性与绩效

象限 A 表示没有达到期望水平的重要服务因素，包括因素 1、2、5，餐厅应在这些因素上改进服务部门的绩效。

象限 B 表示服务部门做得很好的重要服务因素，包括因素 3、4、6，餐厅要努力将高绩效保持下去。

象限 C 表示服务部门在次要的服务因素上表现糟糕，包括因素 7、8、9，但由于它们不是很重要，所以改正的需求不是特别迫切。

象限 D 表示服务部门在次要的服务因素上表现非常出色，包括因素 10，但这属于不必要的过度行为。该餐厅应将更多的精力集中于改进其重要服务属性。不过，这一因素也可以作为餐厅的特色要素加以保留，只不过不需要予以特别关注。此外，重要性—绩效分析方法还可以在每个项目上与附近的同类企业进行对比。

【复习与思考题】

一、名词解释

1. 顾客期望　　2. 顾客感知　　3. 顾客感知服务质量

二、简答题

1. 简要回答 PZB 期望分类和奥加萨罗期望分类。
2. 简要回答影响顾客期望的因素。
3. 简要回答影响顾客感知的因素。
4. 简要回答 PZB 服务质量差距模型的主要内容。
5. 比较 SERVQUAL、SERVPERF 和非差异评价法。

三、实操训练

运用 SERVQUAL 评价法设计调查问卷，调查学校或社会某一服务企业的服务质量并对该企业服务质量进行评价。

【典型案例】

快捷酒店与高档酒店的顾客服务期望对比

随着酒店行业日渐兴盛，提供可靠的房间住宿以及为顾客提供优质服务已难以形成独特的竞争优势，顾客满意度已成为企业竞争的重点。通过对快捷酒店和高档酒店顾客的比较发现，不同类别的顾客对服务的期望和感知存在很大差异。

整体色彩：简约与华贵

对于快捷酒店的顾客而言，他们对酒店色彩的关注度不高，通常干净即可。因此，快捷酒店客房内部整体装饰色彩与外部一致，色彩纯正，无强烈视觉冲击感，搭配力求淡雅简约，符合心理学精神调节原则。快捷酒店装饰整体感强，形成较强归属感，形象装饰利于提升品牌可信度。高档酒店的顾客期望酒店营造出一种庄重华贵的感觉，高档酒店的顾客对整体色彩的期望要高于快捷酒店的顾客，这导致高档酒店在房间装饰上大多选用深色调。

家具陈设：节约与高档

一般而言，快捷酒店的顾客期望得到便利的服务，这就要求快捷酒店在设计上应精巧。如选用可折叠衣架，不使用时可以收起以节省空间，选用性价比高的小尺寸彩电，屋内桌柜精致小巧，无衣柜及储物间，利用电视柜或置物架下方空间放置行李，不占用室内活动空间，使用起来贴心方便。床具宽大舒适，被单选用与屋子整体颜色搭配的浅色系。高档酒店的客户则期望获得高层次的服务，因此高档酒店房间进门设有衣柜和小吧台，方便旅客更衣置物，卫生间设有浴缸等洗浴设施，一般陈设两张沙发于床侧，力求凸显服务的层次感。

细节设置：周到与惊喜

快捷酒店的顾客对细节的要求并不是很苛刻，通常来说，他们并不期望快捷酒店能够满足他们尽可能多的要求，但是必须满足其基本需求。针对这一点，快捷酒店通常备有洗漱用具、小贴士、茶杯托盘等器具，插销、宽带端口的位置以方便实用为原则，不以美观为首选。另外，快捷酒店还常将标记绘于小器皿之上，突出酒店的品牌。高档酒店的顾客期望能够获得尽可能优质的服务，因此，高档酒店在细节方面需要做得更好，比如需要考虑客人的不同需求，在门口小吧台放置开水壶、饮料以供顾客享用，提供小型电器、地区彩页及服务指南满足旅客需求，床侧设有一张小桌和两个单人沙发供接待客人使用，尽可能想顾客之所想，满足顾客所需，体现酒店的人文关怀和优质服务理念。

软件配置：需要与必要

顾客对酒店服务的优劣认知波动很大，受到很强的主观态度的影响。比如一个酒店的服务质量与另一个酒店的相差无几,但是顾客对于服务的细节不甚满意,便造成了主观评价的极大差异。对于快捷酒店而言,顾客对一些外加服务的期望不是很高,如前台服务、客房服务等。如果快捷酒店为了节约成本而没有设置,顾客也可以接受,这些对顾客来说是需要的,但不是必须存在。对于高档酒店而言,如果仅有基本的服务,则不能达到顾客的期望,因此还必须在此基础上提升服务质量,才能获得顾客的认可。

资料来源:李应军、唐慧、杨结所著的《旅游服务质量管理》。

第五章

酒店服务质量战略管理

【内容导读】

酒店加强服务质量管理，首要的是要建立起酒店服务质量战略，以酒店的服务质量战略管理统领酒店质量管理各项工作。本章主要介绍酒店服务质量管理战略的内涵与特征、酒店服务质量管理战略管理过程、酒店服务质量战略与酒店组织建设。

【学习目标】

①掌握酒店服务质量战略的内涵与特征；②了解酒店服务质量战略分析的基本原则；③了解酒店服务质量战略分析内容；④了解实施酒店服务质量战略的组织保障内容。

【案例导入】

丽思·卡尔顿酒店的服务质量战略

丽思·卡尔顿作为全球首屈一指的奢华酒店品牌，从19世纪创建以来，一直遵从着经典的风格。因为极度高贵奢华，它一向被称为"全世界的屋顶"。它获得过服务业和权威消费者组织颁发的所有主要大奖，如AAA五星钻石奖，并且是第一个也是唯一一个曾两次获得美国国家质量奖的酒店（服务行业的最高质量奖项）。丽思·卡尔顿酒店如何能屡次斩获服务业各类大奖，如何成为同类企业争相学习的标杆？除了富丽堂皇的环境与设施，具有里兹特色的"注重经历，创造价值"服务战略，也是缔造了丽思·卡尔顿酒店奢华的金牌标准和卓越服务的"点金之律"。

丽思·卡尔顿酒店的服务战略具体表现在广受赞誉的黄金服务标准与近乎苛刻的产品和服务质量要求上，在公司的网站上"承诺提供顾客最完美的个人设施和服务，让顾客永远享受一个温暖、放松、文雅的氛围"。对丽思·卡尔顿酒店的全体员工来说，使顾客得到真实的关怀和舒适是其最高的使命;"我们是服务绅士与淑女的绅士与淑女"既是每个员工的座右铭,也揭示员工必须有如绅士淑女一般的行为举止与成熟的人格;每位员工都要遵循"三步服务"程序和"二十条服务基本要求",是丽思·卡尔顿提供给员工的行为方针,也是在提醒员工平日工作必须注意的基本原则。此外,为了保证产品和服务质量,酒店实施了全面质量管理,不仅要求每个员工都投身于质量管理过程,而且公司高层管理者也要把服务质量放在酒店经营的第一位。为此,高层管理人员组成了公司的指导委员会和高级质量管理小组,秉持着"100%满足客户的需求"的质量策略,每周会晤一次,审核产品和服务质量情况、宾客满意情况等,将1/4的时间用于与质量管理有关的事情。

  古语说得好"一分耕耘,一分收获",酒店如此关心内部员工、关注酒店产品和服务质量,在经营中有效实施服务战略,那它得到的荣誉也是名副其实的。

  资料来源:作者根据相关资料整理。

第一节　酒店服务质量战略概述

一、酒店服务质量战略的内涵

  "战略"(strategy)一词最早的含义是"将军指挥军队的艺术",原是一个军事术语。在西方,"strategy"一词源于希腊语"strategos",意为军事将领、地方行政长官。后来演变成军事术语,指军事将领指挥军队作战的谋略。在中国,"战略"一词历史久远,"战"指战争,略指"谋略"。随着历史的发展,人们对"战略"一词赋予了更多的含义,被应用在更广泛的领域中。在现代,"战略"一词被引申到政治、经济和文化等领域中,并被赋予了"左右成败""全局性""统领性"和"长远性"的谋略、策略、方案对策等。"质量战略"一词是在1992年9月2日于北京举行的"迎接21世纪挑战中国质量战略高层研讨会"上正式提出,参会的高级经营管理者普遍认为"应该把产品质量问题作为一个战略问题抓好"。虽然质量战略最早是为解决产品问题而提出的,但同样适用于服务业,适用于酒店服务质量管理。将"质量战略"这一术语引进到服务行业有着特殊重要的含义。因为服务质量既然是一个战略问题,就意味着它不是一个权宜之计,而是一个涉及服务企业质量宗旨、质量方针的重大决策问题。

  质量战略是指企业在充分了解和正确预测自身质量竞争条件及同行业质量发展趋势的基础上,设计和生产出顾客所需要的质量特性,达到或超越顾客所要求的质量水平,满足顾客所需要的产品或服务所制定的企业关于质量方面的全局性、长期性、根本性谋略。其重要内容包括企业质量战略指导思想、战略目标、战略重点、战略步骤、战略措施等战略决策。质量战略属于企业高层宏观管理范畴,具有全局性、长远性、指导性、系统性、竞争性、风险性以及动态性等特征。

酒店业是服务密集型企业的典型代表，其服务质量管理要在充分把握质量战略含义的基础上，重点讨论酒店服务质量战略。一般认为，酒店服务质量战略是以酒店服务质量为中心，以为顾客提供满意产品和服务为经营理念，以顾客满意和顾客忠诚为目标，力求提高企业市场竞争力和占有率而制定的关系到酒店服务质量全局性和长期性的整体谋略。为保证酒店企业经营发展方向不偏离服务质量目标，增强顾客对酒店企业能够满足和超越其需要的能力和信心，以及适应企业外部环境的变化，酒店企业必须不断地改善服务质量和调整服务质量战略。简单地说，酒店服务质量战略就是指酒店企业站在战略的高度，以战略的思维、理论与方法来统帅、指导和展开酒店企业的服务质量管理。

对这一定义要从以下5个方面来理解。

（1）酒店服务质量战略是酒店经营战略不可或缺的重要组成部分，酒店服务质量战略必须服务和服从于酒店总的经营战略。顾客需求是酒店服务质量战略的出发点，顾客满意是酒店服务质量战略的落脚点。

（2）服务质量战略的目的是构建酒店企业在竞争中的战略优势，确保企业在激烈的市场竞争中得以生存和发展。

（3）服务质量战略的基础是酒店企业外部环境和自身条件特点的协调统一和企业拥有较好的内部资源条件。

（4）服务质量战略的内容是确定酒店企业在服务质量方面的总体目标，谋划服务质量目标的实现途径和手段，并将谋划付诸实施，并对实施进行控制。

（5）服务质量战略管理是一个循环往复式的动态过程，它需要根据内外部环境的变化，以及战略执行各阶段的结果反馈信息等因素而不断循环地、往复性地进行。

二、酒店服务质量战略的特征

（一）总体性

服务质量战略是对酒店企业服务质量长期发展的一种整体规划，规定了企业未来服务质量发展的方向、目标、路径和资源配置等。它不仅涉及企业与外部环境的关系，而且涉及企业内部各层面、各部门和各环节的管理活动等，对酒店企业的各项服务质量管理活动具有指导作用。

总体性特征要求酒店服务质量战略不应是提高酒店服务质量具体的行动方案，而应是统领酒店在一个相当长时期内开展酒店服务质量活动的纲领，它不仅要规定酒店在服务质量方面的愿景、使命、方针、目标，而且还要有提升酒店服务质量的路径、策略等内容。

（二）长远性

战略着眼于酒店企业服务质量长远发展的目标，时间跨度一般在 3~5 年乃至更长。为了便于服务质量战略的规划和实施，酒店企业需要把一个较长的战略规划期划分为若干个阶段，在不同阶段设立相对独立又相互衔接的战略目标，以保证长远目标的实现，并要求战略一旦确定后应保持相对的稳定性。

长远性特征要求，酒店企业一方面要将服务质量问题看作酒店经营过程中关系到企业发展的一个长期性问题，不仅要在预测的基础上进行长远规划，而且要建立相应的机制，保障服务质量能够长期高效运行。另一方面，对于酒店企业中不同层次产生的与服务质量有关的问题，又要规定不同的处理方法，区分轻重缓急，按照实现与可能，集中力量，有重点、有步骤、分层次逐步提升服务质量。

（三）系统性

服务质量战略涉及酒店企业内外部多个领域和层面，不但包括内部的技术、产品、组织和制度等，而且包括外部的消费者、供应商、合作者、竞争者、公众和政府部门等。服务质量战略绩效也不完全取决于酒店企业某一方面的活动，而是更多地取决于其他相关方面的整体效应。因此，服务质量战略更强调系统整合，既包括酒店企业内各系统间的整合，也包括企业系统与环境系统间的整合。

系统性特征要求酒店服务质量战略要基于"质量螺旋"或"质量环"等理论制定，需要管理者从系统的角度看待服务质量战略，从全局优化的思想出发，对酒店服务质量形成过程中的各个环节进行系统性质量控制，以确保酒店整体服务质量逐步提升。

（四）风险性

当前，市场和竞争的快速多变导致酒店经营环境的不确定性增加，可预见性下降，酒店企业很难准确判断未来环境的发展变化趋势，也难以完全按事先规划实施服务质量战略，需要根据环境变化，不断地加以调整。因此，服务质量战略在很大程度上带有一定程度的探索性和试错性，并由此伴随着风险。

风险性特征要求酒店企业在制定酒店服务质量战略时，必须考虑酒店外部环境和内部条件的变化对酒店服务质量的影响。外部环境的复杂性和多变性，以及酒店内部条件的变化都影响着酒店服务质量战略的实施。因此，在制定及实施酒店服务质量战略时，必须保持服务质量战略的灵活性，能够根据环境的变化进行必要的调整，以适应环境。当然，这种局部性的调整不应当影响服务质量战略目标的实现。

（五）竞争性

在市场经济条件下，酒店企业是通过竞争赢得生存和发展的空间。不同酒店企业的服务质量战略行为实际上是一种互动博弈。任何一个酒店企业在制定服务质量战略时都不能仅仅关注自己的发展方向、目标、资源配置和竞争优势等，还要关注那些明确的、潜在的以及未来的竞争者，根据竞争者的战略意图和市场行为，及时调整自己的服务质量战略。

竞争性特征要求酒店企业在制定和实施服务质量战略时不因循守旧，要"眼观六路，耳听八方"，实时掌握竞争者的服务质量管理动态，根据酒店企业内部条件和外部环境的变化，进行服务质量战略创新，在竞争中赢得主动权。

三、制定酒店服务质量战略的意义

制定服务质量战略对于酒店企业有着重要的意义，具体表现如下。

（一）有助于酒店企业充分认识自身在市场竞争中的地位

酒店企业在制定服务质量战略过程中，需要企业高层管理者既要准确了解和把握酒店行业服务质量的总体水平，也要掌握同行业先进企业服务质量水平，同时更要准确掌握自身的服务优势与不足。因此，酒店企业服务质量战略制定过程，既是酒店企业对自己、竞争对手服务质量准确评估的过程，也是对企业面临的内外环境进行估量的过程。通过这一过程，能够帮助酒店企业认识到自身的市场竞争地位，扬长避短，充分发挥自身优势进行服务质量谋划。

（二）有助于酒店企业确立长远的发展方向和奋斗目标

酒店服务质量战略是酒店经营战略的重要组成部分，服务质量战略的制定与实施可促使酒店管理者聚焦于未来企业自身的发展，并不断地根据企业外部环境和内部条件的变化，调整相应的经营策略和措施，使酒店朝向长远的奋斗目标持续迈进。

（三）有助于酒店企业全面增强和提高自身的服务意识和水平

酒店服务质量战略的实施需要酒店全体员工共同完成。这就要求酒店管理者必须将服务质量战略思想、提升服务质量的途径、策略等整合成一个有机的整体，通过建立酒店质量文化和对企业各层级员工进行培训，固化企业的服务质量战略，促使各级员工不断增强和提高服务意识和水平，以保证酒店服务质量战略得到有效实施。

小案例

希尔顿酒店的"七大信条"

希尔顿酒店创立于1919年，创始人是康拉德·希尔顿，他怀揣着创立美国最大的酒店的梦想，开始了自己的创业之旅。希尔顿酒店最初只是一家小旅馆，老板希尔顿无疑是一位经营天才，他有着独特的"七个信条"。近百年来，希尔顿酒店始终恪守这些经营信条。

1. 联号的任何酒店必须有自己的特点，以适应不同国家、不同城市的需要。
2. 预测要准确。
3. 大量采购。
4. 挖金子：把酒店的每一寸土地都变成盈利空间。
5. 不断地提高服务质量。
6. 加强推销，重视市场调研，特别重视公共关系。
7. 不同酒店之间可以互相帮助预订客房。

凭借上述即使在今天仍颇具价值的经营理念，希尔顿酒店很快脱颖而出。目前，希尔顿已经成为世界最大的连锁酒店之一。

第二节 酒店服务质量战略管理过程

一、酒店服务质量战略管理过程架构

酒店服务质量战略管理过程是制定酒店企业服务质量未来发展方向和实施决策的动态过程。与其他战略管理过程一样，其核心过程由服务质量战略分析、服务质量战略制定与选择、服务质量战略实施和服务质量战略控制四大环节构成，并且每一个环节都要进行必要的企业内外部环境与条件的分析，战略控制的结果也要随时反馈到各环节，并根据反馈结果进行调整，如图5-1所示。

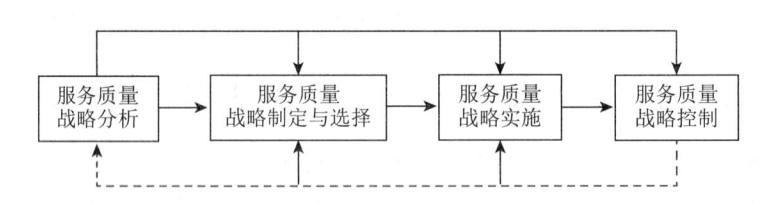

图5-1 酒店服务质量战略过程框架

二、酒店服务质量战略分析

所谓酒店服务质量战略分析是指酒店企业管理者对现在和未来影响酒店服务质量的一些关键性因素进行分析。战略分析的内容包括酒店企业的宏观环境分析、产业环境和酒店企业内部条件的分析。它贯穿于酒店服务质量战略管理的全过程。

（一）酒店服务质量战略分析的基本原则

战略分析是制定酒店服务质量战略的基础。经过战略分析所得出的结果将直接导致酒店服务质量战略的取向。但客观存在的酒店企业外部环境与内部条件是要通过对其进行科学的分析才能被认识。同样的客观存在，因其分析者自身背景、观念以及采取的分析方法等方面的不同，最终会导致分析结论的不同，甚至不同的分析者可能得出完全相反的结论。因此，为了保证服务质量战略分析的准确性，使其真正成为酒店企业服务质量战略制定与选择的基础，必须坚持以下基本原则。

1. 相对分析原则

首先，酒店企业外部环境中存在的机会与威胁以及酒店自身具有的优势和劣势都是相对的，某些客观环境因素对某些企业可能是威胁，而对另一些企业则可能是机会，对客观存在的外部环境分析必须结合酒店企业自身的情况才能做到正确识别。其次，即使同一环境对本企业可能存在威胁的一面，又可能具有机会的一面，而这取决于酒店企业如何利用自身条件来发挥优势并利用机会，以减少威胁。最后，酒店企业自身的优势与劣势是相较于竞争者而言的，而不是酒店企业自身内部的比较。以上的一切都要求酒店企业在战略分析中要进行认真的相互比较，坚持相对分析的原则，只有这样，才可能得出正确的战略分析结论。

2. 综合分析原则

酒店服务质量战略分析并不是就酒店企业外部环境和内部条件进行孤立地分析，而是要结合利益相关者的期望及酒店企业文化特点，对酒店企业外部环境、内部资源条件和行业竞争环境的情况进行综合分析，从而抓住酒店企业有利的环境优势，利用企业的资源和能力优势去达到酒店企业服务质量的目标。

3. 动态分析原则

任何战略分析都不是一次性的活动，而是一个动态的分析过程。由于企业所面临的外部环境和企业自身的资源、能力情况都在不断变化，这就要求酒店服务质量战略分析要根据变化了的外部环境和内部条件，随时地进行连续地、动态地分析。

4. 预测分析原则

战略是对企业3~5年乃至更长时期发展目标的筹划。因此，在战略分析中，企业要根据客观事物发展的基本规律和所掌握的过去和现在的信息，研究和判断企业外部环境因素及自身情况因素等的变化趋势，并结合决策者的经验，预测分析其在未来若干年内的可能变化，为战略制定、实施和控制提供依据。

（二）酒店服务质量战略分析内容

1. 外部环境分析

任何企业都处在复杂的宏观环境、行业环境、市场竞争环境中，运用有效的分析工具，分析了解各种环境对企业的影响对于战略分析来说至关重要。

企业面临的外部环境主要有：一是宏观环境，如政治、法律、科技、社会文化等，常用的分析方法是PEST分析法。PEST分析，就是从政治与法律环境（P）、经济环境（E）、社会与文化环境（S）和技术环境（T）四个方面分析探索影响企业战略发展的重要因素。此类环境因素不能直接影响企业的活动和决策，往往是通过影响行业环境、市场竞争环境等具体环境因素来影响企业的；二是行业环境、行业的竞争环境等。常用的有效分析方法是迈克尔·波特提出的五种力量模型，即行业中潜在进入者威胁、替代品威胁、行业内部竞争强度、供应商及买方的讨价还价能力等。

外部环境分析的主要目的在于找出企业所面对的机会和威胁。

2. 内部资源能力分析

酒店企业内部资源能力是存在于企业内部并支持企业战略实现的全部资源和能力。大体上有管理者和管理资源的能力、人力资源及能力、财务能力、设备和设施资源能力、市场和营销资源能力、生产与服务资源能力、组织资源能力以及企业形象资源能力等。在具体分析中可采用独立活动分析和整合活动分析两种分析方法。

进行内部资源能力分析的目的是：了解企业各种资源能力对酒店服务质量的影响，认清对酒店服务质量具有支持性（优势）和妨碍性（劣势）的资源能力，并对不同性质的内部资源能力采取相应的策略措施。

三、酒店服务质量战略制定与选择

（一）酒店服务质量战略的选择

选择和制定什么样的酒店服务质量战略是酒店服务质量战略管理的核心问题，关系着酒店整个服务质量战略的成败。因此，酒店在选择服务质量战略过程中，一是要做好相关的调查与研究，掌握行业服务质量现状、目前顾客的实际需求及今后的发展变化趋势；二是要明确目前酒店企业服务质量的实际状况、存在的主要问题、提升服务质量的潜力及需要达到的目标，准确定位酒店企业服务质量战略，从而制定相应的、可以选择的战略方案，并根据实际情况和未来趋势，通过可行性研究确定服务质量战略方案。

根据服务质量战略目标，服务质量战略大致可分为以下两种类型。

1. 领先型战略

一些实力雄厚并有着较强的创新能力、服务质量上乘的高星级品牌酒店为保持其服务质量领先地位，不断地在提高服务质量加大投入，在服务产品设计、服务流程、服务提供形式等方面进行创新。这种类型的服务质量战略，要求酒店企业有着强大的资金力量和人才储备，其核心是强调"创新"精神，将提高企业服务质量同知识创新、技术创新、管理创新等紧密结合，在不断创新中提高服务质量，用创新的产品和服务满足和超越顾客的需求，引领顾客的消费需求。领先型服务质量战略的目标是：酒店企业要适应酒店市场需求的不断发展与变化,不失时机地推出新的、更高品质的产品或服务,以满足或超越顾客的需求,巩固原有的顾客群体,吸引新的客户群体,实现酒店企业利润的不断增长。基于服务质量战略目标,领先型的服务质量战略必须贯彻以下基本思想:一是以满足和超越顾客的需求为中心;二是以顾客的满意和忠诚为标准;三是以创新发展为驱动;四是以教育培训为条件;五是以全员参与为保障。因此,领先型服务质量战略要立足于不断地改进、变革与突破,而不是按部就班、维持现状,它要求酒店企业要用高质量的产品和服务超越和引导顾客的需求,最终实现酒店企业的经营目标。

2. 追随型战略

追随型战略是根据主要竞争对手或标杆企业的服务质量状况以及国际、国内服务质量标准,找出本酒店企业的服务质量差距,结合酒店企业实际制定相应的服务质量战略,以期迎头赶上并力争超越,提高企业竞争优势和市场份额。这种战略要明确本企业的产品和服务在同等级、同类型、同规模的酒店市场中所处的地位,对消费需求及市场动态作出有效预测,积极主动并有计划地提高酒店企业产品和服务质量,不失时机地创造出高品质的产品和服务以开拓市场,提高市场份额。因此,这种服务质量战略就是要不断地缩小服务质量差距,积极主动地提高服务质量,以满足顾客不断变化的需求。

需要注意的是,酒店企业无论选择哪一种战略或选择综合性战略,酒店企业都要从本企业的实际情况出发,根据企业的竞争实力、竞争对手以及市场顾客需求的具体情况和变化趋势,进行审慎决策。

(二)酒店服务质量战略的制定

酒店作为服务性企业,与第一产业和第二产业的企业存在着根本的不同。酒店生产与顾客的消费同时性是酒店企业存在的前提,即酒店企业的生产过程也是顾客的消费过程,顾客对酒店产品和服务的消费感受是酒店企业的最大产出。因此,酒店企业要在深入分析外部环境和内部资源能力基础上,围绕着更好地满足顾客的服务需求、提高顾客的服务感知,制定科学合理的服务质量战略。在制定服务质量战略过程中要注意以下事项。

1. 群策群力制定战略

"一人计短,二人计长"。在制定涉及酒店企业全局性、长远性,关乎企业长远发展的服务质量战略时,一定要广泛吸取企业各方的意见,不能仅仅由董事长或总经理个人来主导战略制定的过程和结果。因为以个人为主导制定的战略,由于受董事长或总经理个人能力、知识结构等方面的制约,不但会影响到战略本身的质量,而且由于没有企业中、基层管理人员的参与和缺乏有效的沟通,导致酒店各层级对战略的理解和认同度明显不足,这将使战略在制定过程中存在的各种不足在执行过程中逐渐暴露出来,最终影响到战略执行的质量。因此,酒店企业在制定服务质量战略过程中,应重视和吸纳企业各层级管理者甚至一线员工的意见,广开言路,尽可能避免"一言堂"。

2. 清晰明确表达服务质量战略意图

服务质量战略是要执行与实施的。如果一个酒店企业的服务质量战略无法用统一的语言清晰明确地表述出来，只能说明其战略制定中存在两个问题：要么是战略方向及发展路径不明确，要么是酒店企业高层之间对战略目标尚未达成共识。无论是存在哪一个问题，都将增加战略执行与实施的难度，导致战略执行与实施过程中的混乱，而且也将大量消耗企业宝贵的资源。因此，服务质量战略必须能清晰明确表达出战略意图，只有这样，才能提高战略实施的效率与效果。

3. 做好战略目标的分解，保持战略目标的整体性

对服务质量战略进行清晰准确的描述，只能说酒店企业服务质量战略管理迈出了走向成功的一小步，因为服务质量战略目标的实现，要依靠酒店各层级、各部门通力协作，要与酒店企业的运营紧密结合才能确保得到真正的执行。因此，战略目标在制定过程中就要考虑到目标如何在酒店企业内部进行分解落实，并加强各部门之间的沟通协调，保证在服务质量战略执行和实施的过程中部门间能够相互支持，形成酒店企业整体的合力和凝聚力，促进战略目标的实现。

4. 建立完善的战略监控和评估机制

酒店企业在制定服务质量战略时，要充分考虑如何有效地监控和评估战略实施，不仅要跟踪与评估各个部门及员工在通过实施战略所取得的质量成效，还要根据外部环境及企业内部条件的变化，及时调整具体的实施策略，以保证服务质量战略目标的实现。

四、酒店服务质量战略实施

酒店服务质量战略实施也是战略执行，是指整个酒店企业服务质量计划活动都按照既定的战略予以实施的全部活动过程。酒店服务质量战略管理的根本任务不仅在于制定准确、适宜的战略决策方案，更在于使之转化为酒店企业有效的服务质量管理。

酒店服务质量战略实施不是一个简单容易的过程，它比战略制定要更直接面对现实的经营环境。酒店服务质量战略实施过程是一个自上而下的动态管理过程，涉及从酒店高层到基层工作目标的分解、落实，需要在"分析—决策—执行—反馈—再分析—再决策—再执行"的不断循环中达成战略目标，在这个过程中需要大量的工作安排和资源配置。同时，也需要企业的每个员工都参与其中以有效地保证战略的实施。

（一）酒店服务质量战略实施的主要任务

1. 编制战略执行计划

战略执行计划就是将酒店服务质量战略分解为重大方案和项目、政策和预算、职能层战略等。酒店企业中的各个管理层级要按照自上而下的原则对战略目标进行逐层分解，在每个层面上制订出详细的战略执行计划。战略执行计划不仅可以避免酒店服务质量战略在实施过程中出现混乱局面，而且可以让酒店企业所有员工都有明确、具体的服

务质量工作目标。在编制服务质量战略执行计划时，必须为每个战略实施阶段制定分阶段目标和时间表，并相应地制定每个阶段的可实行的措施和策略等。具体来说，酒店服务质量战略执行计划通常包括以下内容：第一，制定战略的各阶段性目标，包括酒店企业服务质量总体战略目标的分解，明确进度计划和分阶段目标，并分析论证既定时间框架下的可行性；第二，制订各层级、各部门的战略执行计划，在对总体战略目标分解后，就需要制订各事业部和各职能部门的战略执行计划，进一步制定出相应时间及实施措施和策略；第三，明确战略实施工作的重点和难点，明确酒店企业在不同时期、不同阶段和企业各个部门的战略实施工作重点和难点，明确工作的先后顺序。

2. 建立与战略相适应的酒店组织

酒店企业为了实现服务质量战略目标，就必须有相应的组织结构系统来适应战略计划的顺利实施。战略决定组织结构，酒店企业组织结构是服务质量战略实施中最重要的也是最关键的要素之一，酒店组织结构必须按照服务质量战略目标进行调整。因为建立完善而有效的酒店组织结构，一方面能为酒店企业的资源或要素的运行提供最适当的空间，另一方面也可以部分地弥补或缓解酒店企业资源、要素等方面存在的一些不足。由于当代酒店企业所面临的内外部环境越来越复杂，因此，在实施酒店企业服务质量战略目标的过程中，要求酒店企业的组织结构一定要具备相应的弹性。另外，由于酒店企业服务质量战略的整体性，为使酒店企业的组织体系能够保证服务质量战略的顺利实施，酒店要确保战略计划各个子系统相互之间的衔接和在管理、协调、控制等方面的同步性。

酒店企业领导者的能力和作用是有效实施服务质量战略的重要保证。发挥酒店领导者的主导作用，既是决定酒店组织兴衰的关键因素，同时也是服务质量战略计划贯彻实施的决定性因素。另外，酒店组织还要处理好服务质量战略实施与酒店企业文化的关系，建立适合于酒店服务质量战略的企业文化，确保酒店组合内全体员工都能自觉地贯彻、落实酒店服务质量战略目标。

3. 配置酒店企业资源

资源配置是酒店服务质量战略实施中一项重要的管理活动，管理者在酒店企业服务质量战略实施过程中必须保证资源的优化配置。例如，在服务质量战略管理尚不成熟的中小型酒店，资源配置通常受酒店的高层管理者个人意识的支配。通过服务质量战略实施的资源配置，可以促进酒店资源按战略目标的优先顺序进行配置，如若酒店企业不进行资源配置，也就没有所谓的酒店服务质量战略管理活动。需要注意的是，酒店初始的资源配置不一定能保证成功的战略实施，但在战略实施中没有资源配置计划，战略实施肯定不会取得成功，除非酒店企业有无限的资源可以利用，或服务质量战略目标过低，不需要消耗大量的资源来实现战略目标。

在酒店服务质量战略实施过程中，即使将资源酒店配置到特定的职能部门，也不意味着战略可以成功实施。因为酒店企业中可能存在一些妨碍酒店企业资源有效配置的因素，这些因素包括：酒店组织内部政治事务的干扰、过于强调资源保护、过分强调酒店短期的财务目标、管理者的能力较弱以及战略目标混乱，等等。因此，在服务质量战略实施中，管理者要正确认识酒店资源有效配置对于实现战略目标的重要性，减弱或消除阻碍资源配置的因素影响，使得酒店企业的资源配置和战略实施相匹配。

（二）酒店服务质量战略实施的原则

酒店企业在服务质量战略的实施过程中，常常会遇到许多在制定服务质量战略时未能估计到或者不可能完全估计到的问题。因此，为了保证酒店服务质量战略的实施符合战略制定的目标，并且能够顺利有效地实施，酒店服务质量战略实施的过程要遵循以下4条原则。

1. 方向明确，突出重点的原则

酒店服务质量战略是通过对酒店一系列的环境分析后而制定的。酒店服务质量战略的制定为服务质量战略实施提供了指导方向，在服务质量战略实施的过程中必须始终如一地贯彻、执行已制定的战略，以服务质量战略制定的方向为指导，从酒店全局和长远的角度考虑服务质量的发展问题。方向明确原则集中体现了酒店服务质量战略制定与战略实施之间的指导关系，因此酒店企业在制定服务质量战略的过程中，必须考虑到环境与条件的变化对战略实施的影响以及战略实施过程中可能遇到的困难，制定出可行的战略。

酒店服务质量战略的实施还要遵循突出重点的原则。如前所述，酒店服务质量战略的制定最终都会确定一个长远、整体的服务质量目标，目标可以由多个目标共同组成。为确保酒店服务质量战略目标的实现，还必须将目标分解到酒店内部各层级、各部门乃至所有成员之中。因此，在酒店服务质量战略实施的过程中，受环境与资源条件的影响与限制，酒店企业必须分清轻重缓急，抓住完成服务质量目标的关键因素，切忌"眉毛胡子一把抓"，只有有针对性地进行服务质量战略实施，才能在总体上实现服务质量战略目标，也才能在实现目标过程中达到事半功倍的效果。所以说，酒店企业在实施服务质量战略时，一定要对制定的服务质量战略进行详尽的分析，并且要预测和把握好战略实施的环境，只有这样才能在服务质量战略实施中抓住关键，有的放矢。

2. 适度合理性原则

酒店企业在服务质量战略的制定过程中，由于受到决策者认知能力以及掌握的信息、决策条件等因素的限制，在对未来的酒店服务质量发展方面的预测可能不很准确，所制定的酒店服务质量战略也不一定是最优的，而且在服务质量战略实施的过程中，由于受酒店外部环境及内部条件的变化较大的影响，使得战略实施过程比较复杂，在具体的战略实施中不可能完全按照原先制订的战略计划执行战略的实施。因此，酒店服务质量战略的实施过程并不是简单机械地执行战略制定的过程，而是需要酒店组织以及全体执行人员大胆创造，大胆革新，不断地用新思想、新技术、新方法创新战略的实施，没有创新精神，酒店服务质量战略就不可能得到贯彻实施。因此，战略实施过程也可以是对酒店服务质量战略的创造过程。在战略实施中，酒店服务质量战略的某些内容或特征有可能改变，但只要不妨碍总体目标及战略的实现，就是合理的。

另外，酒店企业的服务质量战略总是要通过一定的组织机构分工实施的，组织机构是适应企业经营战略的需要而建立的，但是组织结构是相对稳定的，一经构建就很难有所更改。因为组织机构一旦建立就不可避免地要形成不同组织成员各自所关注的问题（即本位利益），这种本位利益在组织各部门、成员之间以及和酒店企业整体利益之间会发生一些矛盾和冲突。为此，酒店企业的高层管理者应从酒店的整体利益出发，协调好这些矛盾与冲突，寻求各方面都能接受的解决办法，灵活地将任务进行有效的分配，让各个层级、部门以及人员能够通力合作，共同完成企业的既定目标，而不是离开客观条件去寻求所谓的绝对合理性。只要现存的酒店组织结构不损害服务质量总体目标和战略的实现，战略实施过程基本符合既定的战略目标要求，就是可以容忍的，即在服务质量战略实施中要遵循适度的合理性原则。

3. 统一领导、统一指挥原则

统一领导和统一指挥的主要原因是，酒店企业的高层管理人员是服务质量战略的制定者，对于酒店服务质量战略的理解更为深刻，其掌握的关于服务质量战略的信息和资料也更加全面。相对于中层管理者及酒店员工来说，他们对于服务质量战略的各个方面的要求以及相互联系的关系了解得更全面，对战略意图体会最深，是酒店服务质量战略实施的实际指挥者。因此，酒店在实施服务质量战略的过程中，一定要遵循统一领导和统一指挥的原则，企业的管理人员要在实施过程中对员工进行有效的培训和指导，只有这样酒店内部的资源分配、组织机构调整、激励制度建立、企业文化建设、信息沟通及控制等各方面才能相互协调与平衡，才能让员工理解企业的战略，并更好地执行，同时也能将自身的工作与企业的绩效有效地结合起来，使酒店企业为实现战略目标而卓有成效地运行。

虽然统一指挥和统一领导从表面上来看，是十分容易做到的，但是实际上，在酒店企业中，很多时候却难做到真正的统一领导与指挥。阻碍这一原则发挥效用的主要原因在于多数酒店企业内部存在着管理层级混乱和权责不清等组织管理方面的问题，导致很多时候员工不清楚自己的上级到底是谁，也不清楚出现问题到底应该向谁汇报，最终导致企业的信息传递效率降低，服务质量战略实施受阻。另外，服务质量战略实施中所发生的问题，能在小范围、低层次解决问题，就不要放到酒店更大范围、更高层次去解决，这样做所付出的代价最小。因为越是在酒店高层次的环节上去解决问题，其涉及的面也就越大，交叉的关系也就越复杂，当然其代价也就越大。

统一指挥的原则看似简单，但在实际工作中，由于很多酒店企业缺乏自我控制和自我调节机制或这种机制不健全，因而经常违背这一原则。因此，酒店企业在遵循统一指挥和统一领导原则之前，必须优化酒店企业内部的组织结构，使得组织层级清晰，管理者权责分明，这样才能有效地进行服务质量战略的实施。

4. 权变原则

酒店服务质量战略是基于一定的环境条件假设基础上而制定的，但是环境是一个变数很大的因素，可能在酒店制定服务质量战略与实施战略的过程中，环境就已经发生了变化。更多的情况是在服务质量战略实施中，环境的发展与战略制定时的假设有所偏离，这种情况是经常发生而且是不可避免的。酒店服务质量战略实施过程本身就是解决服务质量问题的过程，但如果酒店企业内外环境发生重大变化，就会严重阻碍服务质量战略的实施，以致原定服务质量战略实现成为不可行。显然这时需要把原定的服务质量战略进行重大的调整以适应变化了的环境，这就是酒店服务质量战略实施过程中需要遵循的权变原则。其中关键的问题就在于，如何准确把握和衡量环境变化的程度。如果当环境并没有发生重大或关键性的变化时，就匆忙修改原定的服务质量战略，这样就会造成酒店员工人心浮动，为服务质量战略实施带来消极后果，最终导致战略目标无法实现。但如果酒店的环境与条件已经发生实质性和关键性的变化，酒店仍然坚持实施既定的服务质量战略，最终也必将无法达成酒店服务质量战略目标。因此，权变原则的关键在于，酒店如何掌握和衡量环境的变化以及变化的程度。

权变原则应当贯穿酒店服务质量战略实施的全过程，这就要求酒店能够识别战略实施中的关键变量，并对它进行持续有效的监控和做出灵敏度分析。当这些关键变量的变化超过一定的范围时，酒店原定的服务质量战略就应当调整，并启用相应的替代方案。即酒店企业应该对可能发生的变化，和其对服务质量战略造成的后果，以及应对变化而制定的替代方案，都要有足够的了解和充分的准备，以使酒店在实施服务质量战略过程中有着充分的应变能力。

（三）服务质量战略实施的模式

酒店服务质量战略实施可以采取不同的模式，每种模式都有其特定的适用范围和条件，选择合适的服务质量战略实施模式，对于成功实施服务质量战略至关重要。

1. 指挥型模式

指挥型模式就是由酒店高层管理者制定服务质量战略，酒店组织中下级管理人员实施战略。这是一种较为简单和有效的战略实施模式，但是采用这种模式是需要一定条件的。首先，酒店高层管理者要有较高的权威，可以依靠权威发布各种指令推动战略的实施；其次，战略较为容易实施，战略对酒店现行运作系统不会构成威胁，并且酒店资源丰富，信息全面；再次，酒店信息条件好，能够准确地收集到所需要的信息，而且环境变化因素较少；最后，规划人员素质较高，能够有效协调各部门的计划，使其更加符合酒店的总体要求。

指挥型模式也有一定的弊端。指挥型模式最大的弊端就是战略制定者与执行者的分离，酒店下层管理者和员工必须严格执行上级制定的服务质量战略目标，没有主动权，会极大程度降低员工的士气，导致工作的低效率。

2. 变革型模式

变革型模式又被称为转变型模式，是由指挥型模式转换而来的。在这种模式下，酒店高层管理者将工作重心放在如何通过酒店组织内部的变革，来促进服务质量战略的实施。战略的制定者在战略的实施过程中，通常会采取建立新的组织机构、进行人事调整、修订各种政策和程序、改革奖惩制度、推进企业文化变革等一系列变革措施，以适应战略实施的要求。虽然这种模式给酒店服务质量战略的实施带来了灵活性，可以让酒店企业灵活应对环境带来的不确定性因素，但是它也存在着很大的弊端。与指挥型模式相比，变革型模式并没有解决指挥型模式存在的获取信息的准确性问题，并且各个部门的利益对战略计划有很大的影响，而且还会导致实施没有动力等问题。同时，变革型模式在战略实施过程中还可能产生新的问题，灵活性的战略也不利于那种面临多重变化和不确定性的酒店企业。

3. 合作型模式

合作型模式就是酒店高层、中层、基层管理者和作业人员共同制定服务质量战略目标，共同实施，共同承担有关的战略责任。这种模式避免了指挥型模式中的战略制定与战略实施相分离的弊端，使得这种模式受到基层管理者和员工的欢迎，也使得在执行的过程中，员工更有动力，同时由于战略的制定是建立在集体决策的基础上的，从而提高了战略实施成功的可能性。不过，参与协商的人员过多，必然会导致低效率，酒店对于时间和人力、物力的投入会很高，可能会引起成本的升高。

4. 文化型模式

文化型模式是酒店企业的高层管理者运用文化手段，不断向全体员工灌输服务质量战略思想和意图，建立共同的价值观和行为准则，使企业全体员工在共同的文化基础上参与服务质量战略的实施活动。文化型模式打破了战略制定者和战略实施者的界限，有利于统一思想和行动，集中众人智慧，确保战略的顺利实施。但这种模式同样存在着一定的问题。例如，文化的灌输需要长期地熏陶和积累，对企业员工的素质要求十分高，过度强调企业文化，也会掩盖企业中存在的某些问题。

5. 增长型模式

增长型模式是指高层管理者仅提出战略实施的基本原则，鼓励中下层管理者制定和实施自己的战略。这种模式的特点是酒店服务质量战略采用自下而上的方式制定，酒店高层管理者考虑的是如何激励下层管理人员制定、实施战略的积极性及主动性，为提高酒店服务质量和效益的增长而奋斗。即酒店最高管理层认真对待下层管理人员提出的一切有利于提高酒店服务质量和酒店发展的方案，只要方案基本可行，符合酒店服务质量总体战略发展方向，就应及时加以批准或给予积极反馈，以激励员工的首创精神。

上述5种酒店服务质量战略实施模式各有利弊，并在战略实施中的侧重点不同，酒店企业在选择何种服务质量战略实施模式时，应充分考虑酒店企业自身的实际状况和特点。在酒店企业服务质量战略管理的实践中，这5种模式往往是交叉或混合使用的。

五、酒店服务质量战略控制

酒店服务质量战略控制主要是指在酒店在实施服务质量战略过程中，检查酒店为达到服务质量战略目标所进行的各项活动的进展情况，评价酒店服务质量绩效，把完成情况与既定的战略目标进行比较，检测二者间的偏离程度并分析产生偏离的原因。随后采取有效措施纠正偏差，使酒店服务质量战略的实施更好地与酒店当前所处的内外环境、战略目标协调一致，以达到酒店服务质量战略目标的实现。

酒店服务质量战略实施控制是服务质量战略管理过程中的最后一个步骤，也是贯穿整个酒店服务质量战略管理过程的重要管理活动。这是因为在酒店服务质量战略执行过程中常常会出现两个方面的问题，一是战略执行者因为个人的知识、能力、掌握信息的局限以及个人目标与战略目标不一致等，造成在执行战略时产生与计划不符的行动；二是由于原来制订的战略计划不得当，或环境发展变化与预测的不一致造成战略计划的局部或整体不符合酒店内外部的环境状况。

（一）酒店服务质量战略控制的过程

1. 确定评价标准

要对酒店服务质量战略各项活动或工作进行有效控制，就必须首先明确相应的控制标准。没有标准，就无法对战略执行的各项工作活动及其效果进行检查和评价，无法了解战略执行的进展状况和存在的问题，当然也就无法采取相应的纠偏措施。

战略评价标准是用以衡量战略实施效果好坏的指标体系，包括定性指标和定量指标两大类。在定性指标方面，酒店服务质量战略控制标准通常有：战略内部各部分内容具有统一性；战略与环境保持平衡性；注重战略执行中的风险性评估；在时间上保持相对稳定性；与资源相匹配；客观上保持可行性和可操作性等6个方面的指标。在定量指标方面，酒店服务质量战略通常有：劳动生产率、设施设备完好率、服务效率、服务标准化程度、顾客满意率、顾客忠诚率等能直接或间接反映酒店服务硬件质量、软件质量以及顾客感知服务质量方面的指标。

战略控制标准还必须与酒店的战略理念和目标保持一致，并便于对战略实施中各项工作及其成果的检查和评价。具体来说，科学的战略控制标准应满足以下基本要求：

（1）简明性。

对战略控制标准的表述要简单明了、通俗易懂，便于理解和把握，同时对各项标准的量值、单位和偏差范围等要有明确的说明。

（2）一致性。

建立的战略控制标准要尽可能体现协调一致、公平公正的原则。

（3）可操作性。

标准要便于对战略实施中实际工作绩效的衡量、比较、考核和评价，要使控制便于对酒店各部门在战略实施中的工作情况进行衡量，当出现偏差时能找到相应的责任部门。

（4）相对稳定性。

建立的标准既要在一定时期内保持不变，又要具有一定的弹性，能在一定程度上适应环境的变化，在出现特殊情况时能进行特殊处理。

（5）前瞻性。

标准既要符合现实的需要，又要与未来的发展相结合，既要考虑到竞争对手的质量标准，又要兼顾国内外酒店业领先者的质量标准。

2. 衡量战略实施绩效

制定酒店服务质量战略实施控制标准是为了衡量战略实施中的实际工作效果，取得战略实施活动的相关信息，将实际战略实施活动情况与标准进行比较，并据此对中途实施活动进行评估。如果没有精确的衡量，就不可能实现对战略实施进行有效的控制。要想准确掌握战略实施活动成果、准确的数据和资料，酒店必须建立管理信息系统，并运用科学的控制方法和控制系统，衡量战略实施活动的实际绩效。

3. 分析和纠正战略实施偏差

对战略实施活动加以衡量后，酒店就要将衡量的结果与标准进行对比，确定战略实际执行情况与战略控制标准之间是否存在偏差以及偏差的水平，分析产生偏差的原因，并采取针对性措施纠正偏差。

在战略执行的实际绩效与控制标准进行比较时，会出现如下 3 种情况：

（1）超过或与控制标准相符。这时要分析战略控制标准是否有足够的先进性。在认定标准是适当的情况下，可以将其作为成功的经验加以推广到战略执行的其他活动中。

（2）没有达到预定目标，但相差甚微。这时要首先分析偏差是否在允许范围内，如果偏差在允许范围内，战略实施活动可以继续进行，但要分析偏差产生的原因，以改善战略实施活动，防止偏差的扩大。

（3）没有达到预定目标，偏差较大。这时就要深入分析偏差产生的深层次原因，及时采取有效矫正措施。如果偏差是由于制定的标准不合理造成的，就要修订标准；如果偏差是由战略实施过程中工作本身造成的，就要立即采取措施以改善工作绩效。

（二）酒店服务质量战略控制的原则

1. 发展性原则

战略实施控制的重点是酒店企业的发展目标和方向，制定的控制标准必须与战略的理念和目标相一致，对员工的工作行为具有指引和导向作用。管理者应避免追求短期目标，不能被眼前的局部得失所纠缠，只要一些小的得失在允许范围内，就应坚定不移地实施既定战略。

2. 保持弹性原则

酒店服务质量战略首先是一个方向，实施战略的方法应该多种多样，战略实施的控制也因此具有多样性，并在时间进度等定量指标要求等方面保持一定的回旋余地。另外，为保持战略控制面对环境变化的适应性，也要求战略实施控制系统具有弹性。事实上，在保持战略方向的正确性的前提下，具有弹性地控制，往往比刚性的控制产生的效果好。

3. 战略重点原则

在战略实施控制过程中需要面对的事件非常多，也非常繁杂，影响战略实施绩效的因素也是多种多样的，"眉毛胡子一把抓"既不现实也不经济。这就需要管理者关注把握问题的关键，将注意力集中在对战略实施起关键作用的事件，即抓住战略实施的重点进行控制。事实上，控制住了战略实施的关键点，也就控制住了战略实施的全局。现实中，选择战略实施过程中关键点除了要有丰富的经验、敏锐的洞察力和决策能力外，还可以借助一些成熟的方法，如计划评审技术等。

4. 控制趋势原则

由于战略实施控制中往往存在时间滞后的问题，所以在战略实施过程中面向未来的控制趋势就至关重要。对控制战略实施全局的管理者来说，重要的不是战略实施的现状，而战略实施现状所预示的未来趋势，因为在战略实施中一些活动在问题出现后，其后果和影响已经产生，这时再予以纠正为时已晚。管理者要善于观察和把握酒店服务质量战略实施中各种活动的规律和趋势，在现状中揭示趋势，特别是在趋势显露苗头时就能及早发现问题的根源，及时纠正早期出现的不良趋势。

5. 自我控制原则

通过建立奖惩制度、目标管理、适当授权等方法，鼓励酒店企业内部各单位和部门以及员工，随时主动地检查战略实施的实际情况，对比标准检查是否发生偏差及发生偏差的原因，对已经发生偏差且超过允许范围的事件及时采取纠正措施，提升战略实施控制的效果。

6. 直接控制原则

直接控制是相对于间接控制而言的。间接控制是根据战略计划和标准考核战略实施工作的实际结果，分析战略实施中出现偏差的原因，并追究责任者的个人责任以使其改进未来工作的一种控制方法。显然，间接控制是在出现了偏差，造成的损失后才采取措施，代价较大。因此，直接控制就显得尤为重要。直接控制着眼于培养更好的管理人员，使他们能运用管理技术、方法，从战略管理的全局出发，用系统的观点来改善他们的管理工作。通常，管理人员及下属的素质越高、管理能力越强，就越能事先察觉到战略实施中的偏差，及时采取预防措施，减少发生偏差和战略实施中间接控制的费用。

（三）酒店服务质量战略控制的模式

酒店服务质量战略控制模式有多种，按照控制进程可以将战略控制分为前馈控制、现场控制和反馈控制；按照控制内容将战略控制分为制度控制、风险防范控制、预算控制、激励控制和绩效考评控制；按照控制主体可以将战略控制分为避免性控制和开关型控制。这里主要介绍战略控制的4种方式，即前提控制、战略监督、应急控制和战略实施的控制。

1. 前提控制

由于酒店服务质量战略是建立在酒店对外部环境和内部条件的某种假定或预测基础之上的，这些假定或预测就是酒店服务质量战略的前提。前提控制贯穿于酒店服务质量战略制定、选择和实施的整个过程中，用于系统、连续地检测建立酒店服务质量战略的基础前提是否仍然有效。如果建立服务质量战略某一个关键前提已不再有效，此时就必须改变或调整原有的战略，识别已不再有效前提的时机越早，进行战略调整的机会也就越多，对酒店服务质量战略的影响就越小。对于酒店企业来说，外部环境的绝大部分因素是无法控制的，因此，酒店服务质量战略前提控制可以帮助酒店企业适时监测外部环境和内部条件的变化，从而及时调整战略。

2. 战略监督

战略监督的本质是一种相对宽松的"环境扫描"活动，即监视可能引起酒店服务质量战略制定、实施过程发生变化的广泛事物。许多对服务质量战略有重要影响、但无法预料的信息，可以通过各种监视工作从多种途径获得。战略监督为服务质量战略提供了一种适时的广泛运用的"警觉"，帮助酒店高层领导了解外部环境有关事件及相关信息的变化动向，分析研究其可能给服务质量战略带来的影响，并及时对战略进行相应的调整以适应环境的变化。

3. 应急控制

应急控制是由于突发的、意料之外的事件发生而使酒店彻底、迅速地重新考虑和调整服务质量战略。应急控制是酒店企业针对突发事件、突发危机的一种临时性的处置方式，由于以前没有发生过这类突发事件，所以酒店在处置时常常没有经验和惯例可循。如果应急控制措施得当，就不会对酒店服务质量战略造成消极影响；相反，如果应急控制措施不当，就会对酒店服务质量战略造成严重影响，甚至危及酒店企业的生存。

4. 战略实施的控制

酒店企业对于服务质量战略实施的控制必须做到实时、有效。酒店服务质量战略实施的控制有3种形式。一是监控战略重点。控制酒店服务质量战略的重点和关键点，可以为管理者提供必要的监控信息，依据信息管理者就可以控制战略的全局，确保战略实施的各项工作不偏离其战略方向；二是里程碑审查。酒店企业开展里程碑审查工作，主要作用是对服务质量战略执行情况进行阶段性的评估与反思，总结经验，吸取教训，以便后期的战略执行工作的顺利开展。三是酒店经营业务控制系统。通过对酒店经营业绩的科学评价，及时发现战略实施过程中出现的偏差，并有针对性地做出战略的调整、修改等管理决策。

小案例

丽思·卡尔顿酒店成功的背后

与一些其他国际性酒店管理公司相比，丽思·卡尔顿酒店管理公司的规模并不大，但是，它管理的酒店在服务质量方面却极为出色。

丽思·卡尔顿注重公司服务质量的持续改进，为了明确公司的改进方向，公司逐步完善了一套测试系统。无论顾客的问题有多么琐碎，都会得到解决，并有专门的记录。

在服务质量改进层面，根据收集到的数据，公司会请专家来进行研究，所有的服务质量改进过程都会有标准，重要的服务质量改进过程被分割开来，以便详细地鉴别可能发生错误和遗漏的部分。

丽思·卡尔顿的服务质量战略是赢得顾客100%的忠诚度，在具体操作方面，公司设定了让顾客感受"零缺陷"的目标。在一次独立调查中，99%的顾客对酒店的服务质量表示满意，80%的顾客表示"非常满意"。由于致力于服务质量的持续改进，丽思·卡尔顿两度获得了美国波多里奇国家质量奖。

第三节 实施酒店服务质量战略的组织保障

酒店企业要顺利地实施服务质量战略，达成战略目标，必须将酒店服务质量战略与酒店组织建设结合起来，综合考虑，这样才能使服务质量战略的实施获得强有力的支撑。

一、设计与战略相匹配的酒店组织结构

（一）企业战略与组织结构的关系

1. 企业战略决定组织结构

（1）战略不同决定组织结构的不同。

企业处于不同发展阶段，以及在不同的环境作用下，企业会选择不同的战略，而企业不同的战略要求企业从事不同的业务活动，从而决定了企业组织结构中核心职能的设计、部门的设置、岗位的设置以及责权利的关系。

（2）企业战略决定组织结构的变化。

企业战略重点的改变会随之引起企业工作重心的改变，从而导致企业原有的部门、

岗位在企业中的重要程度发生变化，也会造成部门、岗位的增加与减少，最终导致组织结构中组织层级、部门之间关系的调整。

（3）稳定战略需要规范组织结构。

当企业采取稳定战略时，企业一方面需要稳定的组织结构，避免组织的不断调整而增加企业的运营成本，同时组织还要通过实行标准化操作和高度正规化经营，在决策中采用集中决策的方式以提高决策效率与时效性。

组织结构是帮助管理者实现企业经营目标的手段，而企业经营目标产生于企业战略。因此，组织结构必须服务和服从于企业经营战略，即企业经营战略决定组织结构类型的变化，二者只有在企业运营和管理实践中紧密结合才能实现企业效益的最大化。

2. 组织结构对企业战略的反作用

组织结构决定了酒店企业的资源配置方向，确切地说，企业组织结构的设置就是为了能更有效地实施企业战略，战略的实施要以组织结构为支撑。战略的实施有赖于组织结构的支持，企业组织结构的合理设计，可以提高组织的信息传递效率，优化组织内部的人力资源配置，最终为战略的有效实施提供保障。也就是说，当组织结构与企业战略相匹配的时候，就会对企业战略的实施起到保证和促进作用，反之，就会起到阻碍和破坏作用。但是，在企业战略发生方向性失误时，即使通过调整组织结构来弥补，也很难解决由于战略失误而带来的问题。

在企业战略和组织结构关系方面，还要处理好战略前导性和组织结构滞后性问题。一般来说，企业战略的变化往往先于组织结构的变化。这是因为企业一旦意识到外部环境和内部条件的变化为企业提供了新的机会或威胁时，企业首先会在战略上做出反应，以谋求利用机会或规避风险。而组织结构由于组织运行的惯性，其变化往往滞后于战略的变化，尤其是当组织结构的变化会威胁到某些管理人员的利益时，他们往往会以各种手段抵制组织的变革。在当今经济快速发展，环境变化越来越快，企业战略更新周期也越来越短的情况下，企业更要高度重视组织结构滞后性的特征，努力缩短结构滞后的时间以及结构滞后对新战略的影响，支撑新战略的实施。

（二）酒店战略与组织结构

酒店服务质量战略是酒店经营总战略的重要组成部分。酒店服务质量战略的实施同样要求与酒店组织结构相匹配，酒店组织结构的设计要有助于酒店服务质量战略的实施，因为酒店无论制定什么样的经营战略，服务质量战略都是酒店经营战略中极为重要的分（子）战略，直接关系到酒店的生存与发展。

酒店经营战略的不同，与之相匹配的组织结构也就有所不同。

1. 酒店成本领先战略与组织结构

酒店实施成本领先战略的主要途径是通过降低经营成本及提高经营和销售能力来获取规模经济和经验效应，同时通过较强的市场竞争力取得更高的市场占有率和市场份额。因此，在组织结构设计上，成本领先战略更加强调组织的专业化、标准化和集中化。

成本领先战略要注意处理专业化和集中化的关系。专业化要求将具有相同技术专长的人力资源集中到同一部门，便于他们尽其所长。为了更好地发挥专业化人才作用，需要酒店企业通过制定相应的员工工作行为和部门之间相互协作的规程，使内部工作流程程式化。通常情况下，酒店各部门内部的程式化可以由单一部门来完成，上一级部门来制定和协调各部门之间的工作流程和例外事件，这就要求在酒店内部的层级整合上采取集权的方式。因此，酒店成本领先经营战略比较适宜采用隶属关系简单、具有较少的决策层和权力机构、鼓励低成本经营的职能型组织结构。

2. 差异化战略与组织结构

对于酒店企业而言，其产品直接表现为员工为顾客提供的服务，顾客对酒店的评价主要来自其接受服务中感知到的产品质量（技术质量）和员工的服务质量（功能质量）。因此，在差异化战略背景下，酒店企业的组织结构设计就要倾向于保持对员工的适度授权，以使员工在标准化基础上为顾客提供个性化服务，满足顾客的特殊需求，因而采取一种灵活而有弹性的结构，这样有利于调动员工的学习能力，激发员工的服务创造性。

3. 集中化战略与组织结构

采取集中化战略的酒店企业，其经营目标往往针对某一特定的目标客源市场，较难发挥酒店规模经济的长处，因此酒店经营成本会偏高。这就要求这类酒店企业除了要提供能满足顾客需求的服务与产品外，还要特别注意加强对酒店经营成本的控制。在酒店规模较小的情况下，这类酒店企业采用简单直线组织结构可能更为有效；在企业规模扩大的情况下，则应该转化为职能型结构，以保证酒店经营战略的顺利实施。

4. 服务质量领先战略与组织结构

采用服务质量领先战略的酒店，要求酒店必须提供行业领先的服务质量。由于顾客感知到的服务质量是由酒店员工和顾客在"关键时刻"创造出来的，因此，酒店员工的服务技能、服务态度等对顾客感知的服务质量有着重要的影响。基于此，实施服务质量领先战略的企业，必须加强对员工的培训，提高员工的素质和职业能力，建立充分调动一线服务人员的激励机制，并对一线服务人员进行充分的分权与授权，保证酒店一线员工在为顾客服务时有充分的自主权，能根据实际情况提供满足顾客需求的个性化服务。当然，对一线员工的分权与授权一定要适度，过度的分权与授权将会降低服务效率，提高酒店运营成本。

二、建立与酒店服务质量战略相匹配的人才队伍

酒店战略以及组织结构最终是靠人来实施和运行的，因此建立与酒店服务质量战略相匹配的酒店人才队伍是非常必要的，也是十分重要的。

（一）建立与企业战略匹配的领导班子

酒店经营战略的顺利实施，需要有一个强有力的酒店领导班子高度重视酒店经营战略和酒店的服务质量，并持续推动战略的实施和服务质量的提高。

1. 酒店经理人员的类型

酒店经营战略总是要求酒店总经理要具有一套与战略相匹配的独特能力来推动战略的实施。酒店制定的战略不同，对总经理的能力要求也有所不同。

为清晰说明不同类型总经理所表现出的行为特征，突出与不同战略相匹配的总经理个人能力方面的变化，有学者从经理人员行为方面的服从性、社交性、能动性、成就压力和思维方式五个维度归纳总结出各种类型经理人员的特点，如表 5-1 所示。

表 5-1　各种类型经理的特征

类型	行为方面	类型特点
开拓型	服从性	非常灵活，富有创造性，偏离常规
	社交性	性格明显外向，在环境的驱动下具有很强的才能与魅力
	能动性	极度活跃，难于休息，不能自制
	成就压力	容易冲动，寻求挑战，易受任何独特事物的刺激
	思维方式	非理性知觉，无系统的思维，有独创性
征服型	服从性	有节制的非服从主义，对新生事物具有创造性
	社交性	有选择的外向性，适合组成小团体
	能动性	精力旺盛，对"弱信号"有反应，能够自我控制
	成就压力	影响范围逐渐增加，考虑风险
	思维方式	有洞察力，知识丰富、博学，具有理性
冷静型	服从性	强调整体性，按时间表行事，求稳
	社交性	与人友好相处，保持联系，受人尊重
	能动性	按照目标行动，照章办事，遵守协议
	成就压力	稳步发展，通过控制局势达到满足
	思维方式	严谨、系统、具有专长
行政型	服从性	循规守矩，例行公事
	社交性	性格内向
	能动性	稳重沉静，照章办事，等待观望
	成就压力	维持现状，保持自己的势力范围
	思维方式	按以往的处理方式行事
理财型	服从性	官僚，教条，僵化
	社交性	程序控制型
	能动性	只做必做的事情，无创造性

续表

类型	行为方面	类型特点
理财型	成就压力	反应性行为，易受外部影响
	思维方式	墨守成规，按先例办事
交际型	服从性	在一定的目标内有最大的灵活性，有一定的约束性
	社交性	通情达理，受人信任，给人解忧，鼓舞人
	能动性	扎实稳步，有保留但又灵活
	成就压力	注意长期战略，既按目标执行，又慎重考虑投入
	思维方式	有深度与广度，能够进行比较思考

2. 酒店领导集体的建设

酒店无论制定和实施哪一种战略都需要总经理要具备多方面的能力。然而，在现实工作中，总经理的个人能力很难完全满足战略的要求。这是因为无论多么优秀和杰出的酒店总经理，其个人的知识、能力、阅历、经验和精力都是有限的，工作中也不可能做到尽善尽美。因此，酒店制定和实施某一经营战略，仅仅依靠一个总经理的工作是不可能取得成功的，必须挑选一批助手组成一个管理班子协助总经理的工作。建立一个合理的管理集体，总经理可以集思广益，群策群力，取长补短发挥集体的力量，保证战略的成功制定与实施。一般情况下，一个能够胜任制定和实施战略的管理班子，应该具有梯形的年龄结构、互补的知识结构、配套的专业结构、有机的智能结构以及协调的气质结构。

（二）酒店一般管理人员和员工的培训与激励

1. 人员培训

酒店战略是由酒店一般管理人员和员工进行具体的执行与实施的，他们对酒店战略的理解以及个人的工作能力、工作态度等将直接影响战略实施与执行的效果。因而，在酒店发展的不同阶段，根据酒店战略重点的不同，不断地为酒店战略实施做好准备是人员培训的首要任务。酒店员工培训除了对酒店战略的实现起到非常重要的支撑作用外，还能够提高酒店人员的综合素质、传播酒店知识与文化、帮助酒店成员成长、创造良好的酒店组织环境等。

根据酒店发展和战略实施的需要，酒店人员培训可以采用不同的培训方法。

（1）讲授法。

一种传统的培训方法。优点是运作方便，便于培训者控制整个培训过程。缺点是单向的信息传递，反馈效果不好。多用于知识方面的培训。

（2）讨论法。

分为研讨会和小组讨论两种方式。前者的优点是信息可以多向传递，比讲授法的反馈效果要好，缺点是费用高；后者优点是信息交流方式为多向传播，学员参与度高且费用低，缺点是对培训者的要求高。

（3）案例研讨法。

是通过向培训对象发放有关案例及背景资料，让其寻找合适的解决问题的方法。优点是可以帮助学员掌握分析和解决问题的技巧，锻炼学员的分析和解决问题的能力。缺点是需要时间较长；因与问题相关的背景资料的不全面或不了解而影响分析的效果。

（4）角色扮演法。

此种方法是让培训对象在培训老师设计的酒店中的某一工作情景中扮演某个角色，其他学员与培训教师在学员表演结束后进行适当点评。优点是学习的多样性和趣味性可以激发学习热情；激发讨论，多方表达意见；实践性强，费用低。缺点是观众数量受到限制；受表演者性格因素等影响较大。

（5）互动小组法。

通常用于管理人员的实践训练和沟通训练，让学员通过培训活动中的亲身体验增强处理人际关系的能力。优点是可明显提高人际关系和沟通能力。缺点是培训效果对培训教师水平的依赖性较大。

（6）传承法。

也称师傅带徒弟，是由经验资深的人员（师傅）将自身经验传授给资历较浅的人员（徒弟）的方法。师傅承担着教练、顾问以及支持者的角色。优点是徒弟或获得丰富经验，避免了盲目探索；尽快融入团队，避免进入团队时的紧张感。缺点是师傅带徒弟的数量有限。

（7）网络培训法。

是利用现代计算机技术和网络通信技术进行员工培训的一种方式。优点是培训方式灵活、分散，可用于酒店大规模的培训，对培训者可"精挑细选"。缺点是对培训效果控制较难。

2. 人员激励

员工的行为是可以调节和激励的。酒店通过实施有效的激励手段，可以激发员工的工作热情，对于酒店落实人才强店战略，加强人才资源建设及优化人才成长环境等都具有重大意义。

对酒店一般管理人员和员工的工作实行有效的激励，首先必须制定正确的工作业绩评价考核的方法，使奖酬激励与酒店希望取得的成果一一对应，然后考虑如何鼓励酒店一般管理人员和员工在执行和实施酒店战略中工作的积极性、主动性和创造性。

市场经济条件下，对酒店一般管理人员和员工奖酬激励的方式主要有以下4种方式。

（1）利润分享。

酒店在经营利润中提取一定的比例（事先约定）来奖励员工，促使员工关心酒店的经营战略。

（2）收益分享。

这种方法要求酒店员工或部门首先建立业绩目标，若实际工作绩效超过这一目标，则部门所有成员都能得到奖金。

（3）奖金制度。

酒店可制定战略实施的绩效考核指标，完成或超额完成指标给予奖金鼓励。奖金发放系统可以作为激励员工个人支持战略实施的一种有效工具。

（4）员工持股计划。

员工持股计划是酒店员工可以利用贷款或现金购买酒店股票，它是一种减免税收的、固定缴款式的雇员福利制度。员工持股计划实际上是酒店以放弃股权的代价来换取员工以所有者的身份更努力地工作，同时更加关心酒店的长期利益。

当然，酒店还可以同时采用其他各种激励措施，以促进员工为战略的成功实施而努力工作。在这些措施中，基于酒店的服务属性，对员工的授权是一种有效的激励手段。

对于授权给员工，通常的观点认为，员工总是希望拥有更多的自主权，能够在对顾客服务中有更多的发挥余地。但是，任何权力都是与责任相联系的，拥有了权力同时也就拥有了责任、权责等。从酒店的角度来看，给员工授权的好处在于增加服务工作的创新性、适应性和个性化，适合酒店中无法标准化的服务情景；不对员工授权（遵守服务标准）的好处是保持质量一致性、降低服务的失误率、提高服务效率、降低经营成本，适合于酒店中标准化程度比较高的服务情景。酒店中有着很多的服务情景，员工对权力与责任的态度也很不一致，因此，酒店中的员工授权要适度，不能盲目扩大授权的范围和权力。

三、酒店服务质量战略与酒店企业文化

（一）酒店企业文化的内涵

目前，企业界和学术界关于企业文化的定义有很多种，但并没有哪一个定义是被人们普遍接受的、最权威的定义，这是由于文化的无形性、综合性等特点所决定的。一个普遍的观点是，无论经营业绩好与差的企业，都有其独特的企业文化，只不过是业绩差的企业，其文化出现了功能障碍。

企业文化是指一个企业在长期生产经营活动中形成的具有本企业特征的文化现象，是企业中全体成员共同接受和遵守的价值观念和行为准则。企业文化的核心是企业员工共同遵循的价值观，它是指引一个企业所有行动的根深蒂固的原则，是一个企业文化的基石。企业文化具有导向、凝聚、激励和约束、辐射及调适等功能。每一个企业的企业文化都具有独特性，这一点可以从这个企业的价值观、生产经营范围、组织的权力结构、工作惯例与规范、奖惩机制等途径进行考察和理解。

企业文化的构成由里及外分为三个层次，即企业的精神层面文化、制度层文化和物质层文化。

1. 企业的精神层面文化

企业的精神层面文化是企业在其长期历史发展中形成的企业成员群体心理定式和价值取向，是企业的价值观、企业经营哲学的综合体现。主要包括企业价值观、企业宗旨与愿景、企业哲学、企业精神和企业道德等。它是企业文化的核心与灵魂，是形成企业制度层文化和物质层文化的基础，是企业文化发展变化的内在机制。

企业价值观念一经形成，就以相对定型的观念模式存在，影响或规范着企业认识和实践活动的指向，抑制或推动着企业活动的发展。

2. 企业的制度层文化

企业制度层文化是企业文化的中间层次，是指企业文化中对组织及其员工行为产生约束性、规范性影响的部分，主要包括领导体制、管理制度和组织结构三个方面。制度层文化是企业核心层次的精神层面文化向表层的物质文化转化的中介。

制度层文化既是企业为了保证实现企业目标而形成的一种管理形式和方法的载体，同时又是从企业自身价值观出发形成的一种制度和规则，规定了企业成员在共同的生产经营活动中应当遵循的行为准则。

3. 企业的物质层文化

企业的物质层文化是企业文化的表层文化，是一种以物质形态存在的可见的企业文化构成单位，涵盖了企业物质和精神的活动过程、组织行为、做事风格等外在表现形式，也包括由企业员工创造的各种物质产品和设施等。企业的物质层文化是企业精神层文化和制度层文化的载体。

（二）企业文化与企业战略的关系

企业文化是企业生存与发展的条件之一，也是确保有效实施企业战略的重要保障之一。具体来说，企业文化与企业战略的关系主要体现在以下方面。

1. 企业文化是企业战略的基石

企业战略是在企业价值观、企业宗旨、经营哲学等企业文化核心要素下所形成的企业总体经营思想、方针的指导下产生的，有什么样的企业文化，就会形成什么样的战略。在目前企业所面对的内外环境复杂多变，如果企业管理者及其企业成员不能确立和保持正确的价值观和信念，就难以制定出与环境相匹配的正确的战略，而只有制定出正确的战略，才能够促进企业健康发展，实现企业的宗旨与目标。因此，企业文化对于制定正确战略决策是至关重要的，可以说企业文化决定着企业战略。

2. 企业文化是企业战略实施的重要保证

企业战略制定以后，需要企业全体成员积极有效地贯彻实施。企业在长期实践活动中形成的企业文化能够凝聚全体员工的精神力量，成为统一员工意识、激发员工工作热情和积极性,为实现战略目标而齐心协力共同努力的重要手段。企业在战略实施中充分挖掘并催生企业文化,赋予其时代特色和个性,就会使其成为推动企业战略实施,获取并维持企业竞争力的强大的内部驱动力。

3. 企业文化与企业战略的相互适应与协调

企业文化具有一定的持续性,并在企业发展过程中有逐渐强化的趋势。从战略管理的角度看,企业环境的变化会引起战略的变化。当企业为抓住有利机会或为适应新环境制定了新的战略时,就要求企业文化能够与之相配合,但企业的原有文化变革速度非常缓慢,很难马上对新战略做出有力的反应,这时企业原有的文化就有可能成为实施新战略的阻力。

企业服务质量战略与企业文化相匹配的情况,管理学者认为主要有4种情况。概括起来是新战略变化不大或变化较大,但与企业文化较契合,这时对企业文化不作调整或较小幅度的调整;新战略变化不大或变化较大,但与企业文化不相匹配,文化对战略实施起到阻碍,这时要对文化进行较大幅度调整或进行彻底变革。这里需要注意的是对企业文化较大幅度或彻底的变革,需要较长的时间和付出高昂的代价才能完成。因此,发挥企业管理者和员工智慧,在新战略决策时,尽可能选择与企业文化冲突较小,不需要文化做出较大幅度调整的企业战略是至关重要的。

【复习与思考题】

一、名词解释
1. 酒店服务质量战略　　2. 酒店服务质量战略管理

二、简答题
1. 简要回答酒店服务质量战略分析的基本原则。
2. 简要回答酒店服务质量战略分析内容。
3. 简要回答制定服务质量战略过程中要注意事项。
4. 简要回答酒店服务质量战略实施的主要任务与原则。
5. 简要回答酒店服务质量战略控制的原则。
6. 简要回答企业文化与企业战略的关系。

三、实操训练
调查所在城市某一高星级酒店的服务质量战略和酒店是如何实施这一战略的。

【典型案例】

一个广为流传的泰国曼谷东方酒店的服务案例

一位朋友于先生因公务经常出差泰国,并下榻在东方酒店,第一次入住时良好的酒店环境和服务就给他留下了深刻的印象,当他第二次入住时,几个细节更使他对酒店的好感迅速升级。

一天早上，在他走出房门准备去餐厅的时候，楼层服务生恭敬地问道："于先生是要用早餐吗？"于先生很奇怪，反问"你怎么知道我姓于？"服务生说："我们酒店规定，晚上要背熟所有客人的姓名。"这令于先生大吃一惊，因为他频繁往返于世界各地，入住过无数高级酒店，但这种情况还是第一次碰到。

于先生高兴地乘电梯下到餐厅所在的楼层，刚刚走出电梯门，餐厅的服务生就说："于先生，里面请。"于先生更加疑惑，因为服务生并没有看到他的房卡，就问："你也知道我姓于？"服务生答："上面的电话刚刚下来，说您已经下楼了。"如此高的效率让于先生再次大吃一惊。

于先生刚走进餐厅，服务小姐微笑着问："于先生还要老位子吗？"于先生的惊讶再次升级，心想"尽管我不是第一次在这里吃饭，但最近的一次也有一年多了，难道这里的服务小姐记忆力那么好？"看到于先生惊讶的目光，服务小姐主动解释说："我刚刚查过电脑记录，您在去年的6月8日在靠近第二个窗口的位子上用过早餐"，于先生听后兴奋地说："老位子！老位子！"服务小姐接着问："老菜单？一个三明治，一杯咖啡，一个鸡蛋？"

现在于先生已经不再惊讶了："老菜单，就要老菜单！"此时于先生已经兴奋到了极点。

之后，酒店在上餐时还赠送了于先生一碟小菜，由于这种小菜于先生是第一次看到，就问："这是什么？"服务生后退两步说："这是我们特有的某某小菜。"服务生为什么要先后退两步呢，他是怕自己说话时口水不小心落在客人的食品上，这种细致的服务不要说在一般的酒店，就是美国最好的酒店中，于先生都没有见过。这一次早餐给于先生留下了终生难忘的印象。

后来，由于业务调整的原因，于先生有三年的时间没有再到泰国去，但在于先生生日的时候，他突然收到了一封东方酒店发来的生日贺卡，里面还附了一封短信，内容是：亲爱的于先生，您已经有三年没有来过我们这里了，我们全体人员都非常想念您，希望能再次见到您。今天是您的生日，祝您生日愉快！于先生当时激动得热泪盈眶，发誓如果再去泰国，绝对不会到任何其他的酒店，一定要住在东方酒店，而且要说服所有的朋友也像他一样选择东方酒店。

资料来源：作者收集整理。

第六章 酒店服务质量管理方法

【内容导读】

我国酒店业在经历了兼并、重组规模扩张后,开始转入提质增效发展阶段。将不断更新的现代质量管理理论与方法运用到酒店服务质量管理中,将会促使我国酒店在服务质量管理上与时俱进、不断发展,保持旺盛的市场生命力。本章主要介绍酒店服务质量分析方法、酒店服务质量改进与管理方法、酒店服务全面质量管理。

【学习目标】

①掌握酒店服务质量 ABC 分析法和因果分析方法;②了解酒店服务质量树图分析法和对策表分析法;③掌握 PDCA、质量管理小组、标杆管理法等酒店服务质量改进与管理方法;④掌握酒店服务全面质量管理主要内容。

【案例导入】

人力成本制约致使酒店服务质量下降

网络媒体发布视频《泛黄马桶刷刷茶杯》后,引发一片哗然。由于正值元旦旅游旺季,酒店的服务质量更加引起人们热议和担忧。

如今劳务派遣、大量采用实习生和短期工、酒店不愿花成本培训员工等做法在星级酒店相当盛行,以致酒店未能提供应有的高水准服务。

网络媒体发布视频《这些五星级酒店:泛黄马桶刷刷茶杯》后,酒店的服务质量更加引起人们热议和担忧。有业界人士向《广州日报》全媒体记者"爆料",视频中揭露的问题仅是当前星级大牌酒店存在问题的冰山一角,酒店服务质量存在极大隐忧,卫生状况未能达到合格要求,而入住人往往不知情,宾客花费了上千元甚至数千元,但却未能享受到应有的高水准服务。

"说实话,每个酒店都有严格的清洁标准,条文也摆在那里,但问题是,员工有没有严格遵守、酒店管理方有没有严格落实和监督。"一名不愿具名的某酒店集团高管人士说,视频中出现的问题是酒店清洁工人没有严格遵守规程,操作严重违反规定。"我不敢说所有清洁工人都像视频里那位工人那样操作,但视频的情况也确实存在,而且不是少数。"这位高管说。

"酒店的员工管理松散。"这位高管说。现在要追究的问题的焦点是,这些服务员明明知道这是不卫生、不合规、不道德的事情,依然任性为之,是什么让他们如此肆意妄为?

"人力成本的制约下,酒店的员工管理松散,酒店甚至大量采用劳务派遣工和实习生,为服务质量下降埋下祸根"。这位高管说,"一方面清洁工等工种难招人,另一方面这部分员工难管理,流动性大,所以酒店都倾向于和劳务公司合作,通过劳务派遣方式,为酒店输送清洁工等其他员工。"劳务派遣可以省去酒店很多琐碎麻烦事,而且员工也不是酒店编制内,就算出了问题,酒店也可以跟劳务派遣员工撇清关系。也正是劳务派遣这个关系,员工对酒店没有归属感,酒店更不用说给予职业上的培训和帮助了。

酒店有淡旺季之分,因此为了节约成本,酒店往往不会招聘大量的一线服务员。到了旺季,酒宴和订房高峰时,酒店就采用招聘在读学生前来兼职服务实习生,以解决在旺季时人力不足的问题。

"不投入只会损害酒店品牌。"有酒店业人士说,劳务派遣、临时工、实习生,都没有经过酒店系统的、严格的培训,这就导致了酒店服务存在了安全、卫生隐患。"酒店在人力成本不舍得投入,最终只会害了自己。"商业分析机构分析师梁荣德说,酒店如果不切实际解决人力资源问题,不培训和加大重用长期固定合同的员工,最终只会尝到苦果。

资料来源:http://house.people.com.cn/n1/2017/1229/c164220-29735518.html。

第一节 酒店服务质量分析方法

一、ABC 分析法

ABC 分析法又称排列图、帕累托分析法、主次因素分析法、重点管理法等,是意大利经济学家帕累托在分析社会人员和社会财富的占有关系时采用的方法。美国质量管理学家朱兰将 ABC 分析法引入质量管理,用于质量问题的分析,指出在许多情况下,多数不合格及其引起的损失是由相对少数的原因引起的。随后,美国著名管理大师彼得·德鲁克将这一方法推广到全部社会现象,使 ABC 分析法成为企业提高效益的普遍应用的管理方法。

（一）ABC 分析法的原理

ABC 分析法以"关键的是少数，次要的是多数"这一原理为基本思想，通过对影响酒店服务质量诸方面因素的分析，以质量问题的个数和质量问题发生的频率为两个相关的标志进行定量分析。先计算出每个服务质量问题在问题总体中所占的比重，然后按照一定的标准把质量问题分成 A、B、C 三类，以便找出对酒店服务质量影响较大的一至两个关键性的质量问题，并把它们纳入酒店当前重点的质量控制与管理中去，从而实现对服务质量有效的管理，使质量管理工作既突出重点，又兼顾一般。

（二）ABC 分析法的程序

用 ABC 分析法分析酒店质量问题的程序分为以下 6 个步骤。

1. 确定需要分析的项目

要求按照所研究的问题，如改进某酒店服务质量问题、确定改进机会，来确定相应的项目，如造成该质量问题的一些重要原因、现有的一些可能的改进机会等。

2. 选择用于分析的度量单位

度量单位即度量所选项目作用程度的单位。选择怎样的度量单位取决于所选取的是怎样的项目、有什么样的主要作用。同时，度量单位的选择也决定了各项目的排列顺序。度量单位可以是项目出现的次数（频次）、成本等。

3. 选择进行质量分析的时间范围，收集所需数据

本步骤是要确定如何获得用于分析的数据。所选定的时间段要足够长，以使数据具有一定代表性。通常采用调查表、顾客投诉和各部门的检查记录等形式收集数据，这样可使数据更简单、更准确也更容易取得。

4. 信息分类

对收集的有关质量问题的信息进行分类。如把酒店服务质量分为服务态度、服务效率、语言水平、清洁卫生、菜肴质量、设备设施等几类，然后统计出每类质量问题出现的次数（频次）并计算出每类质量问题在质量问题总体中所占的百分比。

5. 绘制帕累托曲线图

帕累托曲线图是有两条纵坐标的直角坐标图，如图 6-1 所示。横坐标轴上标以分类后的质量问题，其排列的方法从左到右，按出现次数多少的顺序排列，如图 6-1 中的 Q_1、Q_2、Q_3、Q_4。左边的纵坐标轴是质量问题出现的次数，右边的纵坐标轴是质量问题出现的频率（%），以每类质量问题出现的次数为纵坐标做直方图，最后按累计频率作帕累托曲线进行分类。一般的划分标准为：

A 类：是关键性问题，一般累计频率百分数在 0~70%。

B 类：是一般性问题，一般累计频率百分数在 70%~90%。

C类：是次要的问题，一般累计频率百分数在90%~100%。

需要注意的是，上述分类标准不是绝对的，A、B、C三类划分的范围可根据实际情况稍作调整。在图6-1中，A类问题的累计频率百分数为0~65%。

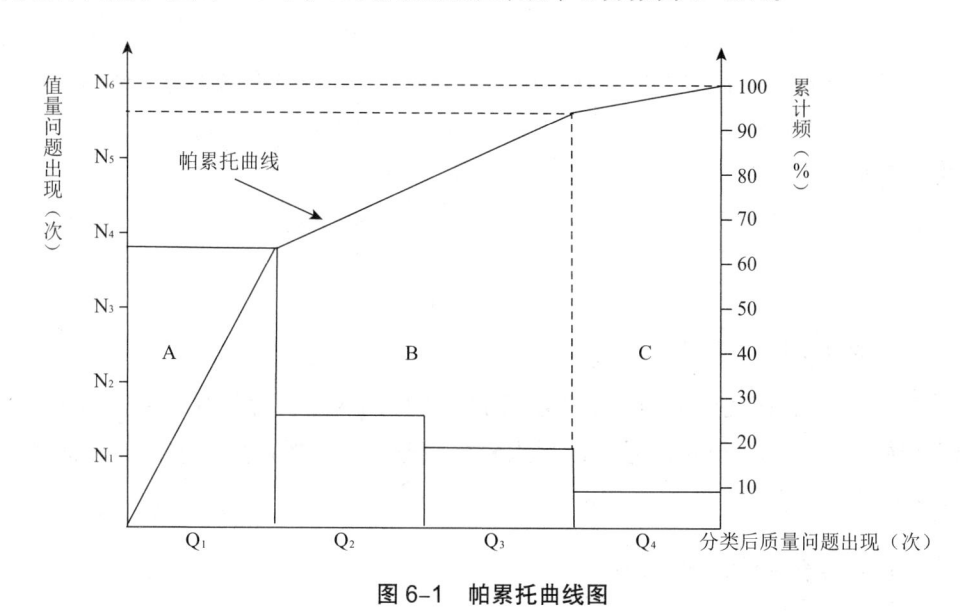

图6-1　帕累托曲线图

6. 进行分析，找出主要质量问题

通过对现存的质量问题进行分类，如分为清洁卫生问题、服务态度问题、外语水平问题、设备保养问题、安全问题、娱乐设施问题等，并按问题存在的数量和发生的频率，把上述质量问题分为A、B、C三类。A类问题的特点是项目数量少，但发生的次数多，约占投诉总数的60%~80%，属于酒店服务质量的关键性问题。如果这一类问题得以解决，则酒店的服务质量将有较大幅度的提高。因此，酒店管理人员对A类问题必须给予充分的重视。

B类服务质量问题属于次要的质量问题，特点是项目数量相对于A类问题多，但发生次数相对较少，约占投诉总数的15%~20%。对于这类问题，管理人员应给予足够的重视，以防止其出现上升的趋势。

C类问题的特点是项目数量多，但发生次数少，约占投诉总数的5%~15%。这类问题的发生往往具有较大的偶然性，管理人员只要提供一些预防性或改进性措施即可。

（三）酒店ABC分析法应用的注意事项

运用ABC分析法进行服务质量分析有利于酒店管理者找出主要问题，并予以解决。但在运用过程中应注意以下问题。

1. 分类方法

在选择确定帕累托曲线图要显示的因素时，始终要记住酒店服务质量改进项目的原始目的，要恰当地选择纵坐标变量及横坐标原因类别。若需要通过不同的角度观察问题来把握问题的实质时，就需要用不同的分类方法进行分类，以确定"关键少数"，这也是帕累托曲线图分析方法的目的。

2. A类问题数量

A类问题所包含的具体质量问题不宜过多，1至2项问题比较适宜，至多不能超过3项，否则就不能突出重点，也就失去了画帕累托曲线图的意义。

3. 问题的类别

划分问题的类别也不宜过多，可以把不重要的、小的问题并为"其他"组别，单独归为一类。

二、因果分析图法

在运用ABC分析法确定酒店服务质量的关键性问题后，就要对产生关键性问题的原因进行分析。因果分析图法是可以用来分析服务质量问题产生原因的比较简单、直观、有效的方法。

（一）因果分析图法的含义

因果分析图法是利用因果分析图对产生服务质量问题的原因进行分析的图解法。由于因果分析图形同鱼刺，因此人们也形象地称之为鱼刺图或鱼骨图。

在酒店运营管理中，影响酒店服务质量的原因错综复杂，而且是多方面的。因果分析图可以对产生质量问题（结果）的各种因素（原因）进行分析，并把原因与结果之间的关系用带有箭线的图形（鱼刺图）表示出来，如图6-2所示。

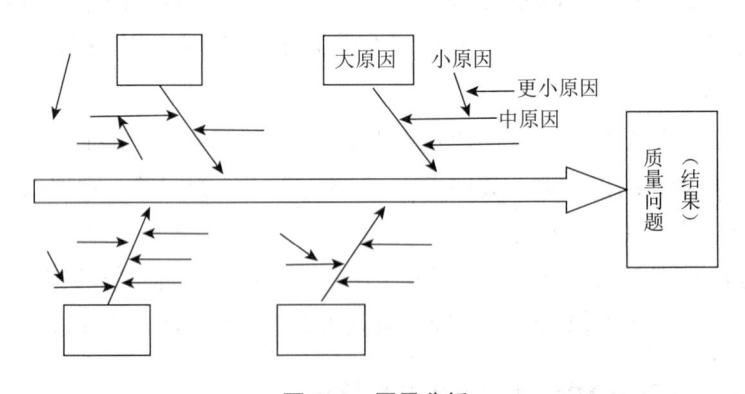

图6-2 因果分析

（二）因果分析图的分析过程

确定要分析的关键性服务质量问题，即通过ABC分析法找出A类服务质量问题。

分析A类服务质量问题产生的原因。找出服务质量问题产生的各种原因是用好因果分析图法的关键。因此，酒店应发动酒店全体管理人员和员工共同分析，必要时可外请专家或在酒店内部运用头脑风暴等方法，寻找 A 类质量问题产生的原因。找出各种原因后，还需要做进一步的分析，即查明这些原因是怎样形成的。在分析时，必须请有关方面的专家及一线员工参与，听取不同的意见，深入细致地分析各种可能原因，直到对引起服务质量问题的各种原因都能找到相应的控制措施为止，以防止类似的服务质量问题再次发生。

三、树图法

（一）树图法的含义

树图法（Tree Diagram）又叫系统图。是用于表示某一主题与其组成要素之间关系的工具。该工具系统地将某一主题逐级分解成组成要素，主题为"树根"，各级要素依次为"树枝"和"分枝"。树图的概念实质上是"目的—手段"关系的概念。

树图法在酒店经营管理中主要用于以下方面：寻找解决酒店产品质量、成本、供需等问题的具体措施与方案；酒店经营方针、目标及实施措施的分析与确定；服务项目开发设计中产品质量功能的分析与确定；作为因果分析图使用，寻找影响酒店质量问题的主要因素等。

树图根据其使用目的可分为两种：一种是结构因素展开型，就是将构成树形图的因素逐层展开；另一种是措施手段展开型，是将要实现的目的、措施、手段系统地展开，这两种树图的绘制方法基本相同。

（二）树图法的程序

1. 确定目的或目标

要明确应用树图最终要实现的目的和目标是什么，为了使目的或目标能够让任何人都能一目了然，必须用简洁的名词或短语准确表述目的或目标，如果是具体数据目标则更好；说明确定的目的、目标的原因是什么；说明目的、目标达成过程中约束条件；在确认了更高一级水平的目的、目标之后，还要检查和确认原目的、目标是否恰当。

2. 提出手段和措施

要通过头脑风暴等方式，集思广益，提出达到预定目标的必要手段和措施，并依次记录下来。提出手段、措施时有三种方法可供选择采用：一是从水平高的手段、措施开始，按顺序边想边提；二是先提出被认为是最低水平的手段、措施，一边编组，一边按顺序提出较高水平的手段、措施；三是不管水平的高低，按随意想到的方式，提出手段、措施。

图 6-3 是酒店中餐厅为营造中秋节团圆氛围的措施手段的树图。

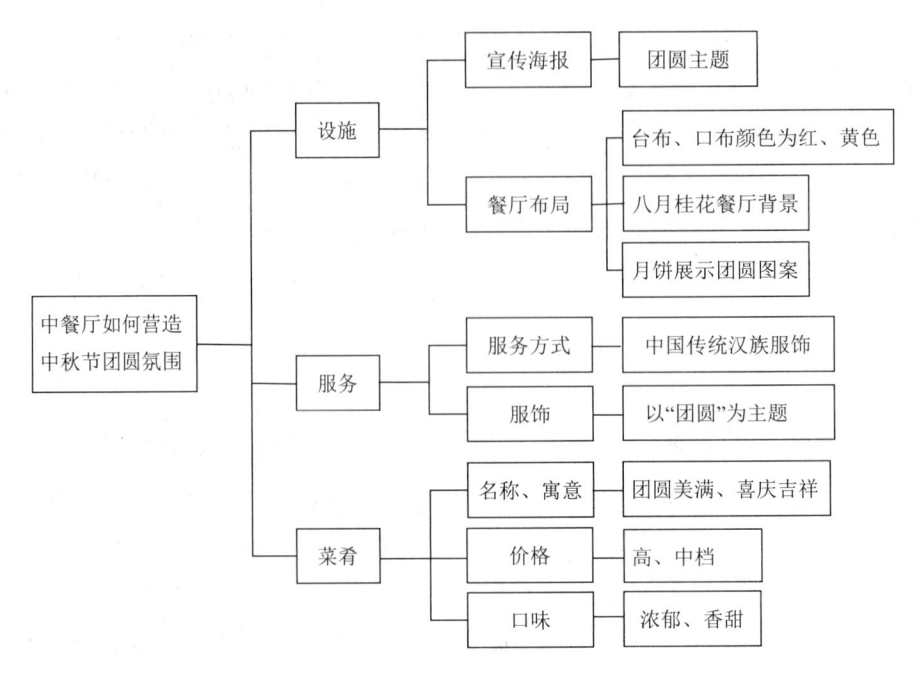

```
                                    ┌─ 宣传海报 ── 团圆主题
                          ┌─ 设施 ──┤
                          │         │              ┌─ 台布、口布颜色为红、黄色
                          │         └─ 餐厅布局 ──┼─ 八月桂花餐厅背景
                          │                        └─ 月饼展示团圆图案
中餐厅如何营造   ──┤         ┌─ 服务方式 ── 中国传统汉族服饰
中秋节团圆氛围      ├─ 服务 ──┤
                          │         └─ 服饰 ── 以"团圆"为主题
                          │         ┌─ 名称、寓意 ── 团圆美满、喜庆吉祥
                          └─ 菜肴 ──┼─ 价格 ── 高、中档
                                    └─ 口味 ── 浓郁、香甜
```

图 6-3 中餐厅营造中秋节团圆气氛树图

3. 对手段、措施进行评价

即根据手段、措施和约束条件进行评价,以确认每项手段、措施可行性和必要性。评价时要慎重对待别人提出的手段、措施;在进行评价的过程中,往往又会出现新的设想,要不断进行补充和完善措施与手段。评价时用 O(表示可行)、△(表示调查之后才能确认)、X(表示不可行)等符号表示评价结果。对于带有△的手段、措施,必须通过调查,才能明确是 O 形还是 X 形。

4. 绘制树图

即把经过评价后的手段、措施系统展开成树形图。将经过评价后提出的手段、措施,用通俗易懂的语言写在一张张卡片上。把绘制的目的、目标卡片放在纸的左侧中间,把限制事项记在目的、目标卡片的下方。

5. 对目标能否充分地实现进行论证

根据绘制的树图要从最低水平的"手段"出发进行评价,确认上一级水平的"手段"(目的)是否妥当。如果回答"是",就依次对上一水平的"手段"(目的)进行同样的评价,确认所展开的手段、措施能否达到最初所确定的具体目的、目标。如果回答"否",意味着所要实施的手段不能实现上一水平的"手段"(目的),这就表明必须对它进行补充和完善。依次完成后,将为达到的目的、目标所必需的所有手段、措施都系统地展开,树图即宣告完成。

6. 制订实施计划

根据上述方案,制订实施计划。树图最低水平的手段要更加具体化,并决定具体的实施内容、日期和负责人等。

四、对策表法

（一）对策表说明

对策表又名措施计划表。是针对存在的质量问题的主要原因而制定的应采取措施的计划表。

对策表的表头应落实 5W1H 的问题，即 Why（目标）、What（对策）、Who（执行者）、Where（地点）、When（时间）和 How（如何做，措施）。

在制定对策表的各项目标时，最好用定量化的数据加以表示。在项目目标无法量化时也应以简洁的、肯定性的语言表示，切忌用模棱两可的抽象化语言表述目标。

为使对策表具有针对性，可以采用头脑风暴法、分层图、树图等工具，提出实现目标的各种措施并进行分层，然后再使用对策表。

对策表的一般形式如表 6-1 所示。

表 6-1　××对策表

序号	项目	目标	措施	责任人	完成时间	备注
1	—	—	—	—	—	—
2	—	—	—	—	—	—

（二）对策表的作用

对策表可用于针对产生服务质量问题的原因，制订防止服务质量问题的再次发生而采取纠正措施的计划；对措施计划进行评价，有效贯彻并实施措施计划；检查和评价所采取措施的效果。

（三）对策表的应用步骤

1. 通过分析，找出影响服务质量的主要因素

找出的影响服务质量的主要因素应具体、明确，并用最简单的语言进行准确描述。

2. 将找到的因素作为项目填入对策表

必要时，因素可以分层，在同一项目框内列第二层因素，并用序号代表。将该项因素的现状填入对策表内。现状要具体，最好能用数据加以说明。

3. 将改进后的目标填入对策表内

改后的目标在表述上要具体、简明，忌含混不清，目标最好能用数据来说明。一般来说，当现状能用数据说明时，目标也应用进行数字说明。

4. 将措施、责任人、完成时间填入对策表内

措施是指要做的事。一个项目可能只有一条措施，也可能有多条措施，但每条措施都要有责任人和完成时间。

在确定责任人时，要充分征求责任人的意见，不能强制分配任务。

在确定完成时间时，要充分考虑措施的难易程度和整个项目的进展时间要求，时间安排要留有余地。

5. 评审、修正

必要时，可以对对策表进行评审、修正，使对策表更符合实际，也更能得到落实与执行。

6. 执行

公布对策表，督促有关责任人执行。

小案例

酒店的优质服务

某酒店规定，客人办理离店手续时，尽量请客人留下意见或建议。

一天，在该酒店总台翻阅客人意见记录本时，有一位客人留下这样一句话：十分贴心周到，下回一定再住！与其他客人多少举些事例、谈些具体意见相比，这句话过于简单，反而引起了酒店工作人员的好奇心。

总台接待员说，这位客人办理离店手续时，显得非常着急，在意见本上写下几个字就匆匆离开了。不过，接待员提供了另一个情况：这位客人办理入住登记时，接待员发现当天恰好是这位客人的生日，于是通知营销部的公关专员，请其为该客人准备生日蛋糕、鲜花和贺卡。向负责该房间服务的房务员了解情况时，房务员表示，"也就是按常规为他服务而已"。然后讲述了这样几件事：

这位客人晚上休息时似乎怕冷，因为第二天整理房间时发现客人盖了两床被子。于是房务员按常规铺好两张床后，又在客人睡的床上加铺了一条被子。

同时，房务员发现，卧室的垃圾桶里扔了很多纸团，由此推断客人可能感冒了。于是，客房员在床头柜上多放了一盒抽纸，还留下一张纸条，建议客人到附近的医院就诊，并告知酒店可以随时提供红糖、姜汤，如果需要可与房务中心联系。

第二节 服务质量改进与管理方法

一、PDCA 循环法

（一）PDCA 循环法的含义

PDCA 循环是由美国质量管理统计学专家戴明创立的，故又称之为戴明环。PDCA 循环中的四个英文字母分别是英语中的 Plan（计划）、Do（实施）、Check（检查）、Action（处理）四个单词的第一个字母。所谓 PDCA 循环，是指酒店企业全面提高服务质量管理的各项工作都必须按照计划、实施、检查、处理的基本工作程序进行，四个阶段不断循环下去，周而复始，使酒店服务质量不断改进。

事实上，PDCA 循环法是一种很普遍的工作方式：首先是计划，所有工作在开始之前都要制定计划，以最大限度地避免工作的盲目性。其次是实施，按计划开展工作，使有限的资源得到恰当的分配利用，以最大限度地避免主观随意性，提高工作效率。再次是检查，检查工作状况是否按计划进行，是否达到预期的目的，如果有问题，则要分析是计划有问题，还是计划的执行出现了问题。最后是改进，消除执行中出现的问题，使工作按预期的计划进行，或对原计划进行修订，使之与现实情况相符合，实现既定的目标；通过改进，实现原来的目标，建立新的目标，开始新的计划和新一轮循环。戴明的这一质量管理思想在全世界得到了广泛应用。在推行酒店服务质量管理中自觉地应用 PDCA 循环的原理，对于提高酒店服务质量管理的有效性具有十分重要的意义。

（二）PDCA 循环法的运用程序

运用 PDCA 循环法来解决酒店服务问题的过程，可分成以下 4 个阶段 8 个步骤，如图 6-4 所示。

1. 计划阶段

计划阶段的总体任务是分析酒店服务质量现状，确定服务质量目标，制订服务质量计划，确定实现服务质量目标所必须采取的具体措施及方法。具体分为 4 个步骤。

步骤一：对酒店服务质量现状进行分析，找出存在的质量问题。根据顾客、社会以及酒店企业的要求和期望，衡量酒店企业所提供的服务质量，运用 ABC 分析法找出关键性的质量问题。

图 6-4 PDCA 循环图

步骤二：运用因果分析法分析造成服务质量问题的各种原因和影响因素。诸如，是人的因素、物的因素、还是管理因素等。还要区分哪些是主观因素，哪些是客观因素，以便采取相应的对策。

步骤三：从各种原因中找出影响服务质量的主要原因。影响质量的因素有很多，但起主要的、关键性作用的因素并不多，找出这样的因素并加以控制或消除，可产生显著的效果。

步骤四：针对影响质量问题的主要原因制定解决质量问题要达到的目标，拟订相应的管理、技术和组织措施，提出行动计划，并形成计划文件。

2. 实施阶段

步骤五：按已确定的目标、计划和措施执行。

3. 检查阶段

步骤六：在步骤五执行以后，再运用 ABC 分析法对酒店的服务质量情况进行分析，并将分析结果与步骤一中所发现的质量问题进行对比，以检查在步骤四中提出提高和改进服务质量的各种措施和方法的效果，同时检查在完成步骤六的过程中是否还存在其他问题。

4. 处理阶段

该阶段是要对检查的结果进行分析、评价和总结。具体分为以下两个步骤进行：

步骤七：对已解决的质量问题提出巩固措施，以避免同一问题在每次循环中重复出现；对已解决的质量问题应给予肯定，并使之标准化，即制定或修改服务标准或工作标准，制定或修改检查和考核标准以及各种相关的规程与规范；对已完成步骤五，但未取得成效的质量问题也要总结经验教训，提出防止这类问题再次发生的意见。

步骤八：提出步骤一中发现而尚未解决的其他质量问题，并将这些问题转入下一个循环中去求得解决，并与下一循环的步骤衔接起来。

（三）PDCA 循环法的特点

1. 四个阶段的工作完整统一，缺一不可

PDCA 循环作为科学的工作程序，其四个阶段的工作具有统一性、连续性和不可分割性等特点。每一个阶段都是同等重要的，每一个阶段的工作结束都是下一个阶段的开始，不可忽视或缺少。

2. 各部门、各层次彼此相互联系，相互促进

对于酒店服务质量管理体系来说，整个酒店组织的质量管理体系构成一个大的 PDCA 循环，酒店内部的各部门、环节又都有小的 PDCA 循环，依次又有更小的 PDCA 循环，从而形成一个大环套小环的综合质量管理体系。酒店各部门、环节必须围绕酒店组织的质量方针、质量目标协调行动；而整个酒店组织运转的绩效，取决于各部门、环节的工作质量。因此，大循环为小循环提供了依据，而小循环是大循环实现的基础，大、小循环相互联系，彼此促进，如图 6-5 所示。

3. 阶梯式上升，循环前进

PDCA 循环不是简单的在原地周而复始循环，而是不断向前上升，如同"爬楼梯"一样，即每次循环都要有新目标，都能解决一批质量问题，服务质量都能提高一步，如图 6-6 所示。因此，PDCA 循环就是一个不断上升的、良性动态大循环，通过 PDCA 周而复始循环，不断解决酒店服务质量问题，提高酒店服务质量。

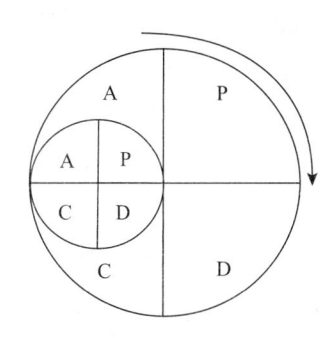

图 6-5　质量管理体系中的 PDCA 循环 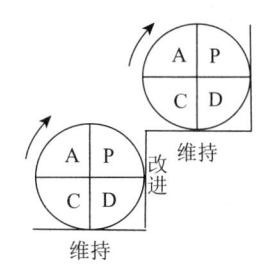　　　图 6-6　PDCA 循环的阶梯式上升

二、零缺点管理法

（一）零缺点管理法含义

零缺点管理法也称 ZD（Zero-defects）管理法，是美国"伟大的管理思想家"克劳斯比于 20 世纪 60 年代提出的一种管理观念，最早应用于美国马丁马里塔公司的奥兰多事业部，为提高产品的可靠性，解决"确保质量"与"按期交货"的矛盾，首先在制造部门实施零缺陷计划，并获得了成功。20 世纪 70 年代，日本将其应用到电子、机械、银行等行业。

"零缺陷"管理的基本内涵和基本原则，大体可概括为：基于质量宗旨和目标，通过对经营各环节、各层面的全过程、全方位的治理，保证各环节、各层面、各要素的缺陷趋向于"零"。由此可见，零缺点并不是说绝对没有缺点，或缺点绝对要等于零，而是指要以缺点等于零为最终目标，每个人都要在自己工作职责范畴内努力做到无缺点。其含义包括以下 3 个要点：

1. 以"零缺陷"为管理目标

酒店的所有环节都不得向下道环节传送有缺陷的决策、信息、物资或零部件，酒店不得向市场和消费者提供有缺陷的产品与服务。一旦酒店存在产品质量与服务上的缺陷，在需要事后解决时，弥补缺陷的成本会非常高昂，而且事后解决时也容易对顾客造成伤害。因此在提倡为顾客提供优质服务的同时，酒店首先应加强事先防范，努力做到毫无差错地把产品和服务传递给顾客，通过提高产品与服务质量，减少事后的危机处理。

2. 建立完备的管理制度和规范

酒店必须按运营工作流程，在每个环节、每个层面都必须建立管理制度和工作规范，按规定程序、流程实施管理，落实责任制度，在酒店运营的各个环节、层面上不存在失控的角落和漏洞。

3. 以员工管理为中心

酒店服务的生产和提供最终是由员工，尤其是一线员工完成的。通过有效的管理工作，使酒店的每一个员工都能充分认识到自身的价值、自己工作的意义，认识到自己的工作是酒店全局工作的一个重要部分，责任重大，要充分调动和发挥员工的主观能动性，使之不仅是被管理者，也是管理者，使他们以零缺陷的主体行为保证酒店产品与服务、工作和经营管理的零缺陷。但这并不意味着酒店不需要监督和控制，恰恰相反，在酒店管理中，酒店必须充分运用激励因素，挖掘人的内在潜力，强调每个员工做好本职工作的意义，激发他们的热情、勇气、创造性和责任感，挖掘人的内在潜力。

（二）零缺点管理法的特点

零缺点管理法是一种以人为中心，以调动全体员工的积极性和做好工作的潜在意识为目的管理方法。它有以下 3 个特点。

1. 整体性

零缺点管理不是指酒店的某一部门、某些环节或某一个人的工作毫无缺陷或差错，而是要使酒店管理的每一项工作和全体员工都将缺陷和错误降到最低点。

2. 预防性

零缺点管理要把缺陷和错误降到最低限度，就必须把工作做好，预防和杜绝任何可能发生的缺陷和错误。这种预防性是以制定完备的管理制度和规范，以及每个员工在做每项工作时的工作热情、主动性、责任感为前提的。

3. 过程性

零缺点管理要求酒店全体员工第一次就把事情做正确。如果酒店全体员工每做一项工作，第一次就做正确了，就不需要返工或重做，这样不仅可以降低成本，提高工作效率，而且也保证了酒店产品和服务质量。这也是零缺点管理法的本质所在。

（三）零缺点管理法的工作程序

1. 建立服务质量检查制度

酒店通过建立自查、互查、专查、抽查和暗查五级检查制度，督促员工执行服务质量标准，预防服务质量问题的出现。

2. 第一次就把事情做对

每个人第一次就把事情做对（Do It Right the First Time）。因为酒店服务具有生产与消费的同时性的特点，服务一旦发生差错就难以弥补，所以，酒店每位员工都应遵循第一次就把事情做对的原则，保证每项服务都符合质量标准，这是改善酒店服务质量的基础。

3. 开展零缺点工作日竞赛

一般来说，造成酒店服务质量问题的因素有两类，一是缺乏相应的服务知识与技术；二是缺乏认真负责的服务态度。服务知识与技能的缺乏可通过培训等途径来充实与提高，但服务态度只有通过提高个人的觉悟才有可能改进。因此，酒店可采取一些有效的激励措施，如开展零缺点工作日竞赛等，调动酒店员工的工作积极性和认真负责的工作态度，使员工养成零缺点的工作习惯。

三、质量管理小组（QC 小组）

（一）质量管理小组的含义与特点

1. 质量管理小组的含义

质量管理小组（Quality Control Circle），简称 QC 小组，是指在酒店各工作岗位上的员工，围绕酒店的经营战略、方针目标和服务现场存在的问题，以改进质量、降低消耗、提高员工的素质和经济效益为目的，自愿组织起来，运用服务质量管理的理论和方法开展活动的小组。QC 小组是组织中群众性质量管理活动的一种有效的组织形式，是员工参加酒店组织民主管理同现代科学管理方法相结合的产物。QC 小组同组织中的行政班组等在组织的原则、目的和方式方面均存在着不同。

2. 质量管理小组的特点

（1）明显的自主性。

QC 小组不同于酒店企业中根据专业分工与协作，按照效率原则建立起来的组织日常经营服务活动的班组。QC 小组是酒店员工为解决酒店服务质量某个（些）问题自愿组织起来，开展质量管理活动的非正式组织。小组实行自主管理，成员间相互学习、借鉴，达到共同提高、解决质量管理问题的目的。

（2）广泛的群众性。

参加 QC 小组的成员不仅有酒店服务工作第一线的员工，而且参加人员还包括酒店的领导人员、管理人员、技术人员，他们在 QC 小组活动中相互尊重，群策群力分析、解决服务质量问题。

（3）高度的民主性。

QC 小组的组长可以是小组成员民主推选，也可以由小组成员轮流担任。在 QC 小组内部讨论、分析、解决服务质量问题时，小组成员无论在酒店组织中所处何种地位，都平等参与讨论。讨论分析中高度发扬民主，各抒己见、互相启发、集思广益。

（4）明确的目的性。

QC 小组的建立具有明确的目的性，就是以提高酒店员工的素质，解决服务质量实际问题，创造酒店更高的经济效益为目的。否则，QC 小组就失去了建立的目的和意义。

（二）质量管理小组的类型

酒店企业的 QC 小组按其工作性质和内容，可分为四种类型。

1. 现场型

这类 QC 小组主要以酒店工程部门员工为主，以改进服务环境质量（工作场所、服务现场）、完善服务设备设施为主。它主要适用于酒店组织的内部保障，以便为酒店第一线服务人员提供优良的服务环境和服务条件。

2. 服务型

这类 QC 小组大多存在于酒店服务的一线，其组成以本部门、本班次的员工为主，以提高服务质量，开展优质服务为目的，推动酒店一线服务工作的规范化、程序化。这类小组对酒店服务现场的服务质量控制起着重要的作用。

3. 攻关型

一般由酒店管理者、工程技术人员和跨部门的基层员工组建起来的，旨在解决酒店中有一定技术难度或具有共性的服务质量问题的小组。

4. 管理型

以酒店管理人员为主组成的，旨在提高酒店管理工作质量、改善与解决管理中的问题的小组。

（三）质量管理小组法的实施步骤

1. 组建质量管理小组

按照自愿参加，有序引导的原则组建质量管理小组。自愿参加是指员工自愿结合在一起，自主、自觉地参与、开展质量管理活动，充分发挥员工的积极性、主动性和创造性。有序引导是指酒店管理者的组织、引导、启发与酒店员工自觉自愿参加相结合，组建酒店的 QC 小组，并将 QC 小组纳入酒店年度管理计划之中，酒店有关部门对 QC 小组开展活动提供必要的支持和服务。QC 小组的规模一般以 3 至 10 人为宜，最多不能超过 15 人。

2. 选择质量管理课题

组建 QC 小组的目的是解决酒店相关的服务质量问题。QC 小组活动要取得成功，选择恰当的酒店服务质量管理问题是非常重要的。为做到有的放矢并能取得有效成果，选择服务质量管理课题应该注意以下两个方面：一是选题要有依据和来源。QC 小组选题应以酒店服务质量方针、目标和某一时期酒店服务质量管理的中心工作为依据，聚焦酒店服务现场关键和薄弱环节，解决实际服务质量问题。二是选题要明确具体，先易后难。具体明确的选题，有助于小组成员统一认识、汇聚力量，先易后难是解决问题的一般规律，有助于鼓舞士气、积累经验。

3. 开展活动

针对需要解决的服务质量问题确定 QC 小组活动。一般来说，QC 小组的活动步骤包括：调查现状，掌握必要的材料和数据，进一步发现问题的关键和主攻方向，同时也为确定目标值打下基础；设定目标值，为 QC 小组活动指出明确的方向和具体目标，为小组活动效果的检查提供依据；分析原因，按人、设施、原料、方法、环境五大因素进行分析，从中找出造成质量问题的原因；确定主要原因，运用因果图、系统图等方法识别服务质量问题产生的主要原因；制定对策，针对不同原因采取不同的对策，对照目标值采取相应的措施以达到预期目的；实施对策，检查效果，通过实施对策前后的对比来分析活动的效果；巩固措施，把活动中有效地实施措施纳入有关技术和管理文件之中，制定标准、规范予以固化，防止同类质量问题再次出现。

4. 总结回顾活动中的经验教训

QC 小组活动一个周期后，要认真进行总结。总结可从活动程序、活动成果和遗留问题等方面进行。

5. 选择新课题，继续开展活动

QC 小组活动中，有些课题是一次性地解决问题，对于这类课题，解决之后即可再寻找新的课题。还有些课题很难一次解决全部问题，对于这类服务质量问题必须不断制定新的目标，使之具有明显的连续性。

四、标杆管理法

（一）标杆管理法的含义

标杆管理法（Benchmarking），又称为水平对比法、基准管理法等，由美国施乐公司于 1979 年首创。标杆管理法是现代西方发达国家企业管理活动中支持企业不断改进和获得竞争优势的最重要的管理方式之一，西方管理学界将其与企业再造、战略联盟一起并称为 20 世纪 90 年代三大管理方法。

美国生产力与质量中心对标杆管理法定义为：标杆管理法是一个系统的、持续性的评估过程，通过不断地将企业流程与世界上居于领先地位的企业相比较，以获得帮助企业改善经营绩效的信息。具体来说，标杆管理法是企业将自己的产品、服务、生产流程与管理模式等同行业内或行业外的领袖型企业做比较，借鉴与学习他人的先进经验，改善自身不足，从而提高竞争力，追赶或超越标杆企业的一种良性循环的管理方法。通过学习标杆企业，重新思考和改进本企业经营管理理念，创造自己的最佳实践模式，这实际上是模仿、学习和创新的过程。

标杆管理法的基本原理就是将自身的关键业绩行为与最强竞争对手或那些在行业中领先的、最有名望的企业的关键业绩行为进行比较与评价，分析这些基准企业绩效的形成原因，在此基础上建立企业可持续发展的关键业绩标准及绩效改进的最优策略。

（二）标杆管理法的类型

根据选择的对比标杆不同，可以将标杆管理分为以下四种类型。

1. 内部标杆管理

内部标杆管理（Internal Benchmarking）指以企业内部操作为基准的标杆管理。它是最简单且易操作的标杆管理方式之一。辨识内部绩效标杆的标准，即确立内部标杆管理的主要目标，这样可以做到企业内信息共享。辨识企业内部最佳职能或流程及其实践过程，然后推广到组织的其他部门，不失为企业绩效提高最便捷的方法之一。然而，除非用作外部标杆管理的基准，否则单独执行内部标杆管理的企业往往持有内向视野，容易产生封闭思维，因此在实践中应该将内部标杆管理与外部标杆管理结合起来使用。

2. 竞争标杆管理

竞争标杆管理（Competitive Benchmarking）指以竞争对象为基准的标杆管理。竞争标杆管理的目标是与有着相同市场的企业在产品、服务和工作流程等方面的绩效与实践进行比较，直接面对竞争者。这类标杆管理的实施较为困难，原因在于除了公共领域的信息容易获得外，其他关于竞争企业的信息不易获得。

3. 功能标杆管理

功能标杆管理（Functional Benchmarking）指以行业领先者或某些企业的优秀职能操作为基准进行的标杆管理。这类标杆管理的合作者常常能相互分享一些技术和市场信息，标杆的基准是外部企业（但非竞争者）及其职能或业务实践模式。这种管理由于没有直接的竞争者，因此合作者往往较愿意提供和分享技术与市场信息。

4. 流程标杆管理

流程标杆管理（Generic Benchmarking）指以最佳工作流程为基准进行的标杆管理。流程标杆管理内容是类似的工作流程，而不是某项业务与操作职能或实践。这类标杆管理可以跨不同组织进行，它一般要求企业对整个工作流程和操作有很详细的了解。

（三）标杆管理法的实施步骤

1. 确定标杆项目

标杆管理法的第一个步骤是确认企业向标杆对比什么，并以此来明确界定企业向标杆对比的项目。在决定标杆项目时有一点很重要，标杆项目必须是对企业的经营或经济效益有重大的影响的项目，也就是所谓的关键成功因素（Critical Success Factors，CSF），只有这样，企业投入资源进行标杆管理才有意义。

2. 组建标杆管理团队

根据已确定的标杆项目来决定标杆管理团队的成员组成。最基本原则是必须有在标杆项目领域内具有专业知识的员工来参与，除此之外还要考虑团队成员在时间的安排上能够相互配合。另外还必须考虑团队成员间的专长、技能的多元化及互补性，以便于企业未来在推动标杆管理遭遇到困难时，能够通过团队成员的集思广益来解决问题。

3. 检查现行的作业流程

标杆管理一个重要的基本原则是在了解标杆企业的信息之前，先彻底了解自己本身的信息，正所谓"知己方能知彼"。因此，企业必须收集分析自身的在对比项目方面的内部作业信息，充分了解、掌握企业目前的作业方式，并且进行检查梳理，寻找出企业在哪些方面存在不足，需要改进，并正确地评估自己能够改进的程度。

4. 选择标杆伙伴

企业在选择标杆伙伴时，首先要确定企业进行标杆管理的目的是什么？是只对企业现行的作业进行一些基本的改进？还是要达到同行业的头部地位？因为这涉及"改进绩效的程度"与"投入资源"间两者的平衡问题。因此，企业必须考虑自身的实力，以及可供使用的资源数量来选择标杆伙伴。

5. 收集资料

对比用的资料包括来自组织内部的对比项目的资料和来自组织外部的标杆伙伴的资料。标杆伙伴的资料较对比项目的资料更难以获得。可以通过直接接触、考察、访问、人员或专家的交往以及技术刊物等方式获取有关过程、性能和顾客需求等方面的资料。

6. 分析目前绩效与期望绩效间的差距

对收集到的资料进行归纳和分析，明确企业所选项目和标杆伙伴的具体情况和差异程度，将对比的重点放在造成结果差异的关键流程上而非结果本身，并根据比较的结果制定企业期望绩效目标，确定标杆管理实施方案。

7. 实施与调整

根据已确定的标杆管理实施方案，制订详细实施计划，在组织内部实施最佳实践，并不断对实施结果进行监控和评估，及时做出调整，以最终达到增强企业竞争优势的目的。

8. 评估绩效，持续改进

在企业实施标杆管理后的一段时间，必须进行绩效指标的评估，以检查实施的成果，并将整个标杆管理活动记录下来，作为下次标杆学习活动的参考。这里需要指出的是，标杆管理是持续的管理过程，不是一次性行为，因此，为便于之后继续实施标杆管理，企业应维护好标杆管理数据库，制订和实施持续的绩效改进计划，并不断学习和提高。

小案例

酒店洗衣房的洗涤质量问题

某酒店洗衣房最近经常接到客房部、餐饮部的投诉，投诉中指出洗衣房洗涤的织物不够干净，特别是餐厅台布，留有黄痕。

洗衣房接到投诉后，发动员工查找影响织物洗涤质量问题的主要原因。经过讨论，主要存在的问题有：服务员的服务态度、认真程度；机器的性能、洗涤剂的质量与操作程序等问题。洗衣房对这些问题展开民主讨论，认为在这些大原因中都有更进一步的具体原因。例如，服务员方面的具体原因是人员操作马虎。且洗衣机操作也有两方面具体原因。一是衣物浸泡时间太短，洗涤剂还没有渗入织物中去；二是水温不够高，洗涤剂质量也有问题。该酒店用的是低档洗衣粉，而选低档洗衣粉关键的原因是为了控制成本。此外，洗衣机本身也有问题，一是转速不够快；二是水温最高只有45℃，水温不够高。问题的原因用因果法进行分析，如图6-7所示。

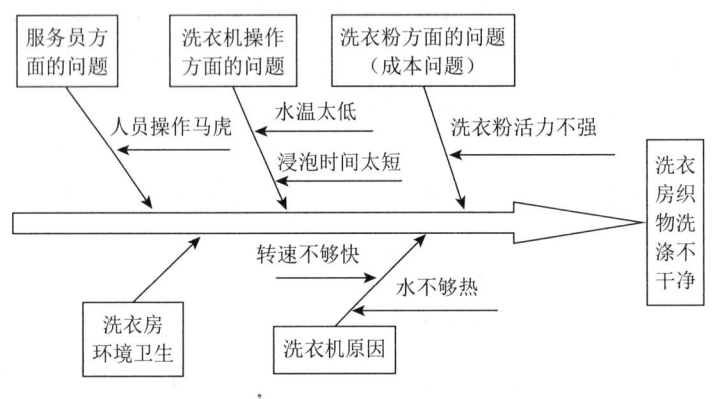

图6-7 洗衣房质量问题因果分析

在诸多原因中，主要原因还是洗衣粉的质量问题，如果选用高档洗衣粉，在现有水温下，织物仍然可以洗净。只要改用较好的洗衣粉，略微改进操作，端正服务员的态度，该问题就会迎刃而解。

第三节　酒店服务全面质量管理

一、全面质量管理的含义与特点

（一）全面质量管理的含义

1956年，美国通用电气公司质量总经理费根堡姆在《哈佛商业评论》上首次使用了"全面质量管理"（Total Quality Control，TQC）这一名词。1961年，他出版了《全面质量管理》一书，强调执行质量职能是公司全体人员的共同责任，全体人员都应具有质量意识和承担质量责任；解决质量问题，不能局限于产品制造过程，而在整个产品质量产生、形成、实现的全过程中都需要进行质量管理，并且解决问题的方法是多种多样的，而不仅限于检验和数理统计方法。从此，质量管理进入了一个新的发展阶段——全面质量管理阶段。

经过几十年的发展与实践，全面质量管理的含义已远远超出了一般意义上的质量管理的领域，而成为一种综合的、全面的经营管理方式和理念。质量不再仅仅被看作是产品或服务的质量，而是整个组织经营管理的质量。因此，全面质量管理已经成为组织实现战略目标的最有力武器。人们对全面质量管理的理解与认识也在不断深化，就全面质量管理的核心理念而言，各类学术文献的观点也各不相同。本书采用 ISO 对全面质量管理的定义，即全面质量管理是"一个组织以质量为中心，以全员参与为基础，目的在于通过让顾客满意和本组织所有成员及社会受益而达到长期成功的管理途径"。

（二）全面质量管理的特点

从上述全面质量管理定义可以看出，全面质量管理有如下基本特点。

1. 以质量为中心

全面质量管理强调一个组织必须以质量为中心来开展活动，不能以其他管理职能来取代质量的中心地位。

2. 以全员参与为基础

全员参与绝不是仅指组织中所有部门、所有层次的人员都要积极投入各种质量活动之中，它还要求组织的最高管理者强有力以及持续地领导、组织、扶持，在组织中持续开展有效的质量培训工作，以不断提高组织所有成员的素质。

3. 以顾客满意和本组织所有成员及社会受益为目的

全面质量管理要求组织能够在最经济的水平上最大限度地向顾客提供满足其需求的产品或服务，使顾客受益的同时，提高组织的经济效益、社会效益和环境效益。

4. 追求组织的长期利益

全面质量管理要求组织有一个长期、富有开拓、创新精神的质量战略，以适应市场及环境的变化，培育并不断更新其组织文化，增强组织自身素质和实力，并以此来保证组织经营的长期成功。

5. 一种管理途径

全面质量管理是一种管理途径，更是一种质量管理体系，既不能把它看作某种狭隘的概念或简单的方法，也不能简单看作是某种模式或框架，更不能把它当作一种空洞的质量管理的口号。

二、酒店服务全面质量管理的内容

全面质量管理在我国酒店业也得到了一定的发展。其定义为我国专家从酒店系统的角度出发，把酒店作为一个整体，从酒店服务的全方位、全过程、全人员、全方法、全效益入手，以提供最优质服务为目的，以质量为管理对象，以一整套质量管理体系、技术、方法为手段而进行的系统的管理活动。

（一）全方位质量管理

酒店全方位的质量管理可以从酒店组织的纵向和横向两个方面来理解。首先从组织的纵向方面来看，"全方位的质量管理"就是要求酒店企业各管理层次都有明确的质量管理活动内容。酒店高层管理侧重于质量决策，制定出酒店企业的质量方针、质量目标、质量政策和质量计划，并统一认识，协调酒店各部门、各环节、各类人员的质量管理活动，保证实现酒店经营管理的最终目的；中层管理要贯彻落实领导层的质量决策，确定出本部门的质量目标和对策，更好地执行各自的质量职能，并对基层工作进行具体的业务管理；基层管理则要求每个员工都要严格地按标准、规范开展服务工作，互相支持、分工合作，结合岗位工作，开展群众合理化建议和质量管理小组活动，不断改进服务质量。其次从酒店企业各部门职能间的横向配合来看，要保证和提高酒店产品与服务质量，必须充分发挥分散在各个部门的质量职能，使酒店企业所有的质量活动构成一个有机的整体。

（二）全过程质量管理

酒店是一个服务型企业，应从两个维度理解酒店全过程质量管理。一是从酒店产品与服务形成角度来看，酒店产品与服务的质量，都有一个产生、形成和实现的过程，而这个过程又是由多个相互联系、相互影响的环节所组成，每一个环节的质量都对酒店的最终产品与服务质量产生影响。因此，要保证和提高酒店产品与服务质量就必须对酒店产品与服务质量产生、形成和实现过程中影响质量的所有环节和因素都控制起来，形成全过程的质量管理，包括从市场调研形成产品与服务构想，到产品与服务的设计开发，再到产品与服务的提供等全部有关过程。二是从顾客消费的角度来看，从顾客进店到顾客离店，是一个完整的服务过程，每项业务活动，从开始到结束，都会形成一系列的服务过程，这个过程包括服务准备阶段、服务提供阶段和服务结束后的跟踪反馈阶段。

综上所述，酒店全过程质量管理必须强调两个思想：一是预防为主、不断改进的思想。在酒店产品与服务形成过程中实行"预防为主"的方针，把"不合格"的产品与服务消灭在它的形成过程之中，做到"防患于未然"，坚持持续改进，使酒店产品与服务在形成过程中科学化、标准化、规范化；二是以顾客为中心的思想，在每一次服务中都能做到"始于识别顾客的需要，终于满足顾客的需要"，为顾客提供高质量的服务。

（三）全人员质量管理

酒店全面质量管理绝不能仅仅依靠少数管理人员或服务质量监督人员，而应由酒店各部门的全体人员共同参与实施和完成。酒店产品与服务质量是酒店各部门、各环节工作质量的综合反映，酒店中任何一个环节、岗位的员工的工作质量都会对产品与服务质量有着直接或间接的影响。只有人人做好本职工作，人人关心质量，全员参与质量管理，酒店才能最终为顾客提供满意的产品与服务。酒店要实现全人员的质量管理，一是要抓好全人员的质量教育和培训，加强员工的质量意识，牢固树立"质量第一"的思想，不断提高员工的技术能力和管理能力，胜任本职工作；二是实行质量责任制，明确各部门、各级各类人员的职责和职权，各司其职，密切配合，形成一个高效、协调、严密的质量管理工作系统；三是采取多种形式激发全员参与的积极性，开展多种形式的群众性质量管理活动。

（四）全方法质量管理

酒店服务质量的影响因素和构成因素越来越多，也越来越复杂。既有物质的因素，又有人的因素；既有技术方面的因素，又有管理的因素；既有酒店内部的因素，又有对酒店服务质量提出越来越高要求的酒店外部的因素。要全面系统地控制这些确定与不确定因素，解决各种各样的服务质量难题，就必须根据不同情况，区别不同的影响因素，广泛、灵活地运用各种现代管理方法来解决当代质量问题。以"程序科学、方法灵活、实事求是、讲求实效"为原则，针对酒店服务过程中的各种实际情况选择适当的质量管理方法，为顾客提供高质量的服务，满足或超越顾客的期望。

（五）全效益质量管理

酒店服务全效益质量管理是指酒店服务既要追求经济效益，又要兼顾社会效益和环境效益，三者的统一构成了酒店服务质量的全效益。一方面，酒店作为一个自主经营、自负盈亏企业，它所进行的经营管理活动属于市场行为，只有在获得一定经济效益的基础上，酒店才能生存和发展。酒店提高服务质量的目的在于更好地满足顾客需要，创造更大的经济效益。另一方面，酒店作为社会的重要一员，也要承担相应的社会责任，兼顾社会效益和环境效益，通过酒店质量管理工作，带来高质量的社会效益和环境效益。从本质上说，创造高质量的社会效益和环境效益，既有利于社会发展和生态环境保护，同时也有利于提高酒店的知名度和美誉度，创造酒店良好的口碑，从而为酒店带来更多的客源。

三、全面质量管理的原则

（一）坚持"以人为本，员工第一"的原则

酒店是一个服务型企业，酒店的一切服务都是由人来完成的，酒店的一切工作都要围绕着人来进行，在酒店各级、各部门、各环节、各岗位的优质服务及其服务质量，都是广大员工创造的。为此，在酒店服务质量管理中，必须始终如一地坚持"以人为本，员工第一"的原则。要始终把人的因素放在第一位，关心爱护员工，充分掌握员工的不

同需求，运用各种激励手段，满足员工的需求，运用科学的理论和方法，充分调动广大员工特别是一线员工的主动性、积极性，增强员工的主人翁意识，只有这样才能为顾客提供优质服务，也才能做好全面质量管理工作。

(二)贯彻"顾客至上，服务第一"的原则

顾客至上，服务第一原则，就是指酒店要始终秉持"顾客永远是第一位"和经营理念，从客户的实际需求出发，以顾客的活动规律为主线，为客户提供真正有价值的服务，认真贯彻质量标准，将酒店服务的标准化、程序化、制度化和规范化管理结合起来，加强服务的针对性，切实提高服务质量。

(三)坚持"预防为主，防管结合"的原则

酒店服务质量是由一次又一次的具体服务所创造的使用价值来决定的，具有显现时间短和一次性的特点，事后难以返工和修补，或者返工和修补的成本极其高昂。因此，全面质量管理必须坚持"预防为主，防管结合"的原则。其具体要求一是要根据各项服务的实际需要，把质量管理的重点放在服务前的准备上，排除和控制各种可能影响服务质量的因素；二是要特别重视和加强酒店服务质量的现场管理、动态管理，确保优质服务的现场发挥，以满足和超越顾客的需要。

(四)坚持"共性管理和个性服务相结合"的原则

酒店服务质量管理既有共性问题，又有个性问题。从全面质量管理的角度来看，酒店主要是要抓住那些带有共性的、全局性的问题，以解决酒店服务中具有普遍意义的质量问题。同时，也要重视那些影响服务质量的个性问题，以全面提高酒店服务质量。另外，还要提倡个性化服务，通过员工授权、教育培训等方式，着力提高广大服务人员的应变能力，要在酒店内部大力鼓励和宣传那些超越程度和标准的优质服务人员和事迹，形成"比学赶帮超"的优质服务氛围。

(五)坚持"定性管理和定量管理相结合"的原则

酒店服务的无形性使得服务的质量标准很难用数量标准来界定，大多只能用定性说明的方法来确定其质量程度和水平。但有些部门的质量问题和标准可以用数量来反映，如客房部的投诉率等。因此，酒店全面质量管理可以将定性管理和定量管理结合起来，以定性管理为主，并将能够定量的质量问题、质量标准尽可能定量。特别是在质量检查、考核评估中，要尽量运用质量统计数据来说明问题，以此来提高酒店质量管理的客观性和科学性。

四、酒店全面质量管理的基础工作

全面质量管理的基础工作既是酒店企业建立质量管理体系的依据和前提，也是酒店维持质量管理体系有效运行的基本保证。酒店企业全面质量管理基础工作包括以下四个方面。

（一）质量教育与培训

日本质量管理大师石川馨指出，"质量管理始于教育，终于教育"。酒店服务质量的高低取决于酒店员工的质量意识、技术水平和酒店的管理水平。开展全面质量管理活动必须从增强员工的质量意识抓起，使全体员工认识到服务质量对于酒店企业的重要性，牢固树立质量第一的思想，并把这种意识和思想始终如一地落实到对顾客服务的各个环节中。酒店企业要通过建立完善的教育培训制度，针对不同的培训层次和培训对象，按照培训的目的和需要选用适合的培训资料，并在每次培训完成后对培训教育效果进行科学的总结与评价，以不断提高员工培训效果。酒店企业为更好地达到质量教育培训的目的，要特别重视和注意质量教育培训的连续性和持久性。酒店质量教育的内容主要有以下几个方面。

1. 质量意识的教育与培训

不断增强酒店全员的服务质量意识是全面质量管理的前提，而酒店管理者尤其是高层领导的质量意识更是直接关系到酒店服务质量管理的成败。质量意识教育要根据教育培训对象开展不同的教育培训内容，使各级员工都能理解本岗位工作在质量管理体系中的作用、意义以及与本岗位直接相关的质量目标，并通过有效的方法实现本岗位的质量目标。

2. 质量管理知识教育

质量管理知识培训是质量教育培训内容的主体，培训内容包括质量管理的基本思想和原则、质量管理的理论和方法、质量管理运作的程序和要求、开展质量管理所需要的技能等。酒店要通过分层法对员工进行不同层次的质量管理知识培训，酒店高层管理者以质量法律法规、经营战略、决策方法等培训为主；管理人员和技术人员要注重质量管理理论和方法的培训；而一线员工以本岗位质量控制的知识培训为主。

3. 专业技能培训与教育

技能是指直接为保证和提高酒店服务质量所需的专业技术和操作技能。技能培训是质量教育培训中不可或缺的重要组成部分，其目的是培养酒店合格与优秀的员工。培训内容要根据酒店不同岗位所必需的技能，开展不同技能培训。如一线员工培训教育内容主要包括服务技能训练、顾客消费心理研究、应对突发事件和应变能力训练、综合服务素质培育等。

同时，酒店还要加强培训效果评价。培训效果应体现在经培训后的人员意识、知识与能力的提高上，可通过自我评价，培训者的培训后评价，管理者对受培训者的跟踪评价等方式进行测评与评价。

（二）标准化工作

酒店标准化是以获得酒店的最佳运营秩序和经济效益为目标，对酒店运营活动范围内的重复性事物和概念，制定和实施酒店标准，以及贯彻实施相关的国家、行业、地方标准等为主要内容的过程，是酒店进行服务质量管理的依据和基础，标准化的活动贯穿于酒店服务质量管理的始终。酒店标准化一方面是衡量服务质量和工作质量的尺度，另一方面又是酒店服务、技术和运营管理的依据。正确制定、贯彻、检查、修正各项服务标准是不断提高酒店服务质量的关键环节。酒店服务质量标准大致有设施设备质量标准、服务程序标准、餐饮产品质量标准、安全卫生标准、服务操作标准、礼节礼仪标准、语言行为标准、服务效率标准等。制定酒店服务质量标准的客观依据主要有3个方面。

1. 设施设备的质量标准必须和酒店的星级、档次相适应

酒店等级规格越高，设施越完善，服务项目越多，设备越豪华舒适。目前我国酒店星级评定标准仍然是《旅游饭店星级的划分与评定》（GB/T14308—2010）标准。

2. 服务质量标准必须遵循质价相符原则

酒店服务质量标准体现的是酒店产品的价值高低，酒店产品价值由物资设备的消耗用品的价值和人的服务价值两部分组成。由于标准关系到消费者的利益和酒店的经济效益，因此必须制定的准确合理。标准过高，酒店要亏本；标准过低，客人不满意，影响酒店声誉。

3. 服务质量标准必须以顾客需求为基本出发点

对于酒店企业来说，达到标准的产品或服务就是合格的，但这不一定就是顾客满意的产品或服务，酒店服务质量最终只能由顾客来鉴定。从这个意义上来讲，顾客的要求就是"标准"，酒店的标准化活动必须自始至终地坚持"顾客第一"的原则。只有这样，酒店的标准才能客观实用，酒店的标准化工作也才能收到事半功倍的效果。

（三）程序化

程序化是指酒店运营中对于按照工作内在逻辑关系，而确定的一系列相互关联的活动的先后顺序和服务程序，使酒店运营中的各项工作有条不紊地进行。酒店的全面质量管理是一种系统管理，它由许多因素组成，这些因素之间相互依赖、相互联系。通常，程序化要说明进行某种活动或完成某项工作的内容、操作方法及前后衔接的递进关系。管理者一般把反复出现的业务编制成具有相对确定性的程序，执行人员只要按照编好的程序去做，就能取得较好的效果。科学地制定程序，有助于提高酒店运营效率。

酒店程序化管理作为酒店全面质量管理的基础性管理工作，主要有以下4方面的作用。

1. 明确职责权限，规范各类人员行为

酒店实施程序化管理的关键是要制定科学、合理、规范且符合实际的工作程序，在工作程序中，酒店要明确规定各项工作的具体任务、职责权限、方法及工作程序。酒店各岗位人员严格按照规定的方法、程序去履行自己的职责，完成自己的工作任务。这样，既在一定程度上排除酒店企业运营过程中发生混乱的可能，也可以减少企业管理过程中发生推诿和扯皮现象。

2. 有利于调动员工的积极性

由于程序化管理任务明确、权责清晰，所以，只要是自己职责范围内的事情，员工无须等待别人去处理，也无须请示自己的上级领导，这极大增强了员工自主意识，同时对于管理工作也就有了相对较高的积极性和主动性。因此，程序化使得所有的岗位工作人员，都能够发挥自身的能动性和创造性，从而最终达到调动一切资源，富有成效地开展工作的目的。

3. 有利于提高劳动生产率

在程序化管理的过程中，酒店要明确完成工作任务的具体方法和程序，并力求使其标准化。酒店各岗位员工采用标准化的工作方法和程序，可以最大限度地减少不必要的重复劳动，减少由于工作方法不当而造成的损失，同时，也会在一定程度上降低劳动强度，最终达到提高劳动生产率的目的。

4. 为绩效考核标准的制定提供依据

程序化管理中，酒店绩效考核标准的制定，是以程序中规定的经过细化了的工作任务、岗位责任为依据，这使酒店制定的考核标准具有了一定的客观性、合理性和可操作性，消除了绩效考核过程中曾经普遍存在的随意性，甚至也消除了影响考核结果公正性的各种可能的随机因素，使得绩效考核真正成为提升酒店管理水平和推动企业发展的内在动力。

（四）质量信息管理

酒店质量信息是关于质量方面非常有意义的数据。酒店在酒店质量管理活动中经常要记录或接触大量的数据（记录、客观证据等）。这些服务质量信息不但可以帮助酒店管理者发现问题，寻找解决问题途径，也是酒店全面质量管理的依据和基础。酒店服务质量信息的内容一般包括以下 4 个方面。

1. 日常工作记录

这种记录是和服务人员的全部工作相联系的，主要是直接或间接涉及对客服务的各种岗位，内容包括劳动数量、质量、客人意见、设备损坏、特别事件、表扬意见等，反映了员工的日常工作情况的质量和数量。对于直接反映顾客意见和要求的记录，相关部门管理人员应给予足够的重视，通过分析这些意见来发现并解决服务过程中存在的

问题。

2. 服务质量检查记录

服务质量检查记录，对于酒店服务质量问题的事前控制具有十分重要的作用。服务质量检查记录有助于酒店发现存在的主要问题，同时也为酒店开展服务质量评比提供了客观依据。

3. 投诉处理记录

投诉处理记录直接反映了客人对酒店服务质量的意见和要求，也是发现酒店存在问题的重要资料来源。投诉处理记录能使管理人员能够确定酒店问题种类及其比重，进而采取有针对性的措施加以处理。投诉处理记录还可以作为酒店案例教学的重要材料，使员工在日后的工作中避免类似事件再次发生。

4. 客人调查记录

全面质量管理应始终以"顾客至上"为准则，起始于识别顾客的需求。酒店通过营销部门的市场调查以及宾客关系部对住店客人的调查，能够获得顾客信息，掌握顾客的要求并采取相应的措施。

【复习与思考题】

一、名词解释

1.ABC 分析法　　2.PDCA 循环法　　3.ZD 管理法

4.质量管理小组　　5.标杆管理法　　6.全面质量管理

二、简答题

1. 简要回答 ABC 分析法的程序。

2. 简要回答 PDCA 循环法的核心思想及操作过程。

3. 简要回答零缺点管理法的特点及工作程序。

4. 简要回答质量管理小组法的实施步骤。

5. 简要回答标杆管理法的步骤。

6. 简要回答全面质量管理的特点。

7. 简要回答酒店全面质量管理的基础工作。

三、实操训练

调查所在城市某一星级酒店服务存在的问题，运用 PDCA 循环法进行具体分析，找出该酒店服务质量中存在的主要问题。

【典型案例】

丽思·卡尔顿酒店的全面质量管理

马尔科姆·波多里奇国家质量奖是美国商界的完美标准，是成功管理公司的指南。丽思·卡尔顿酒店公司是一家在质量管理上精益求精的豪华酒店公司，在马尔科姆·波多里奇国家质量奖标准的指引下，丽思·卡尔顿酒店公司进行了持续的全面质量管理改造，并于1992年和1999年两度获得该奖项。

黄金标准

我们的黄金标准是丽思·卡尔顿酒店有限责任公司的基石。这些标准涵盖我们在经营中所奉行的价值观和理念，其中包括：

信条

使宾客得到真诚关怀和舒适款待是丽思·卡尔顿酒店的使命。

我们致力于为宾客提供体贴入微的个人服务和多种选择的设施，营造亲切、舒适、优雅的入住环境。

丽思·卡尔顿体验带给您身心愉悦、愉悦享受，我们甚至还努力心照不宣地满足宾客内心的愿望和需求。

座右铭

丽思·卡尔顿酒店有限责任公司的座右铭是"我们以绅士淑女的态度为绅士淑女服务"，而丽思·卡尔顿全体工作人员的预期式服务态度正是佐证。

优质服务三步骤：

1. 热情真诚地问候宾客。
2. 亲切地称呼宾客姓名，提前预期每位宾客的需求并设法满足。
3. 亲切送别，温暖地告别并亲切地称呼宾客姓名。

服务准则：我以成为丽思·卡尔顿的一分子感到自豪。

1. 我与他人建立良好的人际关系，为丽思·卡尔顿创造终生客人。
2. 我能敏锐察觉宾客明示和内心的愿望及需求并迅速做出反应。
3. 我得到授权为宾客创造独特，难忘和个性化的体验。
4. 我了解自己在实现成功关键因素、参与社区公益活动和创造丽思·卡尔顿成功秘诀过程中所起的作用。
5. 我不断寻求机会创新和改进丽思·卡尔顿的服务体验。
6. 我勇于面对并会尽快解决宾客的问题。
7. 我创造团队合作和互相支持的工作环境，致力于满足宾客及同事之间的需求。
8. 我有不断学习和成长的机会。
9. 我参与制订与自身相关的工作计划。
10. 我为自己专业的仪表、语言和举止感到自豪。
11. 我保护宾客、同事的隐私和安全，并保护公司的机密信息和资产。
12. 我负责使清洁程度保持高标准，致力于创造安全无忧的环境。

行之有效

员工承诺

在丽思·卡尔顿，我们的"绅士、淑女"是我们向宾客提供服务的重要资源。

我们以信任、诚实、尊重、正直和承诺精神为准则,培养并发挥员工的才能,从而实现每位员工和公司的双赢。

丽思·卡尔顿致力于打造一个尊重多元化、提高生活品质、实现个人抱负、稳固丽思·卡尔顿成功秘诀的工作环境。

资料来源：https://www.ritzcarlton.com/zh-cn/。

讨论：丽思·卡尔顿黄金标准应用了哪些全面质量管理原则？对我国酒店全面质量管理有哪些启示？

【拓展阅读】

六西格玛管理法简介

一、六西格玛质量管理法的含义

六西格玛管理法是一种统计评估法，核心是追求零缺陷生产，防范产品责任风险，降低成本，提高生产率和市场占有率，提高顾客满意度和忠诚度。6σ管理既着眼于产品、服务质量，又关注过程的改进。"σ"是希腊文的一个字母，在统计学上用来表示标准偏差值，用以描述总体中的个体离均值的偏离程度，测量出的σ表征着诸如单位缺陷、百万件缺陷或错误的概率性，σ值越大，缺陷或错误就越多。6σ是一个目标，这个质量水平意味着在所有的过程和结果中，99.99966%是无缺陷的，也就是说，做100万件事情，其中只有3.4件是有缺陷的，这几乎趋近到人类能够达到的最为完美的境界。

为了达到6σ，首先要制定标准，在管理中随时跟踪考核操作与标准的偏差，不断改进，最终达到6σ。现已形成一套使每个环节不断改进的简单的流程模式：界定、测量、分析、改进、控制。

二、管理特征

作为持续性的质量改进方法，6σ管理具有如下特征：

（一）对顾客需求的高度关注

6σ管理以更为广泛的视角，关注影响顾客满意的所有方面。6σ管理的绩效评估首先就是从顾客开始的，其改进的程度用对顾客满意度和价值的影响来衡量。6σ质量代表了极高的对顾客要求的符合性和极低的缺陷率。它把顾客的期望作为目标，并且不断超越这种期望。企业从3σ开始，然后是4σ、5σ，最终达到6σ。

（二）高度依赖统计数据

统计数据是实施6σ管理的重要工具，以数字来说明一切，所有的生产表现、执行能力等，都量化为具体的数据，成果一目了然。决策者及经理人可以从各种统计报表中找出问题在哪里，真实掌握产品不合格情况和顾客抱怨情况等，而改善的成果，如成本节约、利润增加等，也都以统计资料与财务数据为依据。

（三）重视改善业务流程

6σ管理将重点放在产生缺陷的根本原因上，认为质量是靠流程的优化，而不是通过严格地对最终产品的检验来实现的。企业应该把资源放在认识、改善和控制原因上而不是放在质量检查、售后服务等活动上。质量不是企业内某个部门和某个人的事情，而是每个部门及每个人的工作，追求完美成为企业中每一个成员的行为。6σ管理有一整套严谨的工具和方法来帮助企业推广实施流程优化工作，识别并排除那些不能给顾客带来价值的成本浪费，消除无附加值活动，缩短生产、经营循环周期。

（四）突破管理

掌握了6σ管理方法，就好像找到了一个重新观察企业的放大镜。人们惊讶地发现，缺陷犹如灰尘，存在于企业的各个角落，这使管理者和员工感到不安。要想变被动为主动，努力为企业做点什么。员工会不断地问自己：企业达到了几个σ？问题出在哪里？能做到什么程度？通过努力提高了吗？这样，企业就始终处于一种不断改进的过程中。

（五）倡导无界限合作

6σ管理扩展了合作的机会，当人们确实认识到流程改进对于提高产品品质的重要性时，就会意识到在工作流程中各个部门、各个环节的相互依赖性，并由此加强部门之间、上下环节之间的合作和配合。由于6σ管理所追求的品质改进是一个永无止境的过程，而这种持续的改进必须以员工素质的不断提高为条件，因此，有助于形成勤于学习的企业氛围。事实上，导入6σ管理的过程，本身就是一个不断培训和学习的过程，通过组建推行6σ管理的骨干队伍，对全员进行分层次的培训，使大家都了解和掌握6σ管理的要点，充分发挥员工的积极性和创造性，在实践中不断进取。

三、6σ管理组织结构

6σ管理需要一套合理、高效的人员组织结构来保证改进活动得以顺利实现。

（一）6σ管理委员会

6σ管理委员会是企业实施6σ管理的最高领导机构。该委员会主要成员由公司领导层成员担任，其主要职责是：设立6σ管理初始阶段的各种职位；确定具体的改进项目及改进次序，分配资源；定期评估各项目的进展情况，并对其进行指导；当各项目小组遇到困难或障碍时，帮助他们排忧解难等。

（二）执行负责人

6σ管理的执行负责人由一位副总裁以上的高层领导担任。这是一个至关重要的职位，要求具有较强的综合协调能力的人才能胜任。其具体职责是：为项目设定目标、方向和范围；协调项目所需资源；处理各项目小组之间的重叠和纠纷，加强项目小组之间的沟通；等等。

（三）绿带

绿带（GreenBelt）的工作是兼职的，他们经过培训后，将负责一些难度较小项目小组，或成为其他项目小组的成员。绿带培训一般要结合6σ具体项目进行5天左右的课堂专业学习，包括项目管理、质量管理工具、质量控制工具、解决问题的方法和信息数据分析等。一般情况下，由黑带负责确定绿带培训内容，并在培训之中和之后给予协助和监督。

（四）黑带

黑带（BlackBelt）来源于军事术语，指那些具有精湛技艺和本领的人。黑带是6σ变革的中坚力量。对黑带的认证通常由外部咨询公司配合公司内部有关部门来完成。黑带由企业内部选拔出来，全职实施6σ管理，在接受培训取得认证之后，被授予黑带称号，担任项目小组负责人，领导项目小组实施流程变革，同时负责培训绿带。黑带的候选人应该具备大学数学和定量分析方面的知识基础，需要具有较为丰富的工作经验。他们必须完成160小时的理论培训，由黑带大师一对一地进行项目训练和指导。经过培训的黑带应能够熟练地操作计算机，至少掌握一项先进的统计学软件。那些成功实施6σ管理的公司，大约只有1%的员工被培训为黑带。

（五）黑带大师

这是6σ管理专家的最高级别，其一般是统计方面的专家，负责在6σ管理中提供技术指导。他们必须熟悉所有黑带所掌握的知识，深刻理解那些以统计学方法为基础的管理理论和数学计算方法，能够确保黑带在实施应用过程中的正确性。统计学方面的培训必须由黑带大师来主持。黑带大师的人数很少，只有黑带的1/10。

资料来源：https://baike.baidu.com/item/%E5%85%AD%E8%A5%BF%E6%A0%BC%E7%8E%9B/3346517?fr=aladdin。

第七章

酒店服务质量管理体系

【内容导读】

随着全面质量管理理念及其管理思想在酒店业中得到大力推行,酒店为顾客提供满意的产品与服务,不仅要关注酒店产品与服务的生产和提供过程,还要建立起系统的监控体系,通过酒店一定的组织工作和运用一系列管理手段来保证酒店为顾客稳定地提供满意的产品与服务。本章主要介绍酒店服务质量管理体系的含义及主要内容、酒店服务质量管理体系运行与改进。

【学习目标】

①掌握酒店服务质量管理体系的概念及特点;②了解酒店服务质量管理体系的内容与建立的步骤;③掌握酒店服务质量管理体系策划的原则与依据;④掌握酒店服务质量管理的七项基本原则;⑤了解酒店服务质量管理体系持续改进的必要性。

【案例导入】

知错就改的某五星级酒店

一天早上,某五星级酒店餐厅吃早餐的客人很多,服务员都在紧张地进行服务工作。这时,走来一对夫妇,丈夫是外国人,妻子是中国人。由于客人很多,服务员为这对夫妇找到了一张桌子,但是这张桌子还没有来得及收拾,服务员建议这对夫妇先回房间把行李取下来,然后再来吃早餐,这样避免等待又能节约客人的时间,客人觉得建议很好,于是就上楼去了。但是当这对夫妇取了行李再次回到餐厅的时候,刚才那个位置已经坐下其他客人了。

服务员很快又给他们安排了另外一个位子,位子是解决了,但是,从开始吃饭到结来始终没有一位服务员来询问他们要喝咖啡还是茶，这是不符合五星级酒店餐厅服务程序的，同时他们本想喝点豆浆，但装豆浆的瓶子也始终是空的。

晚上他们来到西餐厅吃晚餐。当他们发现点的蘑菇忌廉汤不对时，就询问服务员，服务员一口咬定那就是蘑菇忌廉汤，他们被迫接受了这道菜，结果事后处理才知道那是一份番茄忌廉汤。

晚餐过后，这对夫妇写了一封书面的投诉信交给大堂副经理。大堂副经理在第一时间通知了餐饮部的经理，总经理了解情况后，马上带着一班人和一个果篮到了该夫妇住的房间。总经理首先表示了歉意，然后表示要立即加大服务质量管理力度，保证避免此类事件的发生。接下来管理人员与客人进行了友好的沟通和交流，宣传宾馆做得好的方面，转移他们的注意力，最后总经理希望客人继续把剩下的两天住满，并保证不会再发生以上不愉快的事情，客人接受了总经理真诚的致歉和建议，在接下来的两天里，他们确实感觉到自己受到了很大的重视，感受到了热情周到的服务，最终满意地离开。

资料来源：https://wenku.baidu.com/view/78b9a586de80d4d8d05a4f68.html。

第一节　酒店服务质量管理体系概述

随着国际贸易的发展，国际市场竞争的加剧，世界各国都在日益重视质量管理，将质量作为竞争的重要手段。各类企业也在积极推进全面质量管理，走以质量为中心的质量效益型发展道路，并在实践中把全面质量管理方法总结成标准，实现标准化管理。酒店企业也不例外，建立适合酒店企业的、具有可操作性和有效性的酒店服务质量管理体系是酒店加强服务质量管理，满足顾客对酒店产品与服务质量要求的重要手段。

一、酒店服务质量管理体系的含义与作用

（一）酒店服务质量管理体系的概念

酒店服务质量管理体系也称为酒店服务质量体系，或酒店服务质量保证体系，它是指酒店通过一定的制度、规章、程序、机构等，将酒店内部的服务质量管理和质量保证活动加以系统化、标准化、规范化。建立服务质量管理体系的目的，就是要把酒店各部门的质量管理职能纳入统一的质量管理系统中，协调各部门质量管理职能，运用科学的方法和手段，调动酒店全体员工的积极性、主动性和创造性，满足顾客的需求。

为保证酒店服务质量管理体系的有效运行，酒店首先要建立严格的质量责任制，明确各部门及人员的质量任务、职责和权限，做到责权统一，使所有的管理者和员工都能够各司其职，避免推卸责任。在酒店内切实实行质量管理垂直领导、统一指挥、分工协作，使酒店服务质量管理的每一项规定和措施都能得到全面的贯彻与执行。其次要建

立以酒店总经理为首的服务质量管理机构和管理网络，全面负责酒店的服务质量管理工作，为提高酒店服务质量提供组织保证。再次要制定出适合酒店实际情况的管理制度和作业标准，以达到酒店服务质量标准化、服务形式规范化、服务过程程序化，最终以优质服务赢得顾客。最后要建立高效、灵敏的服务质量信息反馈系统，为服务质量管理活动提供可靠的信息依据，确保质量保证体系的正常运作。

（二）酒店服务质量管理体系的特点

自20世纪90年代以来，随着我国国际贸易的发展，越来越多的企业认识到产品质量在国际市场竞争的重要性，开始以ISO9000质量标准建立质量管理体系。我国酒店企业也是从此时开始构建自己的酒店服务质量管理体系，为酒店企业在管理上注入了新的能量，创造了新的活力，并使得酒店企业在服务质量管理和经济效益上取得了显著效果。总结和分析我国酒店企业的服务质量管理体系，具有以下特点。

1. 系统性

酒店服务质量体系是由酒店组织结构、程序、过程、资源等要素组合而成的，相互关联和相互作用的一个有机整体。合理的组织结构明确了酒店不同层级、不同部门在服务质量管理中的职责、权限及其协调的关系；规定到位的、形成文件化信息的程序和作业指导书，是体系过程运行和进行活动的依据；过程的有效运行实现了酒店服务质量管理体系的有效实施；必须、充分且适宜的资源是服务质量管理体系顺利实施的资源保障。体系的各组成部分、过程既相互独立，又相互关联，形成合力，取得整体功能大于部分功能之和的整体效果。

2. 适宜性

不同的酒店企业由于其资源能力、规模、目标客源市场等方面都有所不同，因此酒店企业应建立与自身情况相适宜的服务质量管理体系，不必完全按照国际标准化组织制定的标准重新建立服务质量管理体系。服务质量管理体系的建立要符合酒店企业的实际，因为酒店企业在其自身发展的不同阶段，其追求的质量目标都是有所不同的。事实上，酒店企业只要能够正常运营，为顾客提供所需要的产品与服务，其客观上就存在着一个服务质量管理体系，只不过是这个体系可能是针对酒店单一产品或部门的质量管理条例、规范等，并没有使之系统化而已。例如《客房部管理条例及操作手册》《餐饮部管理条例及操作手册》《工程部员工操作规范》等。

对于尚未建立酒店服务质量管理体系的酒店来说，酒店企业要认真梳理酒店在长期的运营中制定的、行之有效的服务质量管理条例、规范、标准等，查找在服务质量管理中存在的漏洞，并制定相应的服务质量管理标准、规范等，使酒店的服务质量管理条例、标准、规范文件化、系统化、体系化。在条例、标准等系统化过程中要注意酒店企业有不同的服务过程和产品，这些过程或产品可能存在着各自不同的要求，但酒店企业应该只有一个服务质量管理体系，统领酒店的服务质量管理工作。因此，酒店企业在建立服务质量管理体系时，体系应覆盖酒店所有的服务过程、产品，以保证酒店各部门的服务质量目标与酒店服务质量管理体系的服务质量目标保持一致。

3. 公开性

当前，我国多数酒店企业服务质量管理体系是按ISO9000标准的要求建立的，在将体系形成文件化信息的同时也可申请取得ISO9000的质量体系认证。酒店服务质量体系一经建立或取得认证后要及时向社会公布体系文件，这样做对内可以增进员工对服务质量管理体系的理解，便于工作中贯彻执行；对外是向社会及顾客建立一种信任，保证本酒店的产品与服务能够满足社会的需要，树立和展示酒店的质量形象。

需要指出的是，酒店建立服务质量管理体系的根本目的是提高酒店服务质量水平，为顾客提供高质量的产品与服务，并不仅仅是为了ISO9000的质量认证。事实上，国外很多著名的酒店并没有进行过ISO9000质量管理体系认证，而是在长期的经营管理实践中，积累了丰富的质量管理经验，形成了一整套的适合于本酒店的服务质量管理体系。我国酒店业起步较晚，但发展十分迅速，服务质量管理理论与实践落后于酒店业的发展，一些酒店为了尽快建立适合本酒店的服务质量体系，参照ISO9000标准，在有关机构的协助下进行了服务质量管理体系认证，从而高效快速地提高本酒店的服务质量管理水平。

4. 动态性

酒店服务质量管理体系是一个不断改进的动态体系，其主要体现在两个方面。一是酒店服务质量管理体系要随着酒店内外环境的变化和酒店企业的发展，进行持续的更新，使酒店产品、服务质量能够持续地满足社会及顾客不断变化的需求。二是酒店服务质量管理体系自身也是一个动态的、具备防错与纠错功能的、保证质量管理水平螺旋式不断上升的体系。该体系着眼于差错的预防，但并不苛求每一项工作都不出错。如果出了错，通过系统性地溯源，可以找出原因，并实施有效的纠正，防止差错的重复发生。

（三）酒店服务质量管理体系的作用

服务质量是酒店生存与发展的生命线，也是酒店企业经营与管理的基点。酒店服务质量管理体系是酒店进行服务质量管理，不断提高和改进酒店服务质量的有效手段。酒店服务质量管理体系的作用具体体现在以下4个方面。

1. 有助于提高酒店经营管理水平，改善酒店企业经营绩效

酒店通过服务质量管理体系对酒店服务质量进行有效控制和持续改进，将酒店经营管理提升到系统管理、规范管理和科学管理的层面，减少酒店经营的盲目性，增强经营管理有序化程度，减少酒店企业因产品与服务质量问题而造成的成本损耗，促进酒店企业人员优化组合，从而提高酒店企业经营绩效。

2. 有助于营造酒店质量文化，激发员工的创造力

建立和推动酒店服务质量管理体系，将会极大增强酒店高层管理者的服务质量意

识,并大力倡导和推行酒店服务质量文化,这必将带动酒店全体员工质量意识的提升,在酒店企业内部营造出良好的质量文化环境,激发员工对质量工作的热情,创造出适合本酒店的质量管理方法,从而推动酒店质量管理迈上新台阶。

3. 有助于增强客户信心,扩大市场份额

酒店建立了服务质量管理体系,标志着酒店的服务质量管理工作走上了规范化、标准化、系统化的轨道,意味着酒店服务质量会得到不断的提高与改进,酒店良好的服务质量也将会得到越来越多的顾客的欢迎与认可,顾客对酒店产品和服务的信心不断地增强,酒店的吸引力大大提高,市场份额也会随之扩大。

4. 有助于塑造酒店社会形象,提升酒店品牌价值

建立和推行服务质量管理体系能有效地帮助酒店企业从源头上控制服务质量,使酒店为顾客提供的产品与服务在高质量水平上具有稳定性。随着酒店企业经营的不断深入,酒店所提供的稳定的高质量产品与服务会被社会公众广泛认知与传播,在社会公众中建立起酒店良好的品牌形象,从而扩大酒店品牌影响力,最终提升了酒店品牌价值。事实上一些酒店或酒店管理集团在建立服务质量管理体系时就已经将酒店品牌管理纳入其中,通过提高服务质量来扩大酒店品牌的影响力。

二、酒店服务质量管理体系的内容

酒店服务质量管理体系内容的分解构成需要根据具体酒店的实际情况来确定。一般来说,知名的国际酒店集团并不一定是以ISO9000标准为基础构建服务质量体系的,而是其在长期的经营与发展中构建了具有自己特点的、经过实践检验的、比较成熟的服务质量管理体系,集团所属酒店基本上沿用或复制集团的服务质量管理体系。因此,我国酒店在构建自己的服务质量管理体系时,要从实际出发,构建出具有自己酒店特色的服务质量管理体系。国内酒店由于建立时间、规模等不同,其服务质量管理体系在规模等方面存在着较大的不同,但酒店服务质量管理体系都包括以下内容。

(一)组织管理体系

在服务质量管理组织体系建设上,国内酒店与国际酒店集团存在着不同。国际酒店集团通常是由集团对质量管理工作进行统一管理,由酒店分管副总裁或执行总经理负责主抓酒店的质量管理工作,不一定设置质检机构。而我国的单体酒店或国内酒店管理公司管理的酒店,一般都会设置高、中、基三个层级质量管理机构,组成职责分明的强大的质量管理网络。

1. 高层组织管理机构

高层组织管理机构通常被称为"酒店质量管理委员会"或"质检部",由酒店副总裁或执行总经理负责质检工作,以全面指导服务质量管理工作。

质量管理委员会主要由酒店高层管理者、部门经理(通常为一线部门)、专职人员组成。其主要职能是负责酒店日常服务质量管理工作，使酒店的服务质量达到统一的品质。

质量管理委员会工作内容包括：按期（月、季度）召开酒店服务质量管理分析会，下发《酒店服务质量分析报告》；确定酒店质量目标；审视酒店服务质量管理效果；确定酒店服务质量控制措施；完善《服务质量评审细则》；制定酒店服务质量标准，评审和检查酒店服务质量情况并督导酒店服务质量的改进；组织全店规模的服务质量管理活动。

2. 中层组织管理机构

中层组织管理机构是酒店部门级服务质量管理小组，由部门的正职经理担任组长，下设小组机构成员，一般由督导成员组成，其职责是在酒店服务质量管理委员会指导下开展日常质量管理与检查工作。

3. 基层组织管理机构

基层组织管理机构是酒店分部门级服务质量管理小组，根据中层组织管理机构（部门级）的要求，在部门级酒店服务质量管理小组的指导下开展服务质量管理工作。

（二）目标体系

酒店企业质量目标是"酒店在质量方面所追求的目的"。质量目标的建立为酒店全体员工提供了其在质量方面关注的焦点，同时，质量目标可以帮助企业有目的、合理地分配和利用酒店资源。一个有魅力的质量目标可以激发员工的工作热情，引导员工自发地努力为实现酒店的总体目标做出贡献，对提高服务质量、改进作业效果有着其他激励方式不可替代的作用。

1. 酒店服务质量目标的要求

（1）要确保质量目标与质量方针保持一致。

质量目标应建立在酒店质量方针的基础上，其内容尤其在对满足要求和服务质量管理体系有效性的持续改进的承诺方面应与质量方针保持一致。

（2）质量目标应包括产品与服务要求。

质量目标应包括产品与服务要求及满足产品与服务要求所需的其他内容，如资源、过程、活动和文件化信息等。

（3）要充分考虑酒店发展现状及未来的需求。

服务质量目标既不能好高骛远，不切合实际，也不能不经努力就可以轻松实现。

（4）要考虑顾客和相关方的要求。

关注市场的现状和未来，充分考虑顾客和相关方的需求和期望是否得到满足及满足的程度，使酒店的质量目标具有前瞻性和充分的引导作用，并与市场需求相吻合。

2. 质量目标展开的程序

（1）横向展开。

横向展开的主要方法是通过矩阵图，把涉及的整个酒店组织、部门、分部门之间关系的重大目标、措施排列成表，明确责任（负责、实施或配合）和日期进度要求。酒店服务质量目标实施对策表（展开表）基本采用表7-1这种格式。

表7-1 组织方针目标实施对策表（展开表）

质量目标	现状与问题点	目标值	对策措施	完成期限	组织负责人	负责横向展开部门	实施部门	
							负责部门	协助部门
—	—	—	—	—	—	—	—	—

（2）纵向展开。

一般采用系统图（如图7-1所示）方法，自上而下地逐级展开，以落实各级人员的责任。

从图7-1的系统图可以看出，酒店总质量目标相应的措施，构成部门的目标；部门的措施，构成分部门（班组）的目标。每个中间环节都身兼两职：既是上一级别的措施，又是下一级别的目标，构成了一个连锁系列。只要班组一级的手段（措施）得到落实，基层管理得到保证，就能依次向上层层保证，最终导致组织方针目标的实现。

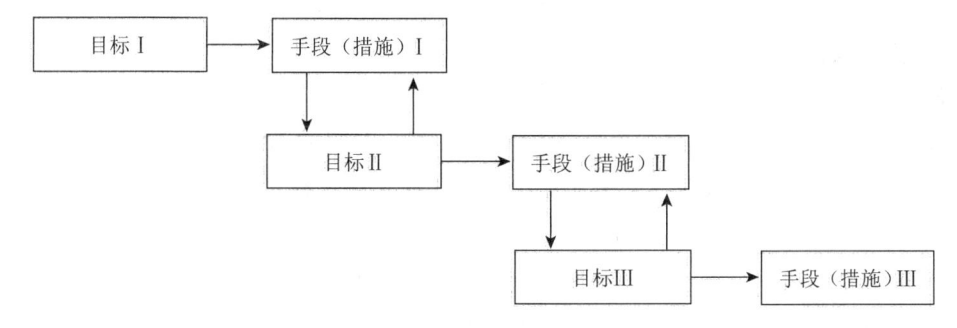

图7-1 目标系统展开示意

酒店服务质量目标纵向展开包括四个层次：从酒店最高管理者展开到管理层；管理层展开到分管部门；部门展开到班组或岗位；班组或岗位目标展开到措施为止。

3. 酒店服务质量的分级评定体系

定期对酒店各部门、分部门以及员工的质量监控是质量管理委员会、部门质量管理小组及分部门质量管理小组的一项重要工作。

酒店质量管理委员会定期（每季度）对酒店各部门服务质量进行评估，并根据检查结果召开质量分析会，评定各部门质量等级，对于服务质量低于酒店最低质量标准部门，责令其限期整改。同时，根据酒店绩效考核办法和服务质量管理体系中的责任条款，对其责任人进行一定的惩罚，直至达到酒店统一规定的标准要求。

（三）监控体系

质量监控是"质量管理的一部分，致力于满足质量的要求"。质量监控是通过监视服务质量管理体系实施的每个环节，从而控制其活动的全过程。例如，对服务质量管理体系中的质量方针、质量目标的执行情况的控制、对文件化信息情况的控制、对服务产品开发与设计的控制、对产品与服务的监测等。质量控制的目标在于消除服务质量管理体系实施所有阶段中引起不合格或不满意效果的因素，确保过程酒店产品与服务的质量能满足要求。

1. 监控标准

酒店产品与服务是指酒店为宾客所提供的活动、服务和设施。酒店产品与服务应该设计成为具有能够满足甚至超越宾客期望的高品质的产品与服务，因此，酒店产品与服务要具有以下3条"凡是"标准。

（1）凡是宾客看到的必须是整洁美观的。

（2）凡是提供给宾客使用的必须是安全有效的。

（3）凡是员工见到宾客都必须是热情礼貌的。

2. 酒店质量管理委员会的服务质量检查体系

酒店质量管理委员会是实施服务质量管理体系的最高组织机构，具有权威性，开展服务质量监控与评估工作能够充分发挥其专业性强、组织性强的优势与特点。其质量检查体系包括以下内容。

（1）质量检查活动。

酒店质量管理委员会根据质量管理工作需要，定期或不定期组织全店质量检查活动。委员会成员平均每人每年对酒店至少进行3次单独检查，并写出检查评估报告。

（2）暗访。

每年至少邀请业内专业人士进行一次暗访。酒店服务质量管理体系中的各项标准可作为暗访依据，暗访结束后要出具暗访报告和评分报告。

（3）上级主管领导的全面检查。

上级主管单位代表对酒店进行全面的检查，由酒店经理或质量检查专职人员进行总结评估。

（4）宾客调查。

酒店至少每年进行一次宾客调查。所用标准可以是酒店服务质量管理体系中的各项标准，也可选用星级酒店服务质量标准、旅游饭店星级的划分与评定（2010版）、酒店服务质量评审细则，所用表格可使用酒店自己设计的宾客意见调查表。

3. 酒店服务质量分类监控制度体系

酒店是一个为宾客提供产品与服务的综合性企业，其产品与服务包含的内容比较繁杂，根据酒店产品特性和服务中易发生的问题，对酒店服务质量问题进行分类，一般将服务质量问题分为9个类别26个问题，并建立相应的规章制度。

（1）员工形象：仪容仪表，姿势规范。

（2）工作态度：工作责任心，服务态度。

（3）服务规范：服务规范。

（4）服务含量：业务熟练程度，应知应会，语言能力。

（5）产品质量：客房质量，食品、酒水质量，公共区域卫生质量，设施设备质量。

（6）酒店环境：人为噪声，施工噪声，温度，湿度，异味，蚊虫干扰。

（7）安全防范：宾客财物丢失，失火事件，骚扰电话，车辆事故。

（8）内部管理：政策性投诉，内部沟通，管理失效。

（9）员工纪律：员工纪律。

4. 酒店服务质量最低标准的识别与监控制度体系

（1）服务员工考核的最低标准。

服务员工考核的最低标准包括员工服务态度、服务意识、服务规范、服务技能、主动服务及工作纪律等方面的标准。

（2）设施设备考核的最低标准。

主要包括设施设备运行、使用、保养、维修等方面的标准。

（3）酒店安全考核的最低标准。

主要包括员工安全意识、安全规定、安全知识与基本常识、消防器材正确使用等方面标准。

（四）信息管理体系

在酒店组织和宾客都对服务结果作出评定后，还要将两方面的评定进行分析、归纳，肯定成绩，找出不足，在下一个质量环中予以改进，使酒店服务质量不断提高，更大限度地满足顾客的需求。因此，酒店要加强信息管理，进而实现服务质量预先控制。

1. 信息收集和分析要求

酒店服务质量数据的收集和分析是质量改进的基础。为了使其有效果和效率，质量信息收集要遵循以下要求。

（1）目的性。

质量信息收集和分析必须是有目的的、正规的和有计划的活动，不要随意地或无计划地进行信息的收集工作。

（2）规范化。

质量信息的记录、分析、整理和报告均应规范化，并形成闭环系统。

（3）测量性。

收集和分析的信息应有助于测量酒店服务要求的完成情况和寻求服务质量改进的机会，有助于测量所提供的服务的效果和效率。

2. 酒店信息收集和分析制度

酒店通常是通过建立信息管理制度的方式进行信息的收集与分析，通常有以下制度。

（1）质量信息录入制度。

各部门对当日发生的质量事故、服务中的典型案例、安全巡检及质量情况等信息必须于酒店规定的当日信息录入时间之前录入电脑，并反馈到质量检查专职部门。对未能及时录入信息的部门，按服务质量评审有关规定处理。

（2）大堂经理日报表制度。

规定大堂经理每月拜访顾客的最低数量（如 200 间客房的酒店不少于 450 位）。完整、详细地记录值班期间所发生和处理的任何事项，将特殊、重要的和具有普遍意义的内容整理成文，并在当班期间录入电脑发至相关部门。所记录的大堂经理日报均要及时归档。

（3）质检分析报告制度。

质检部门定期（每月）对发生的问题进行汇总统计、分类解析、定量或定性说明，并形成质检分析报告。

（4）典型案例通报制度。

对具有典型意义或重大质量事故的重要事件进行核实调查，并制作成典型案例在全店通报。

（5）质量分析会制度。

酒店各质量管理层定期（每月）召开专题质量分析会。

（6）质量档案管理制度。

质量档案是酒店改善服务质量、提高服务水平的一项重要的基础性工作，酒店质检部门负责全店的质量档案管理工作，并指导和监督部门、分部门建立和完善质量档案管理制度，实现专人专管，上级质量管理组织对下级质量档案进行定期检查或不定期抽查。

（7）质量检查报表及分析制度。

专职检查人员每日抽查各部门质量状况并汇总，分析各部门上报的质量检查内容，形成质量检查报表。质量检查报表的格式由酒店自行设定，但报表的基本内容通常为"5W1H"。

When，什么时间检查？

Where，检查哪里？

What，发生了什么（客观描述）？

Who，涉及的人有谁？

Why，原因是什么（包括直接和间接原因）？

How，怎么办（避免问题再次发生应采取何种措施）？

同时，要在质量检查基础上，形成定期（月）质量分析报表。定期质量分析报表以报告期酒店有关服务质量的重大事件的质量数据为基础进行分析，包括以下内容。

①报告期酒店被有效投诉的数量。

②报告期酒店被有效投诉的部门分布情况。

③各部门报告期与上一个报告期被有效投诉的数量比较。

④报告期宾客意见。

⑤被投诉典型案例分析。

⑥典型优质服务案例分析。

（8）宾客意见调查分析制度。

宾客调查一般一年进行一次。根据每年宾客调查的重点撰写分析报告。

3. 信息反馈

质量信息收集和分析并不是酒店信息管理的目的，信息管理的最终目的是通过对酒店质量信息的收集、整理与分析，将质量信息传送给质量管理者，使质量管理者能够以质量信息为依据，科学制定质量改进措施，不断消除酒店产品与服务的质量缺陷，达到不断提高酒店产品与服务质量的目的。

（1）质量信息反馈功能。

酒店管理信息系统中质量信息反馈要具有以下功能。

①质量信息处理及时、准确。

②控制服务质量体系和质量管理，使之处于最佳状态。

③有助于进行质量管理预测工作。

（2）质量信息反馈特点。

①针对性。质量信息反馈不同于一般的反映情况，它不是被动反映，而是主动收集，有很强的针对性。

②及时性。质量信息要讲究时效，信息反馈更要及时，以便及早发现质量问题，解决问题。

③连续性。对质量管理活动的情况进行连续、有层次的反馈，有助于酒店各级管理层对质量问题认识的深化。

（3）信息反馈的要求：

①真实。质量信息反馈要准确、真实地反映酒店质量状况。

②及时。尽量缩短质量信息反馈时间，避免质量问题重复发生。

③全面。质量信息反馈要广泛全面反映酒店质量管理状况，为此要多渠道收集、反馈质量信息。

> 小案例

质量是系统问题

某酒店总经理的桌子上摆着大堂经理记录本，上面记载的投诉事项如下。

一位宾客夜里23：00来前台办理入住手续时说："我预订了房间，给我开间房，房间是以我的名字订的。"前台接待员查询电脑后说："对不起，先生，没有查到您的预订。请问您是通过哪里订的？什么时候订的？"宾客很不高兴地说："我是通过网络公司订的，他们告诉我，房间已经订好了，你们却说没有，这到底是怎么搞的？我累了，我要马上进房间休息，查不到预订是你们的事。"前台再次查询仍未查到："先生，对不起，还是没有查到。要不您先按门市价入住，等明天我们和网络公司联系后，再给您更改房价，您看可以吗？"宾客说："你看着办吧。赶快给我开房，我要休息了。"

宾客入住后即向网络公司投诉，责怪为什么不给他预订房间。网络公司随即投诉酒店未给宾客及时做预订。经查，网络公司于当日晚22：10即将传真发至商务中心，因此时商务中心已下班停止营业，所以前台人员不了解相关的情况，便告诉宾客没有预订，造成网络公司和酒店被连锁投诉。而且，此类投诉已发生过两次。

投诉处理：次日向宾客道歉，处理完毕。

总经理随即批示如下：

1. 如此处理就算完了吗？
2. 彻底查清真正的原因是什么。
3. 纠正不等于纠正措施！
4. 如何避免此类问题再度发生？
5. 到底是谁的责任？
6. 为什么已经发生了两次还会再次发生？
7. 是不是系统出了问题？

第二节　酒店服务质量管理体系的建立

酒店建立一套科学、有效、合理的服务质量管理体系，对外可证实酒店具有稳定的提供满足顾客要求和法律法规要求的产品与服务的能力；对内通过体系的应用与运行，可塑造酒店质量文化、增强员工的质量意识，持续改进酒店的服务质量，最终不断增强顾客的满意度，提高酒店的市场竞争能力。

建立酒店服务质量体系要根据酒店的实际情况有计划、有组织地进行。目前国内酒店根据长期运营实践和自身的发展需要都建立了各种各样的服务质量管理体系，但随着酒店业的迅猛发展和酒店业外部环境的变化，相当部分酒店的服务质量体系已经缺乏了适切性和有效性，急需完善或重新建立适切、有效的服务质量管理体系。在各种质量管理体系中，凝聚世界各国传统管理精华，融入现代质量管理原则的ISO9000质量管理体系，无疑是目前国际上最先进、最科学、最完善的质量管理体系。因此，建立基于ISO9000国际质量标准的酒店服务质量管理体系是我国酒店走向国际化的必经之路。

最新的ISO9001：2015标准已经于2015年发布实施，但目前我国的酒店服务质量管理体系大多是依据ISO9000：2000标准建立与实施的，因此，本书将综合运用上述两个标准进行介绍酒店服务质量管理体系的建立与实施。基于ISO9000国际质量标准的酒店服务质量管理体系建立分为前期准备、体系策划、体系建立和文件编制四个阶段。

一、前期准备阶段

（一）思想准备

酒店的各级管理者要在贯彻ISO9000国际质量标准（以下简称贯标）上统一思想认识，贯标是酒店实行科学管理、完善管理结构、提高管理能力的需要。酒店各级管理者只有充分统一认识，做好思想准备，才能自觉地推动贯标工作，严格依据ISO9000国际质量标准逐步建立和完善酒店服务质量管理的监督约束机制、持续改善机制，规范和完善酒店管理制度、保证酒店质量管理活动或过程科学、有序、规范地运作，不断提高酒店服务质量，更好地满足顾客需求。

（二）组织培训

酒店服务质量体系的建立和完善的过程，是一个教育与统一认识的过程，教育培训要按照酒店各层次，由最高决策层直至基础执行层，逐层培训。

1. 对酒店决策层的培训内容

酒店决策层是酒店最高管理机构，他们对贯标的认识对于推动酒店服务质量管理体系的建设至关重要。因此，要加强对酒店决策层的培训，统一思想与认识。对酒店决策层主要开展以下内容的培训。

（1）重要性。

结合本酒店的情况，明确建立质量管理体系的迫切性与重要性。

（2）基础知识。

通过对ISO9000系列国际标准的总体介绍，提高建立符合ISO9001国际标准的质量管理体系的认识。

（3）职责。

通过对酒店质量管理体系中过程方法的讲解，明确决策层在质量管理体系建设中的关键地位和主导作用。

2. 对酒店管理层的培训内容

管理层是酒店各职能部门，或班组的负责人。他们在酒店质量体系的建立过程中，起着举足轻重的作用。培训要突出以下几个方面内容。

（1）基础知识与术语。

ISO9000 族标准应遵循的基本原则和基础知识，以及与质量管理体系有关的术语。

（2）标准实施要点。

理解 ISO9000 族标准，清楚 ISO9000 族标准的实施要点。

（3）建立与实施的方法、步骤。

对酒店管理层的培训要结合酒店运营实际，采取理论与实际操作相结合的方法进行才能取得较好的培训效果。

3. 对执行层的培训内容

执行层是指酒店各职能部门中，在为顾客提供产品与服务的过程中具体的作业人员。对他们的培训主要是与本岗位有关的内容，包括其在质量活动中的责、权、利。

培训方式可以是集中与分散相结合的方式进行。如采用班级集中学习和利用板报、宣传栏、班前会等形式进行分散培训。

（三）建立贯标组织运行机构

1. 建立贯标工作机构

酒店贯标工作机构一般由酒店最高管理者（总经理）担任贯标工作机构负责人，管理者代表（一般是酒店副总经理）担任副职，贯标工作涉及的职能部门负责人担任机构成员。

贯标工作机构的任务是策划和领导贯标工作，包括制定质量方针和质量目标，依据 ISO9000 标准要素分配酒店各部门的质量职责，审核体系文件化信息，协调处理体系运行中的问题。

2. 任命管理者代表和确定质量管理工作主管部门

管理者代表由酒店最高管理者（总经理）以正式文件任命并明确其职责权限，代表最高管理者（总经理）承担质量管理方面的职责，行使质量管理方面的权力。

管理者代表应是本组织最高管理层成员，具有领导能力和协调能力，有履行管理者代表职责和权力的条件和渠道；熟悉本组织的业务；能较好地理解 ISO9000 族标准及其要求，并且切实能够实际履行职责。

质量管理工作主管部门协助管理者代表根据贯标工作机构的决策，具体组织落实质量管理体系的建立和运行。

（四）成立服务质量管理体系文件化信息编写小组

ISO9001：2015 标准中用文件化信息代替了文件和记录，文件记录不再作区分，取消质量手册/文件化的程序等强制性文件要求，更加关注运作活动的结果，记录已全部用"活动结果的证据的文件化信息"代替，体系不关注形式，更关注结果。服务质量管理体系文件（文件化信息）是酒店建立服务质量管理体系的纸质化表现，它规定了服务质量管理体系是什么、为什么和如何在酒店运营中实施服务质量管理体系，建立的程序文件化信息要列出完成一项工作的要点，包括是谁做、做什么、怎么做、什么时间做、在哪做等内容。质量文件化信息的编写要选择参加过文件化信息编写培训、有较丰富的管理经验和较好文字能力的，来自酒店服务质量管理体系责任部门的代表组成体系文件化信息编写小组，按照标准要求完成文件化信息编写工作。

（五）分析评价酒店现有的服务质量管理体系

贯标的目的是改造、整合、完善现有的体系，使之更加规范和符合标准的要求。因此，一个酒店策划其酒店服务质量管理体系时，必须建立在其原有的质量管理工作基础之上。酒店原有的有关企业标准或规章制度一般都是其管理实践经验的积累和总结，反映了该酒店的管理实际与特点，这些必须成为策划的重要依据，切不可另起炉灶，全部丢弃它们。

酒店服务质量分析评价可采用自我评价、部门检查和宾客评价3种方式。自我评价是酒店各部门对自身业务运作的质量评价，包括员工对自身的服务工作的自主检查和部门管理者对管辖员工的工作检查。部门检查是酒店专门的职能部门（质检部）对各部门业务活动的抽查和巡检。宾客评价可以采用调查表、座谈会、回访等多种方式进行。管理者要高度重视"宾客评价"，因为宾客是酒店存在的基础，对酒店的服务质量拥有最终判断权。

二、酒店服务质量管理体系策划阶段

（一）酒店服务质量管理体系策划的原则与依据

1. 酒店服务质量管理体系策划的原则

ISO9001：2015标准中将原标准中质量管理八项原则缩减为七项原则，但实质内容并没有太大的变化。本书将以七项原则作为质量管理的基本原则，这也是建立与实施酒店服务质量管理体系应该遵循的七项基本原则。七项原则将在本章第三节中进行比较详细的介绍。

2. 酒店服务质量管理体系策划的依据

策划好一个酒店服务质量管理体系，必须掌握下列四个方面的依据。

（1）ISO9001：2015《质量管理体系要求》。

ISO9000族标准2015版，在继承了ISO9000族标准2000版优点的基础上又吸取了当今世界各国全面质量管理，尤其是一些先进企业的先进经验，具有适用性广、符合性好、兼容性强等特点，是策划酒店服务质量管理体系的首要依据。

（2）酒店方面的法律法规。

我国酒店是在我国境内从事酒店经营服务活动的，因此应该遵守我国的相关法律法规。同时，ISO9000族标准2015版也十分强调满足法律法规要求，要求保证符合顾客与适用的法律法规要求。因此，有关酒店经营方面的法律法规也是策划酒店服务质量管理体系的一类重要依据。

（3）标准。

我国有关酒店业的标准主要有国家标准和行业标准两种。

（4）酒店企业标准或规章制度。

酒店企业经营中制定的企业标准和规章制度，也应该是策划的重要依据。

（二）酒店服务质量方针和目标策划

质量目标通常依据组织的质量方针制定，应确保在组织的各相关职能和层次上建立质量目标。质量目标包括满足产品与服务要求所需的内容。质量目标应是可测量的，并与质量方针保持一致，最高管理者应确保对质量管理体系进行策划，以满足质量目标的要求。

1. 质量方针

由组织的最高管理者正式发布的该组织总的质量宗旨和方向，是质量管理体系的纲领，它要体现出本组织的目标及顾客的期望和需要。制定和实施质量方针是组织最高管理者质量管理的主要职能，在制定质量方针时要满足以下要求。

（1）与组织的宗旨相适应。

质量方针要与其质量管理体系相匹配，即要与本组织的质量水平、管理能力、服务和管理水平一致。方针内容要与本组织所提供的服务的职能类型和特点相关。

（2）包括对满足要求和持续改进质量管理体系有效性的承诺。

质量方针要对质量做出承诺，不能只提些空洞的口号，要反映出顾客的期望。

（3）提供制定和评审质量目标的框架。

质量方针可以集思广益，经过反复讨论修改，然后以文件的形式由最高管理者批准、发布，并注明发布日期。

（4）在组织内得到沟通和理解。

质量方针的遣词造句应慎重，要言简意明、先进可行，既不冗长又不落俗套。质量方针要易懂、易记，便于宣传，要使全体员工都知道、理解并遵照执行。

（5）在持续适宜性方面得到评审。

酒店的主导产品是服务，其根本宗旨是通过"优质服务"为宾客提供舒适满意的服务。一些酒店依据质量方针要求，制定了具有本酒店特色的服务质量方针。如服务从心开始，提供一流品质；树五星标准形象，创全优特色服务；微笑的海洋，温馨的港湾等。

2. 质量目标

质量目标是质量方针的具体化，是在质量方面所追求的目的。质量目标应符合以下要求：需要量化，是可测量评价和可达到的指标；要先进合理，起到质量管理水平的定位作用；可定期评价、调整，以适应内外部环境的变化；为保证目标的实现，质量目标要层层分解，逐层落实到每一个部门及员工岗位上。

对于酒店来说，其服务质量要求主要体现在安全性、时间性、便利性、文明性、舒适性和经济性等方面。例如，某酒店的确定酒店服务质量目标如下。

（1）按照ISO9000族标准建立实施和保持服务质量管理体系，使酒店质量管理水平达到国内或省内同行业先进水平。

（2）宾客满意率＞95%；

（3）有效投诉率＜2%；

（4）在用服务设施和设备完好率＞98%；

（5）卫生达标率＞98%。

依据ISO9001：2000标准中第5.4.1条规定："最高管理者应确保在组织的相关职能和层次上建立质量目标。"还可以对酒店的主要职能和经营部门策划制订部门质量目标。客房部质量目标如下。

①宾客满意率＞98%；

②客房完好率＞97%；

③客房卫生抽查合格率＞98%；

④房内食品合格率为100%；

⑤布草合格率为100%；

⑥安全达标率为100%。

（三）组织机构及职责设计

质量管理体系是依托组织机构来协调和运行的。质量管理体系的运行涉及酒店内部质量管理体系所覆盖的所有部门的各项活动，这些活动的分工、顺序、途径和接口都是通过本组织机构和职责分工来实现的。因此，必须建立一个与质量管理体系相适应的组织结构。为此，需要完成以下工作。

1. 分析现有组织结构，绘制本组织行政组织机构图

组织结构是人员的职责、权限和相互关系的安排。任何一个组织都必须设置与其质量管理体系运作相适应的组织结构，并确定各职能结构的职责与权限。酒店的组织结构，按照精干、高效、权责一致等原则策划。酒店正式发文设立质量体系工作的领导小组，由总经理任组长，副总经理任副组长，各部门经理为成员，并下设质量管理体系认证办公室（办公室一般设在质量管理部或行政办公室）；由酒店总经理发文任命酒店管

理者代表，明确其职责、职权。酒店质量管理组织机构一般如图7-2所示。

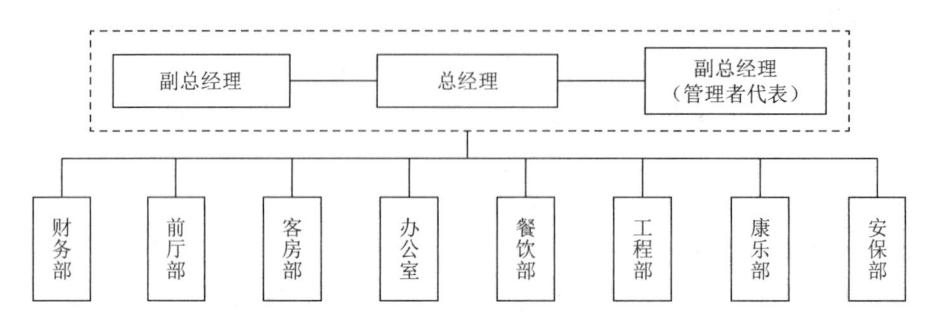

图7-2 酒店质量管理组织结构示意

2. 质量体系要素分配

将质量管理体系的各要素分别分配给相关职能部门，编制质量职责分配表。按ISO9001国际质量标准，编制控制过程活动职能、职责、职权分配表，如表7-2所示。

表7-2 服务质量体系要素分配表

责任人或责任部门	章节编号	主要职责
—	—	—

3. 职责与权限

在确定了酒店质量管理组织结构后，要明确酒店各级管理者的职责与权限，使之在各自的职责与权限范围内有效地开展质量管理工作。酒店要根据自身的实际情况规定各级管理者、执行人员、验证人员的质量职责、权限，明确对质量管理体系和过程的全部要素拥有决策权的责任人员的职责和权限。例如，某酒店总经理有以下9个方面的职责与权限。

（1）确定酒店服务质量方针和目标，制定酒店的经营方针、经营目标和具体措施，确定企业发展的方向。

（2）组织编制酒店发展计划，审定年度经营计划，确定酒店及各部门的管理目标、计划指标并贯彻实施。

（3）建立和完善酒店的质量管理体系、管理制度和责任制度，确保酒店的服务质量。

（4）推荐和聘任副总经理，任免部门正副经理，决定酒店机构设置和重要人事变动，负责对酒店部门经理以上领导的评估、考核、奖惩。

（5）负责重要客人的接待，布置检查重大接待任务，代表酒店与上级部门及社会各界建立有效的沟通和良好的关系。

（6）督促检查酒店服务质量、卫生、安全工作，重视员工思想和生活。

（7）组织处理重大的工作质量和服务质量问题，以及顾客的直接投诉。

（8）审定签署酒店的重大合同，审批财务的预算、决算，审批新建、改造、装修工程报告，审批固定资产添置报告，审批各部门用人编制报告，开源节流，提高效益。

（9）研究市场的变化和发展情况，及时制定价格体系，开拓新的销售市场。

（四）资源配置

资源是过程运作的必要条件，过程输入、过程输出和活动均与资源有关。在进行资源策划时，酒店需要确定如何提供如下两个方面的资源：一是与服务质量管理体系建立、实施相关的资源，包括硬件和软件；二是为满足顾客需求和法律法规要求，服务组织需要与服务提供有关的资源，包括硬件和软件。

资源是酒店服务质量管理体系得以实施和运行的必要条件，一个酒店组织仅有好的质量方针、质量目标和整套服务质量管理体系文件化信息，而没有或不完全具有与体系和服务提供相关的资源，这个质量管理体系是不可能做到有效运行的，也不能达到预期的结果。

一般来说，酒店质量管理体系资源策划主要包括以下7个方面。

1. 人力资源

通过培训或酒店内部调动、招聘等措施，确保从事酒店服务质量工作的人员在教育、培训、技能和经验上都能够胜任服务质量管理工作，并在思想与行动上充分认识到自身所从事工作的重要性，努力为实现酒店服务质量目标做出贡献。

2. 基础设施

酒店应策划、确定、提供、维护为达到酒店服务符合宾客需求所需的基础设施。

3. 工作环境

策划和确定为实现酒店服务质量符合宾客需求所需的工作环境。

4. 财务资源

策划、提供并控制为实施和保持一个有效和高效的酒店服务质量管理体系以及实现酒店目标所需的财务资源。同时采取适宜的改进措施，以减少损失，节省资金和时间。

5. 信息资源

应把信息数据作为一种基础资源，认真识别和管理，利用其实现酒店的战略和目标。

6. 供方及合作关系

酒店应当与酒店设备及配件、食品供应商等供方和合作者建立合作关系，双向沟通，共同提高酒店服务过程的有效性和效率。

7. 自然资源与能源

对影响酒店业绩的自然资源与能源，如树、草、燃油、电、水等，应制订计划或相应预防措施，以确保获得或替代这些资源，以免产生对酒店业绩的负面影响，或将损失减至最低程度。

三、酒店服务质量体系建立阶段

酒店服务质量体系建立阶段主要是确立酒店服务质量过程要素和服务质量管理体系文件化信息编写两个方面的内容。

（一）过程要素

1. 酒店服务实现过程

一般来说，酒店的服务实现过程如图 7-3 所示。

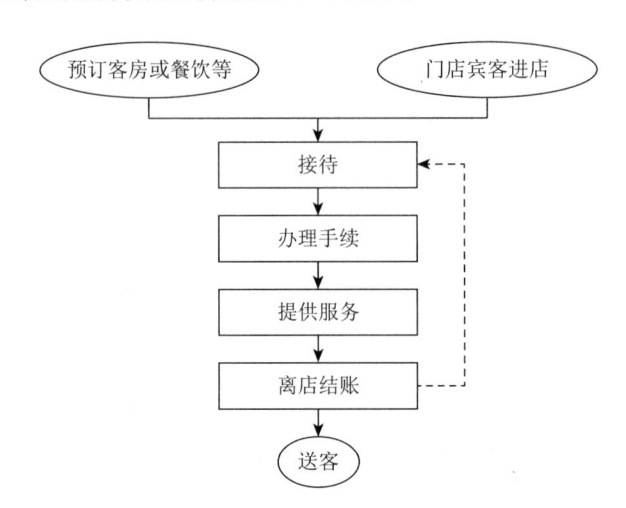

图 7-3 酒店服务实现过程示意

在酒店确立服务实现过程时，应明确下列内容与要求。

（1）酒店服务质量目标和要求。

（2）酒店服务确定具体过程、文件化信息和资源的需求。

（3）确定酒店服务所需要的验证、确认、监视检查和考核活动，以及酒店服务合格评定标准。

（4）为实现酒店服务过程，使其服务满足要求提供证据所需的文件化信息。

2. 与宾客有关的过程

与宾客有关的过程主要要注意以下两点。

（1）确定与酒店服务有关的要求，包括酒店宾客的需求、酒店方面法律法规的要求及酒店附加的要求。

（2）通过公布服务承诺，征询宾客意见，确保与酒店服务有关的要求得到确认和评审，解决可能存在的任何不一致之处，并确认酒店有能力满足规定的要求。

3. 宾客沟通

确定与宾客沟通的有效方式，如在报刊、电视等传统媒体和微信公众号、企业微博等新媒体上报道酒店服务方面信息，设置问询台，主动征求宾客意见，请宾客填写意见表，及时处理宾客投诉等，加强与宾客的沟通，及时了解并反馈宾客需求信息。

4. 酒店服务提供

酒店服务提供主要确定以下两个方面内容。

（1）在受控条件下如何提供酒店服务。

（2）确认酒店服务提供过程能否达到相应的规范与标准。

5. 监视和测量装置的控制

策划酒店服务所需的各类监视和测量装置，包括各类计量器具和安全、消防等监控装置的周期检定或校准、调整、验证和确认。

（二）质量体系文件编制阶段

在 ISO9001：2015 版标准中，其用文件化信息代替了原标准中的文件和记录，并且对文件和记录不再区分；取消质量手册/文件化的程序等强制性文件的要求，更加关注活动的结果，记录已全部用"活动结果的证据的文件化信息"代替，质量体系也不再仅关注形式，更关注结果。

在策划和制定质量体系文件时要注意到 2015 版标准对文件要求的变化，酒店在策划、制定服务质量管理体系文件时，在保证标准中要求制定的质量体系文件外，还要结合酒店的实际策划、制定可为酒店组织增值的文件。但需要注意的是，酒店按照 ISO9001 要求建立的是形成文件的质量管理体系，而绝不是文件体系。

酒店服务质量管理体系文件的编写应遵循一定的原则，按编写程序和要求组织编写。

1. 酒店服务质量管理体系文件编写的原则

（1）系统性。

质量管理体系文件是由多层次文件形成的，典型的质量管理体系文件结构如图 7-4 所示。

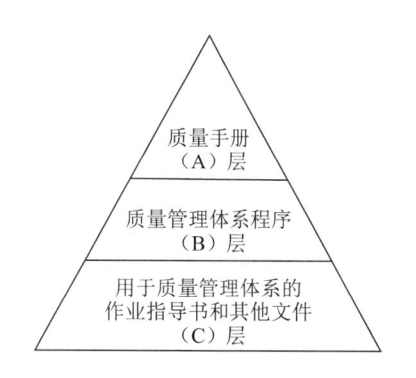

文件内容
A. 依据规定的质量方针和质量目标对质量管理体系的描述；
B. 对实施质量管理体系所需的相互关联的过程和活动的描述；
C. 详细的作业文件。

金字塔结构：
- 质量手册（A）层
- 质量管理体系程序（B）层
- 用于质量管理体系的作业指导书和其他文件（C）层

图 7-4 典型的质量管理体系文件结构

注1：文件层次的多少可依据组织的需要进行调整；质量手册非强制性要求。

注2：表格在各个层次上都可能是适用的。

文件结构中的上层和下层，各层文件与其相关文件、规范，都应当是高度协调的，质量手册与程序文件、程序文件与作业指导书之间，均要形成有机的联系，并做到层层展开、逐步细化，彼此间不能相互矛盾、互不统一。

（2）继承性。

一个已经建立、运行并体现了其功能的酒店，即使没有贯彻实施ISO9000族标准，客观上也存在着一个质量管理体系，只不过这个体系可能是不系统、不规范、不完整的。但是也必须看到，任何一家酒店在其长期的服务提供实践中，也完全可能形成了适合其酒店的各种管理经验。因此，在编制质量管理体系文件时，一定要注意继承性，即要将酒店的一些行之有效的管理经验、规章制度加以选择和吸收，而不是全部重新编制，这也是尊重广大员工创造性和业绩的表现。

（3）适宜性。

质量管理体系文件要从酒店组织实际情况出发，切忌脱离酒店实际，要用酒店组织熟悉的运作形式和语言来编写，切忌用词隐晦脱离使用者的能力。适宜性还表现在各项要求明确具体，有可操作性，在内容上应切合实际，经过努力能够达到的要求，在文字上措辞更要严谨，表述要确切，不能模棱两可，使其真正能够起到指导实际工作的作用。

（4）增值性。

文件的形成不是目的，文件应起到增值的作用。在制定质量管理体系文件时，务必注意文件是否能够增值，即体现在产品质量的改进、生产或服务提供效率的提高、所用时间的减少、成本的降低以及顾客满意程度的增长等。要防止那种仅为了追求形式的做法，使文件在酒店质量管理中真正发挥其应有的作用。

2. 酒店服务质量管理体系文件编写的程序和要求

（1）高层决策，确定依据。

建立服务质量管理体系是酒店组织一项重大的战略性决策，酒店高层管理者应经过充分的讨论，统一认识，作出决定并进行认真的策划，这是质量管理体系文件编写的前提。同时对酒店服务质量方针、质量目标、组织机构、职责和权限、资源配置以及质量管理体系覆盖的范围提出明确的意见，并以此作为编写质量管理体系文件的依据。

（2）组织落实，分工协作。

通常酒店总经理任命一名副总经理为管理者代表，担任文件编写领导小组的组长，并与酒店服务质量管理体系所涉及的部门主要管理者组成领导小组。其任务是统一部署和领导实施文件编写任务，协调并处理有关文件编写中的问题。在领导小组下，还可以设置一个工作小组，组长由酒店质量管理部门的管理者担任，小组成员可以包括与质量管理体系有关部门的工作人员。工作小组的任务就是具体负责各类质量管理体系文件的起草与修改，对程序文件、作业指导书和记录表格等文件的起草，本着"部门负责，部门编写"的原则，使编写的文件能够更加结合实际，便于应用。

（3）培训先行，理解体系。

质量管理体系文件编写的水平，取决于全体与编写文件有关的人员的水平和素质，人员的水平又与他们对ISO9000族标准的准确理解、对酒店基本情况的熟悉程度、对本酒店涉及的服务提供范围和应用知识以及专业技术的了解和掌握有关。因此，文件编写前的培训十分重要。

（4）调查入手，结合实际。

质量管理体系文件的编写，要从调查研究开始，以做到其质量管理体系文件能够密切结合服务组织的实际。调查研究要从策划入手，要对与质量管理体系文件有关的部门和活动进行了解，调查的内容可以包括：对酒店服务质量管理原有的、在用的文件进行调查，保留与标准要求相一致的、有价值的文件，清理与标准要求不一致，需要停止或作废的文件；对工作或服务提供现场的调查，对照标准要求，初步判定酒店实施标准的状况；对酒店管理者和有关人员的调查，从机构的职责、权限规定、规章制度实施及其效果，资源配置及其有效性等进行分析，总结质量管理工作经验。调查结果可以为文件编写提供有益的信息，为编写符合标准、结合实际的质量管理体系文件创造条件。

（5）制定规范，统一标准。

在质量管理体系文件正式编写前，首先要对文件格式、编目方法、采用术语等作出统一、规范的要求，统一文件的格式、编号方法、名词术语、编目方法等。

（6）上下结合，完善文件。

在充分调查研究的基础上，由指定的文件起草人起草初稿，并分发到与文件使用有关的部门讨论，征求修改意见。一些重大的、涉及多部门的修改意见，必要时要由文件起草领导小组作出修改决定，并将再次修改后的文稿分发给有关部门征求意见，直到多数部门满意为止。

（7）实践检验，持续改进。

质量管理体系文件只有在实践中才能得到不断完善。当文件编制完成，装订成册，分发到各个使用部门和场所后，就要由最高管理者发布正式实施日期并开始实施。编制得再好的文件，在实施中也会发现一些问题，特别是随着时间的推移，某些服务质量管理体系文件可能与实际变化了的情况不相适应，需要对文件进行评审和修改。所以质量管理体系文件要实行动态化管理，持续改进。

小案例

酒店的一次内部评审会议

地点：某酒店会议室。

会议内容：内审员会议，讨论即将进行一年一次的管理评审工作。

参加会议人员：酒店管理者代表（以下简称管代）、来自酒店各部门的共20余名内审员，酒店新任总经理列席会议。

会议主持人：管代

会议开始前的点名：

管代："现在开始点名。"

餐饮部一位员工举手发言："报告，今天餐厅有两家婚宴，就餐人特别多。我们部门的内审员现在正在岗位上，下不来。我代替他参加会议。"

管代："我怎么不认识你？新来的吗？"

"是的，进店一周了。"

"你是内审员吗？"

"不是。"

"以前参加过ISO9000的学习吗？"

"没有，部门经理让我来听听。"

管代："好吧。"

又有人举手："报告。我也是代替别人来开会的。我们部门的内审员3个月前辞职了。"

管代："你也是新来的吗？哪个部门的？"

"我是工程部的，来了两个月了。"

"你知道什么是内审吗？"

"不知道。"

"你知道什么是管理评审吗？"

"不知道。"

管代有些皱眉："还有谁是代替者？"

又有几个举手的。管代数了一下，约占了1/3。

总经理："怎么搞的？"

管代尴尬万分，同时心中有些不平："我也不过是才接替前任管代几个月嘛！"

底下有人议论："我们不是早已经拿到认证证书了吗！"

总经理："通过认证就万事大吉了吗？质量认证不是目的。明天起，重新进行ISO9000质量体系培训，包括管理者代表、内审员和全体员工！真没想到是这样！"

遗憾的是，这类情况在已经通过了认证的酒店也时有发生。

第三节　酒店服务质量管理体系运行与改进

为促使酒店服务质量管理体系有效运作，酒店企业需要在遵循质量管理原则的基础上发布服务质量管理体系文件、运行服务质量管理体系、有效监控体系运行状况，保证酒店服务质量管理体系在酒店运营中得到坚决的贯彻与执行，使酒店服务质量能够进行持续改进。

一、酒店服务质量管理的基本原则

在2015版ISO9000质量标准中，将2000版引言部分列出的"八项质量管理原则"缩减为"七项质量管理原则"，将"管理的系统方法"合并到"过程方法"中，将"持续改进"、"基于事实的决策方法"和"与供方的互利关系"修改为"改进"、"循证决策"和"关系管理"，但其核心原则并没有改变。因为，这些原则是在总结全球质量管理实践经验的基础上，用最精炼的语言所表述的最基本、最通用的一般规律。它是指导酒店制定服务质量方针、质量目标、编制质量管理体系文件、拟订质量战略和开展质量管理活动的基本理念、基本原则和基本依据。酒店只有在服务质量管理工作中，全面理解和充分体现七项质量管理的原则，顾客才能满意酒店的产品与服务，酒店才能获取更大的经济效益，也才能长期生存与发展下去。

（一）以顾客为关注焦点

质量管理的首要关注点是满足顾客要求并且努力超越顾客期望。

以顾客为关注焦点源于现代的质量理念，即判断产品质量的唯一标准就是使顾客满意。酒店企业取得成功的关键在于提供的产品与服务能够持续地满足顾客的要求，并赢得顾客的满意和信赖。要做到这一点，酒店需要充分而持续地识别顾客的需求和期望（包括当前的和未来的需求与期望），并通过有效的运作使其得到满足，甚至是超值的满足。只有这样，企业才能最终赢得顾客，进而赢得市场。因此，在酒店企业的质量管理活动中，应把使顾客满意作为一切工作的出发点和落脚点。

酒店企业以顾客为关注焦点，就应做到以顾客为导向开展酒店运营和管理工作，始终把顾客要求放在第一位，为顾客提供理想的产品与服务。在这里，酒店企业必须牢固树立质量与顾客息息相关的意识，从而自觉地、主动地满足顾客的需求，最大限度地减少差错的发生。酒店企业要高度重视来自市场、顾客的信息，并建立起快速反应机制，采取有效措施持续地实现质量改进，只有这样才能持续不断地为顾客提供满意的产品与服务。

（二）领导作用

各级领导建立统一的宗旨和方向，并创造全员积极参与实现组织的质量目标的条件。

处于酒店管理的最高层的领导者在酒店质量管理活动中起着关键性作用。酒店最高管理者的领导作用、承诺和积极参与，对建立并保持一个高效的酒店服务质量管理体系，并使所有相关方获益是必不可少的。酒店最高管理者要想指挥好和控制好一个组织，必须做好确立酒店统一的宗旨及方向，策划未来，制定酒店的方针和目标，并对酒店实施指挥和控制。同时，领导者要激励员工、调动员工的积极性，协调酒店企业内、外资源和营造一个良好的内部环境，使员工理解酒店的方针和目标，并在实际工作中自觉地去实现目标。

酒店高层领导者必须熟悉市场的脉络、顾客需求的变化趋向、竞争对手状况以及当前对顾客需求的满足程度等，并以此作为决策的前提。要为组织的未来发展描绘清晰的蓝图，制定富有挑战性和明确的发展远景的战略目标，增强酒店员工凝聚力。为员工发挥积极性提供保障机制和激励机制，赋予员工职责范围内的自主权，为员工工作提供所需的、合适的资源以及适宜的工作条件和环境。

（三）全员积极参与

整个组织内各级胜任、经授权并积极参与的人员，是提高组织创造和提供价值能力的必要条件。

在酒店服务质量管理体系中，人是最重要，也是最活跃、最具创新精神的因素。酒店全体员工是酒店组织的基础，全员参与是酒店各种管理活动取得成功的必要条件。酒店企业的服务质量管理工作，不仅需要酒店最高管理者的正确领导，还有赖于酒店全体员工的共同参与。酒店企业要加强对员工质量意识、职业道德、以顾客为关注焦点的意识和敬业精神等方面进行培训与教育，激发他们的积极性和责任感。

贯彻"全员参与"原则，要赋予员工一定的自主权，清楚自己的职责、权限和涉及的相互关系，了解工作的目标、内容以及达到目标的要求、方法，客观公正地评价员工的业绩，使员工能够以主人翁的责任感去解决工作中遇到的各种问题。建立和健全酒店企业内部沟通机制，为员工发挥潜能提供宽松、和谐的工作环境。

（四）过程方法

将活动作为相互关联、功能连贯的过程所组成的体系来理解和管理时，可更加有效和高效地得到一致的、可预知的结果。

任何利用资源并通过管理，将输入转化为输出的活动，均可视为过程。系统地识别和管理组织所应用的过程，特别是这些过程之间的相互作用，称为"过程方法"。产品质量及其管理是由一系列过程来实现的，质量、成本、效率等都是过程的结果。把资源和活动作为一个过程来管理，可以识别并确定每一个过程的输入、输出和活动，并对其各部分的质量进行测量和控制；同时，明确与其他过程之间的关系、作用和接口，求得协调和兼容，可以提高质量管理体系的有效性和效率。酒店企业在应用过程方法时，必须对每个过程，特别是关键过程的要素，包括输入、输出、活动、资源、管理和支持性过程进行识别和管理。过程方法体现了策划、实施、检验和处置，即PDCA循环的运用，因此，PDCA循环适用于所有过程。

酒店企业要识别其服务质量管理体系所需要的过程，包括管理活动、资源管理、产品实现和测量分析与改进过程，确定过程的顺序和相互作用；确定每个过程为取得酒店所期望的结果所必须开发的关键活动，充分考虑影响过程的诸因素并使其受控，并明确管理关键过程的职责和义务，这是组织实施好整个过程的前提；同时，还要对每一个过程都要按PDCA循环实施闭环管理，直到实施的结果符合策划中提出的过程目标为止。过程方法的目的就是获得持续改进的动态循环，并使酒店的总体业绩得到显著提高。

（五）改进

成功的组织通常持续关注改进。

持续改进是"增强满足要求的能力的循环活动"，是酒店企业发展、增强市场竞争能力并在竞争中取得优势地位的一个重要条件。酒店企业要在经营理念、组织体制、运行机制、人员素质、产品质量等诸方面进行改进，以提高服务质量管理体系的有效性和效率，以此满足顾客和其他相关方日益增长和不断变化的需求与期望，从而改善酒店企业的总体业绩。

只有坚持持续改进，酒店企业才能持续地进步和发展。酒店企业若要贯彻"持续改进"原则，就要将持续改进作为一种制度，成为酒店企业永恒的追求、永恒的目标和永恒的活动。为此，酒店高层管理者要牢固树立进行持续改进的危机意识，在酒店企业内营造必须持续改进氛围，为员工提供有关持续改进方法和手段的培训，制定积极的政策引导和鼓励员工实施持续改进，并制定目标以指导、测量和追踪持续改进。

（六）循证决策

基于数据和信息的分析和评价的决策，更有可能产生期望的结果。

决策是酒店各级管理者的一项重要职责。所谓决策就是为实现一定的目标，在一定约束条件下，从多个备选方案中选择一个方案的分析判断过程。决策是一个复杂的过程，总是包含一些不确定因素，它经常涉及多种类型和来源的输入和解释，而这些解释可能是主观上的。有效的决策需要酒店管理者用科学的态度，以数据为事实，以事实为依据，以正确的信息为基础，并借助其他的辅助手段，如统计技术、决策支持系统等，在确保数据和信息准确、可信的基础上，通过合乎逻辑地分析，做出正确的判断。

数据和信息是决策的依据和基础。酒店要确定、测量、收集与酒店绩效有关的各种关键指标的数据和信息，并明确规定收集信息类型、渠道和职责，正确地开展监测活动，严格按照要求去收集数据，确保数据和信息的准确、可靠和足够。同时，采取统计分析、运用决策支持系统等各种有效方法，对数据和信息进行分析，使酒店相关人员能够获得所需的全部数据和信息，并依据真实、可信、足够的信息，权衡经验和直觉进行决策并采取措施。

（七）关系管理

为了持续成功，组织需要管理与有关相关方（如供方）的关系。

有关相关方会影响组织的绩效。组织管理好与所有相关方的关系，可以最大限度地发挥其在组织绩效方面的作用。对供方及合作伙伴的关系网的管理也是非常重要的。供方提供的高质量产品将使酒店为顾客提供高质量产品与服务得到保证，最终确保顾客满意。同时，酒店与供方等相关方的合作与交流也是非常重要的，这将最终促使酒店与供方等相关方都增强了创造价值的能力，优化成本和资源，对市场和顾客需求联合起来做出快速的反应，从而使酒店与相关方都可获得更多的效益，形成合作共赢的局面。

酒店企业要依据酒店整个产品与服务实现过程以及顾客满意的影响程度，识别并选择起着关键作用的供方以及其他相关方，并充分意识到酒店与供方等相关方利益的一致性是实现酒店产品与服务过程和提高满意度的关键。酒店高层管理者要具有高瞻远瞩的视野，妥善处理眼前利益与长远利益的关系，更多地着眼于与关键相关方长期合作，并以此建立起来互利互信的关系，为酒店带来效益。

二、酒店服务质量管理体系运行

酒店服务质量管理体系在完成构建后，一项重要的工作就是在酒店内部如何贯彻实施服务质量管理体系，并使之成为酒店服务质量管理和持续改进的有效工具，从而达到成功建立服务质量管理体系的目的。

一般来说，对于要进行质量管理体系认证的酒店，酒店服务质量管理体系运行包括以下步骤。

（一）发布实施命令

酒店按照ISO9000标准完成服务质量管理体系文件编制工作后，在服务质量管理体系文件正式发布前还要认真听取多方面意见，在确认文件完整无误后，需要酒店总经理通过一定的组织形式正式发布服务质量管理体系文件实施的命令，向酒店内所有部门和全体员工发布文件，并宣布文件生效日期。例如，在酒店高层管理者一致同意后，召开酒店部门经理会议，在会议上宣布服务质量管理体系执行决议，随后召开酒店员工代表会议，向全体员工发布文件，宣布执行计划和生效日期。正式发布实施即意味着服务质量管理体系正式开始实施和运行。

（二）培训教育

在服务质量管理体系文件正式发布或即将发布而未正式实施之前，组织酒店全体员工认真学习服务质量管理体系文件对服务质量管理体系的有效实施至关重要。培训要根据不同人员岗位的质量职责，有针对性地组织培训工作，确保全体员工都能掌握本岗位服务质量管理体系运行的要求，在全体员工中树立"按文件规定执行"的质量工作理念。

1. 服务质量管理体系文件的培训

某酒店针对不同岗位和人员培训的内容，如表 7-3 所示。

表 7-3　酒店不同岗位人员培训表

培训内容	管理层	执行人员	全体员工
质量方针、质量目标	●		●
作业文件与质量记录	●	●	
顾客与法律法规要求			●

培训的目的是确保各级人员掌握本岗位质量管理体系运行的要求。

2. 内部服务质量管理体系审核员（内审员）培训

内审员培训是酒店建立内部质量审核机制，推行和保持质量管理体系稳定运行的主要环节，培训按国家要求实施教学、实践与进行考试，培训时间不应少于国家规定的要求。

3. 统计技术培训

酒店企业可以通过外请专家等方式为酒店相关人员进行必要的统计技术培训，以保证数据和信息统计分析的科学、准确。

培训教育的目的是使每位员工都能了解与自己有关的程序文件，知道自己在质量管理体系中的地位和作用，清楚体系是怎样运转的，明白过程控制所要求内容的意义，学习如何保持体系的有效运转与先进性，直至使员工明了如何在自己所控制的领域内有效改进质量管理体系相关内容和实行自己的权限与职责。各部门、各级人员都要通过学习，清楚地了解质量管理体系文件对本部门、本岗位的要求以及与其他部门、岗位的相互关系的要求，只有这样才能确保质量管理体系文件在整个组织内得以有效实施。

（三）服务质量管理体系试运行

试运行的主要目的是识别和改进体系中存在的问题，确保按标准和质量管理体系文件的要求运作，并对质量管理体系文件自身的适宜性进行识别和改进。

1. 试运行过程文件检验

在服务质量管理体系运行实践中，对体系文件的可行性、适宜性检验的内容主要有能否满足顾客的要求；是否符合酒店的实际情况；能否达到预期的产品质量目标等方面内容。

2. 试运行过程信息管理

在服务质量管理体系运行中应加强信息管理，确保将体系试运行出现的问题及时、全面地收集到位，这就需要建立信息收集与管理的办法，它是保证试运行成功的关键。

3. 试运行问题点的识别与改进

酒店各部门应于质量管理体系文件中找出负责履行的具体活动责任；识别并履行各项活动责任（包括现状与存在的问题）；分析、查找问题产生的原因；确定需解决问题的改进措施；落实改进问题的责任和完成时间；列出所有的问题点，改进运行计划，使服务质量管理体系逐步完善。

（四）服务质量管理体系正式运行

在服务质量管理体系试运行结束后，酒店就可以进入全面实施管理体系阶段。服务质量管理体系一旦在酒店正式运行，就需要坚定不移地、强制地推行下去。只要体系符合酒店实际，就切不可因为来自部门、员工的抱怨和压力等就停止执行，也不可对体系进行删减等进行简单化处理。在体系正式运行过程中，酒店同样要加强对员工的全面培训与教育工作，正如日本品质管理专家石川馨所倡导的"品质，始于教育，终于教育"。另外，在体系运行过程中要加强信息管理工作，正确地开展监测活动，严格按照要求去测量、收集与酒店绩效有关的各种关键指标的数据和信息，确保数据和信息的准确、可靠和足够，为质量改进决策提供真实、可靠的依据。

三、酒店服务质量体系自我评价与改进

酒店企业在服务质量管理体系运行一段时间后，就应组织内审员对服务质量管理体系进行内部审核，以确定服务质量管理体系是否符合策划的安排，是否符合ISO9001标准要求以及酒店企业所确定的服务质量管理体系要求，是否得到有效实施和保持。内部审核是酒店企业自我评价、自我完善机制的一种重要手段。通常来说，酒店企业应每年按策划的时间间隔坚持实施内部审核。

（一）服务质量管理体系的内部审核

1. 服务质量管理审核的含义

ISO9000标准给出的审核定义是："为获得审核证据并对其进行客观的评价，以确定满足审核准则的程度所进行的系统的、独立的并形成文件的过程。"

审核是一种评价是否满足审核准则的活动，包括产品审核、过程审核、体系审核。当用于质量管理体系审核时，就是对质量管理体系是否满足审核准则的程度的评价活动。这种活动是一个系统的、独立的并形成文件的过程，系统的是指审核是经过授权、经过策划的、有计划按程序的；独立的是指从事审核的机构和人员与被审核部门或活动无直接责任，审核人员不应审核自己的工作；形成文件是指从审核策划开始，包括审核准备、审核实施、审核报告的有关内容都应形成文件，用于证实和追溯。

质量管理体系审核是建立、实施、保持和持续改进质量管理体系的重要活动，这种

评价活动是 PDCA 活动中的检查和处置过程，评价结果可以对质量管理体系的符合性和有效性做出结论，并针对问题进行改进，实现体系的持续改进。

2. 服务质量管理体系内部审核的作用

酒店企业服务质量管理体系内部审核，由酒店企业审核管理部门或外聘的具有内部审核资格的人员，依据 ISO9001 标准、酒店服务质量管理体系文件和适用的法律法规，对酒店服务质量管理体系文件及运行状况提出纠正措施、建议，目的是确保体系有效实施、保持和持续改进。

服务质量管理体系内部审核的作用主要有以下 6 个方面。

（1）符合性评价。

依据质量管理体系要求标准，对活动和过程进行检查，评价组织自身的质量管理体系是否符合质量方针、程序及相应法规的要求。

（2）有效性验证。

验证组织自身的质量管理体系，要求是否持续有效地实施和保持。

（3）效率评价。

对管理者的决策、质量方针和目标、组织自身的规定、合同的要求等评价其有效性和效率。

（4）监测、收集数据和信息。

作为一种重要的管理手段，及时发现问题，采取纠正或预防措施，为持续改进提供信息。

（5）促进改进。

促进产品质量提高，持续的顾客满意以及满足法规要求和质量管理体系的持续改进。

（6）降低风险。

为第二方、第三方审核做准备，以减少外部审核的风险。

3. 服务质量管理体系内部审核的步骤

（1）制订审核方案。

制订包括内部审核特定时间段在内的审核方案，报经领导批准并实施。

（2）成立审核组。

根据审核方案，确定审核组长，并组成审核组开始审核准备工作。

（3）制订审核计划。

审核组组长负责制订审核计划，报经领导批准。

（4）准备工作文件。

审核员按照分工编制审核检查表和准备其他现场审核工作文件。

（5）首次会议。

按照审核计划规定时间，准时召开首次会议，向与会领导通报审核计划及其他事项。

（6）现场审核。

收集审核证据，做好记录，开出不合格报告，并经受审核方确认，做好审核组内外沟通。

（7）末次会议。

各部门领导参加，会议上宣读不合格报告，做出审核结论提出纠正措施要求。

（8）审核报告。

编制审核报告，经领导批准，分发有关单位。

（9）纠正措施跟踪。

对有关单位采取的纠正措施实施后进行跟踪，评定纠正措施是否有效，直至不合格项关闭。

（二）酒店服务质量管理体系持续改进

1. 酒店服务质量管理体系持续改进的必要性

（1）持续改进是酒店企业生存和发展的客观需求。

服务质量管理体系能够帮助酒店企业提高顾客满意度。任何一个酒店企业都无例外地要尽最大可能增强顾客满意。因为企业依存于顾客，酒店企业的生存与发展取决于顾客的满意和信任，得到顾客满意和信任，才能有服务对象，才能不断扩大企业在市场的占有率。

要增强顾客满意，就要确保顾客的需求得到确定并予以满足。顾客需求是不断变化的，要想达到顾客满意，仅仅符合了规定的需求和期望，并不能确保顾客很满意。因此酒店企业要不断识别顾客新的需求，包括隐含的和必须履行的需求，使提供给顾客的服务，达到并超过顾客的期望，才能增强顾客满意。这种不断识别和探索顾客的需求和期望，并加以满足的过程，就是持续改进。

持续改进并不仅仅是为了增强顾客满意度。任何一个酒店企业都处于变化的环境中，质量管理体系要适应种种内部或外部的变化。除了顾客需求的变化外，酒店企业还要和社会的发展、科技的进步相适应，同时也要面临着与竞争对手的激烈挑战。为了能够在激烈的竞争中立于不败之地，唯一的对策就是酒店企业自身的持续改进，只有持续改进质量管理体系的有效性，酒店企业才能得以生存和不断发展。

（2）酒店企业的根本目的是实现、保持并改进组织的总体业绩和能力。

酒店企业追求的根本目的是什么？这是任何一个酒店企业最高管理者必须回答的问题。顾客满意也好，通过质量体系认证也好，都不是组织的最终目的。组织的根本目的是要具备实现、保持并改进组织的总体业绩和能力，使组织能够得到生存和不断进步与发展。仅仅达到顾客满意是不够的，服务质量好，但组织的效益不好，组织也是无法生存的。一个酒店企业的总体业绩必然和成本、风险有着密切的联系，考虑利益、成本和风险的管理。质量和成本、效益不是对立的，质量管理的改进，必然会给组织带来好的效益，这是当代质量管理的理念。

在朱兰的质量手册中有这样一段描述：什么是质量？质量就是满足顾客需求，达到顾客需要和期望的产品特性。为了顾客满意达到顾客要求，往往需要投入资源，因此高质量意味着高成本；但从另一方面分析，高质量就要追求零缺陷，消除或减少返工、浪费、赔偿等内部或外部损失，因此高质量又意味着低成本。

2. 塑造服务质量管理体系持续改进的酒店企业文化

（1）转变经营管理理念。

要将质量管理七项原则贯穿于酒店企业的全部经营活动中，酒店高层管理者就必须转变经营管理理念，始终如一地、自觉地在酒店企业的一切经营活动中坚持质量管理七项原则。只有这样，才能有效地增强酒店全体员工的质量意识，在工作中进行持续改进以增强顾客满意。

（2）坚持以顾客为导向。

要使"以顾客为关注焦点"这个原则真正地得到落实，高层管理者就要坚持以顾客为导向来开展各项工作，充分重视顾客满意度，以不断增强顾客满意度为工作目标。酒店企业的每一个员工也都要自觉地关注顾客需求，将达到顾客满意度作为自己的责任和应尽的义务。

（3）重视相关方利益。

酒店的经营能否取得成功，还取决于酒店经营中能否使所有相关方都受益。因此在酒店服务质量管理体系的建立、实施和改进时，酒店管理者都要充分考虑供方、顾客以及其他相关方的需求和期望，并检查和落实这些需求与期望，使相关方在酒店实施服务质量管理体系中受益。

（4）树立高效工作观念。

为了提高服务质量管理体系的有效性和效率，酒店要在全体员工中树立和培养以有效和高效方式工作的观念和习惯，使每个员工都能自觉地运用科学的方法检查自己的工作是否达到规定要求，以及如何改进自己的工作。同时，在酒店企业内，每位员工还要坚决贯彻"做正确的事，正确地做事"和"第一次就将事情做好"的工作观念并使之成为习惯，从而在酒店内部形成一个人人都有效和高效工作的场景。

（5）营造持续改进的氛围。

酒店企业要通过建章立制，鼓励员工及时发现和报告改进过程中的问题，鼓励员工积极为改进建言献策，特别要大力表彰具有创新意识并取得有效改进成果的团队与个人，在酒店企业内营造一种人人争当改进标兵和革新能手的持续改进的氛围。

【复习与思考题】

一、名词解释

1. 酒店服务质量管理体系　　2. 过程方法　　3. 质量改进

二、简答题

1. 简要回答酒店服务质量管理体系的特点。
2. 简要回答酒店服务质量管理体系的内容。
3. 简要回答酒店服务质量管理体系建立步骤。
4. 简要回答酒店服务质量管理体系策划的原则与依据。
5. 简要回答酒店服务质量管理的基本原则。
6. 简要回答酒店服务质量管理体系持续改进的必要性。

三、实操训练

调查所在城市的一家高星级酒店和经济型酒店，分析这两家酒店在设施设备配置、服务项目、服务方式、经营重点方面有何不同。

【典型案例】

"SGSS"喜来登客人满意标准

一位酒店管理专家曾说过这样一句话："从一家酒店的培训实力上可看出这家酒店的管理水平。"此话道出一个道理，培训是酒店管理不可或缺的重要手段之一。

世界上著名的喜来登酒店管理集团以其著名的"SGSS（Sheraton Guest Satisfactory Standard）"喜来登客人满意标准为我们树立了典范。

在喜来登酒店，上至总经理，下至普通员工，印在思想中最牢固、贯彻在工作中最彻底的就是："SGSS"。它是喜来登管理中保持优质服务标准的"灵魂"支柱。其具体内容如下。

标准一：遇见客人时，先微笑，然后礼貌地打个招呼。

标准二：以友善热诚和礼貌的语气与客人说话。

标准三：迅速回答客人的问题，并主动为客人找出答案。

标准四：预计客人需求，并帮助解决问题。

这四个标准恰是我们日常服务工作中的一些细微的言行，而正是这些细微之举，是人人能做，却又常被人忽略，且难以长期保持的服务标准。那么，喜来登又是以怎样的培训方式把"SGSS"深深注入每个人的服务意识之中呢？

首先，"SGSS"由一套极为系统的培训版本组成，共分为四部分，培训历时为3个小时，每个培训课程各以一项"喜来登客人满意标准"为重点，而其他课程则围绕着提高客人与员工每次接触的满意程度为目标而进行设计。

其次，"SGSS"在培训课程设计方面所运用的方式并非传统的讲座形式或者阶段式的技巧训练，而且透过一些鼓励积极参与的技巧，着重培养和形成积极主动的态度和行为，培训课程运用了各种各样的展示：讨论，活动，录像带观摩，角色扮演，游戏和在职工作等。

再次，"SGSS"培训后所达到的效果是最关键的。"SGSS"培训是从新员工入职开始，目的是让新员工首先了解喜来登对客服务标准。同时酒店每年会进行复训，以保持这一标准，且能让每位员工牢记"SGSS"是喜来登培训的灵魂。由此，员工的服务意识，员工的举止言行，员工的荣誉感，人与人之间的热诚与关怀将逐渐体现在工作当中，员工会持续提供最佳服务，以达到喜来登提出的酒店一切服务质量要"物其所值"的经营方针，从而赢得了客源，赢得了"喜来登"服务质量优质和盛誉。可以说，"在喜来登，一切从小事着眼，服务无微不至"。

资料来源：https://wenku.baidu.com/view/d8f997320708763231126edb6f1aff00bfd5701a.html。

第八章

酒店服务质量评价

【内容导读】

"服务质量是酒店的生命线"。酒店为顾客提供的产品主要是服务,酒店服务质量的高低将直接决定顾客的选择与购买,进而影响酒店业的经济效益。因此,客观、系统地评价酒店服务质量已成为提高酒店竞争力、促进酒店业健康发展的重要因素。本章主要介绍酒店服务质量评价体系、酒店组织评价、顾客方评价和第三方评价。

【学习目标】

①掌握酒店服务质量评价要素、评价范围与评价体系;②了解酒店服务质量评价准则;③掌握酒店方自我评价的特点与评价形式;④掌握顾客方评价的特点与评价形式;⑤了解酒店服务质量第三方评价的主要内容。

【案例导入】

记者暗访高星酒店:星级服务是个传说

记者曾随北京和泰盛典酒店管理有限公司的专业检查员,前往二、三线城市的高星级酒店进行暗访。在参与暗访以前,记者因采访或参加各种会议,入住过全国许多家酒店,感觉大多数酒店服务都不错,而且还不乏让记者满意加惊喜的服务案例。因此,在全国有些酒店出现服务质量问题后,原国家旅游局把提高酒店质量作为重要工作来推动的时候,记者曾觉得这些质量问题可能只在部分或低星级酒店存在。

然而通过此次暗访,记者强烈感觉到:酒店服务员确实普遍缺乏培训,酒店服务质量真的依然需要提高。现在很多酒店都在强调个性化服务,事实上,当我们以普通消费者身份入住酒店后,发现自己对个性化的服务需求并不是特别多,只要有规范化服务,甚至只要有微笑和热情，作为一般消费者就可能满足了。

记者在参与此次暗访中，也了解到中国酒店业中的暗访需求。近几年，聘请第三方公司进行暗访，得到了国内酒店业的广泛认可和重视。而这种检查酒店质量的方式，在国际品牌酒店集团早已实行多年。为了掌控成员酒店的服务质量，国际品牌酒店集团常常会聘请第三方公司，让他们隐蔽身份去酒店进行检查，以此得到酒店运营以及服务的真实情况。这些检查人员通常会保密行程，因此国际品牌酒店称这些检查人员为"神秘客人"。这些"神秘客人"不同于前段时间在国内炒得沸沸扬扬的"酒店试睡员"，两者的最大区别是前者都是专业人士，而后者只是普通消费者。国内酒店的暗访，其实与这些"神秘客人"有异曲同工之妙，这应该是向国际品牌酒店集团学习的结果。

据记者了解，各酒店集团也会自己派人去酒店进行检查，但自己人多少都会碍于情面，自己给自己开脱。除此之外，第三方公司因为更专业，检查的流程等设计更合理，因而受到欢迎。今年，全国星级评定委员会也明确提出，在五星级酒店复核中，将在明查的基础上加大暗访力度，以促进酒店真正达到五星级标准。

目前，国内一些酒店管理公司，如开元、建国、金陵、东方嘉柏、中油阳光等，每年都聘请第三方公司，对成员酒店进行暗访，以此逐步提升成员酒店的服务质量。现在国内从事酒店暗访业务的公司还不是很多，北京和泰盛典酒店管理有限公司自2009年开展此项业务以来，应邀已对200多家四、五星级酒店进行了暗访检查，其中，五星级酒店的数量达到80%左右。该公司的暗访检查标准，依据的是原国家旅游局新颁布的《饭店星级的划分与评定》，并结合了酒店日常经营与服务的特点。暗访的检查标准与国家星级评定标准在检查项目的设定上有所区别，在评分方法上也不相同，某些检查项目较国家星级标准来说更细致和严格。

资料来源：http://www.360doc.com/content/11/1031/08/1800.shtmle。

第一节 酒店服务质量评价概述

一、酒店服务质量评价要素

在 SERVQUAL 评价法中可以了解到，酒店服务质量评价基本要素包括可靠性、响应性、保证性、移情性和有形性，通过对这5个的判断与比较，最终形成对酒店服务质量高低的评价。

（一）可靠性

可靠性是指酒店企业及员工能够可靠地、准确地履行服务承诺的能力，这意味着酒店企业及员工能够以相同的方式准确、无差错地为顾客提供服务，如入住登记、离店结账等，能以相同的方式无差错地准时完成。同时，可靠性还要求酒店在提供服务的过程中严格按照服务标准、规程操作，尽可能地避免或减少服务过程中出现差错，确保顾客的消费权益不受损害。可靠性是酒店最重要的服务属性，也是顾客所期望的，甚至是开展服务质量评价时最为关注的因素。若出现差错，给酒店带来的不仅是直接意义上的经济损失，而且可能意味着失去很多潜在顾客。因此，酒店必须注重服务质量的可靠性，以确保服务质量的高品质。

（二）响应性

响应性是指酒店企业和员工主动帮助顾客，并表达为顾客迅速提供酒店各种服务的愿望及反应快慢的程度。对于顾客在酒店消费中的各种需求，酒店能否及时予以满足表明了酒店是否把顾客的利益放在第一位。同时，酒店服务效率也从一个侧面反映了酒店服务质量。对于酒店企业而言，在酒店服务繁忙阶段，顾客等待可以使酒店有限的服务能力得到最大限度的利用，提高了酒店的生产水平，但从顾客角度来看，等待服务的时间越长意味着购买服务的成本越高，顾客的满意度必然会随着等待时间的延长而下降。因此，酒店企业需要在二者之间取得平衡，这对提高酒店经济效益和服务质量具有重要意义。世界著名酒店公司都非常强调员工能以最快的速度对顾客的要求做出响应，例如，世界知名的希尔顿酒店就十分强调自己的服务特色，即服务效率，这种高效率的服务迎合了现代社会消费者，尤其是商务顾客的需求。

（三）保证性

保证性是指酒店员工服务中所具有的知识、礼节以及表达出自信与可信的能力，包括员工完成服务的能力、对顾客的礼貌尊敬、与顾客的有效沟通能力等。服务的保证性能增强顾客对酒店服务质量的信心和安全感。如酒店员工亲切友好的问候和微笑将缩短顾客与新环境之间的距离，酒店员工高超、熟练的操作技能和非同一般的应变能力则可有效降低顾客的感知风险，增强顾客对酒店企业及员工的信任。为此，酒店应加强对员工的培训与教育，尽可能拓宽员工知识领域，培训员工掌握服务过程中需运用的记忆、表达、理解、公关等方面的能力和技巧，以增强顾客对酒店及员工服务的信任与安全感。

（四）移情性

移情性是指服务过程中酒店能设身处地为顾客着想，并给予他们充分的关注，这体现了酒店对于顾客需求的个性化服务。移情性不是指服务人员的友好态度问题，而是指酒店要站在顾客的立场，想顾客之所想，急顾客之所急，真诚地关心顾客，了解他们的真实需求，甚至是私人方面的要求，并给予满足。酒店服务的移情性有5个方面表现：第一，酒店要针对不同的顾客提供个别的服务；第二，员工要给予顾客个别的关怀；第三，员工要了解顾客的真实需求；第四，酒店要优先考虑顾客的利益；第五，酒店的服务时间要能符合所有顾客的需求。

（五）有形性

有形性是指顾客直观感受到的酒店服务人员的服装和仪容仪表、服务设施、服务设备、装饰装修、促销资料等有形展示。服务的无形性会增加顾客购买服务的风险，有形展示可以有效地降低顾客购买风险，使顾客对酒店服务质量形成较好的第一印象，增加顾客购买欲望。如顾客看到酒店员工的仪表仪容、工作态度、精神风貌以及酒店实体要素的有形展示就可使顾客对酒店服务质量作出初步判断。同时，酒店的有形展示是针对客人设计的，这也体现了酒店的服务理念和服务文化，为顾客评价酒店服务质量提供了依据。

二、酒店服务质量评价范围

（一）服务质量内容

酒店服务质量评价的核心内容无疑是酒店服务质量构成内容，包括酒店的硬件组成部分和软件组成部分。酒店服务质量的硬件组成部分因酒店的规模、档次等以及顾客的需求不同而有所差异，但一般都有现实客观的衡量标准。而服务质量的软件组成部分则因服务提供者的个体差异和接受方的主观体验不同而较难有客观量化的衡量标准。因此，酒店服务质量内容评价的关键在于三点：一是酒店的硬件组成部分与酒店的等级是否相符，顾客是否有"货真价实"的感受；二是酒店是否建立了相应的服务制度及支持制度，且各类制度尽可能地予以量化；三是考察酒店服务是否遵循了所规定的标准和程序。

（二）服务过程

酒店服务过程是酒店服务质量管理的核心，因此对酒店服务过程的评价也就成为酒店服务质量评价的核心。酒店服务过程的评价就是要考察酒店服务中的各环节顺序是否恰当，是否科学合理，其目的在于保持活动的逻辑顺序和对服务资源的协调利用。对酒店过程的评价要满足如下5个方面。

1. 识别出所有的服务过程（活动）。
2. 所有的服务过程（活动）都制定出工作标准、工作程序。
3. 服务过程（活动）各岗位都分配了相应的职责。
4. 服务标准、服务程序都得到执行和遵守。
5. 在实现所要求的结果方面，过程是可靠有效的。

（三）服务组织与服务项目结构

服务组织与服务项目结构主要是考察为顾客提供服务的酒店组织结构构成，以及酒店企业提供的服务项目本身的结构。酒店服务组织结构包括服务管理结构和服务运作结构，前者主要考察其组织设计的科学性、人员结构的合理性和管理的效率性；后者主要考察其岗位设置的合理性、服务流程的科学性和服务操作的规范性。以餐饮服务为例，餐饮接待服务组织是酒店组织的重要组成部分，它不仅要求内部岗位设置、分工科学合理，各岗位员工的数量与素质符合要求，还要求餐饮接待程序合理、操作流程规范等，只有当这些要求都具备时，才有可能为顾客提供满意的服务。服务项目结构主要考察酒店服务项目设置和服务提供是否符合市场需求，能否为酒店带来经济效益以及能否增加顾客的满意度等。

（四）服务结果

服务结果是酒店服务的最终体现，顾客的评价往往是对所接受的服务的最终结果进行评价的，同时酒店也通过顾客对服务结果的评价进行服务质量管理与改进工作的。酒店服务质量评价所考察的酒店服务结果包括顾客满意度、顾客投诉与抱怨情况、忠诚顾客流失情况以及员工与顾客意见等涉及酒店服务最终结果的问题。例如，我们已经熟悉在酒店前台或餐饮部餐桌上，那些要求顾客评价服务质量的卡片就是用来调查顾客对酒店服务质量评价的工具。反映酒店服务质量结果的有效指标之一是酒店忠诚顾客的流失情况，如果忠诚顾客流失增多，在一定程度上必然说明酒店服务质量存在问题。酒店企业可以通过跟踪这些能够反映服务结果的指标（如忠诚顾客流失率），去监视服务结果质量的变化，进而采取有效措施提高服务质量。

（五）服务影响

酒店服务质量影响是酒店服务结果的后续和延伸，可以从两个方面考察服务质量的影响：一是酒店服务对客人的影响，这是酒店服务最直接、最重要的影响。酒店的生存与发展离不开顾客，酒店服务质量对顾客的影响会导致顾客是否愿意推荐身边的亲朋好友购买酒店的服务以及自身的重复购买，酒店可通过监视顾客回头率的变化来衡量酒店服务质量的优劣；二是酒店服务对社区公众的影响。一家可以提供优质服务的酒店必然会在该社区中形成良好的公众形象。

三、酒店服务质量的评价准则

酒店服务质量评价的最终目的是为酒店服务质量管理服务，同时可以提升和改进酒店服务质量。因此，为确保实现预期的效果，酒店在进行服务质量评价时必须遵循一定的准则。

（一）服务质量评价的可操作性

酒店服务质量评价的可操作性与酒店服务质量标准的可操作性是密不可分的。酒店不仅应该对酒店各工种岗位的人员素质要求和岗位职责进行定性的规定，而且还应将质量管理中的各标准加以定量化和规范化，使服务质量评价具有可操作性。如电话铃响三声必须使用敬语接听；为预订顾客办理入住登记手续时间不得超过 3 分钟；客房用餐服务必须在接到客人用餐要求后 15 分钟内送达等。这种服务标准的可操作性使得服务评价具备了可操作性，也使服务评价的好坏有了依据。

（二）服务质量评价的整体性

酒店服务质量评价应是一个包括各方评价组成的完整的整体。在这个整体中既要有作为服务对象的顾客评价，也要有服务提供者本身（酒店组织）进行的自我评价；还要有既不是服务对象也不是服务提供者，即不存在"利益"驱动的第三方的评价。只有各方参与的整体性评价，才能保证服务质量评价结果的准确与完整。

（三）服务质量评价的全面性

酒店服务质量构成复杂，影响因素众多。既有硬件构成因素，也有软件构成因素；既有物质方面因素，也有精神方面因素；既有酒店员工的因素，也有顾客的因素；既有来自酒店本身的因素，也有来自社会方面的因素。因此，对酒店服务质量的评价应该从多维度、多层次进行评价，只有这样才能帮助酒店企业认识到在服务质量管理方面存在的问题。

（四）服务质量评价的市场导向性

一方面，酒店服务质量管理必须坚持顾客第一的市场导向，将顾客的需求作为酒店服务质量管理的出发点和落脚点。在制定酒店服务质量目标、确定酒店服务流程和服务质量标准以及服务质量管理活动中，都要以满足顾客的需求为基础，以顾客满意为最终评价结果，不断调整评价的依据。另一方面，酒店服务质量评价的市场导向要求酒店企业要密切注意酒店市场的变化，酒店服务质量不仅要满足国内顾客的需要，也要满足国外客人的需要，为酒店企业走向国际化，在国际范围内开展竞争奠定良好的基础。

四、酒店服务质量评价体系

（一）酒店服务质量评价体系的构成要素

酒店服务质量评价体系的构成要素包括评价主体、评价客体、评价媒体三个方面组成，如图 8-1 所示。

1. 评价主体

所谓评价主体即由谁来对酒店服务质量进行评价。对酒店服务质量进行准确而有效的评价，有助于酒店确定服务质量问题所在，进而改进和提升服务质量。服务质量评价主体应包括三个维度主体：顾客评价、酒店企业自我评价和第三方评价。

顾客评价、酒店自我评价都是从各自的利益出发，对酒店服务质量进行评价，但由于各自的利益角度不同，在评价时的侧重点、评价形式也不尽相同。顾客从自身利益角度通常以定性评价为主，酒店从服务质量管理角度通常以定量评价为主，而第三方的评价往往以对酒店硬件质量评价为主，而且各自都有优缺点和存在的合理性。因此，三方各自在整个评价体系中的比重和地位，以及如何完美整合三方评价结果使之能够正确衡量酒店服务质量是一个比较困难的问题。

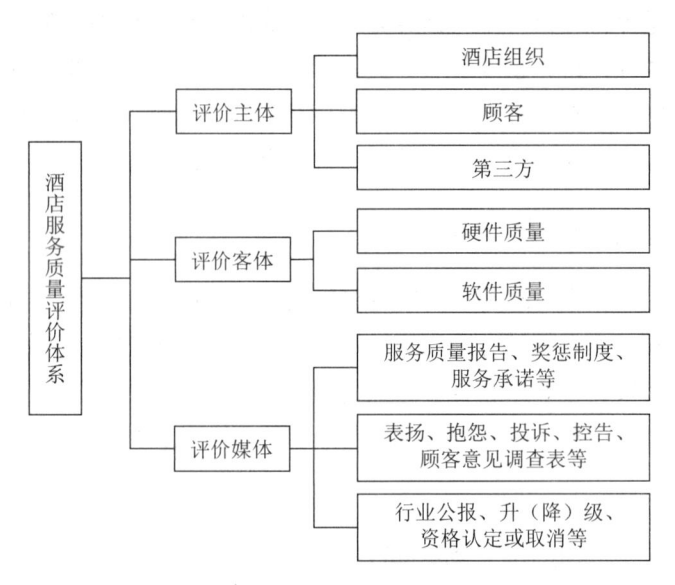

图8-1 酒店服务质量评价体系的构成要素

2. 评价客体

评价客体即评价的对象和内容。一般来说，酒店服务质量的评价客体包括硬件质量和软件质量两个部分。硬件质量包括设施设备质量、实物产品质量、服务环境质量。软件质量由服务项目、服务过程中的服务意识、服务态度、服务方式、服务技巧、礼貌礼仪、清洁卫生等构成。不同的评价主体的评价侧重点有所不同，顾客的评价通常集中在服务项目、服务规范、服务提供过程等是否满足顾客需求方面的定性评价；酒店组织评价侧重于服务设施设备、服务用品、服务意识、服务态度等方面的定量与定性相结合的评价；第三方评价则较侧重于对硬件设备质量的考察与评价。

3. 评价媒体

评价媒体也称为评价媒介，即各评价主体对酒店服务质量评价的表现形式以及反映评价结果的渠道。由于各评价主体在评价酒店服务质量时的立足点和侧重点不同，在进行服务质量评价时所使用的评价媒体也会有所不同。通常，顾客通过表扬、抱怨、投诉甚至控告等形式表现出其对酒店服务质量的评价，酒店通过顾客意见调查表结果的统计分析也可以反映出顾客对酒店服务质量的满意程度。酒店组织以奖惩制度、服务承诺、内部通告、专项质量管理等方式来反映其评价结果。第三方组织评价通过行业公报、行业评比以及升级、降级等奖惩方式公布和公开评价结果。

（二）影响酒店服务质量管理体系的因素

酒店服务质量评价体系不是一成不变的，而是一个受多种因素的影响需要不断调整的动态体系。酒店类型不同、发展阶段不同以及所处外部环境的变化，都会影响到服务质量评价体系的有效运作。因此，酒店必须对影响评价体系的因素进行分析，并根据分析的结果调整各主体评价值的权重关系，以保证标准评价体系所作出的评价的准确性。

1. 酒店类型的影响

酒店业发展到今天，酒店类型的划分繁多复杂。根据不同的划分标准可以分为不同类型的酒店，即使是同一家酒店企业，按不同的标准划分，也可以归为不同的类型，例如，按星级标准划分的五星级酒店，也可以按酒店豪华程度划归为豪华酒店。不同类型的酒店具有各自不同的经营和服务特点，因此，酒店应结合各自的实际情况，对酒店服务质量评价体系中各方评价结果进行有选择、有侧重地运用，对各方评价的关注程度以及在评价体系中所占的权重进行适当的分配。需要特别指出的是，为保证酒店服务质量评价的全面性与准确性，对所有酒店服务质量的评价都应该包含有顾客、酒店组织和第三方参与的评价结果。以不同星级酒店为例，四、五星级以上的高星级酒店，既要重视第三方的评价，又要重视顾客方的评价和酒店组织的自我评价；而三星及以下的低星级酒店由于目标市场的不同，更加注重顾客评价，以赢得目标市场顾客的认可。低星级酒店通过注重顾客评价，不断改善软件服务，同样可以获得与高星级酒店相同甚至更高的顾客满意度，从而吸引更多的目标顾客，保证酒店经济效益的不断提高。

2. 酒店所处的生命周期的影响

从营销学角度看，酒店企业和其他企业一样，都有着各自的市场生命周期，并处于生命周期不同的发展阶段，相应地对各评价主体的评价的重视程度就有所不同。

（1）进入期。

这一阶段指酒店刚进入市场，既没有知名度，也没有较稳固的客源，服务质量相对不稳定，生产费用和营销费用也较高，酒店经营成本处于较高水平。因此，在这一阶段的酒店的服务质量应以第三方评价为主，通过第三方评价使酒店能够迅速占领市场。市场进入期酒店在注重顾客评价的同时也要辅以酒店自我评价，以保证服务供给过程的稳定和有序，从而保证服务质量的稳定性。因为在这一时期，酒店一旦出现服务质量问题，就容易让顾客失望，从而造成酒店在竞争客源上面临更大的困难，不利于酒店的持续发展。

（2）成长期。

这一阶段酒店经营的特点为酒店及其提供的产品逐渐为市场所接受，并拥有了一定规模的消费群体，酒店发展速度呈现出逐步加快的趋势，销售量开始增大，成本有所降低，利润增长，并引起了竞争对手的注意。

在这一时期，酒店服务质量评价应以顾客方评价、酒店方评价和第三方评价并重。酒店持续关注顾客评价，并加强对顾客评价结果的分析，根据顾客的反馈进一步改良服务产品，以不断提高顾客满意度，培育酒店忠诚顾客群体。同时，通过加强组织评价，寻找并制定可以维护和稳定服务质量的措施，从而提高酒店的市场竞争能力。除此之外，酒店还需注重第三方评价，以巩固酒店持续提供优质服务的形象。

（3）成熟期。

酒店在经历成长期的高速发展阶段后，酒店的发展速度开始减缓，在到达顶峰后逐步下降。在这一时期，由于酒店对新的服务项目开发或关注不够，加之为了稳定客源市场需求而不断加大营销力度，导致成本上升，酒店的利润率相对降低，因此酒店竞争主要围绕价格、特色与质量展开。在这一阶段，市场竞争更加激烈，酒店的主要任务是维持市场占有率，并吸引新顾客，因此酒店服务质量评价应把侧重点放在顾客评价上，通过分析顾客的评价结果，把握顾客的需求变化，改进服务项目与质量，以达到留住老顾客和吸引新顾客的目的。

（4）衰退期。

酒店发展经过成熟期后就进入衰退期。这一阶段的特征是酒店利润进一步下降，服务项目陈旧老化，酒店特色、竞争力不显著，顾客流失严重。因此，这一时期的酒店服务质量评价应特别重视顾客评价和第三方评价。重视顾客评价，根据顾客需求改良酒店不符合市场需要的服务项目，开发新的服务项目，及时了解顾客对新服务项目的感受与满意程度。重视第三方的评价，可以帮助酒店了解现有的资源配置是否落后于市场的要求以及落后的程度，从而决定是否需要更新、整合酒店资源或是进行酒店的再改造，以适应新的时代市场发展要求，并以新的面貌重新进入市场，开启酒店新一轮的市场生命周期。

3. 外部环境及趋势变化的影响

（1）顾客消费模式的变化影响。

随着社会进步和经济发展，人民生活水平的逐步提高以及酒店市场供求关系的变化，酒店顾客消费心理及消费方式发生了很大变化。一方面，顾客的消费决策从追求"性价比"，转变为"喜欢或不喜欢"，顾客的感情或感受在消费中逐步占据主导地位，更加注重酒店的品牌、功能以及产品或服务的性能、特色，顾客消费倾向更加个性化和智慧化，这就要求酒店的服务质量评价体系要更加重视顾客评价。另一方面，顾客的生态意识和环保意识不断加强，生态化消费倾向变得日益明显，这就要求酒店服务质量评价要重视第三方评价，通过引入ISO14000环境质量认证，可以吸引更多具有生态、环保意识的消费者。

（2）信息技术发展的影响。

计算机网络技术的发展，革命性地改变了信息传播的时间和费用，使得酒店管理人员能够实时地把握顾客的个性化需求信息，满足顾客个性化需求。酒店通过网络技术，尤其是现代移动网络技术，使得顾客消费的定制化服务时代正式来临，"顾客线上提出要求—酒店设计并提供相应服务—顾客线上评价"这一定制化消费模式得以在酒店中实现，从而不仅实现让每一位顾客都成为 VIP 客人，享受 VIP 服务，而且也使得顾客的评价更加方便和高效。

（3）酒店集团的发展趋势。

随着酒店业进入成长、成熟阶段，为提高竞争能力和获取规模经济效益，酒店集团化发展成为一种必然趋势。酒店集团化发展态势将会使酒店质量评价向第三方评价和酒店组织自我评价倾斜。第三方评价推行的标准化将会增强酒店集团运行的统一化和管理的有效化，但同时也会导致酒店的同质化日益严重，而酒店集团要想在整体上扩大其市场规模与集团对市场的占有份额，就必须具有创新意识和创新能力。酒店集团可以在内部开展组织自我评价，形成具有特色的集团服务，并以此形成自己的产品特色，从而保持集团酒店的竞争优势。同时，酒店集团依靠严格、规范的组织自我评价赢得了经济效益，又会产生一定的示范效应并对其他酒店带来一定的竞争压力，这样就会推动更多的酒店加入酒店集团化发展中来，开展与贯彻集团内部系统的组织自我评价，以更具特色的服务在竞争中不断得到发展。

小案例

"It will do"与"It won't do"的错位

一天，内地某宾馆中一位美国客人到总台登记住宿，顺便用英语询问接待服务员小杨："贵店的房费是否包括早餐（指欧式计价方式）？"由于小杨的英语才达到 C 级水平，因此在没有听明白客人话语意思的情况下便随口回答了个"It will do"（行得通）。次日早晨，客人去西式餐厅享用自助餐，出于细心，又向服务员小贾提出了同样的问题。不料小贾的英语也欠佳，只得穷于应付，慌忙中又回答了"It will do"（行得通）。

几天以后，美国客人离店前到前台结账。服务员把账单递给客人，客人一看非常吃惊，账单上对他的每顿早餐一笔不漏！客人越想越糊涂：明明总台和餐厅服务员两次回答了"It will do"，怎么结果变成了"It won't do"（行不通）了呢？他百思不得其解。经再三追问，总台才告诉他："我们早餐历来不包括在房费内。"客人将初来时两次获得的"It will do"答复的原委告诉总台服务员后，希望早餐能得到兑现，但遭到拒绝。客人于无奈中只得付了早餐费，然后怒气冲冲地向酒店投诉。

最后，酒店重申了总台的意见，加上早餐收款已做了电脑账户，不便更改，也就没有同意退款。美国客人心里不服，怀着一肚怒气离开宾馆。

第二节 酒店组织评价

一、酒店企业自我评价的依据

（一）酒店是服务的提供者

酒店服务由于具有生产与消费同时性的特点，相比其他产品，酒店服务有其特殊性。因此，为确保酒店服务满足顾客需求，酒店就必须注重在服务前、服务过程中与服务后的全过程性评价。酒店对自身所提供的服务进行服务前考评与服务过程中控制能有效落实服务标准与规范，提高服务质量水平，而酒店服务的事后评价则能使酒店吸取经验教训，避免不合格服务再次发生。

（二）酒店是服务产品的相关受益者

酒店通过出售酒店产品获取经济效益，酒店员工通过自己的工作付出获得应有的工资报酬，从而实现自身价值。因此，酒店通过对自身服务产品的评价，可以准确把握所提供的服务质量优劣、市场适应性以及盈利水平，从而改进酒店企业服务质量，并通过调整服务产品、开发新服务产品等一系列经营管理决策获取更大的效益。

（三）服务质量评价是酒店质量管理的重要环节

服务质量是酒店各部门及全体员工共同工作的结果，是酒店整体工作和管理水平的综合体现。加之酒店市场处于买方市场下，酒店企业的竞争日趋激烈，酒店企业的服务质量也就成为酒店经营管理工作的重点和中心，以服务质量求生存、求效益也成为酒店企业发展的必然选择。因此，酒店对自身提供的服务水平进行评价是酒店经营管理的重要环节之一，更是酒店质量管理的重要环节。酒店在制定和实施服务质量方针、质量目标之后，对服务质量进行评价是考核是检查服务质量方针、质量目标的落实与最终贯彻情况的有力工具。通过酒店组织的自我评价，可以在了解服务提供的实际情况的基础上，不断修正与完善各服务过程、质量标准、质量规范，避免出现顾客不满意或不符合顾客需求的情况的发生。

二、酒店企业自我评价的特点

（一）评价的全方位性

酒店服务质量的高低涉及酒店所有部门、所有员工的工作质量，对服务质量的评价不仅是对被服务者的需求满足程度进行评价，还要对全酒店的各种工作的质量进行评价。酒店质量管理也是全方位的，因为优质服务的提供不仅仅是酒店前台人员努力的结果，同时也需要后台人员提供保障，例如，酒店工程部员工的工作质量会影响到酒店设施设备的质量。因此，酒店企业的自我评价应该是多层次、全方位评价，只有这样，才能保证酒店的服务符合顾客的需求。

（二）评价的全过程性

过程的评价与测量对达到和维持所要求的服务质量是不可或缺的，也是落实与贯彻酒店服务质量管理体系的必然要求。从酒店或部门角度看，对酒店或部门服务工作的全部过程的考评，应包括服务前、服务中和服务后3个阶段的考评。这样的考评不仅仅是面对客人所进行的服务的考评，还包括了在对顾客服务前所做的准备工作和服务后的善后工作的考评。这种评价的全过程性有利于服务质量考评后的总结与完善工作，更有利于酒店企业改进和提高服务质量。

（三）评价的片面性

酒店企业的自我评价通常是由酒店质量检查部分开展，由于考评人员长期处于一个固定的环境之中，形成了酒店服务过程、各部门的服务质量的"刻板印象"，便会出现身在其中而"不识庐山真面目"的情况。另外，酒店自我评价还会因为走过场、搞形式或碍于人情等原因，使酒店自我评价中内部考评人员"麻痹""忽视"掉了本酒店服务质量中的一些重要问题，从而加剧了评价的片面性。

（四）评价的"完美"性

酒店不论是哪个层次的自我评价考评，一般都会在考评前制订考评计划和考评通知，将考评内容、时间等通知给被考评者，使被考评者能够较为充分地准备考评内容的服务质量状况。因此，考评可能会因被考评者经过充分准备或过多的"装饰"而缺乏真实性。同时，由于酒店中非正式组织的存在，也常常导致酒店考评中各部门、各班组之间的相互包庇现象。所以，酒店自我评价反映出的酒店服务质量实际是临近最高水平的一个"完美"状态。

三、酒店企业自我评价的形式

在实践中，酒店企业服务质量自我评价的形式大体上可以归纳为以下几种。

（一）酒店统一评价

这种评价形式由酒店服务质量管理的最高机构根据服务质量管理体系要求，定期或不定期开展组织与实施，是酒店服务质量评价的最高形式，具有较高的权威性，通常也会引起各部门的重视。在这种形式的评价中，要注意以下三个问题：一是要注意对不同部门及不同工作内容的重点考核，因为即使是在同一家服务质量管理水平较高的酒店，部门与部门之间的服务质量也会存在较大差异，不同部门的工作重点不同，考评内容也要有所不同。二是要注意评价的均衡性，酒店最终的服务质量是通过一线部门来实现的，但这并不意味着二线部门的工作对服务质量没有影响，恰恰相反，二线部门的工作质量有时会对酒店服务质量起着决定性的作用，如采购部门对所需的食物原料的采购质量直接影响餐厅菜品质量等。三是必须重视服务质量评价的严肃性，对于不达标、有问题的当事人和责任人必须依照酒店有关管理条例处理。此外，对影响酒店服务质量的员工素质及出勤状况的考评也往往由酒店统一开展，表8-1和表8-2分别是某国际品牌酒店员工级和管理人员月度考核表。

表8-1 某国际品牌酒店员工级月度考核评估

姓　　名：_____　　部门：_____　　职务：_____
入职日期：_____　　月份：_____

考核项目	评估分数	考核项目	评估分数	考核项目	评估分数
1. 出勤纪律		7. 团队协作		13. 安全	
2. 仪表仪容		8. 业务能力		14. 人员招聘	
3. 礼仪礼节		9. 组织纪律		15. 设施完好	
4. 工作效率		10. 区域清洁		16. 财务管理	
5. 工作主动性		11. 市场开发			
6. 学习能力		12. 采购保障			
备注：					

考核项目：前厅部、客房部、餐饮部为1~10项；营销部为1~9项和第11项；采购部为1~9项和第12项；安全部为1~9项和13项；人事部为1~9项和第14项；工程部为1~9项和第15项；财务部为1~9项和第16项。

表8-2 某国际品牌酒店管理人员月度考核评估

姓　　名：_____　　部门：_____　　职务：_____
入职日期：_____　　月份：_____

考核项目	评估分数	考核项目	评估分数
准确		执行力	
效率		预见性	
沟通		责任感	
协作		创新性	
培训		激励力	
备注：			

(二)部门自评

部门自评是指按照酒店服务质量的统一标准,各个部门、各个班组对各自的服务工作进行考核与评价。酒店自我评价应该是多层次的。按酒店组织层级划分,大致可以分成三个层次:第一层是酒店一级的店级考评,第二层是部门一级的自评,第三层是班组、岗位一级的自评。酒店一级的考评是酒店自我评价中最具有权威性的评价,但酒店由于资源、成本等因素的限制,不可能每天都进行店级考评,而酒店又必须保证服务质量的稳定性,因此,部门和班组的自评就显得尤为重要。这里需要强调指出的是,尽管是部门和班组、岗位自评,但一定要严格按照酒店统一的服务质量标准进行自我评价,不能自立标准、各行其是,否则,就会引发酒店服务质量管理系统出现混乱。此外,酒店的服务质量管理机构也要加强对部门考评结果的监督管理,定期或不定期抽查部门、班级服务质量考评的记录,并随时与考评记录中的当事人进行核对,以防止可能出现的"敷衍""糊弄"等行为。考评及检查中若发现部门考评结果与酒店考评结果存在较大差异的情况,酒店应给予足够的重视,并找出原因予以解决。表8-3是某国际品牌酒店楼层领班查房表。

表8-3 某国际品牌酒店楼层领班查房表

楼层:_____   领班:_____   日期:_____

房间号	初检时间	存在问题	工程维修	复检结果	备注

(三)外请专家考评

为克服酒店统一评价和部门评价的局限,尤其是在酒店企业进行第三方评价前,酒店企业就需要外请专家进行考评。外请专家考评不仅能提高酒店服务质量评价的专业性、客观性,同时,这些独立于酒店利益相关者的"局外人"在协助酒店进行服务质量评价时,会帮助酒店发现一些被内部考评人员容易"麻痹""忽视"掉的问题。此外,这些专家还会带来其他酒店在服务质量管理方面的经验和先进理念,有利于酒店服务质量管理的改进与提高。

国内酒店企业还可以借鉴和引进国际酒店集团在外请专家考评方面的成熟的制度和方法。如由酒店集团委托专业公司对集团内的酒店开展考评,集团总部及下属酒店人员不参与考评,考评指标中可含有大量的定量指标,以保证考评质量和对集团所属所有酒店的客观公正。这种考评办法在考评制度、操作程序上避免了各种干扰因素,能够基本上反映出集团所属酒店的服务质量的客观情况。

（四）随时随地的"暗评"

"暗评"一般是由酒店中高层管理者来实现的，即酒店中高层管理人员在路过酒店每一个部门或服务场景时，都可以将服务质量考评工作融入其中。酒店管理者的每一次走动都应作为对酒店服务质量的一次考评，对这一过程中发现的每一个问题都应及时纠正，并纳入管理人员对员工的实际操作行为的纠正与训导之中。

在国际酒店集团中，由于集团有权力检查和监控所属酒店的服务质量工作，因此，集团常常采用突击检查和巡视检查的方法进行"暗访"。集团每年会安排一些人员进行"飞行检查"，暗访集团所属酒店。暗访结果会以报告的形式下发给酒店。对暗访中发现的问题，由酒店管理方和发生问题的部门负责人进行整改，并将整改情况反馈给酒店高层管理者。

酒店企业无论是请专家考评还是管理者进行暗评，考评结束之后都应该形成考评报告，并将考评报告反馈给酒店高层管理者，考评报告将作为酒店服务质量管理的成果及员工奖惩、晋升的依据之一。表8-4是杭州某酒店电话预订的暗访报告。

表8-4 杭州某酒店电话预订的暗访报告

项目：电话预订					
日期：××××年××月××日					
序号	标准	达到	未达到	备注	
1	接电话时正确问候宾客，同时报出部门名称	√			
2	确认宾客抵离时间	√			
3	询问宾客是否需要接送交通接着服务	√			
4	提供所有适合宾客要求的房型信息	√			
5	正确描述房型的差异（位置、大小、房内设施）	√			
6	如该日期无宾客要求的房型，主动提供其他选择	√			
7	询问宾客姓名及其拼写	√			
8	询问宾客地址及其联系方式	√			
9	说明房价及所含内容	√			
10	提供预订号码及预订姓名		√		
11	说明酒店入住的有关规定	√			
12	通话结束前重复确认预订的所有细节		√		
13	通话结束，员工向宾客致谢		√		
标准小计		达到	未达到	备注	
13		10	3		

续表

特殊情况描述			
员工能力评价：	优秀	一般	不合格
			√
其他评论： 4–5. 在询问其他同事或上级的情况下提供信息。8. 仅仅询问了宾客的联系方式。12. 仅在通话过程中确认过一次宾客预订细节，当宾客后来又有一些其他要求后并未在通话结束前进行全面确认。13. 未向宾客致谢。预订员对业务不太熟悉，至少 4 次询问其他员工或上级，问完回来后直接说"喂……"仅有一次说："对不起，让您久等了。"			
选项达标率：		76.92%	

（五）专项质评

专项质评是指酒店针对特定的服务内容、服务规范进行检查与评估。酒店通常会对自己的优势服务项目，在特定的时间内开展专项质评，并以服务承诺或服务保证的方式向顾客显示质评后的服务效果。例如，2022 年 1 月冬奥会开幕前，北京冬奥各签约酒店为迎接北京冬季奥运会的召开均进行了专门的质量考评，并通过相关媒体向社会作出了优质服务的承诺。

四、酒店自我评价的完善与发展

（一）确立酒店自我评价组织管理机构

为做好酒店服务质量评价工作，需要酒店建立起相应的组织管理机构。我国酒店在发展过程中根据酒店的特点和不同的发展阶段，形成了形式多样的服务质量管理机构。各种服务质量组织管理机构各具特点。

1. 专职检查部门

在一些通过质量体系认证或准备进行质量体系认证的酒店，大多成立了专职的服务质量检查部门，对酒店的服务质量进行检查、监督与管理。酒店设置专职质检部门的优点是在组织建设和人员上保证了酒店的服务质量管理工作能够有序开展，缺点是增加了酒店组织机构的复杂性。同时，有限的质检人员很难全部掌握酒店各个部门的服务过程、标准等，导致评价的准确性会打折扣。

2. 人力资源部内设质检机构

一些酒店会在人力资源部内设相应的服务质量检查评价机构。在人力资源部内设评价机构有利于将服务质量检查与员工培训密切结合起来，从技术角度来完善酒店的服务质量，但这种形式的质检评价缺乏权威性，也很难得到酒店其他部门的配合。

3. 总经理办公室内设质检机构

将质检机构设置于总经理办公室，可以赋予服务质量检查评价工作以更大的行政权力，增加酒店服务质量检查评价的分量，但是缺乏质检评价的专业性。

4. 服务质量管理委员会

在国内，一些酒店采取服务质量管理委员会的形式来执行酒店的服务质量检查与评价工作。委员会一般由酒店高层和各部门的部门经理组成，有些酒店在各部门也组建了分委员会。管理委员会具有检查与评价的权威性，同时由于有了部门的参与，也增强了检查与评价的专业性。但由于委员会没有专职的人员，往往造成自己人检查评价自己部门，对部门现存的常规质量问题不敏感，而深层次质量问题又检查不出来的尴尬情况。

（二）完善与健全酒店各项服务标准与规范

服务标准与规范是检查与评价服务质量的依据与准绳，因此，完善与健全酒店各项服务标准与规范对于酒店服务质量酒店方评价具有重要意义。完善与健全酒店各项服务标准与规范包括服务质量控制标准与规范、评价和考核程序标准与规范、服务提供方式的标准与规范、各类表单呈现内容的标准与规范等。

（三）完善与健全酒店自我评价的相关制度

完善与健全酒店自我评价的相关制度包括：自我评价的周期与时间制度；评价的内容与所涉及的部门和人员制度；评价与检查的标准；评价的连续性与方法的稳定性制度；运作程序、管理办法与奖惩制度；评价信息的管理制度（如评价信息记录的规范化与标准化、评价信息的统计分析与归类、评价信息的上报与反馈、评价信息的存档和使用等内容）。

（四）完善与健全评价过程的检验与改进

评价过程的检验与改进可以采用 PDCA 方法进行。
（1）现有过程评价。选择需要改进的区域，分析需要改进的原因。
（2）识别并验证原因。
（3）寻找解决问题的最佳方法。
（4）分析评价解决的成效效率。
（5）确定新的评价过程的评价制度和评价方法。

小案例

某酒店的一份暗访报告

前台：服务人员很好，准确性高，账单没有出现异议；能在最短的时间内关注客人，与客人打招呼。行李服务稍逊色，在酒店内很少见到行李员，即使见到行李员，他们也不主动向客人提出服务请求。门卫表现出色。

餐饮：在礼貌服务方面不错。但是服务程序上还是有些问题，最为突出的问题是在中餐厅碰到冷菜热菜一起上的情况。餐厅员工基本上都不推销本餐厅的特色菜品。有的餐饮员工上班聊天，有的员工倚靠站立，很不雅观。

客房：改进最大的是客房的清洁度。上次检查中发现的毛发问题本次很少出现。客房工作人员在楼层中见到客人普遍能够主动微笑并打招呼。房间小酒吧酒水码放商标应朝外，在这方面还是有一些问题。在做床质量方面还有待改进。

第三节 顾客评价

酒店服务质量的顾客评价是指从顾客角度对服务质量进行测量与评定，是酒店运用最广泛的服务质量评价方式。

一、顾客评价的依据

（一）顾客是酒店服务的接受者和购买者

顾客是酒店服务产品的购买者与消费者，是酒店全体员工的服务对象，满足顾客的需求是酒店服务质量的体现，也是酒店服务所追求的目标。酒店内的一切，包括各种设施设备、装饰装修、营造的环境气氛、精心设计的服务产品以及培训的员工等，都是为了满足顾客而设置的。作为酒店服务的接受者和购买者，顾客可以对酒店所付出的一切进行最直接、最有效的评价。

（二）顾客是酒店服务的信息员

顾客评价既是酒店企业管理者进行决策的重要信息来源，也是酒店形象的推广者。一方面，顾客评价清楚地表明了顾客对酒店服务哪些方面在意与不在意、满意与不满意，这无形中就为酒店管理者的经营决策提供了信息依据，顾客充当了为酒店提供重要信息的人员；另一方面，当酒店服务满足或超越了顾客的期望时，顾客就会给予酒店以优良的、积极的评价，并在亲朋好友间或通过社交媒体进行广泛传播，形成酒店良好的社会形象与口碑。顾客在社会中传播对酒店服务的积极的评价，无意中就成了酒店服务的传播者。

（三）顾客是酒店改进和创新服务的协作者

当代权威管理专家彼德·德鲁克曾经一再强调："任何企业有两个，并且只有两个职责，就是顾客需求和创新。"顾客的评价表明了顾客的需求状况，对顾客服务质量评价的剖析，一方面会使酒店管理者发现服务中现存的问题，找到顾客期望的服务与顾客感知到的服务之间的差距，促使管理者加强对"真实瞬间"的管理，弥补顾客与酒店在接触过程中的不足之处；另一方面，酒店管理者也会从顾客的评价中发现顾客未来需求的变化趋势，从中寻找到酒店服务创新的方向。因此，酒店企业要十分重视顾客对酒店服务质量评价，并从顾客评价中挖掘对酒店现在及未来创新发展的重要信息，以此指引酒店服务质量改进方向。

二、顾客评价的特点

（一）顾客评价的多元性

进入酒店的顾客，其消费需求多种多样，顾客的素质也相差悬殊，尽管酒店的类型、档次等限制了部分顾客，但进入酒店的顾客的需求的多样性和素质的差异性并没有实质性的改变。酒店信奉的是"来者都是客"，因此顾客对酒店服务质量的评价必然呈现出多元性。酒店顾客中个别带有偏见甚至有意挑剔的顾客，他们对酒店服务质量的评价对酒店来说显然是欠公平的。因此，酒店应该综合地看待顾客的服务质量评价，而不应将个别顾客的评价作为对酒店的全部评价。例如，作为曾经两次获得美国最高质量奖项的丽思·卡尔顿酒店的顾客满意率是97%，而不是100%。其总经理坦言，100%的顾客满意率在实践中是很难达到的，因为需要、满意、评价本身就有合理与不合理之别。

（二）顾客评价的被动性

顾客一般不主动对所接受的服务及其质量进行评价。据有关方面的调查显示，顾客只有在特别满意或特别不满意的情况下，才会主动地表扬、批评或投诉他们得到的服务，在大多数情况下，顾客对酒店服务及其质量并无外在的表示。酒店在前台、客房、餐厅、康乐场所等提供的顾客意见调查表、评价表往往形同虚设，极少有顾客填写，即使有顾客填写，其内容的真实性也有待考察。因此，顾客意见表、评价表等并不能真实地反映酒店服务质量状况。如果酒店要求服务人员主动征求顾客意见，也常常招致顾客的拒绝和非议。针对顾客评价的被动性，酒店可采取积极有效的诱导措施，刺激顾客积极参与服务评价和信息反馈。另外，酒店也可以从投诉率、回头率等指标对顾客的评价进行综合分析与评估。

（三）顾客评价的模糊性

顾客由于不具备酒店服务过程、服务标准、服务规范方面的专业知识，只能从自己接受服务的感知方面对酒店服务质量进行评价，使得顾客对所提供服务的评价通常以主观评定为主，因此，顾客对酒店服务质量评价常带有主观性色彩。除此之外，即便酒店从顾客需求和管理的角度制定了相应的服务规程和评价尺度，但这些都是酒店企业内部的管理文件，作为消费者的顾客根本没有获取相关信息的机会和途径，因此也很难对酒店的服务给出精确性的评价，顾客通常会用"很好""很差"等一些模糊的字眼描述其所接受服务的感受。

（四）顾客评价的关注点差异性

顾客有不同的文化背景、心理特征、个人经历，因此这也使影响他们满意度的服务要素不尽相同，即具有相同满意度的顾客会关注不同的服务要素，例如，有的顾客对酒店客房设施设备非常关注，而有的顾客则对客房的清洁卫生状况关注度高，还有的顾客可能对酒店接待服务的关注度高，等等。甚至同一个顾客在不同的时期，其对酒店服务质量要素的关注度也会发生变化。顾客对酒店服务质量要素关注点的差异性，使得不同的顾客在评价酒店服务质量时关注不同的服务要素，也就是说，顾客对各类服务要素会给予不同的权重。这就给酒店对顾客评价的调查分析带来了较大的困难。若不加区别地将顾客满意度调查服务要素分配相同的权重，显然并不能如实地反映顾客的真实意愿。

三、顾客评价的形式

（一）顾客意见调查表

顾客意见调查表由于简便易行，调查内容直接、具体，目前仍然是被酒店广泛采用的一种顾客评价的方式。其具体做法是酒店将设计好的有关酒店服务质量具体问题的意见征求表，放置于易于被客人取到的客房内和酒店其他的营业场所，客人自行填写后投入酒店设置的意见收集箱内或交至大堂副经理处。这种调查方式的优点是成本低，评价完全由顾客自愿进行，评价范围广泛。这种评价方式应在没有任何酒店工作人员干预的情况下进行，而且是回答酒店精心设计的问题，故而评价的客观性、准确性也比较强，有利于酒店针对特定问题改进服务质量。

随着网络技术及移动通信技术的发展，国内许多酒店会利用互联网和其他一些在线服务 App、微信小程序等进行顾客意见的调查，并取得了满意的效果。酒店将需要顾客评价的内容发布在网上，顾客可进行线上评价，评价结果可以立即传输给酒店。这种方式不仅保证了酒店能够快速、及时获取顾客的评价信息，同时也大大降低了酒店为获得顾客评价而耗费的成本。

（二）电话访问

电话访问可以单独使用，但多数情况下是结合销售电话同时使用。电话访问的内容可以根据设计好的结构化问题而进行，也可以没有固定问题的非结构化内容，因此，电话访问的自由度与随意性比较大，也容易从顾客对酒店评价中获取酒店服务质量管理方面的深层问题，如酒店总经理或公关部经理打给老顾客的拜访电话。

（三）现场访问

现场访问又称为突击访问，其做法是酒店管理人员抓住与顾客短暂会面的机会，通过与顾客的交谈尽可能多地获取顾客对本酒店服务的看法与评价。成熟的酒店管理者应善于抓住并创造机会展开对顾客的现场访问调查，从中获取顾客的评价信息。事实上酒店有很多可以进行现场访问的机会，如酒店对特殊VIP顾客在迎来送往中的现场访问、对协议单位及消费大户的现场访问等。

（四）小组座谈

小组座谈是指酒店邀请一定数量的有代表性的顾客，采用一种聚会的形式就有关酒店服务质量方面的问题进行意见征询、探讨与座谈。酒店利用小组座谈的方式开展顾客评价时，一般宜结合其他公关活动同时进行，如酒店贵宾俱乐部会员的定期聚会、新的服务项目的推广等。聚会不宜搞得过于严肃，要营造轻松、愉快的聚会气氛，参与聚会的店方人员应尽可能与被邀请的顾客相互熟悉，同时也不要忘记向被邀请的顾客赠送礼物或纪念品。

（五）常客拜访

有关调查和研究表明，商家向潜在客户推销产品的成功率仅有15%左右，而向常客推销产品的成功率则高达50%以上。由此可见，常客更乐于接受商家新产品，而且购买频率高、购买数量大。对于酒店来说，其顾客价值和利润贡献率也最大。因此，酒店管理者应把常客作为主要目标顾客和重点服务对象，对常客进行经常性的专程拜访，凸显酒店对常客的重视与关心，而对酒店富有忠诚感的常客也往往能从消费的经历中对酒店服务提出宝贵意见。

四、顾客评价的影响因素

酒店服务质量最终是由顾客的满意程度来体现的，而酒店与顾客之间的互动关系的质量决定了顾客的满意度。因此，影响酒店顾客满意度的因素可归纳起来有以下两项：顾客预期的服务质量和顾客经历的服务质量。

（一）顾客预期的服务质量

具体来说，顾客预期的服务质量主要受以下五方面因素的影响。

1. 酒店的市场营销

顾客预期对顾客的购买行为和购买后的满意度具有决定性的影响，直接影响顾客最终是否购买酒店产品及对酒店的评价。如果酒店营销乏力，不能激起顾客的兴趣，顾客就不会购买这家酒店的产品；但如果酒店为获取更多的顾客和吸引消费者，以片面的、夸大其词的方式放大自己产品的优点，对顾客进行了过度承诺，就会使顾客对酒店服务形成较高的期望，但在顾客实际体验之后，因与顾客对服务的预期差异很大，反而会导致顾客对酒店的服务质量形成负面的评价。因此，酒店必须严格把握市场沟通信息的准确性，给予顾客以适当的承诺，承诺要与所提供的服务质量相吻合，以此提高顾客的满意度。

2. 酒店的品牌形象

酒店在长期的经营过程中，通过有意识地培育和引导，会逐渐在顾客以及员工心目中形成相应的企业形象。对于顾客来说，品牌不仅减少顾客选择酒店产品前的消费决策成本，而且为顾客提供了情感、文化消费价值。因此，酒店良好的品牌形象有助于降低顾客购买风险，增加顾客的消费价值。酒店品牌形象对顾客评价酒店服务质量有着非常重要的影响。一般来说，良好的酒店形象会使顾客对服务过程中出现失误的容忍度比较大，反之，容忍度会比较小，甚至顾客在接受服务之前就可能已经对酒店服务产生偏见，从而对服务更加挑剔。需要酒店注意的是，对于有着良好品牌形象的酒店，顾客对其服务质量的期望也比较高，当酒店不能持续保证服务的高品质时，酒店在消费者心目中形成的良好形象就会受到损害。

3. 其他顾客的口碑宣传

"劝君不用镌顽石，路上行人口似碑。"口碑来自社会尤其是亲朋好友的口头交流，有时也会来自某些专家的建议，是人们的一种普遍的"认同感"。口碑对顾客服务期望的形成和影响很大。因为，由口碑而形成的信息会被潜在消费者认为是最真实可信的，这直接影响了潜在消费者的消费决策与对酒店服务质量的预期。

4. 顾客的经历

顾客的经历就是顾客以往的服务接触的经验。这种经验对顾客服务期望的形成会产生很大的影响。如一个人在没有入住酒店经历时，他对酒店产品与服务的期望通常是模糊的、不明确的，而且因为没有确切的参照标准，他在购买过程中也表现出很大的不稳定性。但是，在顾客有了购买和酒店体验后，顾客就会在以往的购买和体验基础上形成自己比较明确的、现实的期望。这也是在酒店服务中，老顾客常常会比新顾客有更多需求的原因。由于老顾客积累了消费经验，因此他们对酒店服务形成了相对固定的期望值。

5. 顾客需求特点和偏好

顾客需求包括多个方面，既有生理方面、心理方面的需求，也有社会方面、功能性方面的需求。不同的需求，会产生不同的期望，通常需求强度越大，期望值也就越高。顾客的心理偏好也会对顾客期望的形成与期望强度产生重要影响。

顾客预期的服务质量影响着顾客对酒店服务质量的评价。因此，酒店要采取有效措施引导顾客形成合理的服务预期，同时要加强对顾客预期的研究，尽力满足顾客的需求，甚至超过顾客的预期。

（二）顾客经历的服务质量

顾客经历的服务质量是由其实际经历的服务消费过程决定的，而顾客对自身所经历的服务质量进行评价时，往往是根据自己的感知来评价的，因此具有一定的主观性。一般而言，顾客经历的服务质量受到酒店企业提供的服务标准、服务个性化程度以及顾客参与服务程度的影响。

1.服务的标准化程度

服务的标准化程度是指酒店提供标准化、程序化、规范化服务的可靠程度，是提供优质服务的基础。相关研究表明，酒店提供标准化的服务相当于赫次伯格提出的"双因素理论"中的"保健因素"，能够起到"保健"作用，它可以消除顾客的不满意，但这并不意味着顾客对酒店服务产品的满意，换句话说，酒店标准化服务一般很难带来顾客的满意。

2.服务的个性化程度

即酒店在强调标准化、程序化服务的基础上，根据顾客不同的选择、不同的需求、不同的偏好，提供有针对性的、能够满足顾客需求的服务的程度。通过为顾客量身定制的个性化能够满足顾客的特别需求，以增强对酒店服务的满意度。例如，丽思·卡尔顿酒店通过安装可以记录顾客爱好，并能自动把顾客偏好信息传递到世界各地分店的系统，遍布世界各地的分店可以针对顾客的不同偏好，提供有特色的个性化服务。

3.顾客的参与程度

通常顾客参与酒店服务程度越高，顾客对服务过程的控制也就越强，顾客的满意度就越高。反之，顾客在完全没有参与的被动服务过程中，其满意度可能会随着服务的进程而下降。

五、顾客评价的完善与发展

（一）建立定期与持续的顾客评价制度

目前国内多数酒店还没有将顾客评价作为检查酒店服务质量的一种主要的检查方式，误认为有酒店内部的检查就已经足够了。从理论上说，酒店的自我评价与顾客的评定结果应该是一致的，但实际上二者之间是有差距的。这主要表现在酒店按标准、规范提供的服务，顾客并不一定完全认可，只有顾客的评价才是对酒店服务质量的最基本也是最终的测量，因为顾客是酒店服务的购买者，酒店的一切服务工作都要围绕着顾客来进行。另外，部分酒店仍然用顾客"满意率"而非"满意度"测量顾客对服务质量的评价，但两者的内涵并不一致。顾客满意率对酒店固然重要，但满意度对酒店的利润增长更为重要，有研究表明，给酒店带来80%利润的顾客群体是只占酒店顾客总数20%的忠诚顾客。因此，酒店建立定期的顾客评价制度，从顾客评价中分析顾客满意度变化的蛛丝马迹，调整和改进服务质量对于酒店企业来说是至关重要的。另外，顾客的需求是不断变化的，而且是在不断提高的，因而对顾客满意度的测量必须持续进行。建立定期与持续的顾客评价制度包括评价的周期与时间，评价的内容与评价的样本选择，评价的程序与步骤，评价信息的处理、使用与管理等。

（二）正确认识、合理运用顾客评价的信息

正确认识顾客评价的信息对酒店提高服务质量至关重要。许多酒店对"顾客满意"的信息在认识上存在偏差，误以为只要顾客不投诉就是满意了。其实，顾客不投诉只是表明顾客"没有不满意"，但这绝不等于满意，更何况在现实中不满意的顾客也不一定向酒店方进行抱怨或投诉。据统计，每有一个因不满意而进行抱怨或投诉的顾客，在其身后都有大约26个保持沉默但同样不满意的顾客。这种认识上的误区往往会导致酒店对自己的产品质量盲目乐观，从而影响到质量的改进与提高。此外，对顾客的评价信息进行科学的选取、整理，合理利用顾客评价信息将会提高顾客质量评价的准确性。信息的整理和利用的合理性包括信息的归类、反馈与存档等内容。

小案例

满意度调查表

酒店大厅内在信息展览架上有征求客人意见的《满意度调查表》，供客人自由提取、填写。

审核员询问服务员："满意度调查表回收率如何？"

服务员说："不清楚，此事由销售部负责。"

审核员又问销售部经理，经理说："回收很少，客人如果没有意见一般也就不填写了。"

审核员查看满意度调查表中有客人建议栏，审核员问经理："最近客人对于酒店有什么好的建议？"

经理说："不清楚。"

审核员问："是否采取什么措施确保调查表有一定的回收率？"

经理说："客人不填写，我们也没办法。"

审核员问："你们还采取其他什么措施来了解客人的满意程度呢？"

经理说："暂时没有。"

第四节　第三方评价

第三方指除顾客和酒店组织以外的团体和组织。目前，我国酒店服务质量评价的第三方主要有国家及各省、市、县的旅游行政部门、行业协会组织和一些专业媒体。

一、第三方作为评价主体的依据

（一）独立于利益的相关者

第三方既不代表接受酒店服务的顾客利益，也不代表服务提供者的酒店利益，是独立于酒店服务供应方和需求方的评价主体。由于与酒店供需双方不存在利益关系，第三方的评价在客观性方面将优于顾客和酒店方的评价，也正因为第三方能够对酒店服务作出客观评价，其评价的结果更能让社会公众信服。

（二）实行行业管理

我国对酒店的行业管理主要通过相关的行业标准来评价和控制。已实施的涉及酒店的现行国家标准有《旅游饭店星级的划分及评定》（GB/T 14308—2010）、《绿色饭店》（GB/T 21084—2007）等。这些标准由文化和旅游部（原国家旅游局）制定，并由国家及各省、市、县的旅游行政部门来执行。通过开展和推行旅游饭店星级评定及绿色饭店等制度以及对饭店服务质量的考核评价，不仅规范了饭店行业的市场秩序，提高了饭店服务质量水平，而且实现了行业管理的科学化和规范化。

（三）推行标准化

第三方评价的作用还在于推行标准化。标准化是指为在一定的范围内获得最佳秩序，对重复性的事物和概念，通过制订、发布和实施标准达到统一，以获得最佳秩序和社会效益。要对整个酒店行业制定、实施统一的活动规则，这一任务无论是对酒店的消费者还是单个酒店、集团来说都无法做到，因而必须由第三方来完成。

二、第三方评价的形式

第三方对酒店服务质量的评价形式主要有等级认定，质量认证，行业组织、报刊、社团组织的评比等形式。

（一）等级认定

目前，我国酒店业现存的酒店等级认定主要是星级饭店认定体系。星级饭店体系以各种经济性质的旅游饭店为对象，以五角星的多寡为等级标志，星形符号越多说明饭店等级越高。我国星级饭店常见的级别评定为一到五星和白金五星6个级别。饭店星级等级认定由第三方——国家及各省、市、县的旅游行政部门或相关的劳动管理部门来认定。此外，文化和旅游部以及各省市结合酒店业发展的实际情况，也制定了一些酒店业态的全国及地方标准，用以对新形态的住宿机构进行等级认定。如2021年2月25日，经文化和旅游部批准发布了旅游行业标准《旅游民宿基本要求与评价》（LB/T 065—2019）第1号修改单，将旅游民宿等级分为3个级别，由低到高分别为丙级、乙级和甲级；2007年四川省旅游局发布了《四川省主题旅游饭店的划分与评定》地方行业标准，用以对四川省内主题旅游酒店等级认定；由北京市文化和旅游局组织制修订的《主题酒店等级划分与评定规范》（征求意见稿）北京市地方标准（替代2014年首次发布的DB11/T 1058—2014）已完成，并于2022年2月18日至2022年3月18日向社会公开征求意见。全国及地方酒店行业标准的制修订与实施，丰富了我国酒店等级认定体系，对繁荣我国酒店业的发展起到极大的促进作用。

（二）质量认证

质量认证是由可以充分信任的第三方证实酒店企业某一产品或服务的质量符合特定标准或其他技术规范的活动，是第三方依据程序对酒店企业产品、过程或服务符合规定的要求给予的书面保证。目前，酒店业中管理体系有ISO9000系列和ISO14000系列两大质量认证体系。我国自1993年开始实施质量体系认证工作以来，国内部分酒店取得了这两个质量认证体系的认证证书。

（三）行业组织、报刊、社团组织的评比

这是由第三方的代表，如行业组织、社团组织、民意调查所、市场研究公司、报刊等，通过各种不同的形式与方法对酒店服务质量进行评价。随着互联网的发展，一些酒店业内的网站、网络媒体等独立或与其他媒体、机构联合对国内酒店开展评比活动。如由中外酒店杂志和中外酒店论坛于2003年发起至2021年已进行了16届的"中外酒店白金奖"评比，已在国内酒店业中产生了广泛影响。

三、酒店服务质量第三方评价的特点

（一）客观性与权威性

第三方是独立于酒店企业和顾客的第三组织，既不是酒店服务的提供者，也不是酒店服务的消费者。因此，第三方评价一般能够站在比较客观的立场，不会受利益和偏好等因素的影响，从而使评价过程以及评价结果相对于顾客方和酒店方评价更具有客观性，这种客观性的评价能够比较真实地反映酒店服务质量管理的实际水平。第三方组织

对酒店服务质量评价检查依据的是国家（地方）或行业标准进行评价，评价人员是由取得相应评审资格的专业人员组成，评价过程科学、严谨，因此评价结果也具有较强的权威性。如酒店的等级认定与评定工作是由国家、各省市旅游行政管理部门履行的职能，其评定后的结果将在国际旅游市场上分别代表整个中国旅游酒店服务质量的形象，所以他们的评价具有权威性，评价结果也会得到社会的普遍认可。

（二）局限性

一方面，第三方评价由于不是从顾客角度对酒店服务质量进行评价，评价也仅仅局限于对产品或服务的基本特征、主要功能以及设施设备等方面进行评价，使得第三方评价内容不能（也无法）反映出顾客对酒店服务质量的全面、特定、隐含的和日益提高且不断变化的需求。另一方面，由于第三方评价所依据的标准要考虑其普遍适用性，因此标准的制定要符合整个酒店行业的现有水平，使得评价标准也不可能定得太高，导致酒店评价标准不能反映出具体酒店服务质量的特殊性，也因而表现出其局限性。

（三）重结果性

第三方评价的关注点是酒店服务质量符合评价标准的程度，而这种程度恰恰是酒店所需要和关注的评价结果。由于第三方评价具有客观性和权威性，因此第三方评价结果对酒店企业的影响是巨大的，决定着酒店企业的社会形象。以酒店星评为例，"星级评定标准"只是一个对结果进行评价的标准，但反映的却是酒店服务质量与标准要求方面的差异，强调了酒店服务质量的总体结果是达到标准中的哪一个星级。

（四）滞后性

第三方评价所遵循的标准是统一的，一般来说，评价标准是根据酒店行业当前的服务质量水平制定的。但随着社会发展、科学技术的进步以及酒店服务质量水平的不断提高，标准也需要根据酒店行业实践的发展而不断更新。然而标准的更新往往是滞后的，因为制定出的标准有一个贯彻执行期和相对稳定期，通常是5~10年修订一次。因此，评价标准的更新周期，与快速发展的酒店市场需求之间客观上存在着不协调，从而造成标准的滞后性。如我国2010年修订的《旅游饭店星级的划分与评定》（GB/T 14308—2010）标准发布实施了12年，已经严重滞后于我国酒店行业发展与市场需求的需要。

四、酒店服务质量第三方评价体系的完善与发展

（一）等级与规模认定体系的改进

等级与规模认定体系的改进主要体现在酒店星级评定标准体系的改进。我国旅游酒店业从1988年开始实施星级评定制度以来，到2022年已走过34年的历程。"星级"酒

店已被全社会普遍接受与认可,成为酒店档次和服务质量的象征。星评标准颁布实施至今,经历了 1993 年、1997 年、2003 年、2010 年 4 次较大的改进。为适应当前酒店行业发展和市场需求的实际需要,新一版的星级评定标准体系的修改工作也正在紧锣密鼓地进行中。

(二)质量认证体系改进

目前,酒店主要使用的是 ISO9000 系列和 ISO14000 系列两大质量认证体系,并且自发布实施以来也有过几次重大改进。国际标准化组织(简称 ISO)于 1987 年 3 月正式颁布 ISO9000《质量管理和质量保证》系列国际标准,ISO9000 系列由 IS08402(质量术语)、ISO9000(选择和使用指南)、ISO9001(设计、开发、生产、安装和服务的质量保证模式)、ISO9002(生产和服务的质量保证模式)、ISO9003(最终检验和试验的质量保证模式)、ISO9004(质量管理和质量体系要素指南)六个国际标准组成。

1994 年,国际标准化组织 / 质量管理和质量保证技术委员会(以下简称 ISO/TC176)汇集各国实施 ISO9000 的经验,总结了实践中所反映出来的问题,对该标准的结构、内容、要素和程序进行了研究、分析和修订后,发布了 1994 版的 ISO9000 系列国际标准;1995 年,ISO/TC176 又开始对 1994 版标准进行调查、分析和修订,并于 2000 年 12 月 15 日发布了 2000 版 ISO9000,国际标准此后又进行了 2008 版以及 ISO9001:2015 版系列标准的迭代更新。修订后的版本使质量保证标准(ISO9001)与质量管理标准(ISO9004)两者可以对照使用,并将质量体系要素简化为四大要素,从而使标准更具兼容性和通用性。

我国于 1988 年 12 月正式颁布了等效采用 ISO9000 国际标准的 GB/T 10300《质量管理和质量保证》系列国家标准,并于 1989 年 8 月 1 日在全国实施;1992 年 10 月开始等同采用 ISO9000 国际标准,并颁发了 GB/T 19000 系列标准;1995 年 2 月开始等同采用了 1994 版 ISO9000 国际标准,并形成了 GB/T 19000 国家标准;2000 年 12 月 28 日,我国发布了相应等同采用的国家标准 GB/T 19000—2000 标准,并于 2001 年 6 月 1 日开始实施;最新的《质量管理体系—要求》(GB/T 19001—2016)于 2017 年 7 月 1 日开始实施。

(三)行业组织、报刊、社团组织评比的优化

行业组织、报刊、社团组织对酒店及其服务质量的评价与评比,是第三方评价的一种主要形式,但目前还存在着评比的透明度不高、评比结果缺乏权威性等问题。这一评价形式优化的重点在于扩大评比范围的广泛性、增强评比方法的科学性、加大评比过程的透明性和评比结果的代表性等方面。另外,随着网络、自媒体的兴起与发展,新媒体以及调查、咨询、研究机构等也逐渐参与到酒店服务质量评价之中。新兴媒体的评价的优化重点是提高评价结果的客观性与权威性。

【复习与思考题】

一、名词解释

1. 评价主体　　2. 评价客体　　3. 评价媒体

二、简答题

1. 简要回答酒店服务质量评价要素。
2. 简要回答酒店服务质量评价范围。
3. 简要回答酒店服务质量评价体系的构成要素。
4. 简要回答酒店企业自我评价的依据、特点与评价形式。
5. 简要回答酒店顾客方评价的依据、特点、评价形式及影响因素。
6. 简要回答酒店服务质量第三方评价的形式、特点及第三方评价的完善与发展。

三、实操训练

调查所在城市某一星级酒店服务存在的问题，运用 PDCA 循环法进行具体分析，找出该酒店服务质量中存在的主要问题。

【典型案例】

酒店房价变更后及时给客人优惠价，感动非洲客人

2014 年 7 月 1 日凌晨 1 点多，来自非洲科特迪瓦共和国的母女二人 Ms.Saphiatou Toure、Ms. Kouass Aude 带着长途飞行后非常疲惫的倦容进入酒店大堂，当值班的大堂副经理立刻迎了上去，把母女俩送至总服务台，由于事先已有预订且是担保预订，所以前台接待员已经为 Ms. Saphiatou Toure、Ms. Kouass Aude 母女俩准备好了房卡和钥匙，同时请 Ms. Saphiatou Toure 在外宾入住登记表确认房价和入住天数并签字，当 Ms. Saphiatou Toure 看到登记表上房价一栏中填写的是 RMB578 元/间晚，便用疑惑的眼光看着大堂副经理说："我在 Booking.com 网站上预订时房价应该是 RMB980 元/间夜呀？" 这时当班大堂副经理微笑着礼貌地对 Ms. Saphiatou Toure 说出原因：原来就在 6 月 30 日上午，前厅部经理例行检查每日国内外网络预订客人信息时，突然发现来自非洲科特迪瓦共和国的 Ms. Saphiatou Toure、Ms. Kouass Aude 母女在 Booking.com 网上预订了酒店一间标准房，从 6 月 30 日入住到 7 月 5 日退房，预订房价显示为 RMB980 元/间晚，他立即意识到这个房价有些问题，因为此时段酒店已推出了客房优惠价，标准间只要 RMB578 元/间晚，前厅部经理马上查看了 Booking.com 的预订传真，看是否有变更房价的通知，但是没有找到。于是前厅部经理马上拨打了 Booking.com 的客服电话进行核对，客服专员核对证实 Ms. Saphiatou Toure 确实担保预订了一间标准房，房价也确认了是 RMB980 元/间晚，客服专员还解释，按惯例担保预订在当天是不可以取消和变更的，所以不更改房价也是不违规的，客人也不会质疑。但是前厅部经理认为对于客人来说，讲诚信是酒店的"立店之本"和"待客之道"，既然房价已经降下来了，就应该让

客人享受，酒店需要的是客人长久的信任，于是前厅部经理说服 Booking.com 的客服专员，将 Ms. Saphiatou Toure 预订的房间变更房价通知单发到了酒店。

　　Ms. Saphiatou Toure、Ms. Kouass Aude 母女听完大堂副经理的这番解释，脸上露出了惊喜的笑容，一边在登记表上签字，一边高兴地对大堂副经理说："你们太让我们感到惊喜了，你们的诚实让我们感到来上海、来中国非常的高兴，谢谢你们，今后我们来上海就住你们酒店。"

　　资料来源：http://travel.people.com.cn/n/2014/1119/c390785-26056281.html。

第九章

酒店服务质量改进

【内容导读】

酒店服务质量是酒店业永恒的话题。不断提高酒店服务质量，运用恰当的方法，持续不断进行服务质量改进，是酒店生存与发展的根本。本章主要介绍酒店服务质量改进体系、酒店服务蓝图、服务失误与服务补救。

【学习目标】

①掌握酒店服务质量改进的原则；②了解酒店服务质量改进模式的支持体系；③掌握酒店服务蓝图的含义及构成要素；④了解服务蓝图在酒店服务质量改进中的作用；⑤了解酒店服务失误的种类及产生原因；⑥掌握酒店服务补救方法和服务补救时机的选择。

【案例导入】

朝阳区33家涉奥酒店无障碍改造完成

近日，朝阳区已完成33家涉奥酒店无障碍设施改造工作，涉及无障碍坡道、无障碍卫生间、无障碍停车位、低位服务台等27个无障碍元素。

在大屯街道一家涉奥酒店门外，停车场设置了无障碍停车位，新改造的坡道与入口相连，实现"无缝"对接。为了方便使用轮椅的客人顺利进出客房，酒店将客房门进行了拓宽。进入客房内，低位的开关、无障碍写字桌、开放式衣柜等，都营造出一种便捷、舒适的感觉。卧室内还配置了特殊高度的床，与轮椅的高度持平，方便客人从轮椅移动到床上。卫生间里也配备了各类无障碍设施，淋浴区一侧的墙壁上装有无障碍扶手，并新配了无障碍淋浴椅和宽大的浴室镜等，便于残障人士使用。

"我们在卧室和卫生间都安装了低位呼叫按键,当客人需要帮助时,按下按钮,服务台的紧急呼叫主机会发出声光报警并显示呼叫的房间号,服务人员会立即前往房间,为客人提供服务。"酒店相关负责人介绍,在健全完善无障碍设施的基础上,酒店管理团队也不断加强对员工无障碍服务意识的培训,为奥运宾客提供个性化服务,力求做到设施无障碍、信息无障碍、服务无障碍。

朝阳区残联相关负责人介绍,涉奥酒店的无障碍改造工作包括完全无障碍客房、轮椅友好型客房的升级改造。其中,完全无障碍客房是为各类别残疾人设计的房间,客房内所有设施都采用无障碍设计;轮椅友好型客房则主要适用于轮椅使用残障人士。不同类型的客房为残障人士提供了更多便利、友好的住宿环境选择。

资料来源:http://bj.people.com.cn/n2/2022/0121/c14540-35106078.html。

第一节 酒店服务质量改进体系

根据酒店业服务质量的特性及构成,在酒店中推进服务质量改进,其基本点是:以识别出的顾客的物质需求和精神需求为依据,以提高顾客满意度为标准,以领导支持、全员参与、健全各种制度及持续不断地改进为保证,以酒店服务的专业技术和各种适用的科学方法为手段,以取得最大的社会和经济效益为目的。

酒店服务质量改进要结合酒店服务质量改进的原则,借鉴其他行业的质量改进成功经验构建更适合于酒店行业的服务质量改进模式。

一、酒店服务质量改进的原则

ISO9000中对质量改进的原则的描述是"组织的产品、服务或其他输出的质量是由使用它们的顾客的满意度确定的,并取决于形成及支持它们的过程的效果和效率;质量改进通过改进过程来实现;质量改进应不断寻求改进机会,而不是等待出现问题再去抓住机会。通过纠正过程的输出来减少或消除已发生的问题。预防和纠正措施可消除或减少产生问题的原因,从而消除或减少问题的再发生。因此,预防和纠正措施改进了组织的过程,对质量改进是至关重要的"。酒店服务质量改进在遵循ISO9000中质量改进原则的同时,也要结合酒店业性质与特点。酒店服务质量改进要遵循以下原则。

(一)过程改进原则

酒店服务质量改进的根本在于酒店服务过程的质量改进,即服务质量改进通过过程而实现。在酒店服务质量改进过程中,服务模式确定的改进、服务组织和团队建设的改进、服务方案制定的改进、服务目标评价的改进以及服务过程实施与监控的改进,五个环节共同组成了酒店服务质量改进过程的质量改进环。质量改进环上的每一个过程都会对酒店服务质量改进的效果和结果产生直接的影响。因此，酒店服务质量的改进首先要对酒店服务质量改进全过程，按科学方法进行细化分解到最小的、不能再分解的最基本单位；其次要明确酒店服务质量改进的目标和效果，从最基本单位开始实施服务质量改进过程；最后要对酒店服务质量改进成果实行评价与固化。

（二）持续性改进原则

酒店服务质量的改进要以追求更高的过程质量效果和效率为目标，这需要酒店企业持续不断地进行服务质量改进。通用的服务质量持续改进步骤为：寻找服务质量的不足、分析原因、寻找解决措施、实施措施进行改进，巩固改进成果，再寻找新的服务质量的不足到新的改进再巩固新的改进成果，并以此持续不断进行下去。酒店服务质量改进要在酒店已有的服务产品和服务过程基础上，对酒店服务过程中涉及不能满足顾客需求的问题进行深入分析，探究原因，有针对性地提出解决问题的措施，并在广泛征询顾客意见后，有效实施这些措施，并对实施成果进行有效性评价，逐步形成规范性制度或标准并予以固化。在完成了这一阶段的服务质量改进后，酒店就应进入下一轮新的改进，如此循环往复，持续不断。另外，由于社会进步和时代发展，消费者的需求也处于不断地发展与变化之中，为适应这种变化，也要求酒店企业对服务质量进行持续性改进。

（三）预防性原则

酒店持续的服务质量改进，一般分为"主动型"改进和"被动型"改进两种。"主动型"改进是指在酒店企业对现有的过程质量，通过采取如头脑风暴法等方法提出合理化建议，以不断改进服务质量；"被动型"改进是指酒店企业探查到服务质量问题后，采取纠正措施以改进服务质量。由于酒店服务具有无形性和生产与消费的同时性等特点，因而酒店服务质量改进的重点在于预防服务质量问题的发生，而不应仅仅是服务质量问题发生后的检查和补救。因此，酒店服务质量改进的关键应该是消除、减少造成服务质量问题发生的隐患，防止出现服务失误、顾客不满等情况的发生。这就要求酒店企业对影响服务质量的诸多因素进行事前控制，如通过完善服务系统、修正服务标准和制度、提高服务人员素质、确立科学的人性化的服务程序等，以防止服务质量问题的发生。

二、酒店服务质量改进目标

（一）个性化服务

个性化服务是酒店在标准化服务的基础上针对顾客个性化需求提供的一种酒店服务。如果酒店仅仅依据满足大众化需求而提供标准化的服务，那么顾客也会满意，甚至在每次的酒店顾客调查中，他们也都会给你打满分。但是，酒店会发现即使是在调查中打了满分的顾客中还是会出现顾客流失的现象。如果深入调查这些顾客离去的原因，也许他们会告诉你一个让你感到吃惊的理由：对你的酒店服务没有什么不满意，但是另外一家酒店的服务更好。也许你会疑惑难道还有高于满分的酒店？但事实证明，有这样的酒店。顾客给这些酒店（作为你的竞争对手）的分数是"满意+"。这"+"号就来自这些酒店能够根据顾客的个性化需求提供具有特色的、量身定做的服务，即个性化服务。个性化服务不仅能够在更大程度上满足顾客需求，而且能够通过主动关怀和体贴来增加顾客的心理体验。因此，个性化与人性化是分不开的。

（二）增值服务

增值服务虽没有统一的定义，但其核心内容是指根据顾客需求，为顾客提供的超出常规服务范围的服务，或者采用超出常规的服务方法提供服务。因此，它也被称作超值服务。顾客需求一般分为核心需求和边缘需求两大类。一般产品是可以满足核心需求的，而增值服务的增值部分是用来满足边缘需求的。例如，酒店服务的核心需求是客户住宿需求，但是，现在酒店又开发了一些边缘性需求，提供了增值服务，如康乐服务等，使顾客在入住酒店后，能够根据自己的需要和兴趣爱好进行健身运动等。再比如餐饮服务，一些酒店的餐厅除了提供基本的餐饮服务外，还为顾客提供一些菜品的来历、营养以及其他餐饮文化知识等。酒店服务企业如果能够在个性化服务和增值服务方面孜孜不倦地追求，一定会有意外收获。

三、酒店服务质量改进模式的支持体系

为了保证酒店服务质量改进模式的有效运作，需要建立必要的酒店服务质量改进支持体系，在组织和制度上为酒店服务质量改进提供必要的支持。

（一）基本组织结构

酒店服务质量改进模式在基本组织结构方面主要分为四级：酒店高层管理者、服务质量管理委员会、服务质量改进团队以及团队成员。

1. 酒店高层管理者

酒店服务质量改进工作必须由酒店企业最高管理者发动和主导，改进过程的效果和效率与最高管理者的投入呈正相关关系。在酒店服务质量改进中，如果没有高层管理者的承诺与支持，酒店服务质量改进就不能得到人力、资源、财务等方面的有效支持。

2. 质量管理委员会

酒店质量管理委员会是领导和运作酒店质量改进活动的有效工作平台，其基本职责是指导、协调酒店服务质量改进过程，并使其文件化、制度化。酒店质量管理委员会确定服务质量改进的总体方针政策，支持和协助酒店质量改进活动，其成员并不直接参

与解决具体的服务质量改进问题,而是根据不同服务质量改进活动以及过程的情况和特点,挑选并授权能胜任的主管承担具体的服务质量改进任务,全权负责处理问题,并定期向质量管理委员会报告处理的结果。

3. 服务质量改进团队

服务质量改进团队是酒店质量管理委员会直接领导的下属组织,负责酒店服务质量改进的具体工作。服务质量改进团队在得到质量管理委员会的酒店服务质量改进活动任务授权后,便可以开展服务质量改进工作,并完成服务质量改进项目。这里需要指出地是,服务质量改进团队是一个临时性的项目式组织,是酒店企业解决酒店服务质量改进问题的一个有效的组织形式。

4. 团队成员

服务质量改进团队的成员可以来自酒店的各个部门,可以由团队组长任命,也可以由酒店员工自愿申请参加。团队成员掌握所在部门的技能和经验,有着较强的专业能力,他们的专业性将直接影响着酒店服务质量改进具体项目的效果和效率。

(二)全员参与

全员参与是服务质量改进工作中的极其重要内容,是指酒店所有员工以及相关者都积极、明确地参与服务质量改进的活动中。

1. 顾客参与

酒店服务的接受者,即顾客对服务质量的评价,是推动酒店服务质量改进的最直接的动力。顾客的评价一方面可以指出酒店现有服务存在的差距,另一方面在评价中可以明示或隐含地对酒店服务项目和服务质量提出更高的期望和要求。酒店可以采用系统化、规范化的方法调查和分析顾客需求,通过问卷调查、填写意见卡、完善顾客档案等途径,鼓励和引导顾客参与酒店服务质量改进中来,并从中识别服务质量改进的机会。

2. 员工参与

员工是组成酒店服务质量改进团队的成员,同时也是改进项目的具体实施者,他们构成了酒店服务质量改进的基础。只有调动员工参与质量改进工作的积极性和创造性,提高每一个员工的质量意识和质量能力,才能有效开展和完成酒店服务质量改进工作。酒店员工参与方式可以采取自上而下的,由酒店管理者指派需要参与的员工,也可以是自下而上的由员工自主报名参与。

3. 跨部门参与

酒店服务质量改进是一个综合性的、复杂的系统性活动,涉及酒店的多个部门甚至所有部门。从整体上说,酒店的各个部门都对服务质量改进过程的实施负有责任。为保证服务质量改进达到预期的效果,酒店应使每个部门都有权利和义务参与到服务质量改进活动中来,使每个部门都清楚酒店服务质量改进过程的目标、方法和技术。在具体的改进项目的实施过程中,应当根据改进项目涉及的问题灵活选择需要参与的部门与人员。

4. 供应商参与

随着经济一体化的发展,企业之间的协作关系将更加密切和多元化。而酒店的服务质量改进也离不开供应商的参与和贡献,供应商提供的产品质量将直接影响到酒店的服务质量。因此,酒店应当积极地与供应商进行沟通,使其了解酒店服务质量改进的目标、要求等,使供应商能够配合酒店服务质量的改进。

(三)制度体系

制度体系主要包括服务质量管理体系、培训制度和奖励制度。

1. 服务质量管理体系

酒店服务质量管理体系的有效运行是服务质量改进活动顺利实施并取得成功的重要保证。从酒店经营战略角度出发,酒店若想追求卓越的质量经营业绩,进行持续、有效的服务质量改进活动,就必须建立和不断完善酒店服务质量管理体系,并在实施上确保体系能够有效运行。良好的酒店服务质量管理体系包括服务质量方针与目标、服务质量标准、服务质量原则和服务质量活动程序等内容。

2. 培训制度

酒店服务质量改进的顺利开展,还需要酒店建立健全的员工培训制度。对酒店各个层次员工的科学、合理培训,能够有效提高他们的知识与能力,推动酒店服务质量改进的有效进行。酒店的培训制度不仅应当对酒店普通员工在服务质量观念和改进技能方面进行培训,而且也应当对酒店管理者,尤其是高层管理者进行服务质量改进方面的培训。酒店培训工作要有计划开展,针对不同培训对象选择合适的培训内容和培训方式,坚持做到定期和持续开展培训。

3. 奖励制度

良好与完善的奖励制度是酒店服务质量改进活动得以有效开展的重要保证。酒店通过对服务质量改进活动的成果进行评价,对于改进成果予以肯定,做到客观、公正。同时,依据奖励制度褒奖那些在服务质量改进过程中为实现改进目标做出贡献的部门和个人,鼓励他们继续努力工作,不断促进服务质量改进工作达到更高水平。

四、创新酒店服务质量改进管理制度

不断改进酒店服务质量的管理制度创新主要包括以下四个基本步骤。

(一)确定服务质量改进的机会

酒店需要在什么方面改进?对哪些服务或服务提供过程进行改进?对已决定改进的服务或服务过程从哪些方面着手改进以及如何进行改进?酒店可以按照以下步骤从众多需要改进的领域中挑选一个,集中力量进行改进。

1. 识别需要改进的问题

酒店需要改进的问题来自酒店管理人员、员工以及顾客对酒店服务质量的反馈意见。酒店可以通过问卷调查、面谈等意见收集法，从客人、管理人员和员工三个渠道获取质量反馈意见，以识别酒店现存的服务问题或不能满足或超越顾客期望的现行工作过程。

2. 描述问题，陈述改进意见

相关工作人员要把从酒店管理人员、员工以及顾客反馈意见中得到的那些需要改进的问题都进行准确的描述，并将改进思路、想法等进行清晰的陈述，结合酒店质量管理控制目标，详细阐述改进思想及有待改进的领域、改进范围，为客观分析酒店服务问题和过程奠定基础。

3. 制定改进项目选择标准

酒店服务质量管理部门或服务质量改进小组在对服务问题或过程进行客观分析的基础上，可以根据改进项目对顾客、管理阶层和员工的重要性、改进项目所处服务或工作领域的稳定性、改进项目所需资源的可获得性、改进项目立刻获得成功的可能性等来评估和评定供选择项目的等级。

4. 选择一个需要改进的项目

在选择改进项目标准达成一致后，酒店服务质量管理部门或服务质量改进小组通过实地调查确定需要改进项目所在的领域，然后通过投票法、优先权、决定法等方法选择、确定需要改进的项目或问题。

（二）分析需要改进的目标领域

在确定需要解决的问题后，酒店必须对需要改进的目标领域进行分析，要根据改进领域的性质或范围确定分析的广度与深度。实践中，对某些问题的分析可能会比另一些问题要少一些或多一些，这是由需要改进领域的性质决定的，但是无论怎样，所有问题都需要进行一定程度的分析，分析步骤主要包括以下内容。

1. 建立基准评估标准

酒店服务质量管理部门或服务质量改进小组要在深入现场，实地调研（在尽可能短的时间内完成）基础上，遵循质量目标，确定解决问题（质量改进）的基本标准，用以评估质量改进的效果。

2. 分析过程

用文件资料说明出现问题过程的具体情况，将解决问题的注意力集中于工作过程上。

3. 识别潜在原因

用头脑风暴法、专家意见法等分析方法找出产生问题的潜在原因。

4. 确认根源

分析和归纳原因。通过 ABC 分析法、因素分析法等找出产生问题的主要原因以及主要原因产生的根源，根源就是服务质量问题开始的地方。

（三）制定和实施改进措施

在质量改进过程的这个阶段，服务质量管理小组一般比较容易提出多种可行的解决问题方法。为了获得切实的、满意的解决方案，通常需要进行以下四个步骤。

1. 确定多种可行的解决方法

服务质量管理小组可采用头脑风暴法确定可行的解决方法，解决方法至少要有两种或两种以上的方法。头脑风暴活动后，小组要将重点放在根源和基准评估标准上，在书面改进陈述中详细说明每一种解决办法的思路，解决措施。制定解决措施要达到的质量目标，并指出怎样用前面建立的基准评估标准对取得的成绩进行评估。

2. 选择最佳解决方法

依据问题进行评估时使用过的标准，从多种解决问题方案中选择最佳方案。最终的选择标准可能需要考虑包括客人的可接受性、管理人员的可接受性、员工的可接受性、成本效率、措施的及时性和实用性等因素。

3. 方案试运行

在条件允许的情况下，最好在实施解决方案之前的一个限定的范围内对其进行试验性运行。通过解决方案试验运行，可以发现方案中存在的一些不足之处，并在方案全面实施之前弥补、完善方案。

4. 制订方案实施计划

在方案全面实施前，要制订方案实施计划。因为改进方案的全面实施可能会影响到酒店的许多员工和一些不同的部门、工作领域，这些人员以及部门的配合是方案实施是否能够取得成功的关键。方案实施计划一般以时间为序列，主要包括规定实施解决方案的人员、部门的具体任务与职责。

（四）改进过程的评估

实施解决方案并规范了新的工作过程之后，小组还要对方案的有效性进行评估，并通过必要的纠正措施，确保服务质量改进工作的持续进行。小组要对实施方法的有效性进行定期评估，用这种方法跟踪改进工作的成果。定期评估中采用的评估标准要与方案试运行阶段的评估标准相同。每星期、月、季度都应采用相同的评估标准，通过深入现场，实地调查的方式跟踪、记录解决方案实施的结果，直到需要改进的目标领域情况稳定，达到改进目标为止。

改进过程经过评估达到服务质量改进目标后，小组要对服务质量改进方案进行总结与归纳，提炼、凝聚出新的服务标准或规范，在酒店后续服务或工作过程中运用新的标准或规范，以达到提升酒店服务质量目的。

小案例

早晨叫醒服务不周

住在酒店内 1102 房间的周先生在某日晚上 9 点临睡前从客房内打电话给店内客房服务中心。

客人在电话中讲："请在明晨 6 点叫醒我，我要赶乘 8 点起飞的班机离开本城。"

服务中心的值班员当晚将所有要求叫醒的客人名单及房号（包括周先生在内）一并通知了电话总机接线员，并由接线员记录在叫醒服务一览表之中。

第二天清晨快要 6 点钟之际，接线员依次打电话给 5 个房间客房的客人，但他们都已起床了，当叫到周先生时，电话响一阵后，周先生才从床头柜上摘下话筒。接线员照常规说："早晨好，现在是早晨 6 点钟的叫醒服务。"接着传出周先生的声音（似乎有些微弱不清）："谢谢！"

谁知周先生回答以后，马上又睡着了。等他醒来时已是 6：55 分了。等赶到机场，飞机已起飞了，只好折回酒店等待下班飞机再走。

客人事后向酒店大堂值班经理提出飞机退票费及等待下班飞机其期间的误餐费的承担问题。值班经理了解情况之后，向周先生解释说："您今天误机的事，我们同样感到遗憾，不过接线员已按您的要求履行了叫醒服务的职责，这事就很难办了！"

客人周先生并不否认自己接到过叫醒服务的电话，但他仍旧提出意见说："你们酒店在是否弥补我的损失这一点上，可以再商量，但你们的叫醒服务大有改进的必要！"

第二节　服务蓝图

一、服务蓝图的含义及其构成

在制造业和建筑业中，其产品可以用图纸、规格对其质量特性进行描述，但对于服务这种特殊产品来说，因其具有无形性的特征，很难进行详细、具体的说明。这不仅使服务质量的评价在很大程度上依赖于人们的感觉和主观判断，更是给服务设计和质量改进带来了挑战。20 世纪 80 年代，美国学者 G.Lynn Shostack 和 Kingmam Brundage 等人将工业设计、决策学、后勤学和计算机图形学等学科的有关技术应用到服务设计方面，为服务蓝图法的发展做出了开创性的贡献。两位美国学者 Valarie A.Zeithaml 和 MaryJo Bitner，在对服务质量管理和服务营销领域进行长达 20 年的研究后，在 1995 年出版的《服务营销》一书中，对服务蓝图法进行了综合性陈述。

（一）服务蓝图的含义

服务蓝图（Blueprinting）是一种准确地描述服务企业服务体系的工具，借助流程图，可以详细地描绘服务企业服务系统的如下几个方面：顾客消费行为过程、服务实施过程（服务传递流程）、顾客接触点、顾客与服务员的角色与服务中的有形展示等。服务企业服务蓝图的显著特点在于，它是从顾客的角度来看待酒店服务过程的。服务企业的服务过程经过服务蓝图的描述，被合理地分解成服务企业服务提供过程的步骤、任务以及完成任务的方法，使服务企业服务提供过程中涉及的所有的人都能清晰、客观、准确地理解和处理他们所面临的事物，而不管他们是服务企业内部员工还是外部顾客，也不管他们的出发点和目的是什么。更为重要的是，在服务企业的服务蓝图中能够清晰地识别出顾客同服务人员的接触点，从而达到通过这些接触点来控制和改进服务企业服务质量的目的。

酒店业作为服务业的一个重要组成部分，其产品同样体现出明显的无形性特征。因此酒店业既可以借助绘制服务蓝图的方法有效设计酒店的服务流程，也可以借助服务流程图开展服务提供过程的控制，并借助流程图找出服务接触的关键点以及服务过程中存在的问题，以有效改进酒店服务质量。

（二）酒店服务蓝图的基本构成要素

酒店企业服务蓝图包含的基本构成要素如图 9-1 所示，其中包括四个部分：四种行为、连接行为的流向线、分割行为的三条分界线和设置在顾客行为上方的有形展示。

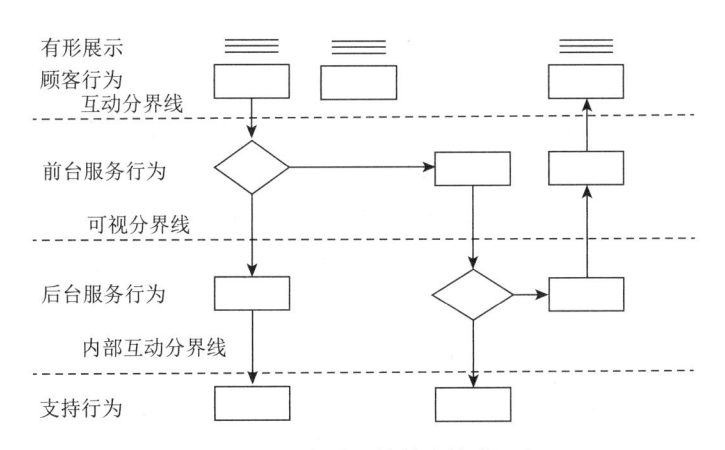

图 9-1 服务蓝图的基本构成要素

1. 四种行为

（1）顾客行为。

顾客行为部分展示了顾客从进入到离开酒店企业服务系统的整个行为过程，包括进入、选择、购买、消费、结账、离开等所有步骤。在酒店服务蓝图绘制中，将顾客的行为步骤和行为过程置于蓝图的顶部，目的是突出顾客在整个服务系统中的核心地位，使酒店的所有管理者和员工都能够时刻意识到顾客永远是第一的。

（2）前台服务行为。

酒店前台服务行为是指酒店前台区域直接接待和服务顾客的员工的行为，他们的行为直接影响顾客对酒店服务质量的评价。因此，酒店要对这部分员工的行为举止、穿着形象、礼貌用语、服务技能、反应速度等有着特别要求。例如，酒店前台员工的服务行为包括迎宾、请坐、端茶倒水、随时听候顾客的吩咐等。

（3）后台服务行为。

酒店后台服务行为是发生在酒店企业幕后、不直接与顾客发生接触的员工的行为，如酒店餐厅厨师的烹调行为等。厨师虽然不直接与顾客接触，但是他们的行为依然需要按照顾客的订单要求进行，他们的工作行为为满足顾客的需求做出直接贡献，他们通过自己的工作成果——食品与顾客发生接触。

（4）支持行为。

支持行为是指为酒店企业前台及后台员工的服务行为提供支持的一些工作行为，如酒店的采购员、质检员及计算机管理系统等。支持行为对于酒店企业前、后台服务员工而言是直接的行为，而对于顾客而言是间接的行为。所以，通常我们把酒店企业中前、后台员工称为一线人员，而把从事支持性工作的人员称为二线人员。

2. 流向线

流向线是一种带有箭头的箭线，用来连接上述四种行为，目的是指明行为步骤的顺序，描述服务企业的服务流程。

3. 三条分界线

一般用虚横线表示分界线。服务蓝图中用三条分界线分割上述四种行为。

互动分界线将顾客行为和前台服务行为分割开来。服务蓝图中凡是穿过互动分界线的垂直流向线，都表示在此处存在服务员与顾客的互动接触。互动接触对顾客的感知服务质量形成具有重要影响，因此在服务蓝图中凡是存在互动分界线有垂直流向线穿过的地方，都提醒酒店企业要加强对这个地方的服务设计，以强化顾客的感知和体验。

可视分界线把前台服务行为和后台服务行为分割开来，前台服务行为是顾客能够看得见的，后台服务行为是顾客看不见的。这就提醒服务酒店在进行服务系统设计时，需要确定哪些部位和过程可以让顾客看见，哪些不能让顾客看见。有流向线垂直穿过可视分界线的地方，表示在此处存在前后台工作行为的连接，这里提醒酒店企业在设计时需要选择好连接地点，设计好连接地点的环境和衔接程序。需要注意的是，前台员工的行为并不恒等于前台服务行为，例如，在酒店前台办理入住登记时，前台服务员既要进行询问顾客姓名、需要的房间类型等前台（顾客看得见）工作，也要进行事后的整理、补入客人档案等一些后台（顾客看不见）工作。但是，由于在像酒店餐厅这类高度接触的服务企业中，我们常常会把前台服务行为和前台员工的行为视为等同，目的是便于进行服务蓝图的设计规划。

内部互动分界线用来区隔一线员工的服务工作行为，和二线员工的支持性工作行为。有流向线垂直穿过内部互动分界线的地方，表示在此处存在内部互动接触。这提醒酒店企业，酒店内部互动的相关部门要加强合作，以便确保稳定的服务质量。

4. 有形展示

服务蓝图最上面的有形展示是针对顾客消费过程设置的，它对于增加顾客感受和体验，提高顾客满意度尤为重要。事实上，在顾客接触的任何地方，只要是顾客能看到的，都是有形展示，如酒店服务人员的声音、语调和语气、餐厅装修、员工外表、餐台布置、菜品、账单，甚至包括酒店的其他顾客等。服务企业要加强对有形展示的管理，对于顾客能够看到的任何东西都应该严格审视，以便给顾客更多美好的感受。

服务蓝图一般包括"结构要素"与"管理要素"两个部分。服务的结构要素，定义了酒店企业服务传递系统的整体规划，包括服务台的设置、服务能力的规划等。服务的管理要素，则明确了酒店企业服务接触的标准和要求，规定了合理的服务水平、绩效评估指标、服务品质要素等。通过不断完善服务蓝图中的"结构要素"和"管理要素"体系，酒店企业可以制定符合"顾客导向"的服务传递系统，即首先关注识别与理解顾客需求，然后对这种需求做出快速响应，努力使酒店中介入对客服务的每个人、每个环节，都做到把"顾客满意"作为自己"服务到位"的标准，以达到改进酒店服务质量的目的。

（三）服务蓝图在酒店服务质量改进中的作用

1. 更好地满足顾客需求，提高顾客满意度

通过建立服务蓝图，促使酒店从顾客的角度更全面、更深入、更准确地了解所提供的服务，使酒店更好地满足顾客的需求，有针对性地安排服务和服务提供过程，从而提高顾客满意度。

2. 落实岗位责任制，提高员工服务技能

通过建立服务蓝图，研究可视分界线上下区域内的那些前、后台接触员工行为，掌握各类员工为顾客提供的各种接触信息，有助于酒店建立完善的服务操作程序，明确职责、落实岗位责任制，还可以明确培训工作的重点，并有针对性地提高员工服务技能等。

3. 强化部门间协作，激发员工积极性

服务蓝图揭示了组成酒店服务的各要素和提供服务的步骤，有助于明确各部门的职责和协调性，理解内部支持过程和非接触员工在服务提供过程中的角色和作用，激发他们的积极性和主动性，从而为和顾客直接发生接触的酒店员工提供高质量服务创造条件。

4. 促进服务设计，明确服务质量改进重点

服务蓝图中的互动分界线指出了顾客的角色，以及顾客在哪些地方能感受到酒店服务产品质量。这不仅有利于酒店有效地引导顾客参与服务过程，发挥顾客参与服务的积极作用，而且有利于酒店通过设置有利的服务环境与氛围来提高顾客满意度。而可视分界线则促使酒店谨慎确定哪些员工将和顾客相接触，由谁向顾客提供服务展示，哪些东西可以成为服务证据，从而促进酒店合理的服务设计，明确服务质量控制和改进活动的重点。

5. 服务蓝图有助于酒店服务质量改进

从服务蓝图可以判断酒店服务过程设计是否合理、充分、有效率，是否存在着需要调整和改变的地方，所进行的这些改变对顾客或酒店接触员工以及其他的过程将会产生怎样的影响。这些都将有助于酒店识别服务的失败点以及酒店服务活动链的薄弱环节，为酒店服务质量改进指明方向。

6. 服务蓝图为内外部营销建立了合理的基础

服务蓝图可以为酒店营销部门和广告部门有针对性地选择必要的交流信息、做好市场调查及顾客满意度调查工作，或是为寻找顾客特别感兴趣的卖点提供了方便。

另外，通过对现有服务的服务蓝图的分析，酒店管理人员有可能发现再造服务系统的机会，通过增加或删除某些特定的内容，重新定位服务，以吸引其他细分市场。例如，一家在团队市场已取得成功的酒店，决定要在商务市场建立更大的品牌忠诚度，于是用服务蓝图将所有的"顾客经历"反映出来，并重新设计其服务过程的某些方面，以便向商务顾客提供更个性化的服务，而且对每一种接触，酒店都可以根据顾客反馈确定一个预期服务标准，并建立相应的控制服务绩效的系统。

二、酒店服务蓝图的开发与绘制

鉴于服务蓝图的复杂性，开发和绘制酒店服务蓝图需要酒店有关各部门甚至客户的共同合作才能完成，绝不能简单地委托给某一个人独立去完成。开发与绘制服务蓝图的过程，也是对酒店服务系统加深理解和发现问题的过程。酒店服务蓝图的开发可以分级进行，可以针对整体服务概念开发概念服务蓝图，也可以针对某一个部位开发细节服务蓝图。尽管如此，开发与绘制酒店服务蓝图的过程还是有一些基本的步骤可循。

（一）识别需要制定蓝图的服务过程

首先要明确制作服务蓝图的起因和目的，是为了描述、改进还是开发？是要制定概念蓝图还是细节蓝图？如果是制定或调整概念蓝图，那么它一定和服务系统的战略性调整有关。如果是制定细节蓝图，那么便需要搞清楚它涉及哪些过程？它的起点和终点在哪？中间涉及哪些人员？一般情况下，顾客和服务人员对服务过程中某一个时点上发生的有关问题的抱怨，往往是我们设计细节蓝图的原因。因此，酒店具体在什么层次上设

计蓝图需要在出发点上就达成共识。酒店要建立服务蓝图，其第一步骤就是识别欲建立服务蓝图的服务过程，并明确对象。而识别需要绘制蓝图的过程，则首先要对建立服务蓝图的意图做出分析。如果目的大体在于表达总体流程的性质，那么概念蓝图不需要太多细节。如果蓝图要用于诊断和改进服务过程，那就需要更加详细些。由于有些人比别人更加重视细节，该问题经常会被提出，这就需要蓝图开发团队给予解决。如果服务过程例外事件不多，可以在蓝图上描绘比较简单、经常发生的例外补救过程。但是这样会使蓝图变得复杂、易于混淆或不易阅读。一般经常采用的、更好的形式是在蓝图上显示基本失误点，有必要时为服务补救过程开发新的子蓝图（图9-2）。

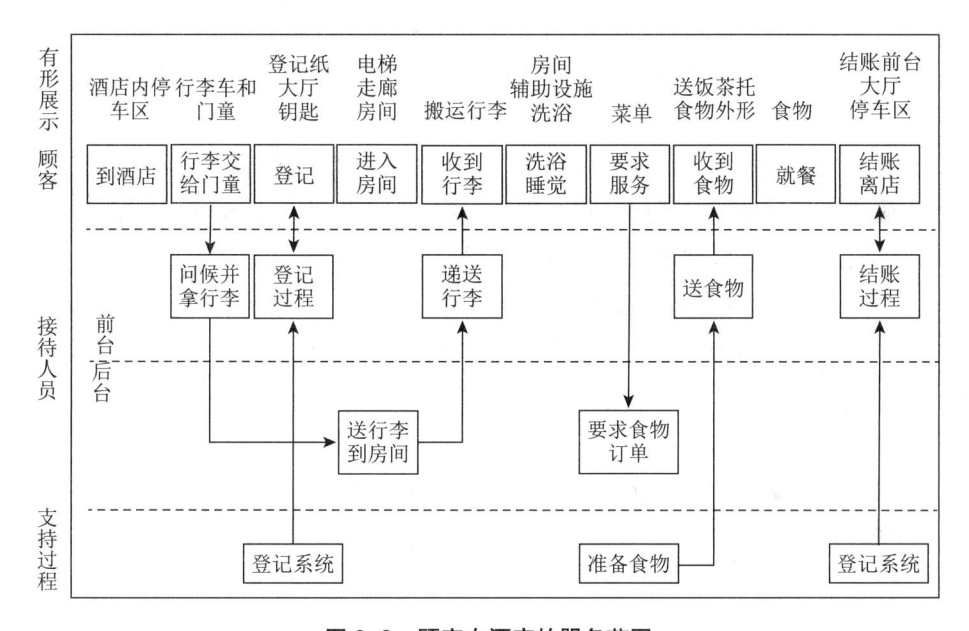

图 9-2　顾客在酒店的服务蓝图

（二）分析目标市场顾客的消费需求

酒店要认真分析目标顾客的消费需求，并在此基础上，编制一张构成相关顾客经历的所有行为事件的清单。其中，概念蓝图包含的顾客行为事件一定是关键事件，而细节蓝图包含的顾客行为事件应当做到尽量详细。由于不同类型的顾客对酒店服务的需求表现出明显的差异性，因此在设计蓝图时不可过于笼统，否则将达不到完善服务流程、改进服务质量的目的，服务蓝图的绘制也就失去了其实际意义。因此，酒店在识别顾客对酒店服务的经历时就需要对酒店的顾客群进行市场细分。而市场细分的一个基本前提是，每个细分部分的需求是不同的，因而对服务或产品的需求也会相应发生变化。假设服务过程因细分市场不同而变化，这时为某特定的顾客或某类细分顾客开发蓝图将非常有用。在抽象或概念的水平上，将各种细分顾客纳入一幅蓝图是可能的。但是，如果需要达到不同水平，开发单独的蓝图就一定要避免含混不清，只有这样才能使酒店服务蓝图的效能最大化。

（三）从顾客角度描绘服务过程

把顾客经历中的每一行为事件画成框图，并按顺序排列。顾客导向是服务企业设计服务蓝图的一个基本准则。从顾客角度来描绘服务过程，可以避免把注意力过度集中在对顾客没有影响和实际意义的过程和步骤上，同时还可以发现服务企业或服务人员平时不关注的内容。如果描绘的过程是酒店内部服务，那么顾客就是参与服务的一线员工，即与顾客发生直接接触的员工。若从顾客角度描绘服务过程，这就要求酒店必须对谁是顾客达成共识，有时为确定顾客如何感受服务过程，还要对从顾客角度描绘服务过程进行细致的研究。如果细分市场以不同方式感受服务，就要为每个不同的细分部分绘制单独的蓝图。

有时，酒店并不能很容易地准确识别从顾客角度看到的服务起始点。例如，在国际旅游中，旅游者最初的活动是到旅行社进行咨询，进而选购旅游路线，然后在旅行社确定具体出游时间，到机场登机，在飞机上享受航空公司提供的空中服务，之后经旅游目的地的中转交通服务，抵达住宿酒店，在酒店进行餐饮、娱乐等消费，并在目的地开展观光、游览、购物等活动，最后是乘机返回客源地，这才是完整的消费过程或一次值得顾客回忆的完美的消费经历。再如，顾客在酒店住宿期间消费酒店女宾部的美体服务，很多顾客会认为服务的起点是给女宾部打电话预约，但是该部门的许多管理人员却基本不把预约当成其服务的一个步骤。同样，顾客在去餐厅用餐的过程中，顾客把开车去酒店、停车、寻找座位也视为服务经历，而有时候这些方面往往在服务企业绘制服务蓝图时会被忽略掉。

国际著名酒店管理集团最佳西方为了更好地从顾客的角度了解酒店的服务经历，进而更高效、准确地绘制服务蓝图。集团邀请部分顾客免费住宿其旗下酒店，唯一的要求就是顾客在住宿期间把其在酒店消费的完整过程录制下来，并在离店时交给酒店指定的负责人员，酒店之后就可以以此作为酒店绘制服务蓝图和改进酒店服务质量的依据。

但在现实中，很多酒店管理者并没有意识到这一问题，高层管理人员和非一线的员工并不能确切地了解顾客实际经历了什么，以及顾客看到的是什么，往往是根据自己的了解主观臆断，盲目绘制服务蓝图，这样就很难达到预期的效果。

（四）描绘服务员工（前台）的行为和支持（后台）行为

首先需要画上互动线、可视线和内部互动线，然后识别属于前台的服务行为、后台的服务行为和支持行为（功能），再按照提供服务的过程用流向线予以连接。如果是描绘现有的服务，为了识别前台服务行为和后台服务行为，可以向服务员工询问，哪些行为是顾客可以看得到的，哪些不是；如果是设计新的服务蓝图，则需要认真研究，哪些服务行为应该让顾客看到，哪些不应该让顾客看到。

（五）图示酒店内部支持活动

图示酒店内部支持活动，即画出内部互动线，把顾客行为、服务人员行为与支持功能相连，这样就可以识别接触人员活动和内部支持活动之间的联系。在这一过程中，内部行为对顾客或直接或间接的影响才显现出来。从与顾客的联系的角度看，酒店可以发现某些酒店内部服务的过程可能具有重要意义，而有些则没有明显的联系，这时就应予以去除。

（六）在每个顾客行为步骤上加上有形展示

服务流程绘制完后，为了更好地控制整个服务过程，给顾客创造完美的服务经历，酒店还应在服务蓝图上添加有形展示，即在顾客消费经历的每个步骤上加上适当的有形展示，目的是增加顾客的美好体验或给予顾客必要的提示，说明顾客在接受服务的过程中所看到的东西以及所能接触到的有形物质，具体包括餐桌餐椅、餐具、台布、员工制服、账单等。它能够帮助分析有形物质对酒店整体服务过程和服务质量的影响，同时也能说明酒店整体战略及服务定位的一致性。

（七）证实和完善服务蓝图，对服务蓝图进行简短的补充说明

向顾客、前台员工、后台员工、负责支持功能的人员等寻求支持，请他们提出中肯的评价或修改意见。每个人对服务过程都有着自己的理解，开放式的讨论有助于证实和完善服务蓝图，也有助于达成共识和蓝图在未来的实施。

明确界定服务蓝图中涉及的概念和角色，强调四种关键点（关键服务活动）及其与其他活动的关系，对每一种关键点应注意的问题或采取的措施给予必要的说明。

最后，为使服务蓝图更有用、更形象，可以利用现代数码技术，把整个流程用图片或录像的形式进行展示，开发为"图片式服务蓝图""动画式服务蓝图"或"影像式服务蓝图"。

小案例

亚朵酒店的服务蓝图

亚朵酒店在设计服务蓝图的时候，是从客人第一次入住亚朵，到他再次入住亚朵的整个过程，中间共有十二次端口，也就是亚朵服务的十二个节点。

第一个节点，预定；

第二个节点，走进大堂的第一面；

第三个节点，到房间的第一眼；

第四个节点，跟你联系，向酒店提供服务咨询的第一刻；

第五个节点，吃早餐的那一刻；

第六个节点，你在酒店等人或者等车，需要有个地方待一下的那一刻；

第七个节点，你中午或者晚上想吃夜宵的那一刻；

第八个节点，你离店的那一刻；

第九个节点，离店之后，你点评的那一刻；

第十个节点，第二次想起亚朵的那一刻；

第十一个节点，你要跟朋友推广和介绍的那一刻；

第十二个节点，还有你第二次再预订的那一刻。

亚朵的这十二个节点都不一样，资源配置与角色工作，都是基于这十二个节点进行的。

在亚朵入住的时候，有三项服务是为了加强第二个节点的体验强度。

比如百分百奉茶，到了亚朵，先送你一杯茶；

三分钟办理入住；

有时候再做一个"免费升舱"，给用户惊喜。

在亚朵的终值体验是退房的时候，这时服务人员会给你一瓶矿泉水，如果是冬天，就会给一瓶温热的矿泉水。

亚朵给每个服务都起了个文绉绉的名字，比如临走时给你的这瓶水叫"别友甘泉"之类的。

这会给当时用户有概念体验和印象留存，对用户来讲，这就够了。

在为这十二个节点配置资源的时候，亚朵采取了"与其更好，不如不同"的策略。

第三节 服务失误与服务补救

酒店作为服务企业，在其经营过程中，服务失败是难免的。无论是何种原因，一旦有失误发生，都会引起顾客的消极情绪和对酒店服务不满意的评价。因此，酒店管理服务失误是酒店服务质量改进的一项重要内容。

酒店管理者通过对服务失误进行服务补救的全过程跟踪，可以发现服务过程中需要改善的问题，并及时修正服务系统中的某些环节。这不但可以有效避免差错的发生，还有助于酒店在更高层次上整合服务流程、提高服务质量，进而提高酒店运作效率和增加酒店收益。

一、服务失误

（一）服务失误产生的原因

服务失误是指酒店服务未达到顾客期望，或者说未达到顾客对服务的评价标准。酒店服务是通过酒店服务人员与顾客的接触和互动来完成的,强调的是服务人员与顾客的互动关系。因此,对酒店企业来说,酒店服务过程完美无瑕是最理想的状态。然而在酒店实际服务过程中,酒店服务不能像有形产品那样经过质量检验后再销售,顾客在购买酒店服务之前也无法看到服务产品最终的状态。因此,不可避免地会产生顾客不满意的情况,顾客对酒店服务产生抱怨也是难以完全避免的,这是由酒店服务自身的特征所决定的。

1. 酒店服务失误的产生具有必然性

由于酒店服务的无形性,使得酒店服务在很多情况下难以制定有形的、明确的质量标准,服务质量控制也很难做到精确。顾客对酒店服务质量的感知是通过服务感知与期望的比较进行的,而这种比较是一种高度主观的评价,一般用经验、信任、感受和安全等方面的语言对服务进行描述,方法上十分抽象。再加上服务的异质性影响,即使是酒店提供相同标准的服务,不同的顾客也会有不同的服务质量感知。甚至在某些情况下,即使服务工作完全符合酒店的服务质量标准,而顾客仍然可能会认为酒店服务工作存在某些缺陷,从而认为服务是有失误的,这就加大了酒店服务质量控制的难度。

2. 酒店服务不可完全避免发生服务失误

酒店服务是一系列的服务行为或服务过程,具有生产与消费的同时性。而且在服务的生产过程中,顾客或多或少会参与其中。顾客本身的活动、与服务提供者的互动以及与其他顾客的互动,这些都会增加服务问题发生的即时性、可能性以及问题的难度。一旦服务生产出现问题,顾客就已经消费了出现问题的劣质的服务,从而导致酒店服务失误的发生。因此,酒店服务质量控制的难度、服务过程出现失误的可能性都远比有形产品要高得多。

3. 酒店企业难以完全避免服务失误

酒店经营中一些不可控因素也会导致服务失误的发生。例如,酒店餐厅提供菜肴品种不全的原因有很多种,天气状况、厨房设备故障、厨师临时有事等都会引起酒店餐厅提供的菜品不全。因此,酒店稍有不慎就会出现令顾客不满甚至抱怨的情况,从而导致服务失败。尽管酒店可以向顾客解释餐厅菜品不全并不是因为酒店的过失引起的,但许多顾客可能并不理解,或者即便能理解,但还是会对酒店的服务质量感到不满,由此产生消极情绪。他们很可能会选择下次不再到该酒店餐厅就餐,并将其经历告知他们的亲友或其他顾客,这就给酒店餐厅带来了负面的影响。

(二)服务失误的种类

酒店在服务中存在服务失误在所难免,但酒店是可以事先预见服务失误的类型。比特纳、布姆斯和泰特罗特从顾客、员工和服务企业的角度将服务失误归结为4种类型:服务提交的系统失误;对顾客的需要和请求的反应失误;员工行为导致的失误;问题顾客导致的失误。服务失误类型如表9-1所示。

表 9-1　服务失误类型

主要失误类型	失误子类型
服务提交的系统失误	没有可以使用的服务
	不合理的缓慢服务
	其他核心服务的失误
对顾客需要和请求的反应失误	特殊的需求
	顾客的偏好
	被公认的顾客的错误
	其他混乱
员工行为导致的失误	注意程度
	异常行为
	文化惯例
	形态
	不利条件
问题顾客导致的失误	醉酒
	语言与肢体的滥用
	破坏企业政策
	不合作行为

资料来源：K.道格拉斯·霍夫曼、约翰·E.G.彼得森所著《服务营销精要：概念、策略和案例》第 3 版。

1. 服务提交的系统失误

服务提交的系统失误是指酒店企业提供的核心服务中的失误。例如，酒店将没有清洁、整理好的房间出租给客人，餐厅没有将顾客点的菜品送达顾客的餐桌，这些都是服务提交的系统失误。一般来说，酒店服务提交的系统失误包括以下三种。

（1）没有可用的服务。

没有可用的服务是指那些通常可用，但现在缺少或没有的服务，如在酒店的公共区域不提供客人 Wi-Fi 服务等。

（2）不合理的缓慢的服务。

不合理的缓慢服务是指那些顾客认为在执行时特别慢的服务，通常是由酒店服务提供系统设计中存在问题所导致的，如酒店服务提供设计复杂、环节过多等。

（3）其他核心服务的失误。

这种分类划分得比较宽泛，目的是反映不同行业所提供的各种核心服务。

2. 对顾客的需要和请求的反应失误

这一类服务失误是酒店对顾客的需要和请求的反应失误，包括酒店服务人员对个别顾客的需要和特别请求的反应。顾客对酒店服务的需要可以是隐含的，也可以是明示的，但通常情况下是隐含的。例如，在酒店中坐在轮椅中的顾客不应该被领至高处的座位。相反，顾客明示的请求是一种公开的要求，如一位在酒店西餐厅用餐的顾客，在点餐时要求牛排五分熟、土豆泥代替菜单上的烤土豆，这位顾客就是提出了明示的请求。

（1）特殊的需求。

酒店员工对特殊需求的反应，包括满足顾客特殊的饮食、心理、医疗、语言方面或社会方面等的请求。例如，酒店餐厅为一个素食者准备饭菜、酒店前台为顾客代购药品等，都是要满足顾客的特殊需求。

（2）顾客的偏好。

酒店员工对顾客的偏好的反应需要结合顾客的需求来修改服务提交系统。在酒店里顾客要求将客房中的一种服务用品替换成另一种服务用品就是顾客偏好的典型例子。

（3）顾客的错误。

酒店员工对顾客错误的反应包括员工对于公认的顾客错误的反应，如客人将房间门卡钥匙丢失。

（4）其他混乱。

酒店员工对其他混乱的反应要求员工解决顾客中发生的混乱，例如，要求顾客不要在酒店的电梯里吸烟等。

3. 员工行为导致的失误

这一类服务失误是由酒店员工行为导致的失误，这类失误可以分为以下几个子类。

（1）注意程度。

注意程度这个子类是指积极和消极的两类事件。积极的注意程度是员工注意观察顾客并预计顾客需求发生，从而主动满足顾客需求，如餐厅值台的服务员注意到正在进餐的宾客忽然若有所思地把目光投向他（她）时，服务员应不失时机地趋前询问宾客有何吩咐，客人也许要增加菜肴酒水，或有其他要求。通过宾客的目光，服务员在宾客开口之前主动服务，会使宾客心理上感到满足，感受到贵宾的尊荣。消极的注意程度包括态度差的员工、忽视顾客需求的员工，以及始终表现出无所谓态度的员工。

（2）异常行为。

酒店服务异常行为也包含了积极和消极的事件。积极的异常行为通常表现为酒店为顾客提供例外的服务。异常行为也可能是消极的，像粗鲁、辱骂和不适当的接触等酒店员工行为就可以看作异常行为。

（3）文化惯例。

文化惯例有两个方面的含义：一方面是积极强化的文化惯例，如平等、公正和真诚；另一方面是违反社会规范的文化惯例，包括歧视行为、不诚实的活动，如欺骗、偷窃和其他顾客认为不公正的活动。

（4）形态。

形态是指顾客所作出的整体性评价，即顾客不会把酒店服务过程描述为一些具体事件，而是会使用诸如"高兴的"或"可怕的"这样的总结性词汇。以酒店餐厅的顾客为例，他不会说出导致服务失误的具体事件，而只是说"你们员工的服务实在太糟糕了，这简直就是顾客服务中的一个反面案例"。这种抱怨通常归入形态评价这一类。

（5）不利条件。

不利条件这个子类包括酒店员工在压力条件下的积极和消极的行动。如果酒店某员工看到其他员工出现服务错误时，该员工采取有效的手段控制了局面，则顾客对于这种不利条件下该员工的表现会留下深刻的印象。相反，如果看到其他员工出现服务错误，该员工不但不纠正其他员工的错误，反而放任这种错误延续下去，显然这就是不利条件下的一种消极行动。

4. 问题顾客导致的失误

这一种服务失误的类型既不是由员工过失也不是由酒店过失造成，而是由顾客自己的不当行为造成的。这种类型失误所涉及的问题包括以下4个方面。

（1）醉酒。

酒店中醉酒顾客的行为会对其他顾客、服务人员或服务环境造成不利影响。

（2）语言与肢体滥用。

语言与肢体滥用指顾客对服务人员或其他顾客滥用语言和肢体。例如，一对情侣在酒店餐厅里争吵起来，并且开始尖叫和动起手来，这种情形就可以定义为语言与肢体滥用。

（3）破坏企业政策。

顾客破坏企业政策是指拒绝遵守酒店政策，如不遵守酒店餐厅就餐的排队政策等。

（4）不合作的顾客。

不合作的顾客是指那些粗野、不合作或提出不合理要求的顾客。尽管酒店服务人员试图满足这些顾客，但他们往往仍然对酒店的服务不满意。

（三）顾客对服务失误的反应

顾客在面对酒店服务失误时的反应是不同的，有的顾客会直接向酒店抱怨；有的顾客会向亲朋好友和周围的人抱怨；有的顾客会向第三方投诉，如消费者权益组织、政府管理机构、传媒机构等；还有一些顾客会直接选择其他酒店。对于酒店来说，只有明确顾客反应的类型以及顾客抱怨或投诉的类型与原因，并相应地采取服务补救措施，才可能获得顾客的长期满意。

当酒店服务失误发生时，顾客自然会产生不同程度的不满意或者消极的情绪。在这些情绪的影响下，顾客会产生不同的反应（见图9-3），他们可能采取行动，也可能保持沉默，并最终根据满意度作出不同的决策：选择退出或者继续接受该酒店的服务。

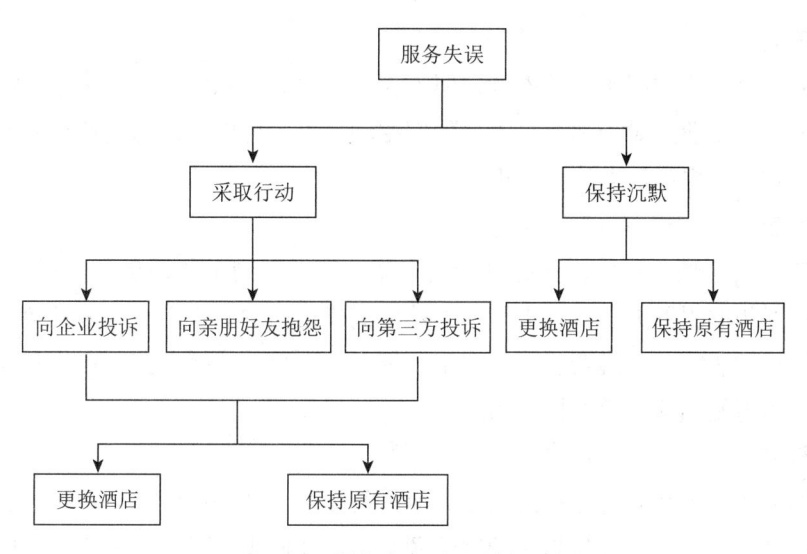

图 9-3　服务失误后顾客的反应

在服务出现失误后，如果顾客采取最为消极的态度——保持沉默，这种情况对于酒店企业来说是极为不利的。事实上，不采取行动的不满意顾客是最不可能再次光顾这家酒店的。而对于那些可能采取行动的顾客，他们的选择也不尽相同。他们可能会当场对服务提供者进行投诉并等待酒店方的反应，或者会选择间接的方式。只要顾客在遭遇服务失误后告诉酒店他的不满和要求，酒店就有补救的机会。对于酒店企业来说，这是最好的情况，因为企业有第二次机会满足顾客的需求，并保留住酒店企业在这位顾客身上的长期收益，同时也可以潜在地避免负面的口碑宣传。

根据顾客对服务失误的反应，有学者将顾客划分为以下四种类型：消极者、发言者、发怒者及积极者。面对每种类型的服务失误，顾客具有不同的行为特征，如表9-2所示。

表9-2　对服务失误的四种反应类型顾客的行为特征

特征 类型	直接向服务企业投诉	向亲朋好友及周围的人抱怨	更换服务企业	向第三方投诉	保持沉默
消极者					√
发言者	√				
发怒者	√	√	√		
积极者	√	√	√	√	

1. 消极者

这类顾客极少会采取行动，不大可能向服务人员和第三方进行抱怨，也怀疑投诉的有效性，认为投诉后可能得到的结果与投诉所花费的时间和努力相比不值得。

2. 发言者

这类顾客更愿意向服务人员投诉，但不大可能去做负面宣传或向第三方投诉，也不大可能更换酒店企业。对于酒店来说，他们主动投诉，可以使酒店企业认识到服务传递中存在的问题，并提供加以改正的机会。

3. 发怒者

发怒者与其他顾客相比，更有可能向亲戚、朋友、同事传播负面信息并更换酒店。发怒者对所经历的服务失误非常生气。虽然他们确信向酒店投诉会带来社会利益，但是他们不可能给酒店第二次机会，而是向亲朋好友、同事等传播这家酒店的负面信息，并选择离开，不再使用这家酒店提供的服务。

4. 积极者

这类顾客的特点是向可能投诉的各方面进行投诉，他们向酒店企业投诉，向亲朋好友抱怨，向第三方投诉，且与其他类型的顾客相比他们更有可能远离这家酒店。

二、顾客投诉（抱怨）处理

当酒店企业发生服务失误时，不是所有的顾客都会选择投诉，投诉的顾客给了酒店企业改正的机会。酒店应正确对待顾客投诉，尽力满足顾客的需求，将顾客的不满意转变为满意。

（一）顾客投诉（抱怨）的影响因素

顾客在接受了酒店企业的服务失误后，受顾客个人的性格特征的影响，有些顾客倾向于消极处理，而有些顾客倾向于投诉与抱怨。现实中，顾客个人的性格特征并不是影响顾客投诉与抱怨的唯一因素，顾客是否抱怨还受到许多其他因素的影响。

1. 对服务失误的不满意程度

这是指顾客对酒店企业的服务失误对自己造成伤害或损害的强烈程度的一种认识，也可以视为服务失误的严重程度。顾客一般可能对一些严重的服务失误问题、对自身影响较大或造成的损失较大的问题进行投诉。例如，已经在酒店预订客房的客人在深夜疲惫不堪地抵达预订酒店时，却被前台服务员告知所预订的房间被取消了，且酒店没有剩余的客房可用于出租。

2. 投诉或抱怨求偿成功的可能性

即当服务失误发生时，顾客对酒店企业没有任何借口且愿意补偿顾客损失的可能性的认知。当服务失误发生时，有些酒店为维持保证顾客满意的信誉，会全力补救失误，补偿顾客的损失；有些酒店企业则局限于员工未被充分授权或政策僵化等原因，不能对顾客负责任，或者根本不理会顾客的抱怨。也就是说，顾客求偿成功的可能性是顾客的一种认知，这种认知是建立在酒店的补救意愿和具体政策之上的。有些酒店企业可能根本就没有补救的意愿，或者酒店企业有意愿但投诉的程序过于繁杂，使顾客对投诉或抱怨望而却步。有研究指出，当服务失误发生时，顾客认知抱怨求偿成功的可能性越高，向酒店企业提出抱怨的可能性越大。

3. 顾客投诉对预期收益与成本的估计

即顾客投诉抱怨后获得的利益与投诉或抱怨成本的估计与比较。顾客投诉后可能获得的利益往往是一个包括物质利益和非物质利益的组合利益。顾客的投诉成本包括顾客投诉所花费的时间、精力、金钱以及声誉等一切为投诉所付出的代价。但对顾客投诉利益和成本衡量往往很难加以量化，仅仅是顾客的一种认知，而且这种认知因顾客不同而不同。顾客对投诉的预期利益与成本的估计会影响顾客的投诉行为，顾客会衡量进行投诉所需的成本与可能收到的利益，预期收益越高，越有可能进行投诉。

4. 顾客对服务失误责任归属的判断

如果顾客认为在服务失误中自己也有不当的行为，也应对服务失误承担一定的责任时，那么顾客投诉的可能性就较小。相反，如果顾客认为服务失误应该由酒店企业负全部责任时，顾客投诉的可能性会更大。

5. 顾客的购买知识与经验

顾客的购买经验或者专业知识是决定顾客是否投诉的一个重要因素。顾客的购买知识和经验受酒店企业市场沟通活动的影响，也受顾客自身生活阅历、知识面影响。例如，一位曾经任职某酒店高层管理人员的客人，因为他过去的工作经历使得他对酒店的运作非常熟悉，当他在作为顾客消费酒店的服务时，他对酒店的投诉率就很可能比一般客人高，因为他更可能会以自己对酒店的知识来维护甚至意图获得更高的酒店服务质量。随着社会的发展，顾客对酒店的服务和运作越来越了解，经常旅行的顾客已经成为酒店的"旅居专家"，他们往往对酒店的运作非常清楚，对酒店出现服务失误也非常敏感。

6. 情景因素

情景因素指服务环境中与互动没有直接关联的其他因素刺激，以及个人因环境所引发的暂时性特征。情景因素是预测顾客投诉行为的重要因素之一，在预测投诉行为上，情景因素优于一般的态度变化。例如，当一名男性顾客在等待办理退房手续而手续办理进度缓慢时，如果在有女士陪同而又不赶时间的情况下，这位顾客不一定会直接投诉；但如果相同的服务失误发生在一个陪同上级一起准备去机场乘坐飞机的男性顾客的身上，这位顾客就很可能会因为需要维护上司的利益而投诉。

（二）顾客投诉的心理特征

通常来说，投诉的顾客有以下 5 种心理特征。

1. 求尊重

顾客如果对服务人员的服务态度与服务行为感到不满意，就会期望通过投诉找回尊严，希望处理投诉的职员在情感上能够理解自己，尊重自己，支持自己的行为并表示歉意。

2. 求发泄

如果顾客由于对服务不满意，心中有怨气，就会希望主管人员能够对相关人员做出相应的处理，这样心中的气愤和郁闷才能得以发泄。

3. 求补偿

如果由于企业给顾客造成了物质上或精神上的伤害，顾客的投诉目的就是要求有关部门给予物质或精神上的补偿，以求心理上的平衡。

4. 提意见

顾客对服务企业进行批评、指正，希望企业的服务能够得到改善，具有这种心理特征的顾客往往是忠诚度很高的顾客。

5. 求自我表现

希望表现自己的见多识广，有丰富的消费经验，如同行、专业人士等。

（三）顾客投诉（抱怨）时的处理原则

酒店企业正确处理顾客投诉，重视与投诉顾客的沟通，是酒店企业在市场中立于不败之地和获得持续发展的根本。顾客抱怨对酒店来说是一个提高自己的服务水平、提高经济效益的机会，但是利用不好则会给酒店企业带来更大的灾难。处理顾客抱怨不但会增加酒店企业的成本，还会分散员工的精力，影响员工的工作热情，甚至会破坏酒店企业的运作秩序。因此，酒店企业必须谨慎处理顾客抱怨。最重要的是，酒店必须从顾客的角度出发，为顾客着想，了解顾客投诉时的期望，这是关系到酒店企业能否处理好顾客抱怨的关键因素。具体来讲，企业应该把握以下4个原则。

1. 关注顾客抱怨，理解顾客期望

对于酒店企业来说，"顾客就是上帝"是非常重要的观念，酒店的各级管理人员及服务人员都应该树立这种观念，从而能认真对待顾客的不满意投诉与抱怨，因为顾客的投诉与抱怨总是有自己的道理。顾客的投诉或抱怨是希望酒店能理解自己的需求，认真地对待自己的问题。因此，酒店企业在处理顾客抱怨时，应该首先尽快弄清楚顾客不满意的原因究竟是什么，以及顾客抱怨的真正意图是什么，从而为进行服务补救做准备。同时还要反省自己在服务过程中是否存在问题，该如何补救，而不是认为这位顾客是"麻烦的制造者"。

2. 真诚对待顾客，稳定顾客情绪

真诚是缓解矛盾的有效手段。顾客投诉时，一般希望处理投诉者能站在顾客的立场上倾听意见。因此，酒店企业在处理顾客投诉的过程中，服务人员绝不能推卸责任，更不能教训顾客、与其争辩。在倾听时不仅要耐心，而且态度要真诚，为顾客着想，体会顾客感受，同时可以采用适当的身体语言，如神情专注地望着顾客、微微点头以示赞同，稳定顾客情绪。绝大多数客人在情绪发泄后都会恢复理性。服务人员应该想到自己是给顾客带来满意的人，这样才能更好地理解顾客的投诉与抱怨。

3. 认同和尊重顾客投诉，及时补偿客人的损失

顾客投诉时最希望自己的意见能够得到其他人的认同，并获得酒店企业的尊重。顾客抱怨的目的主要是希望酒店员工用实际行动来解决问题，从而获得心理上的平衡。酒店企业应树立"顾客永远是对的"的观念，真诚对待顾客的投诉与抱怨。顾客抱怨必然是因为已受到经济上或心理上的伤害，认为自己的付出和获得不对等，因此几乎每位抱怨的顾客付出都希望得到补偿。在确定是由酒店企业失误导致服务失败的情况下，酒店应毫不吝啬及时给予顾客补偿，防止因顾客投诉等造成重大的损失。真正有效的补偿应该考虑到对顾客付出的额外成本和不愉快的购买经历进行一定补偿。除了经济上的补偿外，还应包括感情和心理等多方面的补偿。但是这种补偿不必与顾客所花费的额外成本等价，例如，给予客人在酒店中消费以一定的折扣，或赠送顾客一份有意义的精美礼品等。对于顾客来说，这些补偿是很有价值的，能够增强顾客的满足感。

4. 采取补救措施，迅速处理抱怨

酒店企业必须让顾客知道企业是时刻关注他们的，在顾客抱怨出现时，最重要的是迅速行动，采取补救措施。顾客抱怨时除了想得到服务人员的倾听和道歉外，最想知道的就是酒店企业会怎样处理问题。顾客希望酒店投诉处理者能迅速提出合理解决方案。酒店投诉处理者在耐心听完顾客投诉后，可以先询问顾客的意见，然后，再针对问题找出一套顾客能接受的合理解决方案。另外，顾客投诉时心情很急切，希望一进入酒店企业就有人能意识到问题的存在并解决问题。时间拖得越久，越会激发顾客的愤怒，同时也会使他们的想法变得顽固而不易解决。因此，投诉处理者应同顾客一道，及时、妥善地找出解决问题的办法，迅速、有效、果断地处理问题，给顾客一个满意的答案。同时，这也要求酒店企业能给一线员工适当的授权，使他们能够迅速处理顾客的抱怨。

三、服务补救

（一）服务补救的含义与重要性

所谓服务补救，是指服务企业为重新赢得因服务失误即将或已经失去的顾客而做的各种努力。美国学者泰克斯（Stephen S.Tax）和布朗（Stephen W.Brown）认为，补救性服务是一种管理过程，服务补救首先要发现服务失误，进而分析失误原因，然后在定量分析的基础上，对服务失误进行评估并采取适当的管理措施予以解决。

补救性服务不等于顾客投诉处理，服务补救是服务企业在出现服务失败时所做出的一种具有即时性和主动性的反应。服务补救比顾客投诉管理包含更多的内容，它更具有即时性和主动性的特点，强调酒店企业积极主动地发现服务失败的问题。在接到顾客投诉后，酒店企业需要进行补救性服务，但在酒店服务失误后，绝大多数顾客并不一定投诉。因此，酒店企业还应当鼓励服务人员在服务工作中主动发现服务问题，及时采取服务补救措施，使不满的顾客转变为满意的顾客。

至于补救性服务的重要性，W. 厄尔·萨塞等人对服务补救价值进行研究，认为如果企业能够使 5% 欲转向竞争者寻求服务的顾客回心转意，公司就能提高 25%~85% 的盈利能力。这说明企业通过服务补救不仅能挽回损失，而且可能提高利润。图 9-4 从服务企业的利润链角度来考察服务企业补救性服务对最终利润的影响。也有研究表明，企业补充一位流失顾客位置的成本，比保留一位忠诚顾客的成本要高得多，有效的服务补救措施能使不满的顾客改变对服务企业的不满，甚至提高顾客对服务企业的忠诚度，从而提高服务企业的利润。成功的服务补救对企业赢回顾客、改进服务质量以及增强员工的工作信心都有积极的影响。

```
服务补救
  ↓
企业服务价值提高
  ↓
顾客满意
  ↓
顾客忠诚
  ↓
收入和利润增加
```

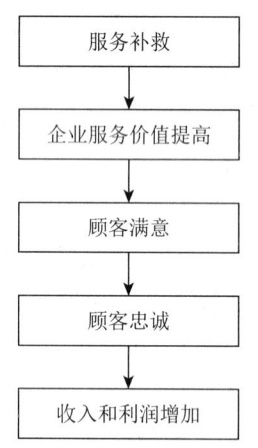

图 9-4　服务补救对企业利润链的影响环节

图 9-4 表明，服务失误会为酒店企业带来损失，造成酒店企业服务价值的减少，服务补救则可以弥补酒店企业因服务失误而造成的服务价值减少，甚至服务补救可以使原本降低的酒店服务价值得到提升。随着酒店服务价值的提升，顾客的满意度相对于补救前会有比较大的提升，而顾客的满意度有可能会导致忠诚度的提升，进而使得酒店的收入和利润增加。美国的一项调查结果显示了这种关系，如图 9-5 所示。那些因投诉而使其问题迅速得到解决的顾客与那些投诉但未得到解决的顾客相比，更可能发生再次购买行为，但那些从未投诉的顾客相对来说最不可能再次购买。这也是为什么企业要非常重视忠诚顾客投诉的原因。

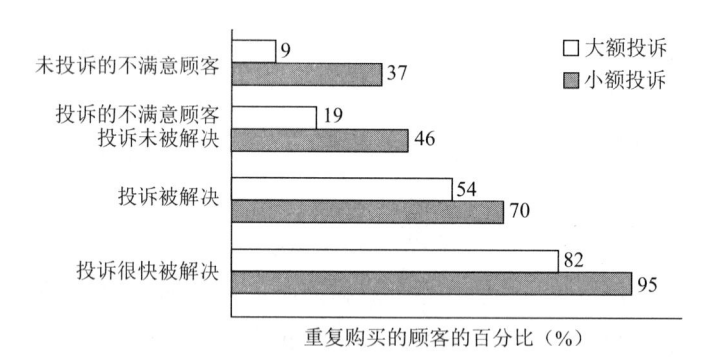

	大额投诉	小额投诉
未投诉的不满意顾客	9	37
投诉的不满意顾客投诉未被解决	19	46
投诉被解决	54	70
投诉很快被解决	82	95

重复购买的顾客的百分比（%）

图 9-5　不满意顾客的重复购买意向

（二）服务补救框架

服务补救包含三个阶段，补救前阶段体现顾客期望，包括服务承诺；第二阶段包括对一线员工的训练和指导，使他们能够对服务失误做出适当反应；最后一个阶段是鼓励顾客再次光临，如图 9-6 所示。

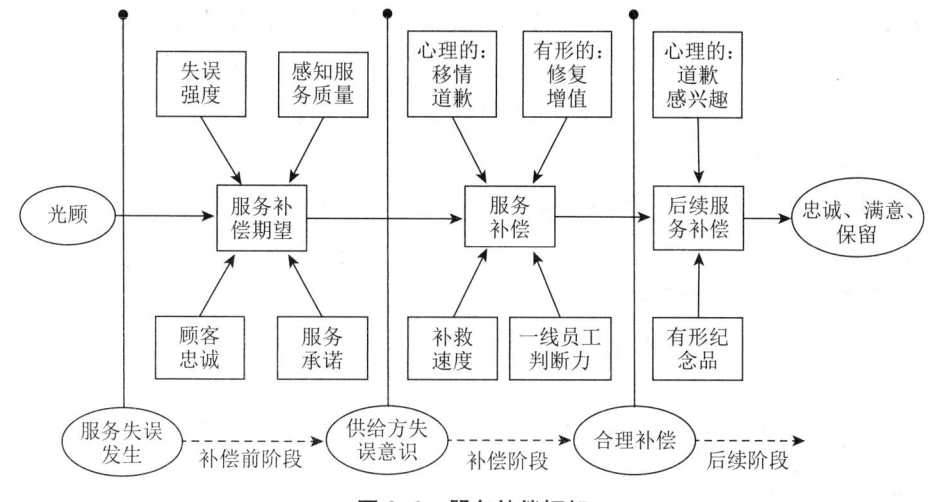

图 9-6 服务补偿框架

(三) 酒店企业服务补救特点与关键点

1. 服务补救的特点

服务补救概念与框架被引入服务管理理论中的目的是帮助酒店企业有效地管理服务失误和顾客抱怨。对于服务失误管理,酒店传统的管理方法是顾客抱怨处理。酒店要求那些遇到服务失误的顾客向酒店提出抱怨,酒店管理者通过分析这些抱怨,从管理角度对其进行处理。通常情况下,不管服务失误是谁造成的,酒店企业一般不会对顾客做出补偿,除非在特别需要的情况下。顾客抱怨处理的方式通常一定程度地反映了顾客导向,但从本质上说,抱怨处理绝对不是建立在酒店顾客导向基础之上的,而服务补救则是建立在酒店顾客导向基础之上的,它与顾客抱怨处理是不同的。

(1) 服务补救具有实时性特点。

这是服务补救与顾客抱怨管理一个非常重要的区别。通常情况下,顾客抱怨管理一般必须等到一个服务过程结束之后,顾客才会对酒店服务不满意之处产生抱怨,酒店一般也是在顾客出现抱怨后介入管理。而服务补救则不然,必须是在酒店服务失误出现的酒店服务现场解决问题。如果等到一个服务过程结束,那么,酒店服务补救的成本会急剧地上升,服务补救的效果也会大打折扣。

(2) 服务补救具有主动性特点。

顾客抱怨管理有一个非常明显的特点,即只有当顾客进行抱怨时,酒店企业才会采取相应的措施,处理问题、安抚顾客,并使顾客满意地离去。据美国消费者办公室(TRAP)所做的一项调查显示:有问题的顾客中,只有 4% 会向公司有关部门进行抱怨或投诉,而另外 96% 的顾客虽然不会抱怨,但他们会向 9 人至 10 人来倾诉自己的不满(坏口碑)。顾客抱怨管理"不抱怨不处理"的原则,将严重影响顾客感知服务质量和顾客满意度,从而影响酒店顾客忠诚度和酒店形象,使酒店在竞争中处于不利的境地。服务补救则不同，它要求酒店服务提供者主动地去发现服务失误并及时地采取措施解决失误。这种主动性、前瞻性的管理模式，无疑更有利于提高酒店顾客满意和忠诚的水平。

（3）服务补救是一项全过程的、全员性质的管理工作。

顾客抱怨管理是由酒店专门的部门来进行的、阶段性的管理工作。而一般来说，服务补救却具有鲜明的现场性，酒店企业通过对一线员工的授权，使一线员工在服务失误发生的现场及时采取补救措施，而不是等专门的人员来处理顾客的抱怨。

2. 酒店服务补救的关键点

在酒店发生服务失误，顾客对服务失误产生不满意，花费时间和精力采取投诉行动时，酒店首先要了解顾客的期望是什么，如何才能使顾客在服务补救过程中获得满意，这是酒店开展服务补救的关键。顾客进行投诉的期望最主要的是正义和公平，即能否获得公平感是顾客评价服务补救的关键，其中包括结果公平、程序公平和交互公平。

（1）结果公平。

结果公平是指当事人感觉交换结果的公平程度，即顾客希望补救的结果或得到的补偿与其不满意水平相匹配的程度。顾客通常希望自己遭受的损失能够至少得到对等的补偿。顾客抱怨通常伴随着经济损失，因此对顾客进行有形补偿至关重要。在这一过程中，顾客会采用不同的心理原则来判断结果的公平性。第一是需求原则，即顾客要求酒店的补偿能满足自己的要求。需求是促使顾客抱怨的根本原因，酒店企业在发生服务失误时，首先就要从顾客的角度分析顾客因服务失误损失了什么，满足顾客的哪些需求才能使其满意。第二是平等原则，即顾客对自己得到的待遇和其他顾客在类似情况下得到的待遇相比较的结果是否一致，一致即平等，这里的其他顾客既可以是本企业的其他顾客，也可以是其他企业的顾客。第三是横平原则，即顾客用自己在投诉中的付出与自己所获得的补偿相比较，当他认为二者相当时，就会感到公平。顾客的付出，既包括顾客的直接损失，又包括在抱怨过程中付出的时间和精力等间接损失。

（2）过程公平。

补偿只是投诉处理的最终结果，为了实现补偿酒店需要采取一定的方法，依照一定的程序和步骤进行。所有在投诉处理中的结构性因素组成了投诉处理的程序，包括投诉的提出、处理、补偿以及做出相关决策的过程。酒店服务补救过程公平包含五个方面的内容。一是倾听，也就是在与补偿有关的决策过程中，服务提供商能否认真地听取顾客对事件的倾诉和表白。如果服务商能够与顾客自由地交换意见，顾客就会产生公平的感觉，进而真诚地配合服务商共同解决问题。二是顾客参与决策。这是指顾客对酒店服务补救决策结果是否拥有自由的选择权，充分的选择权能使顾客对投诉处理过程产生公平感。因此，酒店为达到顾客对决策的控制，可以设计多种补偿形式供顾客选择，使得顾客感觉双方是在公平的基础上处理争议。三是酒店在做出服务补救决策前要对服务失误背景信息有足够的了解，客观地评估事件，从而做出正确的补救方案。四是快速反应。酒店企业对服务的快速反应会显著提高顾客对处理过程的评价。快速反应体现了酒店对顾客的尊重，表达了酒店希望尽快解决问题，以减少由此给顾客带来的不快。五是补救制度的灵活性。没有两个顾客是完全相同的，也没有两件抱怨事件是完全相同的，酒店应给予顾客多种可供选择的决策结果，提供不同形式的补偿方式。

（3）交互公平。

交互公平是指在抱怨处理的过程中，顾客在与服务商进行人际接触过程中感觉到的公平。顾客希望服务组织有礼貌和诚实地对待自己的投诉。如果顾客在投诉过程中，感到服务组织及其员工对顾客的遭遇漠不关心，并表现出勉强或不耐烦的态度，顾客会感到自尊心受挫而愤怒。即使投诉已经得到迅速解决，顾客也会感到强烈的不满。这就要求企业在抱怨处理的过程中充分考虑顾客的利益，而不是片面强调自身利益。在交互公平中有解释、礼貌、努力、移情四个维度。

解释，指酒店对造成失误的原因做出合理的解释，酒店合理的解释对顾客心理上的满足有较大影响，但要注意解释不等于推卸责任；礼貌，是指员工在接受和处理投诉过程中所表现出来的良好举止，表达酒店对顾客的尊重，显示员工的素质，也能展示酒店的形象；努力，是指员工在处理抱怨中积极地投入，在努力被顾客视为员工个人的行为时，顾客会对员工本人产生好感，在努力被顾客视为酒店的行为，会促使投诉得以顺利解决；移情，是指员工为顾客提供个性化的关注，增进顾客对酒店的满意度。

（四）酒店服务补救机制

酒店出现服务失误在所难免，而建立系统的服务补救机制是酒店应对服务失误的有效手段。酒店服务补救机制包括预警机制、启动机制、执行机制、反馈机制。

1. 酒店服务补救预警机制

服务补救的预警机制就是对可能发生的服务失误进行事先预测，在判断和分类的基础上，认真剖析服务失误的特点及其影响，并有针对性地采取预防措施。预警的主要功能有两个方面：一是促使或限制有利或者不利的结果发生；二是为正确、及时地采取应对措施准备条件。酒店服务补救的预警机制由以下3个方面组成。

（1）识别酒店可能发生的服务失误。

酒店应结合自身服务的具体特点，对各种已发生的服务失误进行逐项剖析，对潜在的服务失误进行有效识别，以便预测和判断酒店有可能发生的服务失误。

（2）判断各种服务失误对顾客造成的影响。

在酒店对可能发生的服务失误进行有效识别的基础上，酒店应进一步判断各种服务失误对顾客造成的影响，包括这些影响的性质和程度等。顾客因酒店服务失误而遭受的损失主要体现在顾客在经济上和心理上的损失，酒店在进行服务补救之前，应对顾客遭受损失的性质和程度有个初步判断，这样才能保证服务补救工作有针对性以及公平合理。

（3）采取积极有效的预防措施。

服务补救是酒店出现服务失误的事后补救，酒店要尽量防止服务失误的发生，服补救必须坚持预防在先的原则。有效预防服务失误，酒店可采取以下措施：一是运用因果分析法找出潜在服务失误的根源及原因；二是通过改进酒店的服务设计来稳定地消除服务失误的根源及原因；三是通过酒店内部的服务补救将外部的、对顾客的服务失误消灭在给顾客造成损失之前。

2.酒店服务补救启动机制

如上所述，顾客在酒店遭遇到服务失误时，只有少数顾客（约占4%）会直接向酒店投诉与抱怨。因此，在酒店服务补救体系中有必要设立服务补救启动机制，通过鼓励顾客抱怨和倡导员工观察与调查等方法，识别更多的服务失误和服务中存在的问题，及时启动服务补救。发现服务失误是启动服务补救措施的必要前提，包括依据一定的标准来判断是否出现服务失误和通过什么途径来发现服务失误两大问题。服务补救启动机制由已设定的酒店服务质量标准、设计与实施酒店服务承诺、鼓励与收集顾客抱怨以及员工观察与调查酒店运营中易出现失误环节四个主要环节构成。

3.酒店服务补救执行机制

当酒店服务补救启动机制发现服务失误之时，也就提出了执行服务补救方案的要求。执行机制的目的是消除服务失误给顾客造成的不利影响，以防止其转化为促使顾客采取不利于企业行为的动机。

服务补救策略和方案的具体执行受到酒店资源状况和资源投入情况的影响，包括企业文化、员工技能、酒店组织政策和价值网络等资源的影响。酒店服务补救执行机制的第一个环节是建立补救工作执行的基础。服务补救执行机制的第二个环节是提炼出一定的补救原则、策略，并让员工知晓、理解，增强员工的应变能力。最后，制定相应的服务补救步骤或程序，以提高员工服务补救的效率。

4.酒店服务补救反馈机制

福内尔和韦斯布鲁克（Fornell and Westbrook，1979）将投诉管理定义为"传播信息以便发现和消除消费者不满意的原因"。服务补救是酒店反思失误教训的过程，也是酒店与顾客深度交流的过程。在酒店服务补救过程中存在着大量有价值的信息，在某种程度上，可以将酒店服务补救看作是对顾客不满意信息的收集、传递、处理和利用的过程。因此，酒店服务补救反馈机制要解决的就是酒店如何有效地接收、处理和运用反馈信息的问题，这些问题主要包括酒店管理信息集成、顾客信息管理、酒店业务重组、酒店服务改进和酒店服务流程优化等问题。

（五）服务补救方法和服务补救时机的选择

1.服务补救方法

服务补救有4种基本方法：逐件处理法、系统响应法、早期干预法和替代品服务补救法。

（1）逐件处理法。

强调顾客的投诉各不相同。这种方法容易执行且成本低，但是也具有随意性。例如，最固执或者最好斗的投诉者经常会得到比通情达理的投诉者更令人满意的答复。这种方法的随意性会产生不公平。

（2）系统响应法。

使用规定来处理顾客投诉。由于采用了识别关键失败点和优先选择适当补救标准这一计划性方法，它比逐件处理法更加可靠。只要响应规定并不断更新，这种方法就非常有益，因为它提供了一致和及时的响应。

（3）早期干预法。

这是系统响应法的另一项内容，它试图在影响顾客以前干预和解决服务流程问题。例如，酒店预订员发现顾客在通过OTA（在线旅行机构）所订房型暂时没有可以出租的房间时，便将这一情况及时通知顾客，以便顾客可以采取其他方案。

（4）替代品服务补救法。

通过提供替代品服务补救，利用酒店竞争者的失误去赢得顾客。由于酒店竞争者的服务失误通常是保密的，这种方法实行起来比较困难。从顾客角度看，服务失误的大小和危险程度是影响顾客未来再次购买决策的一个因素。不管补救工作如何做，失误越严重，顾客就越有可能更换服务提供商（酒店）。顾客更换服务提供商（酒店）的决策可能不会在服务失误的服务补救之后马上发生，而是需要通过一系列事件的积累。

2. 酒店服务补救时机选择

不同的服务补救时机对顾客感知服务质量会产生很大的影响。根据酒店采取服务补救的时间，酒店服务补救工作可分为3种，即管理式服务补救、防御型服务补救和弹性服务补救如图9-7所示。

（1）管理式服务补救。

也称为被动的服务补救方式，这种方式并不是在酒店服务失误发生后、服务流程尚未结束时立即加以解决，而是等服务流程结束后，由专门处理顾客抱怨的部门来加以解决。在图9-7中的图（a）中服务补救作为一个单独的服务片段，列在主服务之后。这种服务补救方式与传统的顾客抱怨处理基本相同，更重要的是，服务失误所造成的顾客情感问题被忽略了，这将直接影响顾客感知服务质量水平，即使顾客最后得到了完全合理的赔偿，服务失误对顾客感知服务质量的负面影响可能并没有消除。

（2）防御性服务补救。

即主动的服务补救方式，图9-7中的图（b）表明了防御性服务补救的特点。在服务流程设计中，服务补救是一个独立的情节，但这个情节被纳入主服务片段之中。出现服务失误后，尚未等到这个服务流程结束，顾客也不必到指定的部门去提出正式意见，问题就会得到解决。这种服务补救方式要求顾客自己来解决问题，这个流程也被列入总的服务片段之中。这种方式虽没有充分地考虑顾客的情感问题，但情感问题对感知服务质量的影响比管理式服务补救要小得多，因此在一定程度上可以挽回服务失误对感知服务质量的不良影响。

（3）弹性服务补救。

也可以称作超前服务补救方式。当服务过程出现失误，酒店立即加以解决，而不是等到服务过程结束之后，图9-7中的图（c）说明的是弹性服务补救的特点及运作方式。服务补救已经成为顾客服务主流程中遇到服务失误时一个不可分割的组成部分。按照这种补救方式，顾客的情感问题可以得到较好地解决。顾客会为服务提供者的补救行为感到惊喜，顾客感知服务质量很可能更高。

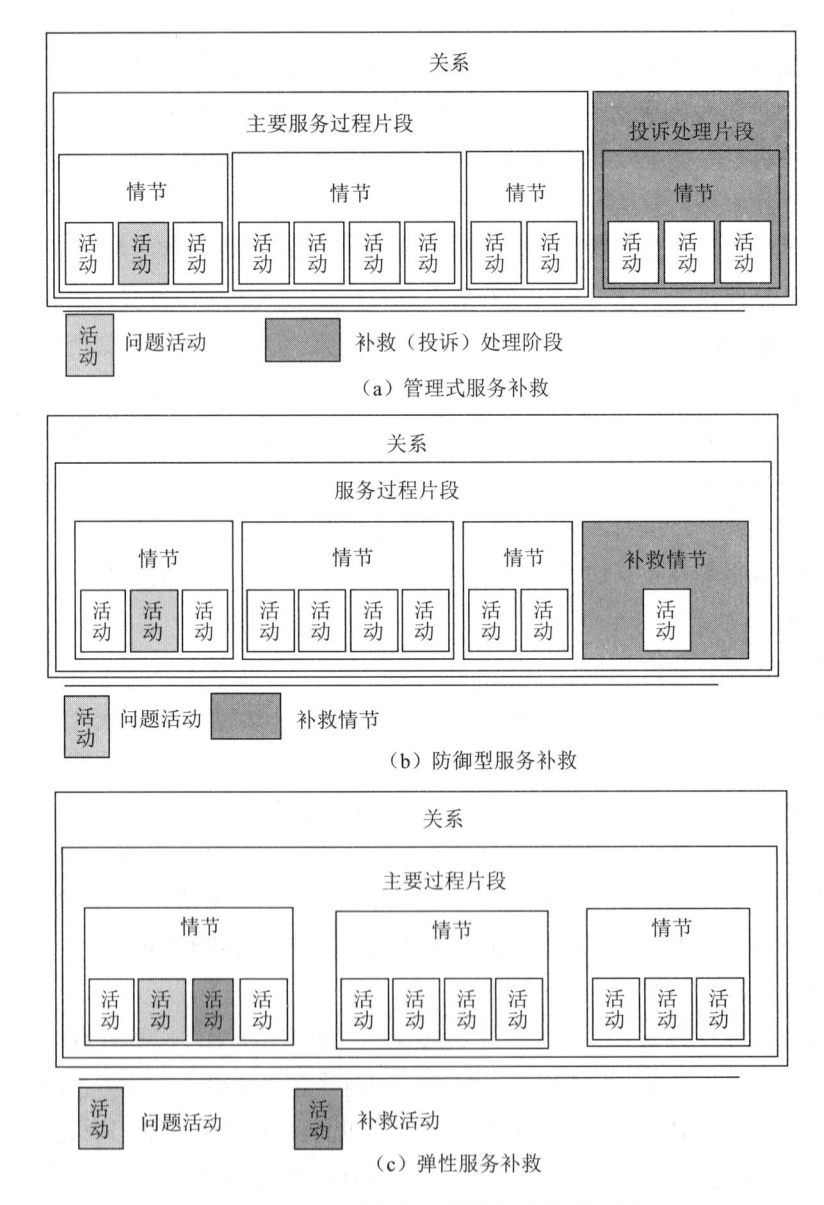

图9-7 关系理论框架下的服务补救时机选择

【复习与思考题】

一、名词解释

1. 服务蓝图　　2. 服务失误　　3. 服务补救

二、简答题

1. 简要回答酒店服务质量改进原则。

2. 简要回答酒店服务质量改进模式的支持体系。

3. 简要回答服务蓝图的基本构成要素。

4. 简要回答服务蓝图在酒店服务质量改进中的作用。

5. 简要回答服务失误的种类。

6. 简要回答顾客投诉（抱怨）时的处理原则。

7. 简要回答酒店企业服务补救特点与关键点。

8. 简要回答服务补救方法和服务补救时机的选择。

三、实操训练

调查学校某一餐厅的服务，设计一份顾客在餐厅用餐的服务蓝图。

【典型案例】

暖心的止水阀

1月2日晚10点，正值中班的大堂副经理小卢整理当晚的交班内容。

这时传来了急促的电话响声，小卢接起电话，礼貌问好过后，电话那头却传来一位女士气愤地宣泄："你们酒店怎么搞的，洗手间都漏水了！"

小卢即刻问清客人的房号，随即表示立刻到场处理，电话那头的客人一听，没有言语便挂断了电话。

小卢在赶往房间的路上，迅速联系客房当日值班员小林、工程部当日值班员小李也一同前往该楼层。

同时到达房间的小卢与小林，在客人打开房门时问好，并表明身份和简单的致歉后，两个人查看了卫生间的情况——洗手盆上方在不停地滴水，整个台面都打湿了，客人放在云石台上的个人物品部分已经被打湿了。这时工程部小李也到达房间，很快掀开了天花板进行检查。

小卢则在一边，安抚客人情绪，但客人王小姐十分气愤，说："查不查得出原因，这都是你们酒店的问题，可是我们放洗脸台的东西全湿了，我丈夫新买的电动剃须刀都浸水了，你们要怎么赔偿我们的损失？"小卢心想，客人此刻心里肯定十分着急，且考虑到夜已深，为了方便客人的休息洗漱，小卢立即向王小姐表示："不好意思，给您带来了不便，请谅解。您看这样行吗，先给您安排隔壁房间，让您和孩子先休息（客人带着自己的小孩），这边由我们工程人员先检查处理下？"

这时，小李已检查出问题：楼上水管老化破裂，导致漏水，现在需要关闭楼上房间的水阀，先止住漏水，第二天才有办法修理。小卢马上将信息转达给王小姐，客人见状便接受了换房休息的处理，离开房间时，扭头说："可是我的电动剃须刀怎么办？"小卢仔细看了下，发现其外壳确实被弄湿，但是否可用暂时未知，为让客人放心，便安抚其说道："王小姐，您先稍等，这个的话我先帮您处理下，看什么情况再回复您。"

王小姐虽心里多少还有怨气，但见小卢耐心的态度，则说道："那你要给我处理好了，还有其他湿了的东西，包括化妆品和我家小孩的儿童牙刷。"

随后，小卢和小林将云石台上的客人物品一一进行检查、清洁、擦干、用吹风机吹干，特别是客人一再提及的新买的剃须刀，小心翼翼拆开外壳查看，发现剃须刀内部并未弄湿，仍可正常使用。

15分钟后，小卢把处理干净的电须刀和其他物品送到客人面前，考虑到客人的儿童牙刷因为酒店设施故障被污染，主动表示明天一早，将送一把新的儿童牙刷过来。王小姐对小卢的细心表示惊讶，满意地向小卢说了声："谢谢你的帮助。"小卢心里觉得一阵暖意，礼貌地和王小姐说："您的满意才是我们最大的追求。"

次日，大堂副经理小林将一把粉红色的儿童牙刷送到了房间，王小姐的女儿很是开心。

一家人退房时，王小姐对大堂副经理的工作给了个大大的赞，并请小林转达了她对小卢的谢意。

资料来源：https://www.myplaymate.cn/zhichangzhinan/26469.html。

第十章

顾客满意与顾客忠诚

【内容导读】

　　顾客可以在目的地众多的酒店中选择入住心仪的酒店，酒店若要在激烈的竞争中取得优势，就必须以顾客为中心，千方百计吸引并留住顾客，提高顾客价值，与顾客形成良好的关系，这样就能赢得顾客满意和顾客忠诚。尤其是在当今的网络时代，顾客借助网络等技术手段可以获得更多的产品信息并实现购买，这就要求酒店企业在经营中真正树立以顾客为中心的观念，将酒店的经营重点转移到以服务顾客为中心和提高顾客忠诚度上来，着眼于建立不断提高顾客价值的持久竞争优势。本章主要介绍酒店顾客价值、酒店满意、酒店顾客忠诚。

【学习目标】

　　①掌握价值含义与特征；②了解酒店顾客价值的构成；③掌握提高酒店顾客价值的途径；④掌握顾客满意的概念及构成；⑤掌握酒店顾客满意影响因素；⑥了解中国顾客满意度指数模型（CCSI）内容；⑦了解酒店顾客忠诚计划。

【案例导入】

丽思·卡尔顿酒店"终生客人"的价值

　　在《哈佛管理导师》中，有一门课程叫作以顾客为中心，其核心思想是说并非所有的客户都是你的上帝，只有那些忠诚客户才是你真正的财富。顾客保持忠诚的时间越长，为公司带来的利润就越多，因为他们可以创造稳定的收入流，营销费用也会减少，而且随着顾客对公司越来越熟悉，服务顾客所需的费用也会下降；同时，忠诚的顾客还会带来关联销售——他们会向亲朋好友积极推荐。这样一群人在丽思·卡尔顿酒店被称作"终生客人"。

当我向丽思·卡尔顿酒店的高级领导力总监 Brian 问及终生客人带来的收入时，原本没指望得到一个准确的数据，可出乎意料的是，他脱口而出："我们顾客终生的平均消费为 120 万美元。"这意味着，按平均每间客房 500 美元一晚的价格来计算，客人要在酒店住上 2400 晚，如果每个月都在这里住两晚，也要连续住上 100 年。

看到我们吃惊的样子，他分享了自己的一个故事来说明这是怎样的一群客人。Brian 曾在海滨胜地加州半月湾的丽思·卡尔顿酒店工作。一天，他在餐厅接待了一位带着两个孩子的普通客人。对方穿着套头圆领衫和大短裤，脚踩海滩鞋，走在洛杉矶大街上，没人会认为有什么特别之处。本着酒店一贯的待客之道，Brian 尽心地接待了父子三人，看得出来，孩子们非常喜欢这个地方。退房之际，客人出手订下了 8 间海景套房。在接下来的 5 年时间，每到暑期，这位客人都要带着家人在这家酒店住上近 4 个月，每次还都住在那 8 间面向大海的套房中。

显然，如果都是这种客人，那 120 万美元就不那么让人惊讶了。但这种客人究竟有多少呢？根据丽思·卡尔顿的统计，有 22% 的客人贡献了大约 78% 的生意，而总营业收入中的 60% 是由 2% 的客人贡献出来的，也就是说，每 50 位客人中，有一位比其他 49 位客人给酒店带来的总收入还多。在外人看来，这个贡献度有点匪夷所思，但是丽思·卡尔顿酒店的人员将其视为服务准则的第一条"建立良好的人际关系，长期为丽思·卡尔顿创造终生客人"的必然结果。

问题是，你怎么知道刚进门的客人就是最有价值的那位呢？

Brian 说没人知道谁将是这 2% 的客人，但所有的丽思·卡尔顿员工都知道，只要做到"我能及时对客人表达和未表达的愿望及需求做出反应"，以及"我得到了足够的授权为我们的客人提供独特难忘和个人化的体验"这两条准则，来酒店的每一位客人都有可能成为终生顾客。

资料来源：https://wenku.baidu.com/view/。

第一节　顾客价值

一、顾客价值的含义与特征

（一）顾客价值的含义

对于顾客价值的研究起源于 20 世纪 80 年代末期，Zeithaml、Day、Gale 等人从营销学角度提出了"顾客价值"的概念，指出顾客在购买某种产品（或品牌）时并不是因为满意才购买，而是要将在可选择范围内的产品（品牌）的价值进行对比，最终选择顾客认为能够为其提供最大价值的产品（或品牌）。随后，对顾客价值的研究逐渐成为学术界的焦点，研究领域也突破了营销领域，扩展到了质量管理领域，成为提高企业质量管理，持续进行质量改进的一项重要内容。

在顾客价值研究中，不同的学者从不同的角度对顾客价值进行研究，总结起来，主要有四种代表性的定义。一是从单个情景的角度，Anderson等学者认为，顾客价值是基于感知利得与感知利失的权衡或对产品效用的综合评价。二是从关系角度出发，Ravald、Gronroos重点强调关系对顾客价值的影响，将顾客价值定义为：整个过程的价值是单个情景的利得加上关系的利得与单个情景的利失加上关系的利失之间的比较，并认为利得和利失之间的权衡不能仅仅局限在单个情景上，而应该扩展到对整个关系持续过程的价值衡量。三是Butz等强调顾客价值的产生来源于购买和使用产品后发现产品的额外价值，从而与供应商之间建立起感情纽带。四是Woodruff通过对顾客如何看待价值的实证研究，提出顾客价值是顾客对特定使用情景下有助于（或有碍于）实现自己目标和目的的产品属性、这些属性的实效以及使用的结果所感知的偏好与评价。该定义强调顾客价值来源于顾客通过学习得到的感知、偏好和评价，并将产品、使用情景和潜在的顾客所经历的相关结果相联系。

综上所述，顾客价值是顾客将所能感知到的利益与其在获取产品或服务时所付出的成本进行权衡后，对产品或服务效用的总体评价。

"顾客价值"这一概念的提出，在质量管理领域中为人们找到了一个实现顾客满意，并最终获得顾客忠诚的渠道。酒店可以为获取竞争优势而不断完善自身产品，但如果酒店的这种完善并不能给顾客带来利益的增加时，那么这种完善做得即使再完美也不能使顾客真正满意。而且，即便是顾客对酒店的努力给予了满意的回答，但由于顾客评价标准因他们不断变化的需求、过往的经验以及竞争对手提供的服务产品与水平的变化而变化，因此这种满意也无法保证顾客的再次购买，而酒店也无法要求顾客不转投其他酒店，购买其他酒店的产品。酒店只有通过创造顾客价值来留住老顾客，并吸引更多的新顾客。由此可见，酒店经营中只强调顾客满意是远远不够的，在经营中创造顾客价值才是最根本的途径。酒店在经营中只有通过创造更多的顾客价值来引导顾客需求，打破原有局限于产品、成本、价格的管理模式，才能把满意的顾客转化为忠诚的顾客，并最终赢得竞争。

（二）顾客价值的特征

以上关于顾客价值的含义，虽有不同的学者研究角度给出了顾客价值的不同的解释，但它们都体现了顾客价值所具有的重要特征。

1. 全面性和整体性

顾客价值是顾客对产品和服务中所有构成价值的要素的一种综合性评价，它全面反映了企业对顾客需求的整体满足能力。从本质上说，顾客在决定购买某种产品或服务时，其出发点是这种产品和服务的属性在能够满足其需求的同时，还可以为其提供一定的价值。通常顾客都是根据顾客价值的大小，对市场上提供相同属性的、相互竞争的产品和服务进行选择。

2. 主观性和动态性

顾客价值是一个主观性和动态性的概念。其主观性是指同一产品或服务，由于顾客的不同，对这种产品或服务中构成价值要素的评价不同，顾客的感知价值也就有所不同。一般情况下，商务客人要比普通顾客更加看重时间成本的节约。顾客价值的动态性是指同一顾客对同一产品或服务在不同时期的期望价值不同。也就是说，顾客对某一产品或服务的感知价值会随着时间、环境等因素的改变而改变。随着顾客购买某种产品或服务的频次逐步增加，他们的价值评价标准可能变得越来越全面和抽象。例如，顾客的第一次购买可能主要关注产品或服务属性层次方面的标准，而随着购买频次的增加，顾客可能更加关注的是结果层次和全局层次方面的标准。

3. 个性化和差异性

顾客价值是顾客感知的结果，而顾客与顾客之间是不同的，所以顾客价值是一个受顾客特性影响的变量，即相同的产品或服务对不同的顾客具有不同的价值，这是由于顾客的个体属性带来的顾客价值的差异性。因此，酒店在理解顾客价值时，要从目标顾客（具有相同和相似属性的顾客）的角度，识别和找出顾客期望的价值因素，并结合酒店自身能力制定出使价值因素达到最优组合的顾客价值。

二、酒店顾客价值的构成

由顾客价值的含义可知，顾客价值一般构成包括感知利得和感知利失两部分，如图10-1所示。"感知利得"代表着顾客的总价值，是顾客从某一特定产品或服务中获得的一系列利益，它包括产品价值、服务价值、人员价值、关系价值和形象价值。"感知利失"代表顾客总成本，包括货币成本和非货币成本两部分，非货币成本包括时间成本、精神成本和体力成本。顾客在选购产品时，往往会从价值和成本两方面进行比较分析，并从中选择价值最高、成本最低，即以顾客价值最大的产品作为优先选购的对象。

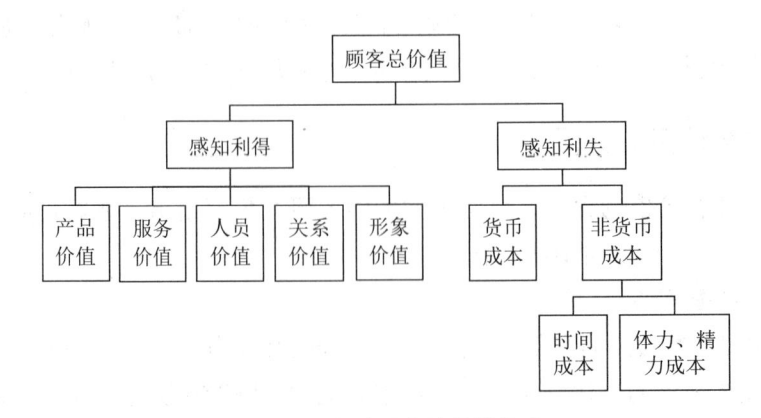

图10-1　酒店顾客价值的构成

通过顾客价值的一般构成可知酒店的顾客价值构成如下。

(一) 顾客感知利得

1. 产品价值

酒店产品由酒店提供的有形产品及设施等硬件组成,包括客房、餐厅、酒吧、会议室、娱乐设施等。设施设备是酒店服务的物质载体,其完善程度、等级档次高低以及完好程度等都直接影响顾客对酒店产品的感知。很多现代商业酒店都在通过选择一些具有独特性的设施设备来提升顾客价值。如威斯汀酒店打造的"天梦之床"以及根据人体结构设计的生物环保椅等,都为顾客提供了一种愉悦的感知价值。实物产品始终是构成顾客价值的主要因素。

2. 服务价值

服务价值是指顾客在与酒店有关人员接触的过程中所得到的服务,包括服务方式、服务态度、服务技巧、服务效率等。酒店服务流程设计上要始终围绕顾客的需要来进行,并加强员工服务培训,将酒店优质的服务提供给每一位顾客,使顾客在酒店短暂的停留期间都能始终如一地接受到高品质的、物超所值的服务。如丽思·卡尔顿酒店注重服务经历——创造价值的特色服务战略,每位入住酒店的顾客都能在酒店的物超所值的消费中,享受一次难忘的酒店经历。

3. 人员价值

人员价值是指酒店员工的质量观念、知识水平、业务能力、工作效益与工作作风、应变能力等所产生的价值。酒店员工的服务状况直接决定着酒店为顾客提供的产品与服务的质量,决定着顾客感知利得的大小。一个综合素质较高又具有顾客导向的服务人员,在为顾客服务中能够站在顾客的角度,始终为顾客着想,迅速响应顾客的服务需求,为顾客提供所需要的个性化服务,并为顾客创造更高的价值,从而产生更多满意的顾客,为酒店赢得更大的市场。人员价值对酒店、对顾客的影响作用是巨大的,并且这种作用往往是潜移默化、难以度量的。因此,重视对酒店人员综合素质与能力的培养,加强对员工日常工作的激励、监督与管理,使其始终保持较高的工作质量与水平对酒店来说是至关重要的。

4. 关系价值

顾客价值不仅来源于酒店的核心产品与服务,而且也包括维持与顾客的良好关系的努力。随着关系营销理论的发展和客房关系管理(CRM)的兴起,以顾客为中心的经营管理理念必然要求向顾客提供更多的关系价值,以留住老顾客并吸引新顾客。酒店在提升顾客关系价值时要经常自问的问题就是顾客最近一次是在什么时间购买酒店产品的?购买了哪些产品?顾客能否从与酒店的关系中受益?酒店能否从与顾客的关系中获益?当酒店不维系与顾客的关系时,顾客是否会流失?通常对于酒店而言,与顾客建立情感联系和回报常客是发展良好而持续的顾客关系的常用手段。如通过酒店的App 或小程序与顾客开展互动建立情感联系，以折扣、赠送礼品等方式回馈顾客，提升顾客的关系价值。

5. 形象价值

形象是指客人对酒店产品、设施服务及内外环境等各种因素的综合印象，这种印象往往是通过酒店建立的品牌属性来传递。酒店品牌形象是酒店价值观、经营理念等经过长期积累后，外化为社会公众对酒店的有形评价。酒店品牌形象传递给顾客的是一种质量上的承诺，在一定程度上会影响酒店顾客的选择，是顾客感知利得构成中的一个重要组成部分，能够给酒店顾客增添无形的价值。

（二）顾客感知利失

顾客感知利失包括顾客为购买和消费酒店产品和服务所付出的货币成本和非货币成本。

1. 货币成本

货币成本是指顾客为获得酒店产品与服务而进行的货币支出，通常是顾客购买酒店产品所需要支付的价格。酒店货币成本管理在于优化酒店资源配置，通过不断降低酒店的经营成本来降低酒店产品与服务价格，为顾客节省货币支出，使顾客感到"物有所值"。为增加顾客价值，酒店还可以通过采取灵活的价格策略，如折扣优惠价和常客优惠价等方式减少顾客的利失。

2. 非货币成本

非货币成本是指顾客为获得酒店产品与服务而付出的非货币支出，包括时间成本、精神与体力成本等。时间成本是顾客在购买和消费酒店产品和服务过程中的各种时间消耗。若要降低顾客的时间成本，这就要求酒店利用现代的科学技术手段，减少顾客在酒店预订、登记、入住、结账和就餐等各个方面的时间代价。如通过酒店管理信息系统快速帮助客人办理预订、登记、入住、结账手续等。国内某些酒店已经通过管理信息系统，在机场迎接顾客入住酒店的途中就完成了客人入住的登记工作，顾客下车后在前台领取房卡即可以直接进入客房。

精神与体力成本是指顾客在进入酒店及在酒店消费过程中的体力与各种精力耗费。降低顾客的体力成本要求酒店努力降低顾客进入酒店及在酒店消费过程中的各种体力支出，如为顾客提供接、送机服务，合理规划酒店功能区域，以降低顾客在酒店消费过程中辗转于不同部门之间时发生的体力消耗。降低顾客的精神成本要求酒店努力降低顾客在住店需求生成、信息调研、选择判断、入住消费等购买和实际消费阶段付出的精力代价。如通过建立酒店客房及酒店周边环境360°的VR展示，先进、简便的酒店预订系统等，可使顾客不用花费多少精力就可以查询到酒店的相关信息，快速预订酒店客房等。

三、提高酒店顾客价值的途径

（一）以酒店为核心的提高酒店顾客价值的途径

根据酒店顾客价值构成，以酒店为核心提高酒店顾客价值，需要从提高顾客利得价值和降低顾客利失成本两个方面入手。

1. 提高顾客利得价值

具体来说，可以从质量、服务、速度、创新、品牌 5 个方面着手。

（1）服务质量。

酒店始终如一地为顾客提供与酒店等级相匹配的、稳定、可靠的产品和服务质量，是提高顾客利得价值的根本。酒店通过提高产品和服务质量，还可以减少由于服务质量问题引起的事后处理成本。

（2）服务。

由于酒店业竞争的加剧，相同等级的酒店在产品、设施设备及价格方面的差距越来越小，但在服务方面的差距却越来越大。同时，顾客对酒店服务的要求也越来越高，即顾客更加看重酒店的服务价值。美国一家咨询公司的调查也证实了这一点，调查显示顾客从一家企业转到另一家企业，70% 的原因是服务引起的。

（3）速度。

速度也能实现顾客价值增值。在买方市场，顾客对酒店服务的响应性的要求越来越高，顾客的需求渴望就能够得到酒店及时满足。因此，酒店在为顾客提供服务的过程中，如何建立一个快速的响应机制和组织制度是非常重要的。

（4）创新。

酒店产品与服务的创新不仅可以实现酒店的差异化经营，提升酒店的竞争能力，同时也可以引导顾客需求和更好地满足顾客不断出现的多种需求。因此，酒店要在充分调查和充分把握市场需求变化的基础上，加大产品与服务开发力度，引导和满足顾客需求，增强酒店的竞争能力。

（5）品牌。

随着人们生活水平的提高，人们的消费品质也在逐步提高，顾客的品牌偏好逐步增强，购买和消费知名酒店品牌的产品与服务会提升顾客的感知利得。一方面知名品牌良好的信誉保证，能够提供顾客具有可靠的、高质量的产品与服务；另一方面购买和消费知名品牌产品与服务，能够满足和提升顾客的心理感受，提升顾客的感知利得。因此，酒店要加强酒店品牌的建设与管理，不断提高酒店品牌形象。

2. 降低顾客感知利失

降低顾客感知利失，提升顾客价值，首先可从降低顾客货币成本上着手。为此，酒店要加强酒店内部管理工作，不断提高管理效率，努力降低产品和服务的成本。同时要在降低成本的基础上，从顾客的角度出发，制定出灵活的、有竞争力的价格策略，节约顾客购买酒店产品与服务的货币支出。

降低顾客感知利失的另一措施是，降低顾客为满足其需求所付出的非货币成本，包括时间成本和体力、精力成本。酒店可采用现代科学技术、改革管理方式、重组酒店业务流程等方式，减少顾客在预订、登记、入住、结账等方面的时间代价，减少顾客在酒店消费过程中所消耗的体力代价，减少顾客在需求生成、信息调研、选择判断、住宿消费、康乐、退房等方面的心理代价，从而降低顾客付出的非货币成本，以达到提升顾客价值的目的。

（二）以顾客为导向的酒店顾客价值提升

1. 提供个性化服务，维持顾客价值

随着消费个性化时代的到来，顾客消费由追求产品与服务的价格、功能的理性消费转向"是否喜欢"的个性化感性消费。因此，为顾客提供个性化的酒店产品与服务是提升顾客价值的有效途径。例如，酒店客房及公共区域在追求设施豪华的同时，加强设计感，体现出地方特色和文化气息，增强顾客的个性化体验；酒店的组织设计中适当增加对员工的授权，使员工在职权范围内为满足顾客的个性化需求而开展个性化服务，维持和提升顾客价值。

2. 优化服务流程，提升顾客价值

服务流程优化是酒店在一定成本和管理约束条件下，探索将资源转化为产品和服务的最佳途径的过程。其目标之一是尽可能提高酒店服务对顾客需求的响应速度，以更快的速度、更高的效率完成各项服务工作，提高顾客满意度，以增加顾客价值。酒店服务流程优化一般有系统化改造法和全新设计法两种。系统化改造法是以酒店现有服务流程为基础，运用现代科学技术手段、措施，通过对酒店现有流程分析，消除冗余、简化、整合以及自动化等活动来完成酒店服务流程重新设计工作。全新设计法是从酒店服务流程预期取得的结果出发，从零开始设计酒店服务流程。一般来说，在酒店外部经营环境相对稳定时，酒店趋向于采取系统化改造法。而对于新建酒店或经营中的酒店在外部经营环境处于剧烈波动状况时，酒店趋向于采取全新设计法。

3. 创造顾客价值，培育忠诚顾客

忠诚顾客是酒店的无价资产，有研究表明，酒店70%~80%的利润来自忠诚顾客，因此酒店只有拥有一定数量的忠诚顾客，才具有持续的竞争优势和利润增长空间。对于酒店企业来说，影响顾客忠诚的因素有酒店外部因素和内部因素。对于外部因素，酒店难以控制，要培养顾客忠诚只能从可控制的内部因素着手，酒店可以在经营中树立以顾客为中心的经营理念，通过分析顾客特性，迎合顾客需求，突出酒店产品和服务的特性以及创造酒店与顾客和谐的关系等方法与手段，最大化顾客的价值，使顾客感觉到在酒店购买的产品和服务是物有所值的，以此来培育和维系酒店忠诚顾客。

小案例

坚守品质获两个"第一"

国家会展中心上海洲际酒店是商务部投资的企业，是会展中心的配套项目。该酒店在会展期间一房难求，之后新冠肺炎疫情期间，国际国内会展减少，经营压力空前之大。酒店管理层克服困难，迎难而上。针对新冠病毒疫情特殊情况，采取相应措施。首先，增加酒店零售产品的销售，比如中餐厅推出了"彩丰十味"，结合了当季的时令食材为客人带来不一样的体验。除此之外，为配合周边商务楼的需求，酒店推出了外带下午茶的套餐，给白领们多了一种选择，让人们在家也能享受到五星级酒店大厨的手艺。酒店在具备了团膳外卖的资质后，研发了各国特色美食，可以为不同的跨国公司提供外卖服务。在拓宽本地市场方面，酒店推出了一些以家庭为单位的活动，如城市周边的短途游，目前已经是很多家庭周末首选，所以在保证安全的情况下，酒店推出了两天一晚房加餐的套餐，只需1199元，就可以享受洲际行政高级房，不仅含双人行政楼层礼遇，还可享一次双人正餐。因性价比高成功吸引并激活了同城消费。该酒店在去年集团考核上海区的多家洲际酒店中客户满意度名列第一，自助早餐品质名列第一，大众点评网上海所有高档酒店自助餐位居第七名，酒店GOP率稳定在40%以上。

第二节 顾客满意

一、顾客满意构成要素

（一）顾客满意的概念

自从美国学者Cardozo（1965）将顾客满意的概念引入市场营销学的范畴之后，更多的学者对顾客满意从多个角度进行了更深入的研究。目前，在理论界，对于顾客满意的定义主要有两种主流观点：一种观点是从消费过程角度认为顾客满意是"消费者对在购买前形成的产品预期质量，与消费后的实际感知质量两者之间存在的差距的心理评价"，在该观点下，顾客满意是顾客对产品或者服务的一种评价，同时是通过对比的方式进行满意评价的。另一种观点则是从状态角度来定义顾客满意，指出顾客满意为"购买者在经过对产品或服务的可感知的绩效（或结果）与自身的期望值对比后，所形成的满足或失望的心理感觉状态"。Anderson、Fornell和Lehma在总结前人研究的基础上，提出顾客满意度是顾客在某一特定购买场合或时点，对于产品和服务的购后评估，这个评估可以为企业提供对特定商品或服务的好或不好方面的相关信息。同时他们将顾客满意分为两种：一种是某种特定交易后所形成的满意，另一种是经过多次消费后所积累的满意。特定交易的顾客满意指消费者在消费了某种产品或服务后的心理感受，形成了对某种产品或服务水平的评价；累积的顾客满意指消费者对于购买的所有商品或消费的服务整体评价，一方面，这说明了顾客的满意度是可以积累变化的，另一方面，这边能够为企业提供有关运作绩效的重要指标。

特定交易的顾客满意能清楚地揭示企业在某件产品或某次服务中各项行为的对与错，但是消费者并不是以某一次消费经历，而是以迄今为止累积起来的所有消费经历为基础来做出未来是否重复购买的决策。因此，与特定交易的顾客满意相比，累积的顾客满意能更好地预测顾客忠诚及企业绩效，以它作为指标衡量经济生活质量也更有说服力。

（二）酒店顾客满意的构成要素

酒店顾客满意有五个要素构成，包括顾客对酒店的理念满意、行为满意、视听满意、产品满意和服务满意。

1. 理念满意

理念满意是指酒店的理念给顾客带来的心理满足状态。酒店企业理念是企业思想、文化理念等意识的总和，是酒店企业经营的宗旨与方针。酒店企业理念通过企业精神、企业决策、经营宗旨、企业使命、企业目标、企业文化、方针、口号等方面表现出来。酒店企业理念的设计要从顾客的需求出发，从酒店行业的实际情况出发，突出酒店行业特点；同时也要从时代与社会的要求出发，体现与时俱进的精神。

2. 行为满意

行为满意是指酒店的全部运行状况给顾客带来的心理满足状态，包括行为机制、行为规则和行为模式的满意。

酒店企业要建立一套完善的运行机制，才能获得顾客对酒店企业行为系统的认同和满意。完善的运行机制包括感觉系统、传入系统、决策中枢系统、效应系统、反馈系统。

感觉系统是指酒店企业为了对顾客发出的有关企业、商品、服务的信息进行全面感知而建立的机制；传入系统是信息通道，它将被接收的顾客信息传向酒店的运行中枢；决策中枢系统对信息进行分析、加工和处理，把有效的部分吸收到酒店的行为中；效应系统全面执行决策中枢作出的决定，将酒店企业决策转化为酒店企业行为和行动；酒店企业行为的正确性则由反馈系统加以检验、反馈，系统对酒店企业行为转换给顾客的满意程度进行全面调查、了解并及时反馈。

酒店建立了行为满意机制后，还要建立一套行为满意标准，一般从以下几个方面设定：个人工作行为标准；管理、监督者行为标准；对工作满意的标准；对顾客的满意标准。然后酒店必须对全体员工进行行为满意培训，使员工深入了解理念满意的内涵，将行为标准真正理解并运用到工作中去。

3. 视听满意

视听满意是指酒店所具有的各种可视、可闻性的显在形象给顾客带来的心理满意状态。包括酒店标志（名称和图案）满意、标准字满意、标准色满意以及包括这三个基本要素的应用系统满意等。

4. 产品满意

产品满意是指酒店产品带给顾客的满足状态。包括产品的内在质量、价格、设计、包装、时效等方面的满意。产品的质量满意是构成顾客满意的基础因素。

5. 服务满意

服务满意是指酒店服务带给顾客的满足状态。包括服务效率满意，服务保证体系满意，服务的完整性和方便性满意，服务消费氛围和环境满意，等等。

二、顾客满意的影响因素

顾客对酒店的产品和服务是否满意主要取决于顾客对产品和服务的预期、顾客感知质量、顾客关系和顾客的公平性判断四个方面。

（一）顾客对产品和服务的预期

顾客在进入酒店消费之前会通常对酒店的产品和服务产生一定的预期。这种预期可能根据自己曾经消费过的酒店产品和服务的最佳的或者平均水平，也可能根据自己在某个相同类型酒店的一般消费经历，预估自己即将消费的酒店产品和服务的表现。顾客对酒店产品和服务的预期一般通过两种方式对其满意度产生影响。

一种方式是顾客把预期作为满意或不满意的基准比照标准，将自己消费酒店某种产品和服务的感知与购买前的预期进行比较。当这种感知超过预期时，顾客会感到很满意；当感知等于预期时，顾客会感到一般满意；当感知低于预期时，顾客会感到不满意。在这种机制的作用下，预期与顾客满意度呈负相关，即预期越高，满意度越低。另一种方式是顾客在使用或消费产品和服务后，为避免实际感受与预期产生不一致，将其实际感受到的满意水平通过心理调节向预期水平靠拢。这种同化作用使得预期水平较高时，顾客满意度也比较高；预期水平较低时，顾客满意度也比较低。也就是说，预期与顾客满意度呈正相关。

预期对顾客满意度的这两种作用相互消长，究竟是哪种作用的影响占主导地位，不仅取决于酒店对产品和服务展开的各种营销活动，更取决于顾客自身的性格、态度和生活方式等因素。

（二）顾客感知质量

感知质量是顾客感受到的酒店产品和服务在顾客使用或消费过程中表现出来的实际状况，包括有形性、移情性、可靠性、保证性和响应性 5 个方面。感知质量可以直接对酒店满意度产生影响，也可以通过感知与预期之间的差距比较对顾客满意度产生影响。除此之外，感知质量对酒店顾客满意度的影响还来自顾客的价值判断。如果消费者得到的顾客价值高于他的期望值，他就倾向于满意，差额越大就越满意；反之，如果消费者得到的顾客价值低于他的期望值，他就倾向于不满意，差额越大就越不满意。感知质量与顾客满意度呈正相关关系。

（三）顾客对酒店的情感

情感是人们对现实的一种特殊反应形式，是人们对客观事物是否符合自己需要所做出的一种心理反应。情感可以表现为人对客观事物肯定或否定的主观态度。顾客在消费过程中的情感对顾客满意具有直接影响。这些情感可能是稳定的、事先存在的，比如情绪状态和对生活的态度等。非常愉快的时刻、健康的身心和积极的思考方式，都会对所体验的服务的感知有正面的影响。反之，当消费者正处在一种恶劣的情绪当中，消沉的情感将被他带入对服务的反应，并导致他对任何微小的问题都不放过或感觉失望。

消费过程本身引起的一些特定情感也会影响消费者对服务的满意。顾客在消费过程中对服务的情感会在记忆中留下痕迹，这种痕迹会被顾客纳入满意的评价过程中。与此同时，顾客根据消费经历是否成功，也会唤起特定的情感，并把这种情感纳入满意的评价过程中。从顾客价值的角度来看，顾客对酒店本身、酒店品牌或酒店员工的情感越深，对酒店服务的满意度就会越高。

（四）顾客对公平性的判断

公平性是顾客在心理上进行比较后的一种主观判断。顾客到酒店消费，希望得到公平的感受，期望自己的投入可以得到相应的回报，认为自己应该受到重视，并被礼貌地对待。顾客会将服务的诸多方面与参照对象进行比较，如果发现综合产出与综合投入的比率较高，其满意度也就较高。公正的感觉是消费者对产品和服务满意感知的中心，顾客在酒店中消费公平感越高，满意度也就越高。

三、酒店顾客满意度指数模型及其测量

（一）顾客满意度指数模型

目前学术界围绕顾客满意的形成机制、关键因素及测评方法主要形成了五大指数模型。

KANO模型（卡诺模型）认为，影响顾客满意的关键因素是产品或服务的质量。SCSB模型（瑞典顾客满意度指数）是世界上首个国家层次的顾客满意度指数模型。ACSI模型是目前学术界所公认的体系最完整、应用效果最好的一个顾客满意度理论模型。ECSI模型是由欧洲质量组织和质量管理基金会等机构共同资助开发的。CCSI模型

则是国内首个较完善的顾客满意度指数模型,该模型将 ECSI 模型的形象变量变为品牌形象,并指明了品牌形象对顾客满意度有直接影响。下面我们会对这五大顾客满意度的评价模型进行详细的介绍。

1. KANO 模型

KANO 模型(卡诺模型)是东京理工大学教授狩野纪昭(NoriakiKano)发明的对用户需求分类和优先排序的有用工具,该模型以分析用户需求对用户满意的影响为基础,体现了产品性能和用户满意之间的非线性关系。

根据不同类型的质量特性与顾客满意度之间的关系,狩野教授将产品服务的质量特性分为 5 类。各种需求实现的情况与满意度的相互关系可以用图 10-2 表示。

(1)基本(必备)型需求(Must-be Quality/Basic Quality)。

也称为必备型需求、理所当然需求,是顾客对企业提供的产品或服务因素的基本要求,也是顾客认为产品"必须有"的属性或功能。当其特性不充足(不满足顾客需求)时,顾客很不满意;当其特性充足(满足顾客需求)时,顾客也可能不会因此而表现出满意。而对于基本型需求,即使超过了顾客的期望,但顾客充其量会达到满意,不会对此表现出更多的好感。不过只要稍有一些疏忽,未达到顾客的期望,就会导致顾客满意度一落千丈。因此,对于顾客而言,这些需求是必须满足的,理所当然的。因此,对于这类需求,企业的做法应该是注重不要在这方面失分,需要企业不断地调查和了解顾客需求,并通过合适的方法在产品中体现这些要求。

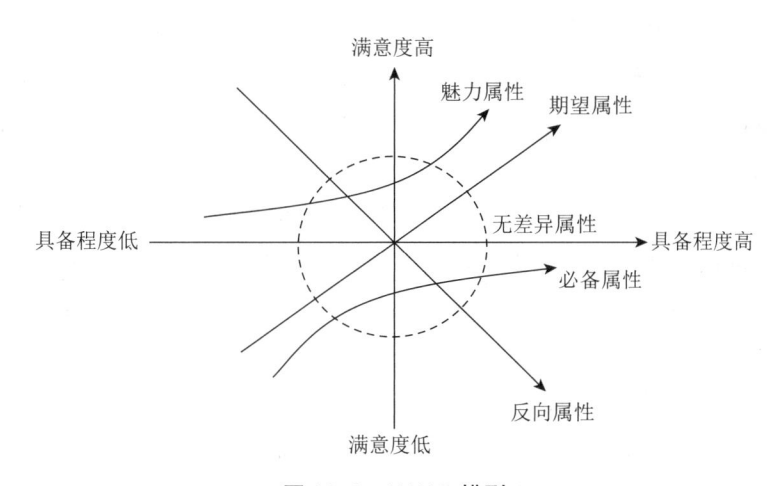

图 10-2 KANO 模型

(2)期望型需求(One-dimensional Quality/Performance Quality)。

期望型需求也称为意愿型需求。是指顾客的满意状况与需求的满足程度成比例关系的需求,此类需求得到满足或表现良好的话,客户满意度会显著增加,企业提供的产品和服务水平超出顾客期望越多,顾客的满意状况就越好。当此类需求得不到满足或表现不好的话,客户的不满也会显著增加。

期望型需求没有基本型需求那样苛刻，它要求提供的产品或服务比较优秀，但并不具有"必须"的产品属性或服务行为。有些期望型需求连顾客都不太清楚，但却是他们希望得到的。这便是处于成长期的需求，客户、竞争对手和企业自身都关注的需求，也是体现竞争能力的需求。对于这类需求，企业的做法应该是注重提高这方面的质量，要力争超过竞争对手。

（3）兴奋型需求（Attractive Quality/Excitement Quality）。

兴奋又称魅力型需求，指不会被顾客过分期望的需求。对于魅力型需求，随着满足顾客期望程度的增加，顾客满意度也会急剧上升，但一旦得到满足，即使表现并不完善，顾客表现出的满意状况则非常高。反之，即使在期望不满足时，顾客也不会因而表现出明显的不满意。

当顾客对一些产品或服务没有表达出明确的需求时，企业可以提供给顾客一些完全出乎意料的产品属性或服务行为，使顾客产生惊喜，顾客就会表现出非常满意，从而提高顾客的忠诚度。这类需求往往是代表顾客的潜在需求，企业的做法就是去不断寻找发掘这样的需求，领先对手。

（4）无差异型需求（Indifferent Quality/Neutral Quality）。

无论提供与否，对用户体验无影响。是质量中既不好，也不坏的方面，它们不会导致顾客满意或不满意。例如，酒店企业为顾客提供的没有实用价值的赠品。

（5）反向型需求（Reverse Quality）。

反向型需求又称逆向型需求，指引起强烈不满的质量特性和导致低水平满意的质量特性，因为并非所有的消费者都有相似的喜好。许多用户根本都没有此需求，若提供后用户满意度反而会下降，而且提供的程度与用户满意程度呈反比。例如，一些顾客喜欢高科技产品而另一些人更喜欢普通产品，过多的额外功能会引起顾客不满。

KANO模型的意义在于企业首先要全力以赴地满足顾客的基本型需求，保证顾客提出的问题得到认真地解决，重视顾客认为企业有义务做到的事情，尽量为顾客提供方便，以实现顾客最基本的需求满足。然后，企业应尽力去满足顾客的期望型需求，这是质量的竞争性因素。企业可以提供顾客喜爱的额外服务或产品功能，使其产品和服务优于竞争对手并有所不同，引导顾客加强对本企业的良好印象，使顾客达到满意。最后争取实现顾客的兴奋型需求，为企业建立最忠实的客户群。

2. SCSB模型（瑞典国家顾客满意度模型）

SCSB模型是最早建立的全国性客户满意指数模式，这个模型提出了顾客满意弹性的概念。顾客满意弹性是指顾客忠诚对顾客满意的敏感性，即顾客满意度提高一个百分点，顾客忠诚将提高多少个百分点。模型从量化的角度来研究不同程度的顾客满意对顾客忠诚的影响及其非线性关系。

SCSB模型是由5个关键的结构变量所组成，他们分别是顾客期望、感知价值、顾客满意度、顾客抱怨、顾客忠诚。顾客期望和感知价值是顾客满意度的前置变量，顾客抱怨和顾客忠诚构成顾客满意度的结果变量。SCSB 模型中 5 个变量间存在 6 种关系，如图 10-3 所示。

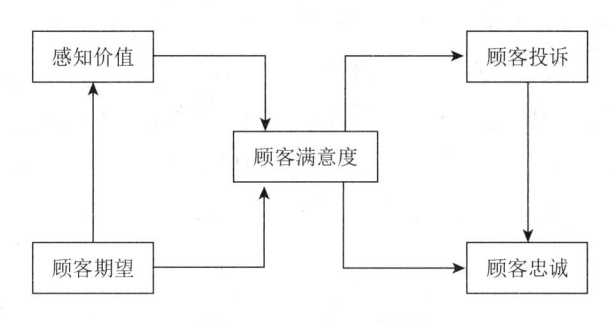

图 10-3　SCSB 模型

通过该模型不难看出，顾客的满意度通过顾客抱怨和顾客忠诚会对企业的经营绩效产生直接的影响，但是在该模型中，并没将顾客满意度如何影响企业经营绩效进行展开研究。另外，模型中研究了感知价值对满意度的影响，但并没有涉及质量因素对顾客满意度的影响。感知价值对满意度的影响是必然的，但是价值因素与质量因素相比，哪方面对顾客满意度更重要，以及如何衡量在模型中加入质量感知变量等问题，该模型并没有给出令人信服的回答。

3. ACSI 模型（美国顾客满意度指数模型）

ACSI 模型是 Fornell 等人在瑞典顾客满意指数模式（SCSB）的基础上创建的顾客满意度指数模型。该模型是以产品和服务消费的过程为基础，对顾客满意度水平的综合评价指数。它由企业满意度指数、行业满意度指数、部门满意度指数以及国家满意度指数 4 个层次构成，是目前体系最完整、应用效果最好，也是应用比较广泛的顾客满意度研究模型。该模型在结构上分为 4 个层次，顾客期望和感知质量影响了顾客的感知价值，顾客感知价值又直接作用于顾客满意度，最后顾客忠诚和顾客抱怨构成了顾客满意度的结果变量。ACSI 模型如图 10-4 所示。

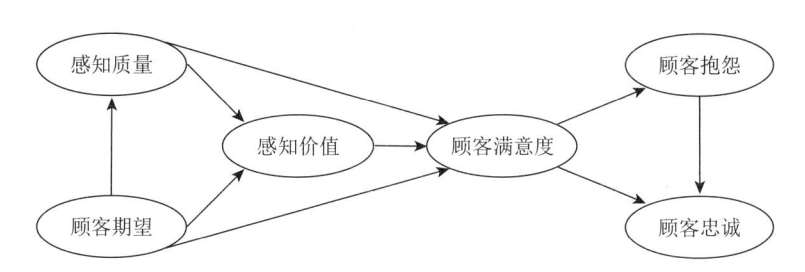

图 10-4　ACSI 模型

通过 ACSI 模型，可以掌握顾客消费的整个过程，从而构建顾客消费经历与顾客满意度之间的相互关系，同时该模型进一步揭示了顾客满意度与顾客购后行为（顾客抱怨、顾客忠诚）之间的关系，对于顾客满意度的结果有很好的预测作用。

4. ECSI 模型（欧洲顾客满意度指数模型）

ECSI 模型继承了 ACSI 模型的基本架构和一些核心概念，如顾客期望、感知质量、感知价值、顾客满意度以及顾客忠诚，但又对 ACSI 进行了修正，主要表现为：去掉了 ACSI 模型中顾客抱怨这个潜在变量。因为欧洲许多国家的顾客投诉系统已经比较完备。补充了企业形象，将感知质量进行了拆分，分为感知的产品（硬件）质量和感知的服务（软件）质量。其中，企业形象指的是顾客记忆中和组织有关的联想，这些联想会在一定程度上影响人们的期望值以及对满意度的判别。ECSI 模型如图 10-5 所示。

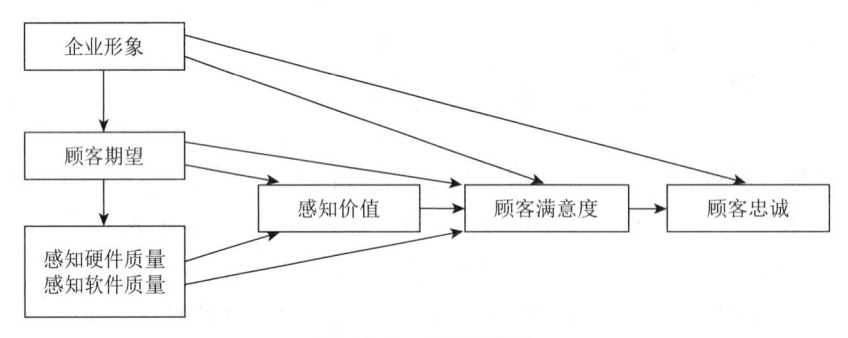

图 10-5 ECSI 模型

5. CCSI 模型（中国顾客满意度指数模型）

CCSI 模型是根据中国市场的实际情况，以 ACSI 模型为基础，吸收了 ECSI 模型的相关特点，成为中国国内首个比较完善的对顾客满意度进行测评的模型。在该模型中主要包含 6 个结构变量，这 6 个结构变量建立了 11 个相互关系。在 CCSI 模型中，将企业的品牌形象进行了细化，指出企业的品牌形象是与企业顾客满意度有着直接的影响关系，具有很大的突破性；同时该模型也根据 ECSI 模型，将感知质量细分为感知软件和硬件质量两部分，以 ACSI 模型为基础将两部分合并为一个大的整体，并指明其与预期质量也存在直接的联系。CCSI 模型如图 10-6 所示。

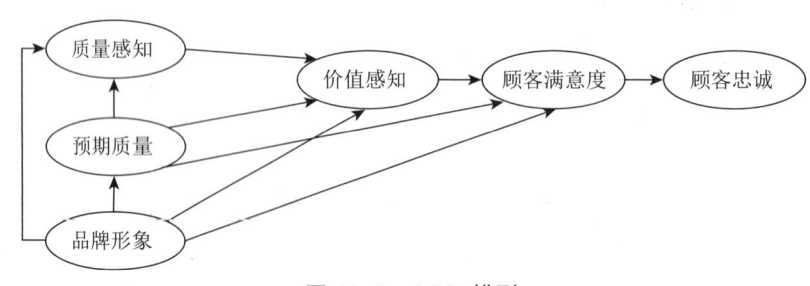

图 10-6 CCSI 模型

（二）顾客满意指标

1. 顾客的需求结构

要建立一组科学的顾客满意程度的评价指标，首先要研究顾客的需求结构。通过对顾客进行大量的调查分析，顾客需求的基本结构大致有以下3个方面。

（1）品质需求。包括性能、适用性、使用寿命、可靠性、安全性、经济性和美学（外观）等。

（2）功能需求。包括主导功能、辅助功能和兼容功能等。

（3）外延需求。包括服务需求和心理及文化需求等。

（4）价格需求。包括价位、价质比、价格弹性等。

组织在提供产品或服务时，都应全面考虑顾客的这4种基本需求。但是，由于不同国家、地区以及不同的消费人群对这些需求有不同的需求强度，在消费后又存在一个满意水平的高低。当顾客需求强度要求高时，稍有不足，他们就会有不满或强烈不满，当需求强度要求低时，只需低水平的满足即可。

例如，对酒店的需求，由于人们收入水平和消费心理的不同，对酒店的档次、产品项目、价格有不同的需求强度。有较高收入的商旅客人，喜欢入住品牌知名度高、产品项目齐全的酒店，因此他们对酒店的品质和功能需求的强度要求就高，而对价格需求不强烈。也就是说，当酒店品质和功能不满足他们的要求时，就会产生不满或强烈不满。而对中低收入的顾客来说，他们的消费心理追求酒店的"性价比"，以实惠为原则，因此他们对客房产品价格的需求强度要求高，价格高、服务差，是他们产生不满的主要因素，而对酒店产品项目齐全性方面的需求强度则并不强烈。因此，酒店企业应该根据不同的顾客需求，确定主要的需求结构，以满足不同层次顾客的要求，使顾客满意。

2. 顾客满意指标

顾客满意指标，是指用以测量顾客满意程度的一组项目因素。

若要评价顾客满意的程度，必须建立一组与产品或服务有关的、能反映顾客对产品或服务满意程度的产品满意项目。由于顾客对产品或服务需求结构的强度要求不同，而产品或服务又由许多部分组成，每个组成部分又有许多属性，假如产品或服务的某个部分或属性不符合顾客要求时，他们都会做出否定的评价，并产生不满意感。因此，企业应根据顾客需求结构及产品或服务的特点，选择那些既能全面反映顾客满意状况又有代表性的项目，作为顾客满意度的评价指标。全面就是指评价项目的设定应既包括产品的核心项目，又包括无形的和外延的产品项目。否则，就不能全面了解顾客的满意程度，也不利于提升顾客满意水平。

另外，由于影响顾客满意或不满意的因素有很多，企业不能一一用作测量指标，因而企业应该选择那些具有代表性的主要因素作为评价项目。

3. 顾客满意级度

顾客满意级度指顾客在消费相应的产品或服务之后，所产生的满足状态等级。

顾客满意度是一种心理状态，是一种自我体验。在对顾客满意度进行评价时必须对这种心理状态等级进行界定，否则就无法进行评价。心理学家认为，情感体验可以按梯级理论进行划分，相应可以把顾客满意程度分成7个级度或5个级度。

7个级度为：很不满意、不满意、不太满意、一般、较满意、满意和很满意。

5个级度为：很不满意、不满意、一般、满意和很满意。

管理专家根据心理学的梯级理论对7梯级给出了如下参考指标。

（1）很不满意。

指征：愤慨、恼怒、投诉、反宣传。

分述：很不满意状态是指顾客在消费了某种商品或服务之后感到愤慨、恼羞成怒、难以容忍，不仅企图找机会投诉，而且还会利用一切机会进行反宣传以发泄心中的不快。

（2）不满意。

指征：气愤、烦恼。

分述：不满意状态是指顾客在购买或消费某种商品或服务后所产生的气愤、烦恼状态。在这种状态下，顾客尚可勉强忍受，但希望通过一定方式得到弥补，在适当的时候，也会进行反宣传，以提醒自己的亲朋好友不要去购买同样的商品或服务。

（3）不太满意。

指征：抱怨、遗憾。

分述：不太满意状态是指顾客在购买或消费某种商品或服务后所产生的抱怨、遗憾状态。在这种状态下，顾客虽心存不满，但想到现实就是这个样子，于是会勉强认可这种服务状态。

（4）一般。

指征：无明显正负情绪。

分述：一般状态是指顾客在消费某种商品或服务过程中所形成的没有明显情绪的状态。也就是对此既说不上好，也说不上差，还算过得去。

（5）较满意。

指征：好感、肯定、赞许。

分述：较满意状态是指顾客在消费某种商品或服务时所形成的好感、肯定和赞许状态。在这种状态下，顾客内心还算满意，但按更高要求还差之甚远，但与一些更差的情况相比，又令人安慰。

（6）满意。

指征：称心、赞扬、愉快。

分述：满意状态是指顾客在消费了某种商品或服务时产生的称心、赞扬和愉悦状态。在这种状态下，顾客不仅对自己的选择予以肯定，还会乐于向亲朋好友推荐，自己的期望与现实基本相符，找不出大的遗憾所在。

（7）很满意。

指征：激动、满足、感谢。

分述：很满意状态是指顾客在消费某种商品或服务之后形成的激动、满足、感谢状态。在这种状态下，顾客的期望不仅完全达到，没有任何遗憾，而且还可能大大超出了自己的预期。这时顾客不仅为自己的选择而自豪，还会利用一切机会向亲朋好友宣传、介绍、推荐，希望他人都来消费。

5个级度的参考指标类同顾客满意级度的参考指标是相对的，因为满意虽有层次之分，但毕竟界限模糊，从一个层次到另一个层次并没有明显的界线。之所以进行顾客满意级度的划分，目的仅是供企业进行顾客满意程度的评价之用。

为了能定量地评价顾客满意程度，可对顾客满意7个级度，给出每个级度的分值，并根据每项指标对顾客满意度影响的重要程度确定不同的加权值，这样便可对顾客满意度进行综合性的评价。

四、顾客满意信息的收集与分析

收集顾客满意信息的方式是多种多样的，包括口头的和书面的。酒店企业应根据信息收集的目的、信息的性质和资金等来确定收集信息的最佳方法。收集顾客满意信息的渠道有7个方面：顾客投诉；与顾客的直接沟通；问卷和调查；密切关注的团体；消费者组织的报告；各种媒体的报告；酒店行业研究的结果。表10-1为某酒店的顾客满意度问卷调查表。

表 10-1 某酒店的顾客满意度调查

序号	与您相关的各类问题	非常满意	满意	有的满意，有的不满意	不满意	非常不满意
	住宿方面					
1	您对入住登记服务					
2	您对离店结账服务					
3	您对客房的照明					
4	您对客房的气味					
5	您对客房的电视及播放内容					
6	您对客房的通信设施					
7	您对电器开关、电源插座的便利性					
8	您对客房的隔音效果					
9	您对客房空调的舒适度					
10	您对客房的安全设施					
11	您对客房寝具的舒适度					
12	您对洗浴用品质量					
13	您对洗浴设备及洁具					
14	您对客衣的洗熨服务					
15	您对酒店的康乐服务					
16	您对酒店的订票服务					

续表

序号	与您相关的各类问题	非常满意	满意	有的满意，有的不满意	不满意	非常不满意
17	您对酒店的背景音乐					
18	您对酒店电梯的乘感					
19	您对商务中心服务效率与便利性					
总体感受							
1	您对员工服务的态度					
2	您对员工服务的主动性					
3	您对员工服务的效率					
4	您对员工服务的技巧					
5	您对员工服务的知识					
6	您对员工对客人的熟悉程度					
7	您对酒店整体服务水准的一致性					
8	您对酒店提供服务资讯的准确性					
9	您对酒店特色服务项目的感受					

酒店收集顾客满意信息的目的是针对顾客不满意的因素并寻找改进措施，从而进一步提高酒店产品和服务质量。因此，酒店要对收集到的顾客满意度信息进行统计学的分析整理，找出不满意的主要因素，确定纠正措施并付诸实施，以达到预期的酒店服务质量改进目标。

酒店企业在收集和分析顾客满意信息时，必须注意以下两点。

一是顾客有时是根据自己在消费商品或服务之后所产生的主观感觉来评定满意或不满意。有时顾客往往会由于某种偏见或情绪障碍抑或是关系障碍，导致顾客可能会对心中感到完全满意的产品或服务说很不满意。因此，对顾客是否满意的判定不能仅靠顾客主观感觉的报告，同时也应考虑其是否符合客观标准的评价。

二是顾客对酒店产品或服务消费后，遇到不满意时，也不一定都会提出投诉或抱怨。因此，酒店企业应针对这一部分顾客的心理状态，利用合适的方法，来获得这部分顾客的意见。

五、提高顾客满意度的途径

（一）建立"以客为尊"的酒店核心价值观和经营理念

酒店企业核心价值观，是指酒店企业在经营发展过程中所坚持的基本宗旨和信念，是酒店企业全体员工共同认可的关于企业存在价值和意义的终极判断。"以客为尊"的酒店核心价值观和经营理念是客户满意最基本的动力，是引导企业决策、实施企业行为的思想源泉，是酒店企业所有活动判断价值大小、是非取舍的根本指导性原则。例如，成就酒店业传奇的丽思·卡尔顿酒店的经营理念就是让顾客百分之百满意。尽管酒店由于其行业的特殊性很难做到让顾客百分百满意，但酒店的让顾客满意的经营理念、经营目标要始终坚持下去，酒店要明确提出、大力传播"创造顾客高度满意"的经营理念，并通过开会传达、小组讨论、部门沟通等形式的交流活动，让全体员工了解、学习，并从内心深处认可企业的经营理念，并在工作中努力实现。只有大家共同为顾客满意的目标努力，才能让顾客对酒店产生依赖情感，从而建立起可信赖的合作关系。

（二）加强酒店品牌建设，树立酒店良好的市场形象

在酒店日益同质化的时代，酒店的物理属性已经相差无几，唯有酒店品牌给顾客以心理暗示，满足顾客的情感和精神的寄托。强势品牌可以帮助顾客解释有关酒店产品或服务的识别信息，简化购买决策。良好的品牌形象有助于降低顾客的购买风险，增强购买信心。个性鲜明的品牌可以使顾客获得超过产品功能之外的社会和心理需求，从而影响其选择和偏好，建立起对品牌的忠诚。研究表明，"领头羊"品牌平均获利率是位居第二位品牌的4倍。顾客在许多情况下乐意为购买品牌而支付更高的金额。因此，要想树立酒店企业良好的形象，不仅要提高顾客对酒店的认知程度，更主要的是要让广大顾客对酒店企业产生好感和信赖，只有这样才能真正产生购买行为。产品和服务是构成酒店形象的主要因素，还有一些因素不是客户直接需要的但影响客户的购买行为，如酒店环境、服务态度、承诺保证等。酒店要积极开展各种酒店形象识别活动，提供可靠的商品和优质的服务。否则，只要顾客对酒店产品形象、服务形象、员工形象、酒店信誉等某一方面不满，就会影响顾客满意度，也同样会影响到企业的效益。

（三）及时妥善地处理顾客的抱怨与投诉，挽回不满意顾客

酒店服务的生产与消费的同时性，使得酒店在服务过程中不可避免地出现服务失误，造成顾客与酒店的矛盾与纠纷，如何挽回不满意的顾客，对酒店来说相当重要。据国外调查显示，如果酒店能妥善地处理顾客提出的投诉，可能有70%的顾客会成为回头客；如果能当场听取顾客投诉，并给他们一个满意的答复，回头客会上升到95%；同时，每一个满意而归的顾客又会把酒店的做法告诉其他5个人，这样酒店就可以坐享免费广告的收益。因此营销界有句名言"满意的消费者是最好的广告"。只有视批评与抱怨为酒店宝贵的财富，才能更好地改进酒店的工作，让顾客满意，让酒店企业在激烈的市场竞争中长盛不衰。

（四）建立客户数据库，及时沟通并进行动态管理

建立客户数据库是酒店进行客户服务、客户关怀、客户调查的基本要求。酒店产品生产和服务过程本身就是一种人际互动与沟通，这也是酒店产品和服务销售与一般商

品销售的差别。酒店与顾客的和谐关系，可以提高顾客满意度。酒店只有设法与顾客建立良好的沟通氛围和环境，让其放松心情，稳定情绪，才是最好的沟通。如通过联谊会、顾客俱乐部、会员制等方式与顾客建立双向沟通，利于顾客向酒店传达自己关于产品和服务的意见，酒店也能快速选择有关顾客需求的准确信息，并快速做出反应，真正赢得顾客的满意。加强对酒店客户进行动态管理，具体可通过促销活动、客户联谊会甚至参与到酒店的服务生产过程中等方式获取信息，从而掌握客户的年龄、职业、婚姻状况、收入，顾客的期望、偏好等各方面客户信息资料，并据此为顾客提供满意的产品与服务。

（五）肯定和接纳顾客，满足顾客的合理要求

员工提供服务时要让顾客有宾至如归的感觉，要让客人感觉到被肯定、被接纳。员工服务于客人时要有耐心，要保持微笑，不能有不耐烦的表情，因为只要有一点不耐烦的肢体语言，客人也许马上便会感受到。一般情况下，微笑可以让客人感到你乐于为他服务，对引起冲突、纠纷等正在发脾气的客人而言，微笑比任何解释都更可能说服他。

为了提高顾客的满意度，只要顾客提出的要求合理，服务员就应当千方百计地予以满足。除了主动用心了解顾客的需求外，还要用心设计和采纳一些技巧。员工要对自身的判断力充满信心，运用酒店的授权解决顾客的困难，如果需要，要积极向其他部门的同事和上级管理者寻求支持和帮助，甚至勇敢地直接向总经理寻求援助。例如，有这样一个美妙的故事：一名丽思·卡尔顿酒店的员工曾帮助了一位顾客成功求婚。这位顾客在酒店住宿时，要求一名员工为他在沙滩上放两把椅子，因为他计划在当晚向女友求婚。而在他和女友回到酒店时，他发现两把椅子已经安放在了鲜花搭成的凉棚下，而酒店员工身穿燕尾服在等候他们——带领他们来到棚下的桌前，点亮烛光，并为这对刚订婚成功的新人送上香槟以庆祝。这一切都未曾经过酒店管理层的参与或是批准，全靠这名员工主动地跨越岗位界限，为这两位顾客带去了一生难忘的体验。由此证明，顾客的最高满意度往往发生在这样的时刻。

小案例

汽车也有"座儿"

今天，高先生拨通了维也纳大酒店餐饮部的预订电话，迎宾员王娜接起了电话。

"您好，今晚给我预订一个好一点儿的房间，4个人，大概6点钟到。""好的，是高先生吧？""对啊，你怎么知道的？""您是我们的常客，也是我们的重要客户，我们当然熟悉您的声音了，顺便问一下，您今天是开车来吗？需要给您的车留个'座儿'吗？""车也有'座儿'？""是啊，最近我们这儿就餐的人很多，停车位比较紧张，所以我们推出了这项针对性服务，这样可以节省您的时间。""那好。就给车留个座儿吧。"

高先生来到酒店用餐期间向几个老同学提起了预订经过，几个客人都说老高现在是越过越好，吃个饭汽车也有"座儿"。听了几个客人的话，高先生觉得自己非常有面子，心里非常高兴。

第三节 顾客忠诚

一、顾客忠诚的概念

（一）顾客忠诚含义

顾客忠诚（Customer Loyalty，CL），又称为品牌忠诚、供应源忠诚，是服务研究领域一个非常重要的基础概念。国外学者对顾客忠诚的研究由来已久。首先将忠诚概念引入商业领域的是美国学者 Copeland，他于1923年提出了"品牌坚持"（brand insistence）这一类似于顾客忠诚的概念。但迄今为止，学者对顾客忠诚的内涵以及什么样的顾客才是企业忠诚的顾客等一系列问题并没有形成统一的观点。目前，从态度和行为两个层面来解释顾客忠诚，已经得到了学术界大多数学者的认同。奥利佛（1999）认为，顾客忠诚是指顾客在不受能引致行为转换的外部环境变化和营销活动影响的、在未来可持续购买所偏好产品或服务的内在倾向和义务。格雷姆勒和布朗指出，顾客忠诚是指顾客以积极的态度向特定的服务供应商重复购买的程度，以及在增加对同类服务的需求时，继续选择该供应商为唯一供应源的倾向。大多数学者都倾向于认为顾客忠诚同时包含态度和行为两个特征。顾客忠诚的核心不仅在于顾客在行为上（如重复购买频率、购买比例、口碑宣传和推荐等）对企业产品或服务的认同，更重要的是顾客在态度上要对企业提供的产品或服务保持一种积极的、持续的喜爱和依赖，只有在行为和态度上都倾向于企业提供的产品或服务，才是企业真正的忠诚者。

综合前人的研究，顾客忠诚指顾客对企业产品或服务的依赖和认可，并坚持长期购买和使用该企业产品或服务所表现出的，在思想和情感上的一种高度信任和忠诚，这也是顾客对企业产品在长期竞争中所表现出的优势的综合评价。

（二）顾客忠诚的价值

从营销学角度看，顾客忠诚的价值主要表现在以下4个方面。

（1）客户忠诚是指消费者在进行购买决策时，多次表现出来的对某个企业产品和品牌有偏向性购买行为。

（2）忠诚的客户是企业最有价值的顾客。

（3）客户忠诚的小幅度增加会导致利润的大幅度增加。

（4）客户忠诚营销理论的关键点是利润。建立客户忠诚是实现持续的利润增长的最有效方法。企业必须把做交易的观念转化为与消费者建立关系的观念，从仅仅集中于对消费者的争取和征服转为集中于消费者的忠诚与持久。

二、顾客忠诚的类别

顾客忠诚是一个相对的概念。任何一名顾客不可能对某一个企业绝对的忠诚，因为在竞争激烈的市场里，各个企业都在千方百计培养属于本企业的忠诚顾客，而顾客在各种利益的诱惑下也会适时根据自身的需求做出理性的选择。因此，国内外许多学者认为，企业应该把忠诚的顾客划分为不同的类别，以便针对不同类型的顾客对企业的经济贡献，给予适当不同的待遇，实现企业与顾客的双赢。

国内外学者基于各种视角对顾客忠诚的分类做了大量的规范性研究，其中比较具有代表性的是 Dick 和 Basu（1994）、Gremle 和 Brown（1996）以及 Oliver（1999）的观点。

（一）基于"行为—态度"组合的分类

迪克和巴苏（Dick&Basu，1994）根据顾客对企业的态度取向和顾客的重复购买行为，把顾客划分为持续忠诚、潜在忠诚、虚假忠诚和不忠诚4种类型。他们认为，顾客对企业的态度取向主要指顾客偏好企业的程度以及顾客对企业与其他企业的态度差异。企业所进行的一切活动、所采取的一切顾客关系管理策略，都是为了将不忠诚的、虚假忠诚的和潜在忠诚的顾客转变成为真正忠诚的顾客，以实现企业预期的发展目标，如图10-7所示。

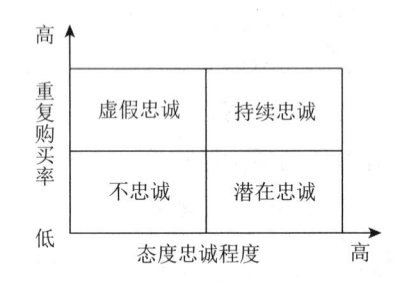

图10-7 Dick 和 Basu（1994）顾客忠诚分类模型

由图10-7可知，持续忠诚者代表了态度取向和重复购买行为之间的最佳匹配，是顾客积极情感和重复购买行为的统一，这类顾客最为稳定，对企业也最有价值，是企业和营销人员重点关注的对象。潜在忠诚者表明顾客有较高的态度取向并伴随着较低的重复购买行为，往往是由于客观的因素妨碍了顾客频繁购买行为的发生。虚假忠诚者则是由于非态度因素（如主观的行为规范和情境的影响）作用于行为而产生较低的态度取向，并伴随有较高的重复购买行为发生。不忠诚者主要是由于较低的态度取向伴随着较低的重复购买行为发生，表明顾客缺乏忠诚，这类顾客几乎长期不与企业发生业务关系。

（二）基于顾客忠诚情感来源的分类

凯瑟琳·辛德尔（Sindell，1998）根据顾客忠诚的来源，把顾客忠诚分为垄断忠诚、惰性忠诚、潜在忠诚、方便忠诚、价格忠诚、激励忠诚和超值忠诚等7类（见表

10-2)。她认为，顾客忠诚是一个主观性较强的概念，应该从顾客的角度来定义，而且顾客忠诚的实际表现又是具有程度区别的。顾客忠诚度不仅可以从顾客的态度和行为两个方面进行衡量与分析，而且还应该考虑到顾客与企业之间内在的情感联系。情感联系是维持顾客的真实忠诚、鼓励顾客继续购买并积极推荐企业产品或服务的真正原因。

表 10-2 凯瑟琳·辛德尔顾客忠诚分类

忠诚类型	特征
垄断忠诚	市场上只有一个供应商，这类顾客别无选择，是低依恋、高重复的购买者
惰性忠诚	由于惰性而不愿意寻找其他供应商，这类顾客是低依恋、高重复的购买者
潜在忠诚	顾客希望不断地购买产品或服务，但企业的一些内部规定或其他环境因素限制了他们的购买行为，这类顾客是低依恋、低重复的购买者
方便忠诚	类似于惰性忠诚，这类顾客是低依恋、高重复的购买者
价格忠诚	对价格非常敏感，倾向于提供最低价格的零售商，这类顾客是低依恋、高重复的购买者
激励忠诚	因经常惠顾而享受企业提供的奖励，这类顾客是低依恋、高重复的购买者
超值忠诚	这类顾客是企业产品或服务的传道者，具有典型的情感或品牌忠诚，是高依恋、高重复的购买者

（三）基于顾客忠诚产生过程的分类

奥利佛（Oliver，1999）根据忠诚的形成过程把顾客忠诚分为认知忠诚、情感忠诚、意愿忠诚和行为忠诚4大类。认知忠诚来源于以往或替代性知识以及近期的经验信息，往往只停留在产品或服务的属性效果上；情感忠诚是顾客通过对产品或服务使用累积起来的满意而产生的对产品或服务的喜爱或偏好，表现为顾客情感或喜爱的程度；意向忠诚是顾客基于重复性的有积极情感而产生的重复购买意向，表现为对特定产品或服务重复购买的承诺，但这种承诺还只是一种重复购买倾向，还没有上升到实际的购买行为层面；行为忠诚是顾客对企业或某种产品及服务产生好感并伴有强烈的购买倾向，也会将意向付诸行动而发生实际的购买行为。这类忠诚还强调消费者主动克服购买障碍以完成购买行为，行为也被看作是必然的结果。以上4类忠诚之间存在着层层递进的关系，前一项忠诚会影响后一项忠诚，即顾客的认知性忠诚影响情感性忠诚；情感性忠诚影响意向性忠诚；意向性忠诚影响行为性忠诚。

三、酒店顾客忠诚计划

（一）顾客忠诚计划的含义

顾客忠诚计划（Loyalty Programs—LPs），也被称为顾客回报计划（Reward Programs—RPs），是指企业基于顾客对企业特定产品或服务累积购买的基础上，对客户提供涉及购买优惠、增值服务或其他奖励的一种激励计划。"累积"强调了顾客忠诚计划并非是一次性的促销活动,"激励计划"是指企业在顾客的消费满足预先设定的特定条件后,向顾客提供的各种优惠、增值服务等激励形式。这种激励是在顾客未来的消费期间逐步兑现的。

最早的顾客忠诚计划起源于20世纪初美国零售商使用的赠券和小票,这也是最初意义上的顾客忠诚计划。真正意义上的顾客忠诚计划是1981年美国航空公司(AmericanAirlines)实施的常客计划(Frequent Flyer Program)。该项目按照乘客的飞行里程奖励里程分,再将一定量的里程积分兑换成不同额度的免费机票。开展这个项目的目的是培育顾客对美国航空公司的忠诚,以应对航线开放给公司带来的竞争压力。随着科技的发展和计算机的运用和普及,顾客忠诚计划逐渐开始广泛的流行起来。随后,顾客忠诚计划开始在酒店业普遍推行。根据酒店业专家推算,回头客增加5%,酒店的利润就能上升30%~80%,而使用在回头客上的营销成本只占使用在一次性顾客上营销成本的1/7。因此,酒店顾客忠诚计划作为提升顾客忠诚度、增加顾客保持率的工具开始被越来越多的酒店所重视。现有的酒店顾客忠诚计划通常是在建立会员制的基础上,利用酒店的品牌效应、信息资源,以顾客需求为中心,通过为累计购买顾客提供一系列的激励措施,与顾客建立起一种相互支持、相互渗透的关系。

(二)酒店顾客忠诚计划的作用

酒店实施顾客忠诚计划,可以有效地培养顾客忠诚、留住核心顾客、提高酒店服务质量、增加收益和利润。推行顾客忠诚计划给酒店带来的利益有以下3点。

1. 识别客人,建立良好的顾客关系

帕累托定律即80/20法则指出,酒店80%的利润来自20%的顾客,酒店企业应当重视最有价值的和最具消费潜力的为酒店贡献80%利润的顾客。酒店可以通过为加入顾客忠诚计划的顾客建立数据库,利用有效数据识别顾客,从而与那些为酒店创造了70%~80%利润的20%~30%的重要顾客建立牢固的关系。

加入和使用顾客忠诚计划的顾客往往具有两个特征:丰富的酒店消费经历和对酒店较高的期望值。据酒店业权威调查结果显示,对于"常旅客",顾客忠诚计划对其选择酒店的忠诚度影响很大。一旦顾客忠诚计划被取消,至少有13%的顾客会转而选择其他酒店。由此可见,在吸引新顾客和保留老顾客这两个方面,顾客忠诚计划起着至关重要的作用。

2. 增强企业合作,达到企业间的双赢

一个完备的顾客忠诚计划不仅仅存在于酒店内部,跨地区、跨行业的企业合作也能建立更加有效而广泛的激励措施。国外优秀的连锁酒店集团通常有大型的企业合作网络,加入一家顾客忠诚计划的酒店会员在世界任何城市同一品牌酒店消费都可获得积分,使用积分可以在任何城市兑换或购买租车服务、兑换航空里程,甚至可以在超市购物。在许多航空公司推出的里程积分制中，奖励产品既可以是免费机票，也可以是某家酒店的客房和早餐。顾客忠诚计划可以引导会员在合作企业之间消费，达到企业之间的双赢。

3. 稳定顾客群体，增加酒店收入

顾客忠诚计划通常针对的是经常出差的商务人士即"常旅客"，他们是酒店的核心顾客。酒店的很大一部分收入都是由加入顾客忠诚计划的顾客带来的。顾客忠诚计划有利于培育顾客忠诚，留住核心客人，增加他们的消费，从而增加酒店的收益。同时，通过推行顾客忠诚计划，酒店可以获得稳定的顾客群，以此来减少季节周期与经济周期对酒店的影响，保证酒店的固定收入。

（三）国内外酒店顾客忠诚计划

酒店顾客忠诚计划无论是在国外，还是在国内都已受到日益广泛的关注与应用。顾客忠诚计划以发展忠实顾客为基本点，以高效快捷的方式收集了顾客的兴趣爱好及消费需求信息，可以更好地配合酒店"个性化服务"的推广与完善，充分增加了酒店的整体销售收入。

1. 国外知名酒店（集团）顾客忠诚计划

1986年6月，喜来登酒店集团推出了全球第一家酒店系统的顾客忠诚计划——"荣誉宾客奖励俱乐部"。随后，顾客忠诚计划开始在国际酒店业逐步推行，目前国际著名连锁酒店都已经拥有了非常成熟完备的忠诚客户计划（见表10-3）。

表10-3 国外著名酒店集团顾客忠诚计划概述

酒店集团	计划名称	具体内容
希尔顿	希尔顿荣誉客会	希尔顿荣誉客会创建于1987年，是希尔顿全球旗下十大著名酒店品牌推出的一项屡获殊荣的宾客忠诚计划。希尔顿荣誉客会（Hilton Honors）为全球超过1.18亿名会员提供非凡礼遇，使会员能够在119个国家和地区超过6 600家酒店尊享礼遇。希尔顿荣誉客会会员通过希尔顿官方渠道直接预订可享受即时礼遇，包括可让会员灵活选择积分与现金组合预订入住的付款选项、会员专属折扣和免费无线网络。会员还可享受时下最流行的数字技术，通过行业领先的希尔顿荣誉客会专属App登记入住、选择房间，使用电子门卡自如出入酒店并享受最大优惠力度。2021年10月，希尔顿旗下屡获殊荣的宾客忠诚度计划希尔顿荣誉客会与中国常旅客社交媒体平台飞客网正式宣布建立合作伙伴关系。此后，希尔顿荣誉客会会员将可以方便地把自己的飞客里程兑换为希尔顿荣誉客会积分
洲际	洲际优悦会	"优悦会"会员优享会员专属房价，无论是入住IHG旗下6000家酒店及度假村酒店，还是通过集团的合作伙伴旅行、购物或用餐，抑或是完成专属优惠任务，都可以赚取丰厚奖励积分。积分兑换方式多种多样：积分可入住洲际集团在全球范围内的任意一家酒店，且无兑换日期限制；购买在线目录中的名牌商品、珠宝、电子产品及更多商品；在优悦会合作航空公司兑换飞行里程、汽车租金、礼券，以及《积分兑换回馈目录》中成百上千种商品

续表

酒店集团	计划名称	具体内容
香格里拉	香格里拉贵宾金环会	"贵宾金环会计划"共设有三个会籍等级：黄金级、翡翠级及钻石级。每一等级均享有相应标识及特权，为顾客打造宾至如归的体验。入住集团旗下酒店或在酒店进行消费、体验香格里拉 Chi 水疗，都可累计贵宾金环会奖励积分。积分可兑换一系列尊崇专享的奖励与礼待，也可将奖励积分转换成航空公司飞行里程数，或捐赠给慈善机构
雅高	ALL – Accor Live Limitless 雅高心悦界	ALL – Accor Live Limitless 雅高心悦界是一项全新的顾客忠诚计划，凭借一个整合的平台、标志性的合作伙伴关系（信用卡、移动出行、航空公司、AEG、IMG 等娱乐集团、巴黎圣日耳曼足球俱乐部），通过整合礼赏、服务和体验，为宾客日常生活带来更多价值。雅高会员有 6 个等级 CLASSIC 经典卡、SILVER 银卡、GOLD 金卡、PLATINUM 白金卡、DIAMOND 钻石卡、LIMITLESS 心悦卡（仅限邀请），每个等级均有相应的礼遇，通过符合资格的房晚数和赚取的等级积分决定旅客会员等级
万豪	万豪旅享家	万豪旅享家是万豪国际集团推出的会员计划。2019 年 2 月前，该计划由三大品牌共同组成，分别是"万豪礼赏""丽思卡尔顿礼赏"以及"SPG 俱乐部"。通过入住、使用信用卡、租车服务以及乘坐航班等 100000+ 种活动，赚取积分。积分除可兑换房费外，还可兑换航空飞行里程及在众多大型零售品牌使用积分购物

国外酒店大多有很完备的顾客忠诚计划，并且对顾客忠诚计划非常重视。忠诚计划一般涵盖多个品牌，在集团旗下所有酒店均适用。在酒店业的激烈竞争中，各大酒店集团都采取了积极的措施，不断修改、更新忠诚计划，为顾客提供更高的价值，争取吸引到更多顾客。

为了在竞争中取胜，各大酒店集团在制订忠诚计划时都致力于最大程度地满足顾客需求。包括：建立简单明了的奖励机制，尽量满足顾客的多样化需求，给顾客提供更便捷的服务，重视顾客，让顾客感受到贵宾级的待遇。同时，每个酒店的忠诚计划都有自己的独特之处，酒店希望把自己和竞争对手区分开来，包括独特的奖励兑换和举办特别的活动等。

2. 国内酒店集团顾客忠诚计划

酒店推行顾客忠诚计划必须以连锁酒店为依托，只有巨大的连锁酒店网络，才能吸引顾客的参与，顾客忠诚计划才具有实际的意义。近年来，随着国内酒店行业竞争加剧，国内酒店品牌借鉴国际酒店集团顾客忠诚计划的经验，结合国内顾客实际需求，推出了一系列以会员俱乐部为载体的顾客忠诚计划，如华住、如家、锦江酒店、开元酒店集团等纷纷推出了自己的顾客忠诚计划，主要通过积分奖励、折扣优惠、会员专享的优先权利和特殊待遇等来吸引消费者（见表 10-4）。

表 10-4　国内酒店集团顾客忠诚计划

酒店集团	计划名称	具体内容
华住	华住会	"华住会"会员为星会员、银会员、金会员和铂金会员四个等级，不同等级会员享有不同权益。积分可用于支付房费、饮品、食品、早餐、小商品等；积分兑换免房；"华住商城"购买商品；"积分乐园"换好礼；"巅峰时刻"积分竞拍。会员购卡、升级、生日等均可获得相应礼品
开元	开元商祺会	开元商祺会是开元酒店集团为回馈忠诚顾客设立的会员制俱乐部，自 2005 年成立以来，会员规模已超过 1650 万人，2011 年开元酒店集团宣布正式推出会员焕新计划。通过升级会籍政策、会员专享折扣、会员住店礼遇、会员福利优惠等来保障会员权益，鼓励会员通过开元商祺会 App 或开元酒店微信公众号等官方渠道完成预定支付，由此获得丰厚会员积分回馈，旨在为会员搭建更为丰富的权益汇聚专享平台，共享美好品质生活
首旅如家	如 LIFF 俱乐部	如 LIFF 俱乐部会员分为 E 会员、银会员、金会员、白金会员和钻石会员五个等级，不同等级会员在预订折扣、基础积分奖励、升级礼包、生日当月蛋糕卷、预订保留、延迟退房等方面享有不同的权益

3. 国内酒店集团顾客忠诚计划的不足

与国外酒店集团顾客忠诚计划相比，国内酒店集团顾客忠诚计划目前还比较简单，缺乏与相关企业的合作，且缺乏专业性。具体表现在以下 4 个方面。

（1）积分回报单一，没有吸引力。

很多酒店的积分回报仅仅是可以兑换住宿权，积分回报选择范围小，没有满足不同消费者的需求。或者仅仅通过加入会员，获得某些价格折扣。在目前价格战越打越激烈的情况下，仅通过提供原始而简单的经济利益，无法真正留住顾客。

（2）宣传、沟通不够，网络营销不健全。

国内酒店尽管实施了顾客忠诚计划，但由于市场推广力度不够，无论是传统的营销手段还是网络营销方式都没有充分利用起来，使得很多酒店的许多顾客忠诚计划根本不为人所知，会员稀少，自然会失去对顾客的吸引力。

（3）会员资料库形同虚设，会员体验同质化严重。

没有充分利用通过会员申请资料获得的会员资料库，没有为会员提供"个性化"的服务。一方面酒店集团在兼并、收购其他酒店（集团）后，实行统一的顾客忠诚计划，没有区分不同档次品牌酒店的顾客需求，另一方面在推行了顾客忠诚计划的同时，没有提高酒店自身的服务意识，也没有给会员带来一种受到特别重视或获得特殊优待的 VIP 的感觉，降低了会员的顾客满意度，导致会员资料库形同虚设。

（4）目标市场不明确，市场开发程度低。

现有的俱乐部往往停留在以大众为目标市场的阶段，没有或很少根据不同顾客的需求对市场进行细分。没有切实把握俱乐部经营的实质。社交和兴趣相投的娱乐活动、定期聚会与互相交流是俱乐部的灵魂，而现有的有些俱乐部根本不重视这方面的组织活动，因而无法达到吸引顾客的效果。

4. 国内酒店顾客忠诚计划提升措施

(1) 制订差异化的顾客忠诚计划。

细分忠诚顾客群，为不同的忠实顾客提供个性化的奖励项目是酒店实施顾客忠诚计划的关键。差异化的顾客忠诚计划会使顾客觉得自己受到了酒店的关注和尊重，进而在感情上喜爱该酒店。酒店应注意将有价值的顾客资源吸引到忠诚计划中，应注意对老客户实行累积消费次数不同而予以不同的奖励。为制订差异化的顾客忠诚计划，酒店可以在回报的基点、回报的比例、回报的规则等方面采取差异化措施。

(2) 优化顾客对忠诚计划的价值感知。

酒店在设计奖励项目方面，不应单纯利用财务利益优惠来刺激顾客，应着重与顾客建立情感层面一对一的关系，提高顾客的个人情感和品牌情感转换成本。同时，酒店还需要持续改进个性化的顾客奖励项目，优化其对忠诚计划的价值感知。比如，建立不同专题的顾客俱乐部并开展符合其消费个性的联谊活动等。

(3) 加强顾客忠诚计划成本管理，制定合理奖励幅度。

酒店忠诚计划运营成本一般包括推广忠诚计划的沟通费用、顾客注册的固定费用、处理顾客数据的软件安装和实施费用、提供给顾客的奖励费用、日常管理的固定费用和管理人员费用等。酒店要善于利用顾客数据库，根据不同顾客的不同需求和潜力，提供有针对性的、不同额度的奖励费用。如运用短信、E-mail 等有效沟通方式、适当提高回报基点、定期清理忠诚顾客数据库，清除不活跃的顾客。

(4) 建立、运用顾客数据库。

建立酒店忠诚顾客数据库。通过对每一位来酒店消费的现实顾客信息资料的收集、筛选、测试、整理与编辑，建立顾客资料卡，在此基础上细分忠诚顾客群，实行分类管理。提高识别客户的行为、价值以及需求分析的能力，从而设计差异化忠诚计划奖励项目及服务方式。

【复习与思考题】

一、名词解释

1. 顾客价值　　2. 顾客满意　　3. 顾客忠诚　　4. 顾客忠诚计划

二、简答题

1. 简要回答顾客价值的特征。

2. 简要回答提高酒店顾客价值的途径。

3. 简要回答酒店顾客满意的构成要素。

4. 简要回答顾客满意的影响因素。

5. 简要回答 CCSI 模型（中国顾客满意度指数模型）的内容。

6. 简要回答酒店提高顾客满意度的途径。

7. 简要回答顾客忠诚的类别。

三、实操训练

设计一份酒店顾客满意度调查问卷，并对所在城市某一星级酒店顾客满意度进行调查。

【典型案例】

"倾听文化"培养酒店的忠诚顾客

美国旧金山的克普敦酒店在经营中坚持一个简单的理念——给予客人他们所需的东西。他们一方面花费了大量时间和资金去了解客人的需求，另一方面又通过简单的询问来达到这一目的。他们创造了一种"倾听文化"（culture of listening）来保证产品与时代同步，紧紧追随市场的新需求。当然，人类社会发展到信息时代，这里的"听"的内涵是广义的，它不仅仅是指用耳朵听，而是包括了从所有信息渠道了解客人的需求，酒店也采用各种现代技术来"倾听"市场的信息。

克普敦酒店从其创始人比尔·克普敦开始就一直崇尚"顾客至上"的原则。酒店高层需要直接获得客人的反馈信息，他们可以通过网站与之联系，现在又进一步可以通过公众网络工具来传递信息，包括像 Twitter 这样可以互动的信息平台。酒店高层每天一早上班和下班回家之前都要搜索一下酒店网站和相关信息平台。对之，酒店就能尽快做出回应，其中 Twitter 和 Facebook 是最便利的与客人直接对话的渠道。同时，在酒店的内部网站上把酒店高层管理者的电话号码，告知忠实客户，以便及时沟通。此外，酒店高层团队成员每月一次轮流与忠实客户共进晚餐，与他们探讨如何改进服务，让他们在酒店消费期间得到更好的体验。

北特拉华州北部酒店公司也与克普敦酒店一样重视顾客满意，他们把顾客满意度与工作效率、与营业收入挂钩，因为顾客的满意决定了他们的消费和忠诚度。该公司实施"顾客之路计划"（Guest Path Program）后，不仅可使酒店对客人反馈做出即时的敏锐回应，而且可以从中推断出市场的走势。无论是填表还是通过网络，大部分顾客对附加的意见征询总感到麻烦，因此酒店方面也对消费者采取激励措施，该公司有35%的客人通过电子邮箱详细填了调查表，以争取获得免费度假的机会。实际上，调查也证明了这是行之有效的。在连续两个夏天，满意的和忠实的顾客在酒店的消费额要比两者皆较低的顾客高出8.5%。

希尔顿国际酒店集团在其全球的高档酒店中建立了一套强有力的顾客满意度和忠诚度的跟踪系统——SALT（Satisfaction and Loyalty Tracking）。酒店每个月都要填写一份包含75个项目的调查表向总部汇报，而这些调查内容全部源自顾客反馈，反馈基本通过电子邮箱来完成。凡是评价低于平均值的，酒店会请客人再回来体验一次，或者客人有什么问题酒店没解决好，酒店将会电话跟踪负责到底。通过 SALT 机制和顾客热线，希尔顿集团一年里要对顾客做出成千上万次应答，确认并解决一些大问题和难题，最终通过这种反馈沟通的渠道改善了顾客对服务质量的体验。

位于亚特兰大市中心的喜来登会议酒店，从管理团队到基层员工都强调与客人的现场接触，客人会时常碰到与酒店有关的不开心的事，但他们通常并不说，只有通过又快又好的沟通，才能发现问题，并解决在萌芽状态。喜来登会议酒店在酒店大堂都有触摸屏幕柜收集客人意见，而在客房里则安有热线电话。在入住登记时，客人就被告知，有任何情况在任何时间都可以直接向总经理反映，反映的渠道可以通过总经理的语音邮件信箱、客房里的专线和放在公共区域显眼位置的电子意见箱。有了这些电子渠道，总经理及高层能迅速做出回应。实际上，这个系统不止连通总经理一个人，客人每一项评论都记录在案，高层和部门经理均需阅看，其中时有相关管理者做出反应，由他出面来解决某个问题；必要时，管理者还会提出解决问题的书面方案。通过电子渠道，酒店与顾客沟通的频率大大提高，服务质量和满意度指数双双上升。

以上介绍的是近年来美国酒店业中推崇的"倾听文化"，请从顾客需求的角度分析酒店企业应该如何培养忠诚顾客。

资料来源：https://wenku.baidu.com/view/4f99b130eefdc8d376ee32c7.html。

参考文献

［1］冯俊，张运来.服务管理学［M］.北京：科学出版社，2015.

［2］王丽华.服务管理［M］.北京：中国旅游出版社，2012.

［3］张淑君.服务管理［M］.北京：中国市场出版社，2010.

［4］张玉玲.现代酒店服务质量管理［M］.北京：北京大学出版社，2009.

［5］张红卫，张娓.酒店质量管理原理与实务［M］.北京：北京大学出版社，2015.

［6］薛秀芬，刘艳.饭店质量管理［M］.上海：上海交通大学出版社，2012.

［7］李雯，樊宏霞.服务企业运营管理［M］.重庆：重庆大学出版社，2016.

［8］李彬，孙怡.酒店服务质量管理理论、实践与案例［M］.北京：旅游教育出版社，2017.

［9］王海燕，张斯琪，仲琴.服务质量管理［M］.北京：电子工业出版社，2014.

［10］温碧燕.服务质量管理［M］.广州：暨南大学出版社，2010.

［11］徐君.企业战略管理（第三版）［M］.北京：清华大学出版社，2019.

［12］魏卫.酒店管理概论［M］.武汉：华中科技大学出版社，2019.

［13］黄其新，陈伟军.服务性企业战略管理［M］.北京：北京大学出版社，2011.

［14］郑俊生.企业战略管理（第二版）［M］.北京：北京理工大学出版社，2020.

［15］刘嫄.酒店服务质量评价体系构建［D］.上海：上海师范大学，2010.

［16］奚晏平.基于ISO9000国际质量标准的：酒店质量管理系统设计［M］.北京：中国旅游出版社，2004.

［17］宋彦军.TQM、ISO9000与服务质量管理［M］.北京：机械工业出版社，2005.

［18］Robert H.Woods，Judy Z.King.饭店业质量管理［M］.李昕，译.北京：中国旅游出版社，2003.

［19］曾国军.旅游企业战略管理［M］.北京：中国旅游出版社，2017.

［20］李怀勇，张芬霞.战略管理［M］.上海：上海大学出版社，2016.

［21］蔺雷，吴贵生.服务管理［M］.北京：清华大学出版社，2008.

［22］李应军，唐慧，杨结.旅游企业服务质量管理［M］.武汉：华中科技大学出版社，2019.

［23］梁玉社，陶文杰.饭店服务质量管理［M］.上海：上海人民出版社，2010.

［24］韩经伦，董军.顾客感知服务质量评价与管理［M］.天津：南开大学出版社，2006.

［25］梁晓琛.酒店顾客忠诚计划的有效作用机理实证研究［D］.北京：北京工商大学，2010.

［26］张懿玮.旅游服务质量管理［M］.上海：华东师范大学出版社，2019.

［27］陈传明.管理学［M］.北京：高等教育出版社，2019.

［28］李桂华.客户服务质量管理［M］.北京：中车经济出版社，2012.

［29］袁亚忠.酒店服务质量与顾客忠诚：基于消费者行为决策的实证研究［M］.北京：经济科学出版社，2012.

［30］施炜.连接：顾客价值时代的营销战略［M］.北京：中国人民大学出版社，2018.

［31］杜建刚.服务补救中的三维公平性策略［J］.企业改革与管理，2007（2）：72-73.

［32］蔡洪胜，郑莉萍，贾晓龙.饭店服务质量管理［M］.北京：清华大学出版社，2013.

［33］马桂顺.旅游企业战略管理［M］.北京：清华大学出版社，2017.

［34］John H.King, Jr., Ronald F.Cichy.饭店业质量管理［M］.徐虹，译.北京：中国人民大学出版社，2015.

［35］胡敏.饭店服务质量管理［M］.北京：清华大学出版社，2015.

项目策划：段向民
责任编辑：武　洋
责任印制：钱　宬
封面设计：武爱听

图书在版编目（CIP）数据

酒店服务质量管理 / 郑铁著. -- 北京 : 中国旅游出版社, 2024. 8. -- （中国旅游业普通高等教育应用型规划教材）. -- ISBN 978-7-5032-7398-8

Ⅰ．F719.2

中国国家版本馆CIP数据核字第2024GM2748号

书　　名：	酒店服务质量管理

作　　者：	郑　铁
出版发行：	中国旅游出版社
	（北京静安东里6号　邮编：100028）
	https://www.cttp.net.cn　E-mail:cttp@mct.gov.cn
	营销中心电话：010-57377103，010-57377106
	读者服务部电话：010-57377107
排　　版：	北京旅教文化传播有限公司
经　　销：	全国各地新华书店
印　　刷：	三河市灵山芝兰印刷有限公司
版　　次：	2024年8月第1版　2024年8月第1次印刷
开　　本：	787毫米 × 1092毫米　1/16
印　　张：	19.25
字　　数：	408千
定　　价：	49.80元
ＩＳＢＮ	978-7-5032-7398-8

版权所有　翻印必究
如发现质量问题，请直接与营销中心联系调换